H. Hiebsch, Interpersonelle Wahrnehmung und Urteilsbildung

Hans Hiebsch

Interpersonelle Wahrnehmung und Urteilsbildung

Psychologische Grundlagen der Beurteilung von Menschen

unter Mitarbeit von
Hans R. Böttcher, Karla Löschner,
Helmut Metzler und Peter Petzold

VEB Deutscher Verlag der Wissenschaften
Berlin 1986

ISBN 3-326-00086-3
Verlagslektor: Gisela Schulz
Verlagshersteller: Michael Kolar
Einbandgestalter: Almut Bading
© 1986 VEB Deutscher Verlag der Wissenschaften
DDR - 1080 Berlin, Postfach 1216
Lizenz-Nr.: 206 · 435/52/86
Printed in the German Democratic Republic
Gesamtherstellung: Mühlhäuser Druckhaus, 5700 Mühlhausen/Thür.
LSV 0195
Bestellnummer: 571 428 5
02400

Inhalt

Vorwort

Es gibt viele Anlässe in unserem Leben, zu denen B e u r t e i -
l u n g e n über Menschen – schriftlich oder mündlich – abgegeben
werden. Der Lehrer schreibt Beurteilungen auf die Jahreszeug-
nisse seiner Schüler, der Meister im Betrieb fertigt Jahresbeurtei-
lungen über seine Mitarbeiter an, der praktisch tätige Psychologe
– etwa als Gutachter in einem Jugendstrafverfahren bestellt – beurteilt die Täterpersönlichkeit und ihren Werdegang – und so weiter. Für viele dieser Arten von Beurteilungen gibt es verbindliche
Empfehlungen oder auch Richtlinien, die besagen, zu welchen Ge-
legenheiten und mit welchen Zielsetzungen sowie mit welchen inhaltlichen Grundzügen solche Beurteilungen oder auch G u t a c h -
t e n angefertigt werden sollen. Unterschiedlich sind auch die
Hilfsmittel, die bei der Bildung eines Urteils eingesetzt werden:
So benutzt der Meister festgehaltene Leistungswerte des Werktätigen, persönliche Notizen und überhaupt seine Eindrücke, die er in
unterschiedlichen Situationen gewonnen und im Gedächtnis aufbewahrt hat. Bedeutsam ist dabei auch die k o l l e k t i v e Meinungsbildung, in die Eindrücke und Erfahrungen mehrerer Werk-
tätiger eingehen. Der Fachpsychologe setzt für solche Zwecke entwickelte Verfahren wie Tests oder Fragebögen ein, um ein möglichst treffendes und für den vorausgesetzten Zweck brauchbares
Urteil zu finden.

Urteile über andere Menschen werden aber auch in Lebenssitua-
tionen gefällt, in denen keine Niederschrift gefordert ist. In wirt-
schaftlichen oder politischen Verhandlungen oder in geistigen Auseinandersetzungen wird das eigene Verhalten nicht nur von den
vorliegenden Sacherfordernissen geleitet, sondern auch von der
Beurteilung des Partners. So ist bekannt, daß der Erfolg von Verhandlungen nicht nur von Sachkenntnis bestimmt wird, sondern
auch von dem Verhalten gegenüber dem Verhandlungspartner,

das wiederum in hohem Maße vom Urteil über ihn abhängt.

Allen diesen Formen ist jedoch etwas gemeinsam: Das ist die Art und Weise, wie wir in den verschiedenen Alltagssituationen, in denen wir Beziehungen zu anderen Menschen aufnehmen und mit diesen in irgendeiner Weise kooperieren, den a n d e r e n w a h r n e h m e n , wie wir uns über ihn „ein B i l d machen" und nach diesem unser eigenes Verhalten gestalten. D i e s e Wahrnehmungs- und Urteilprozesse laufen jedoch nicht nur bewußt ab, sondern zumeist auf einer Ebene der informationsverarbeitenden Prozesse, die im Alltag oft als „unbewußt" bezeichnet wird. Genaugenommen verbleiben die internen, psychischen Prozesse, die zu dem „Bild vom anderen" führen, zumeist unbewußt, während das Resultat dieser Prozesse, das „Bild", bewußt werden kann, um dann auch zum Gegenstand weiterführender Überlegungen und Reflexionen zu werden. Wie leicht einzusehen ist, dürfte die kritische Phase in diesem hochkomplexen Gefüge perzeptiver und kognitiver Prozesse d o r t liegen, wo das „Bild vom anderen" aufgebaut wird und wohin die bewußte und kritische Reflexion des Wahrnehmenden nicht so leicht eingreifen kann. Es ist gar nicht so schwer, sich das zu verdeutlichen: Man denke an den oft beschriebenen „ersten Eindruck", den wir von einem anderen Menschen empfangen, den wir zum ersten Male sehen. Wir können oft nicht angeben, welche wahrnehmbaren Merkmale des anderen es waren, die uns zum Urteil „sympathisch" oder „intelligent" oder „zugänglich" geführt haben.

Es dürfte einleuchten, daß in diesen Phasen auch die Wurzeln für Urteilsverzerrungen und -fehler liegen können. Dabei sollten wir gleich mit beachten, daß ein solches Urteil oder ein solcher Eindruck nicht nur durch die Eigenarten und die Äußerungen des anderen, des Eindrucks o b j e k t s , bedingt ist, sondern auch von den Besonderheiten des Wahrnehmungs s u b j e k t s abhängt, sogar von dessen augenblicklichen Zuständen (wie Stimmungen, Absichten, Motivationen). Kurzum, die Wahrnehmung eines anderen Menschen, der Aufbau seines „Bildes" in mir, dem Wahrnehmenden, ist ein hochkomplexer Prozeß der menschlichen Informationsverarbeitung. Das aber ist die psychologische Grundlage, auf der sich die Beurteilung über Menschen aufbaut.

In diesem Buch wird von d i e s e r G r u n d l a g e die Rede sein, jedoch n i c h t von Regeln, Verfahren, Formen und Mitteln in jenen gesellschaftlichen Prozeduren, die wir – z. B. als Schüler- oder Kaderbeurteilung – oben erwähnt haben. Das hat verschiedene Gründe, von denen nur der wesentlichste genannt sei: Wir sind der Auffassung, daß die theoretische und empirisch-wissenschaftliche Durchdringung dieser psychologischen Grundlage ein n o t w e n d i g e r Ausgangspunkt dafür ist, die Beurteilung von Menschen zu verbessern. Unter d i e s e n Zielstellungen haben wir seit längerem an dem angedeuteten Problem gearbeitet und die Ergebnisse hier zusammengefaßt. Wir wollen damit die Menschen rüsten, sowohl beim schriftlichen Abfassen von Beurteilungen wie auch beim praktischen Lösen von beruflichen oder alltäglichen Fragen ihre Partner treffsicherer als vorher zu beurteilen.

Dieses Forschungsthema der S o z i a l p s y c h o l o g i e wird am treffendsten mit dem Begriff der „interpersonellen Wahrnehmung und Urteilsbildung" bezeichnet. Das Adjektiv „interpersonell" soll die wechselseitige Verflechtung der auf den (die) anderen gerichteten Wahrnehmungs- und Urteilsprozesse kennzeichnen. Das steht in einem gewissen Gegensatz zum Begriff der „Personenwahrnehmung", bei dem diese Wechselseitigkeit nicht ausdrücklich einbezogen ist. Es ist aber zu beachten, daß unser Thema in einem größeren theoretischen Rahmen steht, den wir mit dem Begriff der V e r a r b e i t u n g s o z i a l e r I n f o r m a t i o n kennzeichnen wollen. Damit ist der besondere Anspruch gemeint, den die spezifisch menschliche, gesellschaftliche und soziale Umwelt an die Widerspiegelungsleistungen stellt – in einem gewissen Gegensatz zu jenem Anspruch, den die Wahrnehmung physikalischer Beschaffenheiten der Umwelt wie Größen, Erstreckungen, Konfigurationen, Farben, Tonhöhen usw. erhebt. Dieses besonders wichtige und zum Beispiel auch für die Erkenntnistheorie interessante Forschungsgebiet der Sozialpsychologie befindet sich gegenwärtig in rascher Entwicklung und kann natürlich in diesem Buch nur gestreift werden.

Plan und Aufbau dieses Buches werden wir im ersten (einleitenden) Kapitel an der i n h a l t l i c h e n A n a l y s e des Problems entwickeln. Es ist deshalb etwas ausführlicher geraten, als das für einleitende Kapitel üblich zu sein pflegt. Fachkundige Leser können deshalb gleich mit dem zweiten Kapitel beginnen. Die Autoren hoffen, daß ihre Monographie zur „interpersonellen Wahrnehmung und Urteilsbildung" allen jenen Nutzen bringen wird, die es theoretisch oder praktisch mit der Beurteilung von Menschen zu tun haben, daß sie aber auch für diejenigen Leser dienlich sein wird, die sich für moderne oder gar „heiße" Probleme der Psychologie und Erkenntnistheorie interessieren.

Hans Hiebsch

1. KAPITEL

Interpersonelle Wahrnehmung und Urteilsbildung als Forschungsgegenstand der Sozialpsychologie

1.1. Zwischenmenschliche Beziehungen und interpersonelles Verhalten – der Prozeß der Interaktion

Unser einleitendes erstes Kapitel wird sich zunächst – in diesem Abschnitt – mit jenem umfassenden Sachverhalt und Prozeß befassen, in den die wechselseitige Wahrnehmung und Urteilsbildung eingeordnet ist, also mit dem besonderen *Lebenszusammenhang,* aus dem heraus das zu behandelnde Problem erst verständlich wird. Dabei wird von Vorgängen und Ereignissen die Rede sein, die eigentlich ganz alltäglich sind. Jedermann kann sie zu jeder Stunde seines wachen Lebens – und oft genug sogar im Traum – an sich selbst erleben und beobachten, da sie notwendige Bestandteile seines sozialen Lebensprozesses, also des *Miteinanderlebens* von Menschen, sind.

Die im Vorwort genannten Situationen sind gegenüber diesen im alltäglichen Leben ablaufenden Prozessen ausgezeichnet. In ihnen werden entsprechend der gesellschaftlichen Tragweite der hier notwendigen Beurteilungen gesellschaftliche Erfahrungen in verantwortungsbewußterer Weise eingesetzt, als das der einzelne Mensch im Alltagsverhalten praktiziert. Deshalb werden auch seit Jahrhunderten exponierte Personen in der Beurteilung von Partnern geschult. Ebenso widmet sich die Psychologie international dieser Problematik.

Gehen wir wieder auf das genannte „Miteinanderleben" als die alltägliche Grundform unserer Thematik zurück, so ist dieses – zufolge des gemeinsamen, aktiven Einwirkens auf Natur und Gesellschaft zum Zwecke der Daseinserhaltung und -entwicklung – zugleich und ursprünglich ein „Miteinander-Tätigsein", also *kooperative Arbeit.* Das ist, wie wir wissen, ein Wesensmerkmal des Menschen von Anfang an und nicht erst ein späteres Ergebnis der Entwicklung, das etwa durch einen „Vertrag" zwischen vorher isolierten Individuen entstanden wäre. Von allem Anfang an, späte Vorstufen der Menschwerdung durchaus eingerechnet, müssen die Menschen, um individuell und als Art zu überleben, miteinander arbeiten – und natürlich auch in anderen, abgeleiteten Formen miteinander tätig sein.

In solchen Tätigkeiten entwickeln sie *soziale Beziehungen* zueinander, deren Eigenschaften von den objektiven Beschaffenheiten des Produktionsprozesses abhängen – also vom jeweiligen Entwicklungsstand der Produktivkräfte, von den sich daraus ergebenden Produktionsverhältnissen und gesellschaftlichen Zuständen und vom geistigen Überbau der Gesellschaft, also von den Wesenseigenschaften jener Gesellschaftsformation, in der das Zusammenarbeiten und überhaupt das soziale Leben der Menschen verläuft. Unser Problem ist im Bereich der gesellschaftlichen Verhältnisse und der darin enthaltenen zwischenmenschlichen und *sozialen* Beziehungen angesiedelt, die darum zunächst analysiert werden müssen.

1.1.1. Merkmale von Interaktionsprozessen

Zwischenmenschliche bzw. „interpersonelle" Beziehungen sind keine abstrakten Relationen; es ist allerdings möglich und für gewisse wissenschaftliche Analysen oft nötig, sie abstrakt oder sogar formalisiert zu erfassen und zu beschreiben. Im realen Lebensvollzug der Menschen äußern und entfalten sie sich in der konkreten gemeinsamen oder gemeinschaftlichen *Tätigkeit* – und das soll unser analytischer Ausgangspunkt sein.

Wir wollen den elementarsten, jederzeit beobachtbaren und immer in reicher Fülle und Vielfalt vorhandenen *Grundfall* und abgrenzbaren Akt dieser kooperativen Tätigkeit, der die Wechselbeziehung von mindestens zwei Individuen einschließt, nach dem gegenwärtigen Sprachgebrauch der Sozialpsychologie *„Interaktion"* nennen.

Angesichts der allgemeineren Bedeutung des Begriffs Interaktion, mit dem „Wechselwirkung", „wechselseitige Beeinflussung von zwei oder mehreren

Faktoren" gemeint ist, wäre es zweckmäßig, von „sozialer Interaktion" zu sprechen. So wird z. B. in der Persönlichkeits- und Verhaltenspsychologie von „Interaktion zwischen Person und Umwelt" gesprochen, um damit auszudrücken, daß ein Verhaltensakt eines Menschen weder allein aus den personalen Verhaltensdispositionen noch allein aus den Einflüssen der Umwelt heraus erklärt werden kann, sondern aus dem gemeinsamen, miteinander verschränkten und nur schwierig isolierbaren Wirken von Disposition und Umwelteinfluß. In der mathematischen Statistik, speziell der Varianzanalyse, wird dieser Begriff logisch ähnlich verwendet, nämlich als Ausdruck für das Zusammenwirken zweier Variablen für das Zustandekommen statistischer Daten. – Wir werden im folgenden aus Gründen sprachlicher Erleichterung nur von „Interaktion" reden und damit immer die soziale, d. h. zwischen mindestens zwei Individuen ablaufende Wechselwirkung meinen.

Damit ist, das sei vorab und ein für allemal angemerkt, überhaupt keine Bezugsetzung zu irgendwelchen soziologischen oder sozialpsychologischen Theorien gemeint, wie sie als „Interaktionismus" (z. B. Homans 1950, 1961, 1968) oder „symbolischer Interaktionismus" (z. B. G. H. Mead 1934, 1968) bekannt geworden sind und in denen dieser Begriff mit Erklärungsabsicht für Gesellschaft und Geschichte verwendet wird. Uns dient dieser Begriff zur schlichten Beschreibung des Sachverhalts interindividueller Wechselwirkungen.

Noch eine kleine Anmerkung scheint vonnöten: Oft steht in der Literatur dafür der Begriff der Kommunikation bzw. seine semantische Gleichverwendung mit dem Interaktionsbegriff. Definiert man beide Begriffe sehr weit, so mag dies wohl angehen. Dann steht aber der semantische Hintergrund dagegen; im Wort „Interaktion" ist das Agieren, das Handeln mehrerer Individuen (bzw. die Abstimmung der Handlungen) semantisch der Mittelpunkt, im Wort „Kommunikation" der Austausch von Bewußtseinsinhalten mit Hilfe von Zeichen. Demzufolge dürfte es terminologisch klarer sein, den Begriff der Interaktion (als „Austausch" von Handlungen) als den grundlegenderen zu verwenden und den Begriff der Kommunikation (als „Austausch" von Zeichen) diesem unterzuordnen – wenn auch sofort dazu gesagt werden muß, daß es bei Menschen keinen Austausch von Handlungen ohne den von Zeichen gibt. Zwischenmenschliche Wechselwirkung wird also mit dem Begriff der Interaktion mehr unter dem Aspekt der (zumeist und primär materiellen) Tätigkeit und mit dem Begriff der Kommunikation mehr unter dem Aspekt der Zeichenübertragung charakterisiert.

Für eine Analyse menschlicher Interaktionen werden wir von einigen Beispielen ausgehen, deren erstes recht elementar ist:

Eine junge Mutter beugt sich über das Bettchen ihres eben aufgewachten, etwa drei Monate alten Kindes. Sie blickt es an, produziert die für das Kind wohlbekannten Laute oder Wörter, und das Baby reagiert damit, daß es nun seine Mutter intensiver anblickt, mit seinen Augen das Gesicht der Mutter, besonders deren Augen und den Mund (die Quelle der Laute) fixiert, um sodann das Gesicht zu einem Lächeln zu verziehen und Lall-Laute auszustoßen. Diese Reaktion wird seitens der Mutter wiederum mit verstärktem Blickkontakt und mit lautlichen – in der Intensität gesteigerten – Äußerungen beantwortet. Dadurch wird offenbar die lustvolle Erregung des Kindes gesteigert, was der Beobachter dieser Szene vor allem an den einsetzenden typischen Bewegungen der Arme, der Beine und oft des gesamten Körpers ersehen kann. Dann kann es geschehen, daß das Kind daraufhin seine eigene „Lall-Produktion" erhöht und das Lächeln zu einem vergnügten Kreischen erweitert, was dann von der Mutter wieder mit entsprechenden Aktionen beantwortet wird – und so weiter, bis der Kontakt oder diese Keimform einer Interaktion aus irgendeinem Grunde abgebrochen wird.

Dieses Beispiel zeigt bereits einige wichtige Merkmale menschlicher Interaktionen:

(1) Das räumliche Zueinander oder die Raumposition beider Partner ist dergestalt, daß die Sinnesorgane einander zugewandt sind, was besonders für das visuelle, das auditive und – wenigstens für unser Beispiel – das taktile System gilt. Ferner sind auch die Verhaltensweisen (Akte, Aktionen, Handlungen) der beiden „Akteure" aufeinander gerichtet. Dies soll *Koorientierung* heißen.

(2) Die Verhaltensweisen der Partner sind auch zeitlich strukturiert: Die Akte von A und B folgen einander in einer gut beobachtbaren Sequenz. Das werden wir im folgenden *Koordination* nennen.

(3) Jeder Akt von A oder B hat im Prinzip eine doppelte Funktion: Er ist *Reaktion* auf den Akt des anderen und gleichzeitig *Aktion,* die eine Reaktion des anderen veranlaßt oder auslöst. Das soll als *Interdependenz* bezeichnet werden.

Allgemein gesagt, verweisen diese drei wohlbeobachtbaren Merkmale, nun zusammengefaßt, auf nichts anderes als auf eine besondere Art von *Zusammenhang* zwischen Individuen, der sich anläßlich einer irgendwie entstandenen Gemeinsamkeit aufbaut. Diesen Zusammenhang werden wir mit *Kontingenz* (von lat. contingere = berühren, geschehen, beeinflussen) bezeichnen. Abgesehen von anderen Verwendungen soll dieser Begriff den besonderen, zwischenmenschlichen *Geschehenszusammenhang* charakterisieren. Die drei eben abgeleiteten Merkmale der Koorientierung, Koordination und Interdependenz machen dann das aus, was wir die *äußere* Kontingenz nennen werden; das soll nichts anderes bedeuten, als daß sie von außen her, gewissermaßen vom Standpunkt des externen Beobachters, wahrgenommen werden kann.

Das ist indessen nur der erste Schritt einer Merkmalsanalyse; der nachfolgende soll an einem Beispiel vollzogen werden:

Man stelle sich zwei Menschen vor, die miteinander Schach spielen. Wir unterstellen, daß es sich um versierte Spieler und nicht um Anfänger handelt. – A (Weiß) macht den ersten Zug, auf den B (Schwarz) mit seinem antwortet; dann folgt, etwa nach einer längeren Pause, in der A sehr konzentriert auf das Spielbrett blickt und offensichtlich angestrengt überlegt, der zweite Zug von A – und so weiter; mehr an Details hier aufzuführen dürfte wohl überflüssig sein.

Dem externen Beobachter wird es nicht schwerfallen, die vorhin genannten drei Merkmale der äußeren Kontingenz auf Anhieb zu entdecken; er wird aber wohl nicht umhin kommen, noch weitere Charakteristika dieses Prozesses zu vermuten (die vorhin im Mutter-Kind-Beispiel nicht deutlich werden konnten). Das ist der Umstand, daß es auch einen Geschehenszusammenhang *innerhalb* der Aktionen von A und B geben müsse, der durch die von A und/oder B gewählte Strategie bedingt ist – jedenfalls bei einem besseren Schachspieler. Anders und allgemein ausgedrückt: Beide Partner verfolgen innerhalb einer solchen Interaktion einen *Verhaltensplan*, der (1) zu Beginn des Spiels, wenigstens grob, im Kopfe des Akteurs konzipiert gewesen sein muß, der aber (2) je nach den Aktionen des Partners oder Gegners abgewandelt wird, da er mit diesem abgestimmt werden muß.

Dieser Zusammenhang sei *innere* Kontingenz genannt; sie ist von außen nicht beobachtbar, sondern nur aus Anzeichen erschließbar. Lediglich den Beteiligten ist sie unmittelbar zugänglich, wenn auch nicht in allen Einzelheiten.

Äußere und innere Kontingenz hängen nun auf verwickelte Weise miteinander zusammen: So kann das Vorliegen entsprechender

Verhaltenspläne bei A und B Voraussetzung dafür sein, daß eine äußerlich kontingente Interaktion entsteht, es kann aber auch dessen Folge sein. Das erste dürfte dort der Fall sein, wo zwei oder mehrere Individuen mit der Absicht zusammenkommen, eine bestimmte Aufgabe gemeinsam zu lösen, das zweite dort, wo die Akteure mehr zufällig, z. B. als Gegenüber im Zugabteil, in die Möglichkeit eines sozialen Zusammenhangs geraten, woraus sich etwa eine Unterhaltung entwickelt, an der sich jeder Akteur mit seinem ad hoc entwickelten Plan, aber jeweils in Abstimmung mit den „Aktionen" des anderen, beteiligen mag.

Hier taucht bereits in zwingender Weise ein weiterführender Gedanke auf; er soll uns zu der Frage führen, *wodurch* denn eigentlich die konkrete Form einer beobachteten Interaktion mit den beiden Merkmalen der äußeren und der inneren Kontingenz bestimmt oder *determiniert* ist. Das soll wiederum an einem – im folgenden immer wieder auftretenden – Beispiel verdeutlicht werden:

Ein Vater sägt mit seinem halbwüchsigen Sohne Holz, und zwar auf die traditionelle Weise, mit einer Bügelsäge. Dem externen Beobachter ist der Zusammenhang der Elemente dieser Interaktion sofort einsichtig: der Sägebock, das darüber gelegte Holzstück, die beiden gegenüber postierten Akteure, ihr mehr oder weniger gut in Zeit und Raum abgestimmtes Verhalten mit dem Hin und Her der Säge – und so weiter. Dabei oder daneben kann auch weiteres beobachtet werden: etwa die sprachlichen Äußerungen, die sich auf den Sägevorgang oder auch auf andere Gegenstände beziehen können, vielleicht die kritischen Anmerkungen des – offensichtlich besser geübten – Vaters zu den Sägekunststücken seines weniger geübten Sohnes, die vielleicht zu einer ebenso kritischen Replik des etwas ungebärdigen Halbwüchsigen führen – und noch manches andere mehr.

Vergleicht man diese Interaktion mit der des Mutter-Kind-Beispieles, so fällt auf, daß offensichtlich alle jene Beschaffenheiten, die wir mit äußerer und innerer Kontingenz bezeichnet haben, vom *Inhalt* der gemeinsam zu vollziehenden *Arbeitstätigkeit* determiniert sind: Die Koorientierung wie auch die zeitliche Koordination und die Interdependenz sind determiniert durch die gewählte „Technologie" des Holzsägens und die darin eingehenden Beschaffenheiten der Werkzeuge und Arbeitsgegenstände. Man kann, wenigstens für diesen Fall, sagen, daß die skizzierten Beschaffenheiten der Interaktion durch die materiellen Gegegebenheiten der „Technologie" *erzwungen* werden. Natürlich tritt das Merkmal der inneren Kontingenz hier weniger deutlich in Erscheinung; es läßt sich jedoch, blickt man auf das Beispiel der Schachspieler zurück, zeigen, daß auch die innere Kontingenz von der „Technologie" (hier vom Regelsystem des Schachspieles und seinen verschiedenen Theorien) bedingt sein muß.

Wenn auch nicht so evident, können wir unserem Standardbeispiel noch eine weitere Determinante der extern und intern kontingenten Interaktion entnehmen, und das ist die besondere *soziale Beziehung*, die die Akteure in die gemeinsame Tätigkeit einbringen oder die sie während der Interaktion aufbauen. Für unser Beispiel dürfte als sicher gelten, daß die Art der Vater-Sohn-Beziehung, ob als ein dominant-submissives oder ein kameradschaftlich-gleichberechtigtes Verhältnis, die konkrete Erscheinungsform der Merkmale dieser Interaktion – wenigstens randständig – kodeterminiert.

Dabei ist, in Verallgemeinerung dieses Beispiels auf kooperative Arbeit überhaupt, zu bedenken und immer im Auge zu behalten, daß solche Beziehungen oder Verhältnisse, mögen sie auch noch so individualisiert auftreten, immer als Momente der *gesellschaftlichen* Verhältnisse angesehen werden müssen, in deren Rahmen menschliche Tätigkeiten ablaufen. (Diesen Sachverhalt werden wir im 2. Kapitel weiter verfolgen.) Man darf also in der Absicht, solche zwischenmenschlichen „Geschehenszusammenhänge" wissenschaftlich gültig aufzuklären, ihre Determination nicht zu eng sehen, sondern man muß sie prinzipiell weiterverfolgen bis hin zu den umgreifenden Determinanten, die letztlich in der Struktur der Gesellschaftsformation begründet sind.

Das gilt natürlich nicht nur für die Determinante „soziale Beziehung", sondern auch für eine weitere, für die wir ein neues Beispiel einführen möchten:

Auf der Straße geht ein älterer Passant, dessen Schritte immer langsamer werden. Schließlich bleibt er an einem Gartenzaun stehen, lehnt sich an, zieht ein Taschentuch und wischt sich damit den Schweiß aus dem Gesicht, dann greift er sich an die linke Brustseite und läßt sich auf die Mauer des Vorgartens nieder. – Ein anderer Passant, der diese kurze Szene zufällig beobachtet hat, tritt hinzu, fragt nach dem Befinden, wendet sich einem weiteren Fußgänger zu und bittet diesen, einen Krankenwagen zu rufen, stützt den offensichtlich mit einer Kreislaufschwäche Kämpfenden, redet ihm gut zu, hilft ihm bei Ankunft des Krankenfahrzeuges beim Einsteigen und erklärt dem Arzt den Vorfall.

Das ist eine „soziale Episode" des Hilfeleistens, die zwar nicht genau als eine Interaktion wie das Holzsägen angesehen werden kann, indessen wohl manche ihrer Merkmale hat. Es tritt aber eine Besonderheit hinzu, die in den vorausgegangenen Beispielen mehr verdeckt, nicht so ins Auge springend, enthalten war – das ist der Umstand, daß dieses hilfeleistende Verhalten von einer sittlichen Verhaltensnorm kodeterminiert war. Für B hätte es verschiedene Möglichkeiten gegeben, diese Interaktion aufzunehmen oder auch nicht aufzunehmen; er hätte auch weitergehen und die offensichtlich notwendige Hilfe einem anderen des Weges Kommenden überlassen können. Er aber entschied sich dafür, vielleicht trotz des Umstands, daß er in Eile war. Er folgte einer *Norm*, die „von innen heraus" seine Entscheidung und damit die Form seines interaktiven Verhaltens determinierte. Diese von B angeeignete und gewissermaßen zur Leitlinie seines Verhaltens gewordene sittliche Norm ist aber ursprünglich ein Moment des geistigen Überbaus der Gesellschaft.

Damit können wir, im Anschluß an das eben zur sozialen Beziehung und zur Verhaltensnorm Gesagte, die grundlegende Determination menschlicher Interaktionen in folgender Weise zusammenfassen:

Das soziale Geschehen des Zusammenwirkens menschlicher Individuen, das wir mit dem Begriff der Interaktion bezeichnen, wird in seinen grundlegenden Merkmalen der äußeren wie inneren Kontingenz *determiniert*

(1) durch den jeweiligen Entwicklungsstand der Produktivkräfte, der Werkzeuge, Instrumente und Technologien, die von den Interaktionspartnern für die Aufgabenlösung und Zielerreichung eingesetzt werden können;

(2) durch die Produktionsverhältnisse und „gesellschaftlichen Verhältnisse" der jeweiligen Gesellschaftsformation, wie sie in den konkreten interpersonellen Beziehungen in Erscheinung treten, und schließlich

(3) durch den gesellschaftlichen, geistigen Überbau, der Normen und Leitlinien auch für interaktive bzw. zwischenmenschliche

Prozesse zur Verfügung stellt.

Wir müssen selbstverständlich immer dabei im Auge behalten, daß diese drei genannten „Bestandteile" der Gesellschaft nicht unmittelbar Interaktionen determinieren, sondern nur in ihrer jeweiligen Umsetzung in das Individuelle, d. h. in dem Maße, in dem diese Bestandteile in den inneren Besitz der beteiligten Individuen eingegangen sind – als soziale Eigenschaften, Fähigkeiten, Fertigkeiten, als soziale Einstellungen oder Haltungen, als Verhaltensmuster, als Interpretationsregeln für soziale Situationen – und so weiter.

Für die psychologische Erforschung von Interaktionen – und unser Thema der interpersonellen Wahrnehmung und Urteilsbildung ist ja ein Teil davon – geht es letztlich darum, den gesamten Determinationsmechanismus aufzuklären, beginnend bei den unmittelbaren, in der konkreten Situation enthaltenen Determinanten bis hin zu den umgreifenden gesellschaftlichen, wobei deren Zusammenhang als sehr komplex und als nichtlinear ins Kalkül gezogen werden muß. Es muß nicht besonders betont werden, daß gerade diese Aufgabe bisher nur unzulänglich gelöst wurde.

Es ist unschwer zu erkennen, daß es sich um nichts anderes als um einen speziellen Fall des Verhältnisses von Individuum und Gesellschaft handelt, das in der Geschichte der Sozialpsychologie allenthalben thematisiert worden ist (vgl. dazu Hiebsch und Vorwerg 1966, S. 10 ff. und S. 57 ff.). Eine individualistische Lösung dieses (an sich philosophischen) Problems tritt innerhalb der Psychologie als „psychologistische" Erklärung sozialen Verhaltens auf, z. B. dann, wenn die Eigenart des Ablaufs einer Interaktion (A ärgert B, und B reagiert mit einer physischen Aggression) ausschließlich auf in A und B angelegte psychische Dispositionen zurückgeführt wird. Eine „soziologistische" Erklärung erscheint dann als ebenso unangemessen, z. B. wenn die Aggression von B gegenüber A als direkter Ausfluß gesellschaftlicher Wirkfaktoren, etwa eines ökonomischen Verhältnisses, angesehen wird.

Ein letztes Beispiel, an dem allerdings keine weiteren Merkmale oder Determinanten abgelesen werden können, soll unsere Analyse beschließen. Es diene vielmehr als exemplarische Zusammenfassung und als Hinführung zu den in Wirklichkeit wesentlich komplexeren Prozessen sozialer Interaktionen als unsere bewußt einfach gehaltenen Analysebeispiele bisher:

Ein Neuerer-Kollektiv eines Betriebes, bestehend aus zwei Ingenieuren und mehreren Facharbeitern und Lehrlingen, entwickelt und realisiert eine neue Fertigungstechnologie für ein Produkt. In ganzen Serien von Interaktionen innerhalb dieses Kollektivs (und auch darüber hinaus) werden dafür Ideen gesammelt, Konzeptionen entworfen und diskutiert, Pläne aufgestellt und Termine vereinbart, wie, wann und von wem die vielfältigen Einzelaufgaben dieser Reorganisation verwirklicht werden sollen; es werden die einzelnen Leistungen auf die Mitglieder der Gruppe aufgeteilt, ihre Erfüllung wird diskutiert, und schließlich, unter Umständen in mehrwöchiger Arbeit, wird das Rationalisierungsvorhaben verteidigt, erprobt und eingeführt.

Das sind ganze „Netzwerke" von hochkomplexen Interaktionen, öfter unterbrochen durch individuelle geistige oder materielle Tätigkeit, die durch ihr Ziel zusammengehalten und dadurch unauflöslich miteinander verzahnt sind. Gerade an einem solchen konkreten Beispiel aus dem Bereich der menschlichen Produktionstätigkeit in der sozialistischen Industrie kann besonders gut verdeutlicht werden, wie die gesellschaftlichen Determinanten, die wir eben abgeleitet haben, im realen Prozeß zur Erscheinung kommen und wie sie die Merkmale interaktiver Prozesse formen. Aber das muß nun nicht mehr im Detail ausgeführt werden; wir wollen das schließlich noch in einem einfachen Schema verdeutlichen.

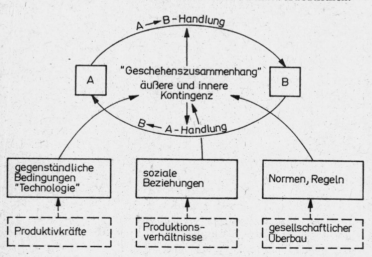

Abb. 1: Schema des allgemeinen Determinationszusammenhangs einer Interaktion.

1.1.2. Die Wahrnehmung von Interaktionssituationen

Damit haben wir gewissermaßen als Vorlauf für unsere weitere Analyse die wichtigsten Merkmale von Interaktionen beschrieben, wie sie ein Beobachter – als deren externe Kontingenz – von außen her beobachten oder – als interne Kontingenz – auf Grund von Beobachtungen erschließen kann.

Mit der Verwendung des Begriffs „externer Beobachter" wollen wir gleich anmerken, daß dieser Standpunkt mit dem ihm eigenen Verhältnis zum Gegenstand der Beobachtung auch der der Wissenschaft ist, besonders der Psychologie, die ja – wie jedermann – auch in der Lage ist, ihre Gegenstände gewissermaßen „von innen her", als Beschreibung des eigenen Erlebens, zu erfassen (Selbstbeobachtung). Wenn auch die Selbstbeobachtung oder Selbstwahrnehmung immer notwendiger Bestandteil jeder wissenschaftlichen Erfassung ist, so muß doch dem Standpunkt des externen Beobachters aus verschiedenen und hier nicht weiter zu diskutierenden Gründen der Vorzug gegeben werden. Daraus folgt aber, daß der Psychologie im Prinzip nur zugänglich ist, wie sich andere Menschen in bestimmten Situationen *verhalten.* Aber alles das, was an Daten aus dem Verhalten durch externe (freie oder gebundene, z. B. experimentelle) Beobachtung ermittelt wird, ist nur das Ausgangsmaterial der Wissenschaft. Von diesem aus muß *erschlossen* werden, *warum* ein beobachtetes Verhalten so und nicht anders abläuft, und das heißt, es muß auf die internen Prozesse rückgeschlossen werden, die in dem betreffenden Individuum ablaufen und die ja prinzipiell der Beobachtung von außen verschlossen sind.

Diese Prozesse sind die psychischen oder psychophysiologischen, die als „Regulatoren" des Verhaltens gelten. Alles, was wir vorhin an äußeren Bedingungen des (interaktiven) Verhaltens erfaßt haben, muß natürlich zuerst *in den Köpfen* der Individuen *widergespiegelt* werden, ehe es verhaltenswirksam wird; und die Art und Weise, *wie* ein Individuum seine Verhaltensbedingungen widerspiegelt, bestimmt, wie es sich verhalten wird.

In anderer Weise ausgedrückt:

Entsprechend der dialektischen Beziehung von „Information und Verhalten" (Klix 1971) handelt es sich in dem, was für die Psychologie der Interaktion (das ist die Sozialpsychologie) zu untersuchen obligatorisch – da ihr eigentlicher Gegenstand – ist, um *individuelle,* indessen miteinander vernetzte psychische oder informationsverarbeitende Prozesse von mindestens zwei miteinander tätigen Individuen.

Ein solcher interaktionsregulierender Prozeß kann nun, allerdings sehr vorläufig und knapp, da im 3. Kapitel ausführlicher erörtert, in folgender Weise aufgegliedert werden:

(1) Die im Abschnitt 1.1.1. beschriebenen Verhaltensbedingungen für eine Interaktion (das sind vorwiegend solche der objektiven *sozialen* Wirklichkeit) sind als *Informationen* über diese Realität den Sinnesorganen der Individuen zugänglich – wobei hier schon angemerkt werden kann, daß jeder einzelne *seine* „Perspektive" (im wahren und im übertragenen Sinne) dieser Wirklichkeit gegenüber einbringt.

(2) Über informationsverarbeitende, d. h. vor allem perzeptive und kognitive Prozesse, werden diese Informationen in ein *Abbild* der gegebenen Interaktionssituation überführt.

(3) In Abhängigkeit von den internen Zuständen eines Individuums (z. B. Verhaltensabsicht, Motivation, Zielvorstellung, Interesse) wird das Abbild strukturiert und *bewertet.*

(4) Über weitere kognitive Prozesse (z. B. planende, strategiebildende) wird dieses Abbild in Verhaltensentscheidungen überführt, denen Auswahlprozesse aus möglichen Verhaltensalternativen zugrunde liegen.

(5) Dabei ist im Auge zu behalten, daß auf all den genannten „Stufen" der Informationsverarbeitung „Vorinformationen", d. h. im Gedächtnis der Individuen eingetragene kognitive Strukturen wirksam werden, also in die Verarbeitung der *aktuellen* Information mehr oder weniger stark hineinspielen.

Die hier angeführten Punkte (1) bis (5) charakterisieren diese Prozesse, wie sie in *einem* Individuum ablaufen. Das reicht aber für unsere weitere Analyse nicht aus. Der vorher schon eingeführte wechselseitige Zusammenhang der Aktionen, der jede Interaktion kennzeichnet, erfordert es, auch eine entsprechende Wechselseitigkeit oder *Reziprozität* der regulativen Prozesse zu unterstellen, was eine gegenseitige Beeinflussung der Informationsverarbeitung einschließt. Abbildung 2 soll dies schematisch demonstrieren.

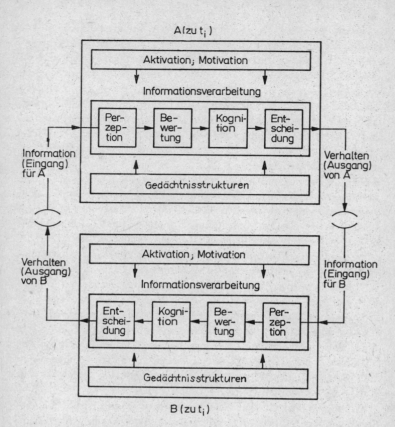

A (zu t_i)

Aktivation; Motivation

Informationsverarbeitung

| Perzeption | Bewertung | Kognition | Entscheidung |

Information (Eingang) für A

Verhalten (Ausgang) von A

Gedächtnisstrukturen

Verhalten (Ausgang) von B

Information (Eingang) für B

Aktivation; Motivation

Informationsverarbeitung

| Entscheidung | Kognition | Bewertung | Perzeption |

Gedächtnisstrukturen

B (zu t_i)

Abb. 2: Schema des reziproken Zusammenhangs der Informationsverarbeitungsprozesse $A \rightarrow B/B \rightarrow A$ zu t_1.

Unser Schema kann natürlich nur eine Phase (A zu t_i und B zu t_i) des interaktiven Prozesses unter dem Aspekt der individuellen Abbildungen der gesamten Situation darstellen. Man denke sich das in der Zeit erstreckt und beachte dabei die Veränderungen, die sich aus den Akten von A (dem „Ausgang" des Systems A) auf die Informationsverarbeitung bei B (dem „Eingang" des Systems B) ergeben können. Diese „Ausgangs-Eingangs-Verschränkung" ist der kritische Punkt unserer Analyse. Wichtig daran ist der Umstand, daß sich dabei (in der Regel) eine gewisse *Anglei-*

chung der Abbilder von A und B einstellen muß, wenn die Interaktion, die gemeinsame Aufgabenlösung etwa, nicht gestört werden soll. Im Alltag sprechen wir von einem zunehmenden gegenseitigen Verstehen oder von Verständigung (die normalerweise
bei Menschen über sprachliche Kommunikation gewährleistet
wird). Es ist wohl fast überflüssig zu sagen, daß Störungen interaktiver Prozesse und überhaupt sozialer Beziehungen zu erwarten
sind, wenn diese „Angleichung" der Abbilder der sozialen Wirklichkeit nicht gelingt, wie das oft bei interpersonellen Konflikten
beobachtet werden kann.

Der kritische Punkt unserer Untersuchung ist, wie gesagt, die
„Eingangs-Ausgangs-Verschränkung" (Abb. 2); diese soll jetzt
weiter aufbereitet werden. Als anschauliche Untersetzung dieser
Analyse mag man sich die Situation des holzsägenden Paares denken, ohne daß wir ständig darauf Bezug nehmen wollen.

Wir stellen nun die folgende Frage: Welche Gruppen von Informationen gehen jeweils in diesen Prozeß ein?

Das sind, wieder sehr knapp und vorläufig gesagt, die folgenden:

(1) Informationen über die zu einem Zeitpunkt (t_i) vorliegenden Zustände des *Interaktionspartners,* unterscheidbar (a) nach
seiner äußeren Erscheinung, Haar-, Barttracht und Kleidung eingeschlossen, und (b) nach seinem Verhalten, d. h. der Veränderung dieser Zustände, also Bewegungen, Gesichts- und andere
Ausdrucksbewegungen, Sprache, in der Zeit.

(2) Informationen über den jeweiligen Zustand des *Gegenstands* der Interaktion, d. h. über die in der gemeinsamen Tätigkeit zu lösende Aufgabe mitsamt ihren gegenständlichen Bedingungen.

(3) Informationen über weitere Zustände der äußeren Situation, in der die Interaktion stattfindet (z. B. Lufttemperatur, Anwesenheit oder Abwesenheit weiterer Personen).

(4) Informationen über den Zustand der vorgegebenen oder
sich während des Prozesses ausbildenden *Beziehung* zwischen den
Partnern.

Mit dem Blick auf unser Schema in Abb. 2 wird sicher klar geworden sein: Die in diesem Prozeß sich ergebenden dynamischen Veränderungen der Interaktions-Situations-Abbilder, die wir mit „An-

gleichung" beschrieben haben, resultieren aus den kontingenten *Aktionen von A und B:* A (der Vater) manipuliert mit der Säge demonstrativ und sagt stirnrunzelnd und ungehalten dazu: „So mußt du ziehen, immer genau auf das Blatt sehen!" – oder ähnliches. Diese Aktion von A erzeugt jene Zustände, wie sie B (dem Sohn) als gegenüber der vorausgegangenen Phase veränderte Informationen zugänglich sind, seinerseits verarbeitet und in seine Aktion überführt werden müssen. Diese Aktion nun liefert ihrerseits die Information für A, die er aufnehmen, verarbeiten und wieder in sein folgendes Verhalten transformieren muß – und so weiter.

Somit läßt sich sagen: Die Informationen über die Zustände (1) bis (4) wirken in dem Maße, in dem sie und wie sie in Abbilder und Verhaltensentscheidungen umgesetzt werden, als „Regulatoren" der abgestimmten (kontingenten) Interaktion, sie sind also „funktional" zur Interaktionsregulation, oder anders gesagt:

Die *Funktionalität* der Abbilder, der psychischen Widerspiegelung, besteht darin, das interaktive Verhalten zu steuern.

An dieser Stelle dürfte eine knappe Anmerkung zu der damit angedeuteten erkenntnistheoretischen Position vonnöten sein. Ein philosophisch vorgebildeter Leser könnte nämlich aus unserer Darstellung eine Position des Pragmatismus herauslesen. In der Tat beruhen ähnliche Auffassungen aus der Psychologie, z. B. die Theorie der „funktionalen Wahrnehmung" von Brunswik (1956), auf pragmatischen Konzeptionen. Ihnen kann mit Recht vorgeworfen werden, daß sie die Rolle der Widerspiegelung bzw. Erkenntnis der Wirklichkeit für das Leben lediglich auf den Aspekt der Nützlichkeit oder Zweckmäßigkeit für das Verhalten beschränken und sogar die Möglichkeit negieren, durch die Widerspiegelung der Realität zu (approximativ) wahren Erkenntnissen zu kommen. Indem wir uns ein für allemal davon abgrenzen, müssen wir jedoch betonen, daß uns hier gerade der Aspekt der Handlungsrelevanz der psychischen Abbilder, also vor allem ihre pragmatische Funktion, interessieren wird, denn das ist das erklärte Ziel der Untersuchung. Die Möglichkeit, zu wahrer Erkenntnis vorzudringen, wird nicht nur nicht bestritten, sondern als eine unabdingbare Voraussetzung für die pragmatische Funktion des Psychischen angesehen. Dies gilt allerdings modal, und das soll heißen: im Mittel über viele Widerspiegelungsleistungen hinweg und über längere Zeiten; so kann auch eine „falsche" Erkenntnis, z. B. über die Fähigkeit eines Partners effizient sein, etwa wenn die Resultate seiner Tätigkeit nicht eindeutig bewertbar sind, aber kaum für einen längeren Zeitraum und nicht in letzter Instanz.

1.1.3. Die Funktionalität der Information über die Beschaffenheit von Interaktionssituationen

Worauf beruht nun die Funktionalität der oben eingeführten Informationen über die Zustände oder Beschaffenheiten der Wahrnehmungsobjekte (1) bis (4)? Diese Frage muß in Rücksicht auf den einleitenden Zuschnitt, den dieses Kapitel hat, etwas weiter ausholend beantwortet werden, zumal wir damit an einem weiteren kritischen Punkt der Analyse interpersonellen Wahrnehmens und Beurteilens, wie überhaupt der „Verarbeitung sozialer Information", angelangt sind.

Solche hochkomplexen Ereignisse wie das soziale Verhalten von Menschen verlangen, die Dialektik von Information und Verhalten auf diesen Sachverhalt hin zu spezifizieren. Das Besondere daran mag aus einem Vergleich zwischen unserem ersten Beispiel, der Mutter-Kind-Interaktion, mit dem letzten, der Interaktion in einem Neuererkollektiv, ersehen werden. Daß das Baby auf den Anblick des Gesichts der Mutter unter anderem mit Zuwendung und auch mit Lächeln reagiert, beruht auf einer wahrscheinlich angeborenen Verknüpfung einer solchen Reaktion mit einer auslösenden Reizkonfiguration. Wie Untersuchungen von Fantz (1963) gezeigt haben, kann schon beim wenige Tage alten Kind eine visuelle Bevorzugung gesichtsartiger Reizkonfigurationen gegenüber anderen beobachtet werden (vgl. dazu Abschn. 3.2. und Abb. 7). Die Bedingung, die solche Bevorzugung auslöst, kann durch Manipulation der Reizvariablen ziemlich genau identifiziert werden. Es handelt sich um eine *figurale* Eigenschaft des Reizes selbst. Ursprünglich wirkt also gar nicht nur das „Gesicht der Mutter" verhaltensauslösend, sondern auch die ihm analoge Reizkonfiguration (in der übrigens und interessanterweise „Augenpunkte" ein sehr entscheidendes Element sind).

Ohne daß wir den Erörterungen im Abschnitt 3.2. allzusehr vorgreifen wollen, sei nur angemerkt, daß dieser „angeborene Auslösemechanismus" oder „unbedingte Reflex" (Pawlow) eine jener phylogenetisch entstandenen und angeborenen Prädispositionen ist, auf denen die soziale Kontaktaufnahme und später die Interaktionsfähigkeit aufbauen können. Die real wirksamen Kontakt- und Interaktionsdispositionen müssen dann – im Sinne der Bildung „bedingter Reflexe" – gelernt werden, aber auf diesen und anderen angeborenen Grundlagen. Wenn das Baby einige Monate älter ist, dann reagiert es kaum mehr auf die genannten Konfigurationen mit fixierender Zuwendung, sondern es bevorzugt das sich bewegende und Laute produzierende Gesicht der Mutter bzw. einer anderen Pflegeperson (vgl. unser erstes Beispiel).

Für uns ist aber zunächst wesentlich, daß dieses ursprüngliche Verhalten, die fixierende Zuwendung, mit einer figuralen Charakteristik des Reizes selbst verknüpft ist, daß es also an diese *metrische* Beschaffenheit eines Reizes gebunden ist. Solche Arten von Verknüpfungen sind auch bei Erwachsenen häufig genug: Wenn wir bei einem unerwarteten Geräusch zusammenzucken, so ist diese Reaktion in erster Linie an die Intensität des Reizes (an die Amplitude der Schallwellen) gebunden. Etwas ungenau wird hier manchmal von der „Gebundenheit einer Reaktion an die physikalischen Reizparameter" gesprochen; man vergleiche dazu die Pupillenverengung in Abhängigkeit von der Intensität des Lichts.

Etwas anders liegt wohl der Fall, wenn wir einen weithin bekannten Umstand betrachten: Mütter kleiner Kinder wachen oft aus tiefem Schlaf auf, wenn sie das leise Wimmern ihres Babys hören, während sie durch den Krach eines vorüberfahrenden Lastkraftwagens, der physikalisch um ein Mehrfaches intensiver ist, nicht geweckt werden. In diesem Falle ist die Weckreaktion nicht (oder nicht allein) an die physikalische Reizintensität gebunden, sondern an die Information über einen Zustand des Babys, die im Reiz gewissermaßen *verschlüsselt* ist. Wenn hier gelegentlich von geringer Reizbindung gesprochen wird, so ist das sehr verkürzt ausgedrückt: Es ist natürlich hier auch der Reiz mit seinen physikalischen Beschaffenheiten, der auslösend wirkt, aber dadurch, daß der Reagierende eine für ihn bedeutsame Information „heraushört". Das aber heißt: Er muß mit Hilfe einer im Gedächtnis eingetragenen Wahrnehmungsregel die im Reiz enthaltene Information *erschließen;* die entscheidende Bedingung ist also die Erschließung der als bedeutsam bewerteten Information über einen Zustand der Umwelt.

Nun sei dazu der Wahrnehmungsvorgang betrachtet, der innerhalb der Interaktionsserien des Neuererkollektivs regulativ wirksam ist. Es sei nur *ein* Moment davon herausgegriffen: Ein Mitglied hat eine technische Zeichnung angefertigt, die er seinen Kollegen in einer Beratung erläutert. Alle blicken auf die Zeichnung und hören den Erklärungen zu. Jedem steht eine in der Zeit sich ändernde und sehr komplexe Reizkonfiguration gegenüber, aber diese, beschrieben durch ihre physikalischen Reizparameter, ist bestenfalls der Ausgangspunkt für die perzeptiven Prozesse von A, B usw., weil für die Menschen nichts anderes bedeutsam ist als die darin verschlüsselte Information. Man denke an den Unterschied in der Wahrnehmungsweise einer solchen technischen Zeichnung zwischen einem „bewanderten" Techniker und einem „blutigen Laien" auf diesem Gebiet: Wenn gesagt wird, beide sähen „ein und dasselbe", weil sie ja dieselbe objektive Reizgrundlage vor sich haben, so gilt das höchstens in einem außerordentlich elementaristischen Sinne. Während sich die Wahrnehmung des Laien im wesentlichen auf die bloßen figuralen Beschaffenheiten stützen wird, „sieht" der Bewanderte durch jene hindurch die für ihn bedeutsamen Informationen oder *Bedeutungen,* die im Reiz verkörpert sind.

1.1.4.   Über „Gegenstandsbedeutungen"

Ohne daß wir auf diese etwas komplizierte Thematik an dieser Stelle weiter eingehen wollen (vgl. dazu das 2. und 3. Kap.), läßt sich zusammenfassend sagen, daß die Funktionalität jener Arten von Informationen (1) bis (4), die der Regulation des interaktiven (interpersonellen, sozialen) Verhaltens zugrunde liegen, nicht auf den physikalischen Reizcharakteristika, also auf den metrisch-figuralen und qualitativ-modalen Beschaffenheiten, beruht, sondern auf ihren *Bedeutungen,* die diese Informationen für das Leben und die Aktivität der Beteiligten haben. Es muß natürlich gleich angemerkt werden, daß die mit dem Bedeutungsbegriff vorläufig bezeichneten Umweltbeschaffenheiten reizanalytisch durch nichts anderes als durch ihre figuralen und qualitativen Merkmale charakterisiert sind.

Wir lassen den eingeführten Begriff der „Bedeutung" definitorisch vorläufig in der Schwebe und vertrauen darauf, daß er auf dem Hintergrund seines Inhalts in der Alltagssprache verstanden wird. Erst im 2. Kapitel werden wir seine spezielle inhaltliche Bestimmung unter den dafür erforderlichen historisch-materialistischen Aspekten ableiten. Wir müssen ihn aber schon jetzt (und etwas vorgreifend) in jenem speziellen Sinn verwenden, wie er für unsere Untersuchung der „sozialen Wahrnehmung" erforderlich ist:

Unter *„Bedeutung"* wollen wir für unsere (vorläufig) beschreibende Analyse jene *objektiven* Beschaffenheiten der sozialen Umwelt von Menschen verstehen, die ihr bzw. den in ihr enthaltenen Gegenständen und Personen zufolge ihrer *Gesellschaftlichkeit* zukommen und die notwendig in der perzeptiven und kognitiven Tätigkeit der Menschen rekonstruiert werden müssen, wenn das Handeln anforderungsgerecht ablaufen soll. In Anlehnung an die „kulturhistorische Theorie" in der Psychologie von Leontjew (1964) und vor allem an die von Rubinstein (1959) eingeführten Ideen zur Wahrnehmungstheorie nannte das Holzkamp (1973) – und zwar in Abhebung vom linguistischen Bedeutungsbegriff – *„Gegenstandsbedeutung"*. Darunter werden unterschieden: (a) sachliche Gegenstandsbedeutungen, (b) personale Gegenstandsbedeutungen und (c) Symbolbedeutungen. Diese werden im menschlichen Verhalten gemeinsam als komplexe „Bedeutungsstrukturen" wirksam.

Beziehen wir diese begriffliche Fassung nunmehr auf unser Problem, die psychische Regulation von Interaktionen, dann haben wir es hier mit hochkomplexen Bedeutungsstrukturen zu tun, die als Eingangsbedingungen der gemeinten informationsverarbeitenden Prozesse fungieren. Solche objektiven Strukturen sind durch jeweils situations- und aufgabenspezifische Verknüpfungen von sachlichen und personalen Bedeutungsstrukturen konstituiert, in die in besonderer Weise die Symbolbedeutungen hineinwirken, wie sie in der sprachlichen Kommunikation der beteiligten Individuen auftreten. Der Zusammenhang dieser (nur analytisch heraushebbaren) Bedeutungsstrukturen wird vermutlich durch die in der gemeinsamen Tätigkeit zu lösende *Aufgabe* gestiftet; das soll aber erst später erörtert werden.

Es ist nun aber Zeit, die vorstehenden abstrakten Ableitungen wieder am möglichst einfachen Beispiel zu verdeutlichen. Wir wählen wiederum das des holzsägenden Paares, das wir im Abschnitt 1.1.1. mehr von außen beschrieben haben, und fragen, welche Arten von „Bedeutungen" (bzw. bedeutungshaltigen Informationen), die in der objektiven Interaktionssituation enthalten sind, die Eingangsbedingungen für die informationsverarbeitenden (perzeptiven und kognitiven Prozesse) bilden. Zur Vereinfachung sei dies nur von der Seite des Sohnes (B) durchgeführt.

(Die daran sich anschließende Frage, *wie* denn diese Bedeutungsstrukturen im internen Verarbeitungssystem eines Partners zu einem Verhältensleitenden Abbild der Situation – und schließlich zur Verhaltensentscheidung – synthetisiert werden, wird mit Einschränkung auf das Abbild des Partners im 3. Kapitel behandelt.)

Im Mittelpunkt der objektiven Bedeutungsstrukturen, die B gegenüberstehen, liegt zweifellos

(1) das *Verhalten* (die äußere Erscheinung eingeschlossen) des *Partners* als wahrscheinlich einheitlicher Bedeutungskomplex, an dem sich analytisch unterscheiden ließe:

a) das gegenstands- und aufgabenbezogene Verhalten (das Hantieren mit der Säge usw.),

b) das auf B unmittelbar gerichtete Verhalten (etwa jene Momente des Hantierens, die mehr der Steuerung des koordinierten Agierens von B dienen), und

c) das kommunikative Verhalten von A, also alle jene geäußerten nichtverbalen und natürlich besonders verbalen Zeichen, die zumeist – in „sympraktischer Einbettung" (Bühler 1934) – innerhalb des gegenstandsbezogenen und des partnerbezogenen Verhaltens auftreten (z. B. Gesichtsausdruck des Zorns, „Kräftiger ziehen!", „Stell dich nicht so dußlig an!" u. ä.).

An objektiven Bedeutungsstrukturen treten hinzu:

(2) die kooperatív zu lösende *Aufgabe* selbst mitsamt ihren gegenständlichen Aufgabenbedingungen (die verwendeten Werkzeuge, andere Materialien usw.),

(3) weitere vorliegende Aufgaben*bedingungen* (z. B. das Holz bis zu einem bestimmten Zeitpunkt sägen zu müssen, weil die Mutter das Holz zum Heizen benötigt),

(4) die konkreten materiellen und auch sozialen Merkmale der äußeren *Situation* (z. B. ob diese Interaktion am gewohnten Ort oder an anderer Stelle verläuft, ob etwa ein sensibler Nachbar sich dadurch gestört fühlen könnte usw.) und

(5) die (in unserem Falle vorgegebenen) interpersonellen *Beziehungen* in ihrer jeweiligen Ausprägung (gutes oder schlechtes Verstehen zwischen A und B, autoritäre oder nichtautoritäre Haltung von A gegenüber B u. ä.).

In Abb. 3 soll nun das außerordentlich komplexe Zueinander von Bedeutungen verschiedener Herkunft, das die Eingangsbedingungen des informationsverarbeitenden Prozesses bildet, schematisch veranschaulicht werden.

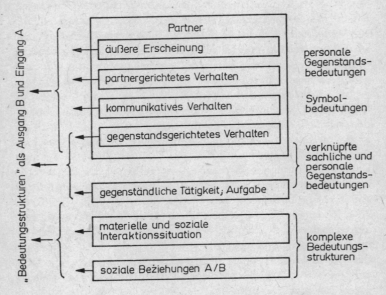

Abb. 3: Schema des „Reizangebots" für die Informationsverarbeitung *A/B* während einer Interaktion.

1.1.5. Voraussetzungen für die weitere Analyse bedeutungshaltiger Information

Bevor wir unsere Analyse weiter auf die Erfassung der interpersonellen Wahrnehmung einengen, sollen erst noch zwei Probleme abgehandelt werden, die als weitere Voraussetzungen in die Behandlung unserer Thematik eingehen werden.

Das *erste* Problem betrifft den an sich trivialen Umstand, daß B diesen Strukturen nicht als eine Tabula rasa gegenübertritt, sondern als ein Individuum mit Erfahrung oder „Vorinformation", also mit Gedächtnisinhalten und -strukturen, die in der gesamten

Lebens- und Lerngeschichte von B ausgebildet worden sind. Erst dieser Umstand ermöglicht es ihm, wie wir schon vorhin feststellen mußten, die objektiven Bedeutungen adäquat subjektiv zu rekonstruieren. Gegenüber manchen Alltagsauffassungen aber nicht trivial ist, daß unser B auch mit seinem *aktuellen* Zustand der Interaktionsaufgabe gegenübertritt und damit deren Bedeutungsrekonstruktion durch Wahrnehmen beeinflußt. Solche Zustände lassen sich aufs einfachste unter dem Begriff der „Einstellung" fassen. B kann z. B. deshalb „keine Lust" haben, gerade jetzt mit dem Vater Holz zu sägen, weil er sich vorgenommen hatte, mit Freunden Fußball zu spielen. Oder: Er fühlt sich dafür sehr motiviert, weil ihm ein Geschenk in Aussicht gestellt wurde, wenn er die Arbeit sehr schnell und sorgfältig vollbringt. Oder: Er traut sich diese Arbeit nicht zu, weil er wenig Übung darin hat oder weil ihm sein Herr Papa früher oft ob seiner Ungeschicklichkeit getadelt hat – und so weiter. Dabei ist für uns der folgende Umstand entscheidend: Entgegen Auffassungen, denen zufolge lediglich die Leistung in Quantität und Qualität von einer dominierenden Motivation mitbestimmt werde, muß festgehalten werden, daß auch die Art und Weise, *wie* die Interaktionssituation mit ihren Bedingungen von den Handelnden *wahrgenommen* und erlebt wird, von der Motivation oder Einstellung beeinflußt wird.

Daß Einstellungen Wahrnehmungen kodeterminieren, ist auch aus dem Alltag bekannt – nur noch nicht, wie das im einzelnen geschieht. Eine der Möglichkeiten ist, daß Einstellungen zu einer *Selektion* bestimmter Informationen aus dem gesamten Angebot führen. Eine andere, in vielen Experimenten gesicherte Möglichkeit besteht darin, daß eine vorhandene Einstellung gewisse Informationen oder deren Merkmale besonders betont oder *akzentuiert*, was unter Umständen auch zu *Verzerrungen*, z. B. Größen-Unter-/ oder -Überschätzungen, führen kann.

Da wir auch diese Erscheinung im 3. Kapitel näher untersuchen wollen, soll es bei dieser bloßen Nennung von Einstellungseffekten bleiben. Es soll nur darauf aufmerksam gemacht werden, daß bei den meisten der einschlägigen Untersuchungen (für eine Zusammenfassung älterer vgl. F. H. Allport 1955) nicht genau ermittelt werden konnte, ob sich diese Einstellungswirkungen unmittelbar im Abbild selbst ergeben oder ob nur das geäußerte (zumeist verbale) Urteil über das Abbild davon betroffen ist. –. Obzwar dies von theoretischem Interesse ist, dürfte die Funktionalität der Wahrnehmung für das Verhalten kaum dadurch berührt sein: Ob von einem jungen Mann (A) das Gesicht von B (der Freundin) unmittelbar als „lieblich" (o. ä.) wahrgenommen wird oder ob er es nur unter dem Einfluß seiner Einstellung oder Motivation (Verliebtheit) als „lieblich" beurteilt, während es „in Wirklichkeit" (!) eigentlich mehr häßlich ist, das dürfte für die daraus resultierenden Verhaltensfolgen – zunächst – ziemlich unerheblich sein.

Die *zweite* vorab zu erörternde Voraussetzung betrifft die Frage, *wie* die abgeleiteten (vgl. auch Abb. 3) Bedeutungsstrukturen *sensorisch zugänglich* sind. Wir konnten dazu bereits feststellen, daß sie „nur" in der Form der physikalischen Reizcharakteristika, nämlich den figural-metrischen und qualitativ-modalen Beschaffenheiten der informationsübertragenden Reize, von den Sinnesorganen aufgenommen werden können. Die „Bedeutungen" sind also in diesen (und *nur* in diesen) Beschaffenheiten „verschlüsselt". Eine solche Formulierung schließt ein, daß sie vom Empfänger wieder „entschlüsselt" werden müssen. Wie aber geschieht das?

Da sich ein Teil des 3. Kapitels damit befassen wird, sei die (vorläufige) Antwort darauf in der Form eines Beispiels gegeben. – Nehmen wir an, unser A (der Vater) sei an einem gewissen Zeitpunkt der Interaktion über die Ungeschicklichkeit von B (des Sohnes) „in Zorn geraten". Jedermann, der diese Episode beobachtet, kann ohne weiteres so etwas „sehen": Die wahrgenommenen Veränderungen des Gesichtsausdrucks, die Erhöhung der Lautstärke und ähnliche Anzeichen erlauben es uns zu sagen: Wir nehmen unmittelbar wahr, A sei in Zorn geraten. „In Wirklichkeit", d. h. nach den Voraussetzungen geurteilt, die in den übertragenden physikalischen Reizen gegeben sind, nehmen wir dabei visuell wahr, wie sich die einzelnen Komponenten, die die Reizkonfiguration „Gesicht" konstituieren, in charakteristischer Weise in ihrer Struktur ändern: So werden etwa die Augenbrauen nach innen zusammengezogen, über dem Nasenansatz erscheinen steile Stirnfalten, die Fläche des Gesichts verändert ihre Farbe, die Augen treten stärker hervor und so weiter. Auditiv ist uns die Steigerung der Stimmstärke u. ä. zugänglich.

Die in Anführungsstriche gesetzten Wörter „in Wirklichkeit" zu Beginn des eben gelesenen Satzes weisen uns auf das Problem unserer Beschreibung hin: In Wirklichkeit nimmt keiner von uns *zuerst* die bloße Veränderung des Gesichts wahr, um sich danach zu sagen: Aha, wenn etwas dergleichen geschieht, dann heißt das, daß mein Partner zornig geworden ist! Der phänomenale (erlebnismäßige) Tatbestand dagegen ist, daß wir unmittelbar den „Zorn von A" wahrnehmen und darauf reagieren, auch ohne daß wir eine bewußte Verhaltensentscheidung dazwischenzuschalten brauchen. Dabei können wir uns allerdings auch täuschen: Wenn A (wiederum ein junger Mann) das Lächeln einer ihm im Zugabteil gegenüber sitzenden jungen Dame als „Geneigtheit, einen Flirt anzufangen", wahrnimmt, während es bei ihr nur der Ausdruck von Verlegenheit war, dann behelfen wir uns mit der Erklärung, daß sich nicht alle emotionalen Zustände von B so eindeutig wie etwa Zorn auf dem Gesicht abbilden.

Die Wörter „in Wirklichkeit", die wir soeben (gewissermaßen) *ohne* Anführungsstriche gebraucht haben, müssen allerdings trotzdem relativiert werden. Wenn eine Beschaffenheit der Außenwelt mit Hilfe eines Reizes bzw. einer zeitabhängig sich ändernden Reizkonfiguration zu den Sinnesorganen übertragen wird, so kann nur *das* „transportiert" werden, was in den physikalischen Parametern des Reizes (Frequenz, Amplitude, Phase bei elektromagnetischen Schwingungen) enthalten sein kann. Der Affekt des Zornes gehört auf jeden Fall nicht zu den solcherart transportierbaren Beschaffenheiten, wenn man nicht zu der abenteuerlichen Hypothese greifen will, es gäbe irgend etwas außer der physikalischen Welt, etwas Immaterielles, das Gefühle oder auch Gedanken über den Raum hinweg zu transportieren vermöchte, also so etwas wie „Telepathie".

Es muß deshalb unterstellt werden – und nun kehren wir gewissermaßen zu der ersten Voraussetzung zurück –, daß ein informationsverarbeitendes System über interne kognitive Mechanismen verfügt, die ein zwar unbewußt bleibendes, aber systematisches und relativ zuverlässiges Erschließen von Bedeutungen aus den angebotenen und sensorisch zugänglichen Beschaffenheiten ermöglichen und gewährleisten. Anders gesagt: Wir müssen die Existenz und das Funktionieren von – sagen wir einmal vorläufig – „Strategien" der wahrnehmenden Informationsverarbeitung unterstellen, die eine *Rekonstruktion* der objektiven Bedeutungen aus den sensorisch zugänglichen Beschaffenheiten sichern. Solche „Strategien" müssen Regeln über die Verknüpfung der figuralen und modalen Beschaffenheiten aus der sozialen Welt mit deren verhaltensrelevanten Bedeutungen enthalten, also „Anleitungen" dafür, wie und mit welcher Zuverlässigkeit aus sensorischen Daten die darin enthaltene relevante Information ermittelt werden kann (und schließlich auch, welche Verhaltenskonsequenzen sich aus den erschlossenen Bedeutungen ergeben werden).

An dieser Stelle müssen wir aber eine notwendige Korrektur anmerken. Mit der Wahl des Beispiels vom „Zorn des Vaters" sind wir unserer eingeführten Bestimmung des Bedeutungsbegriffes nicht ganz gerecht geworden. Wir hatten festgelegt, daß die damit gemeinte Besonderheit von Gegenständen der sozialen Welt „Gesellschaftlichkeit" ausdrückt, und es ist aus jetzt nicht weiter zu erörternden Gründen fraglich, ob man einen Affekt wie Zorn eindeutig zu diesen Beschaffenheiten rechnen darf. Deshalb benötigen wir noch ein weiteres Beispiel, das wiederum der Holzsäge-Episode entnommen sei:

Zu den notwendigen Eingangsbedingungen (vgl. Abb. 3) von A und B gehört auch die „Säge", also eine gegenständliche Bedingung der Interaktion, die in der Form ihrer figuralen und modalen Beschaffenheiten einen Gebrauchswert (das *ist eben* „Bedeutung") verkörpert. Die Frage der sensorischen Zugänglichkeit liegt nun sehr ähnlich wie im Beispiel des Zornes. Aber angesichts der Säge wird jedermann gleich sagen: Daß die Sägebedeutung phänomenal unmittelbar gegeben ist, das muß der Wahrnehmende in seiner Entwicklung einmal *gelernt* haben. Für ein kleines Kind oder, um den Kontrast zu verstärken, für unseren Hund, der eine vom Menschen gar nicht so weit abweichende sensorische Organisation hat, ist ein solcher Gegenstand in recht ähnlicher Weise sensorisch zugänglich, ohne daß dessen Abbild mit *dieser* Bedeutung, dem Gebrauchswert, verbunden ist. Es ist jetzt sicher unabweislich geworden, interne „Strategien" der Informationsintegration oder -synthese anzunehmen, mit denen die objektive Bedeutung subjektiv rekonstruiert werden kann.

Damit aber können wir die Erörterung dieser beiden eng zusammengehörigen Voraussetzungen abschließen. Im 3. Kapitel werden wir uns damit ausführlicher auseinandersetzen.

1.2. Die interpersonelle Wahrnehmung im Kontext der Interaktionssituations-Wahrnehmung

Bisher haben wir zu beschreiben versucht, wie miteinander handelnde Menschen den Gesamtprozeß der Informationsverarbeitung bewältigen, der für die Regulation ihrer Interaktion erforderlich ist. Unsere Thematik aber ist enger: Es soll jener Teilprozeß untersucht werden, in dem die Informationen über den *Partner* zu jenem „Bild vom anderen" zusammengefaßt werden, das im partnergerichteten Verhalten sodann funktional wirksam wird. Das besagt der Begriff der „interpersonellen Wahrnehmung und Urteilsbildung". Dieser Prozeß wird ausführlich im Hauptkapitel dieses Buches, im dritten, erörtert werden. Dabei werden die grundlegenden perzeptiven Prozesse im Vordergrund stehen, während die komplexeren kognitiven Vorgänge, die freilich immer in die unmittelbare Wahrnehmung hineinwirken, nicht so ausführlich erörtert werden (vgl. zu diesen besonders Abschn. 3.4.).

Aus dieser Akzentuierung des Problems ergeben sich *zwei* Vorfragen, die in zweckmäßiger Weise an dieser Stelle kurz abgehandelt werden sollen. Die erste Frage ist eine erkenntnistheoretisch-methodologische und betrifft die für unseren Zweck notwendige relative Unterscheidung von Perzeption und Kognition bzw. Wahrnehmen und Denken. Die zweite Frage wird die Einschränkungen näher diskutieren, die wir vornehmen müssen, wenn wir uns vom Gesamtprozeß der Interaktionsregulation und ihren perzeptiv-kognitiven Grundlagen dann einem seiner Teilprozesse zuwenden.

1.2.1. Zur relativen Unterscheidung von Perzeption und Kognition

Wir halten, wie angedeutet, dafür, Perzeption und Kognition theoretisch und begrifflich zu unterscheiden, wenn wir auch gleich – wiederholend – sagen müssen, daß diese Teilprozesse im Ensemble der *menschlichen* Informationsverarbeitung aufs engste verknüpft sind. Es gibt allerdings etliche Autoren, die eine solche relative Unterscheidung für unhaltbar ansehen, z. B. Tagiuri (1969), Holzkamp (1972), im Unterschied aber zu Holzkamp (1973).

Es müssen also die Gründe verdeutlicht werden, warum wir eine solche relative Unterscheidung treffen wollen. Das sind im wesentlichen zwei:

Erstens wollen wir mit dem Begriff der Perzeption oder Wahrnehmung, indem wir uns auf Rubinstein (1959, 1962) beziehen, einen relativ selbständigen, verhaltensleitenden Abbildungs- oder Widerspiegelungsprozeß verstehen, der innerhalb der menschlichen informationsverarbeitenden Prozesse eine Niveaustufe erreicht, von der aus bereits eine große Anzahl von Verhaltensentscheidungen gefällt werden kann. Das allein, d. h. diese dialektisch-materialistische Auffassung der sinnlichen Erkenntnis, sollte bereits eine gesonderte wissenschaftliche Behandlung dieses Prozesses rechtfertigen. Natürlich darf man bei solcher Definition nicht außer acht lassen, daß in diesen Begriff von Wahrnehmung die obligatorische Mitwirkung höherer geistiger (kognitiver) Funktionen bzw. Prozesse eingeht: Die Ausbildung eines verhaltensleitenden sinnlichen Abbildes, dessen Strukturierung und Bewertung je nach den Handlungsintentionen und -motivationen des Subjekts – diese Prozesse sind allemal und in der Regel kognitiv „untersetzt"; man vergleiche dazu unsere Diskussion des Bedeutungsbegriffes (Abschn. 1.1.4.), in der wir die sogenannten Erschließungsvorgänge einführten, oder man beachte die Tatsache der sogenannten „kategorialen" Organisation der Wahrnehmung, die vor allem die Mitbeteiligung des internen Sprachsystems *im* Prozeß voraussetzt. Diese kognitive „Untersetzung" der Wahrnehmung ist indessen ein besonderes Problem, dem wir uns später noch einmal (vgl. Abschn. 1.2.2.) zuwenden wollen.

Zweitens gehen wir in diesen Untersuchungen von den bewährten Prinzipien der dialektisch-materialistischen Erkenntnistheorie aus, und das heißt unter anderem, nach der *Quelle* der menschlichen Erkenntnis zu fragen. Diesen Prinzipien zufolge ist diese Quelle nichts anderes als die *gesellschaftliche Praxis*. Bezieht man das auf das Individuum, ist es, mit Marx – in seinen „Feuerbachthesen" –, die *sinnlich-praktische Tätigkeit* der Menschen, die den Ausgangspunkt des menschlichen erkennenden Verhaltens überhaupt bildet. Darin ist die „sinnliche Erkenntnis" eingeordnet, aus der heraus sich die „rationale" Erkenntnis in Phylogenese wie auch Ontogenese entwickelt. Es ist sicher nicht falsch, den erkenntnistheoretischen Begriff der „sinnlichen Erkenntnis" psychologisch mit „Wahrnehmung" bzw. „Perzeption" zu übersetzen, wenn wir, wie vorhin gesagt, diesen Begriff im Sinne Rubinsteins definieren.

So begriffen entstammt die höhere Erkenntnisform – man nenne sie kognitiv, denkerisch, geistig oder rational – historisch wie ontogenetisch dieser und *nur dieser Quelle*. Der „Geist" gründet sich allemal darauf, wenn er sich auch zeitweilig ablösen oder relativ verselbständigen kann. Wollte man – bei aller Gemeinsamkeit sinnlicher und rationaler Anteile im *einheitlichen* Erkenntnisprozeß – Perzeption und Kognition einfach vermischen, dann geriete man leicht in die Gefahr einer Art des idealistischen Rationalismus, für den dann zum Beispiel die kategoriale Bestimmtheit eines Gegenstandes der sinnlichen Erkenntnis als eine bloße Konstruktion der im „Geist" (unter Umständen sogar a priori) vorhandenen Kategorie erschiene, für deren Erklärung ihre sinnlich-praktische Basis über kurz oder lang entbehrlich würde. Stützte man sich auf einen solchen erkenntnistheoretischen Idealismus, dann wären auch idealistische Konsequenzen für eine Psychologie der Erkenntnis unabweislich: Das Psychische erschiene dann als eine bloße Konstruktion des „Geistes", und die sinnliche Abbildung der objektiven Realität würde von dieser selbst und ihren Vermittlungen, der „sinnlich-praktischen Tätigkeit" (Marx), abgetrennt werden.

In der Psychologie der Gegenwart findet man einige Versuche, eine solche idealistische Konzeption wieder heimisch zu machen, den sogenannten „kognitiven Konstruktivismus". Der rationale Kern solcher Konzeptionen liegt nach dem, was wir bisher zum Begriff der sozialen Wahrnehmung entwickelt haben, auf der Hand: Bei der Wahrnehmung von Beschaffenheiten der sozialen Realität, vor allem von anderen Menschen, ist es besonders notwendig, „über die aktuell gegebene Information hinauszugehen" (Bruner 1957), d. h., die vorhandenen Gedächtnisstrukturen des Wahrnehmenden für die volle Herstellung des Abbilds heranzuziehen. So kann es leicht scheinen, daß die in der aktuellen Reizkonfiguration enthaltene Information relativ unwichtig für die Entstehung des Abbildes ist. Aber das ist nur „Schein": Es wird, wenn solcherart geschlossen wird, vergessen, daß es einen regelhaften Zusammenhang zwischen „Reizinformation" und den relevanten Gedächtnisstrukturen schon deshalb geben muß, weil diese Strukturen das generalisierte Resultat früher aufgenommener Information über die jeweilige Klasse von objektiven Beschaffenheiten sind.

Es mag hier an ein Pendant aus der Geschichte der Psychologie zu solchen idealistischen Konzeptionen erinnert werden, nämlich an die Grundannahmen der Gestalttheorie (zusammenfassend Metzger 1954). Dort wurde ebenfalls die Beliebigkeit der aktuellen Reizinformation für den phänomenalen Endzustand des Perzeptums postuliert, während für dessen Struktur die Gestaltgesetze, verstanden als autochthone Gesetzmäßigkeiten des Gehirns, verantwortlich gemacht wurden (zur Kritik solcher Postulate vgl. Klix 1962, 1971).

Die relative Beliebigkeit der aktuellen Reizinformation bezüglich des daraus entstehenden Abbilds gerade und besonders in der sozialen Wahrnehmung ist offenbar der Grund, weswegen auf diesem Gebiet idealistische Ansätze leicht entstehen können. Vom Standpunkt und der Zweckbestimmung der bürgerlichen Ideologie ist aber jegliche Art von Idealismus in der Psychologie der gesellschaftlichen Erkenntnis ganz besonders nützlich, da man damit die prinzipielle Erkennbarkeit sozialer, gesellschaftlicher Erscheinungen, wenn nötig, ableugnen oder zumindest in eine erwünschte Richtung manipulieren kann.

Um Mißverständnisse auszuschließen: Damit wollen wir keineswegs behaupten, daß die (approximativ) wahre Erkenntnis der gesellschaftlichen Realität ausschließlich über die sinnliche Erkenntnis bzw. die sinnlich-praktische Tätigkeit gewährleistet werden kann!

Wenn aber die menschliche Wahrnehmung, besonders die soziale (interpersonelle), immer und obligatorisch kognitiv „untersetzt" ist, wie und durch welche Kriterien läßt sie sich dann von Kognition im engeren Sinne unterscheiden?

In der Literatur (zusammengefaßt bei Tajfel 1969) werden dafür mehrere Kriterien vorgeschlagen, von denen aber nur zwei einer kritischen Prüfung standhalten (vgl. dazu auch Irle 1975, S. 59 ff.). Das ist (1) die sinnliche Präsenz der Wahrnehmungsobjekte, zumindest für die Dauer der internen Herstellung des Perzeptums, vielleicht auch bis zur externen Reaktion darauf (Handlung, verbales Urteil u. ä.) und (2) die Abwesenheit abstrakter und diskursiver Schlußprozesse während der Abbild-Entstehung. Das heißt also: Die höheren kognitiven Instanzen oder Prozesse, die dem Abbild, wie wir bereits gesehen haben, die endgültige Struktur und die verhaltensrelevante Bewertung verleihen und durch die „Bedeutungen" rekonstruiert werden, wirken *implizit*, wenn wir zu Recht von Wahrnehmung reden wollen. Ein Großteil der am wahrzunehmenden Objekt vorhandenen Beschaffenheiten (z. B. der Zorn des Vaters oder der spezifische Gebrauchswert von „Säge") erscheint dem Perzipienten als eine am Objekt selbst „haftende", eben unmittelbar daran existente Eigenschaft und nicht als eine, die er erst diskursiv und bewußt erschließen müßte.

Wir verwenden hier den Begriff „implizit" (im Gegensatz zu „explizit"), um den eben beschriebenen Charakter des Einwirkens kognitiver Strukturen zu erfassen, weil wir hier die an sich auch möglichen Begriffe „unbewußt" und „bewußt" wegen ihrer Vieldeutigkeit vermeiden möchten. „Implizit" meint hier: dergestalt in den unterhalb des „psychophysiologischen Niveaus" ablaufenden Prozeß eingebunden oder eingeschlossen, daß der Wahrnehmende dieser Einwirkung gar nicht gewahr wird (wohl aber, unter bestimmten Bedingungen, gewahr werden kann, indem er das „Implizite" expliziert).

1.2.2.   Das „Bild vom anderen"

Wir werden uns im weiteren mehr den *perzeptiven* Prozessen zuwenden, die auf einen Interaktionspartner gerichtet sind, ihn zum Gegenstand haben. Damit wird unser Untersuchungsfeld gegenüber der im Abschnitt 1.1.2. skizzierten Wahrnehmung der Interaktionssituationen eingeschränkt, und damit ist die Frage gestellt, wie meine Wahrnehmung *des anderen,* das Bild, das ich mir von ihm mache, entsteht und wie es mein Verhalten ihm gegenüber kodeterminiert.

Trotz dieser Restriktion bleibt dies aber immer noch ein zweifellos – theoretisch wie praktisch – bedeutsames Problem. Man denke etwa daran, wie das „Bild", das die Mitglieder einer Arbeitsbrigade von ihrem Brigadier haben, ihr Verhalten zu ihm beeinflussen kann – und damit unter Umständen auch ihre Arbeitsleistung. Oder man vergegenwärtige sich eine (manchmal unangenehme) Begegnung zwischen Arzt und Patient, in der die Wahrnehmungen und Urteile, die beide über den jeweils anderen haben und fällen, von erheblichem Einfluß auf die ärztliche Diagnose, auf das Vertrauen in den Arzt und damit auch auf eine wichtige Bedingung der Heilungschancen und noch auf manches andere mehr haben können. Oder man versetze sich in die besondere Situation eines Werktätigen, der ein neues Arbeitsrechtsverhältnis eingegangen ist und nun mit seinem Leiter und seinen neuen Kollegen zum ersten Male zusammentrifft; welcherart der „erste Eindruck" ist, der ja auf interpersoneller Wahrnehmung beruht, das kann unter Umständen weitreichende Folgen für seine Arbeitsmotivation, für das „Sich-wohl-Fühlen" in der neuen Arbeitsumwelt und schließlich auch für seine Leistung haben. Oder man denke an die manchmal recht unterschiedlichen Bilder, die sich Schüler einer Klasse von ihren Lehrern machen und die, wie allgemein bekannt, deren pädagogische Effizienz nachhaltig mitbestimmen können. Oder man halte sich den Fall eines Fernseh-Kommentators vor Augen, dessen „Bild" in seinen Zuschauern, obzwar hier keine gegenseitige Wahrnehmung vorliegt, zum Beispiel einen Teil seiner Glaubwürdigkeit und damit seine propagandistische Wirkung mitbestimmt, sogar unabhängig von Inhalt und Gestaltung des Kommentars.

Wir könnten hier noch manche Beispiele anführen, aus denen nur eine weitere Bekräftigung hervorgehen würde: Die „Bilder vom anderen" sind zweifellos sehr bedeutsame Determinanten des sozialen, interpersonellen Verhaltens und auch der Folgen des Verhaltens und der gemeinsamen Tätigkeit, etwa der Effektivität. Das ist auch der Hauptgrund dafür, daß sich die vertiefte Untersuchung des Teilprozesses der auf Partner gerichteten Wahrnehmung von selbst rechtfertigt.

In dieser Beschränkung auf das Partnerbild innerhalb des „Bildes" der immer komplexeren Interaktionssituation liegt allerdings ein theoretisches und methodisches Problem: Die Wahrnehmung eines Partners, wenn wir sie als funktional für die Regulation der gesamten Interaktion untersuchen wollen, kann dann offensichtlich *nicht* auf die Wahrnehmung der „Person als solcher" eingeschränkt werden – auch wenn wir die „Personenwahrnehmung" als ein legitimes, jedoch untergeordnetes Thema durchaus anerkennen. Ansonsten ginge die Wahrnehmung der wirklichen Bezüge des wirklichen anderen in seiner wirklichen Interaktion mit dem Perzipienten verloren, also das, was die regulative Funktion von Perzeption ausmacht.

Die Lösung dieses nicht geringen Dilemmas kann offensichtlich nur darin bestehen, die *Kontextbedingungen* jeder Interaktion, wie wir sie im Abschnitt 1.1.1. herausgearbeitet haben, in *dem* Maße in die Untersuchung einzubeziehen, in dem sie *im Verhalten* des *Partners* in Erscheinung treten.

Wenn wir den Inhalt dieser Aussage an unseren Eingangsbeispielen prüfen, dann ist das für unser erstes, die Mutter-Kind-Interaktion, relativ unproblematisch, da es hier nur wenige und untergeordnete Kontextbedingungen gibt: Das gegenseitige Anblicken, der Kontakt also über visuelle und auditive Zeichen, ist das Zentrum dieser Interaktion und macht „Aufgabe" wie „Ziel" dieses Verhaltens aus. Weniger unproblematisch mag die Prüfung an unserem holzsägenden Paar ausfallen: Ohne die Aufgabe, das Ziel und die anderen situativen Umstände einzubeziehen, kann die gegenseitige Wahrnehmung der beiden nicht adäquat untersucht werden, wenn wir diese – das sei nochmals betont – als funktional für die Regulation des interpersonellen Verhaltens von beiden untersuchen wollen. Auch die gegenseitige Wahrnehmung der Gegner in einem Schachspiel wird ohne Rücksicht auf die gegenständlichen Bedingungen dieser besonderen Interaktion nicht zureichend aufgeklärt werden können.

Mit dieser oben skizzierten Auffassung schließen wir uns dem „Tätigkeitskonzept" der modernen Psychologie an, wie es von Vygotskij und besonders von Leontjev in der sowjetischen Psychologie ausgearbeitet wurde. Neben der Anerkennung der Funktionalität des Psychischen für die Regulation des Verhaltens ist dessen Hauptthese die Annahme, daß die psychischen Prozesse und Erscheinungen von der (primär materiellen) Tätigkeit der Menschen, deren Prototyp die Arbeit ist, determiniert werden (vgl. dazu Leontjev 1964, 1979, aber auch, für eine philosophisch vertiefte Betrachtung, Rubinstein 1962).

An unserem „Standardbeispiel" soll das damit Gemeinte nochmals illustriert werden:

Bei der Untersuchung der interpersonellen Wahrnehmung von A und B geht es auch darum, die perzeptive Rekonstruktion der nichtpersonalen Situationsinformationen, etwa die der „Säge", einzubeziehen. Damit ist nicht gemeint, die perzeptive Erfassung dieses Werkzeugs „an sich" zu untersuchen, sondern es muß darum gehen, die „Sägebedeutung" eingebunden in die Wahrnehmung von A durch B, genauer, seiner Fähigkeit, mit der Säge adäquat umgehen zu können, zu berücksichtigen. Das Wahrnehmungsobjekt ist in diesem Falle nicht „Säge", sondern der die Säge benutzende und handhabende (sich mit diesem Gegenstand aufgabengemäß verhaltende) Mensch und dies als eine besondere Beschaffenheit von mit B auf diese Weise interagierenden A.

Daran läßt sich gut sehen, auf welche Weise sachliche *und* personale Gegenstandsbedeutungen sowohl *im Objekt* als auch in seiner perzeptiven Erfassung miteinander verbunden sind; das eine enthält notwendig das andere, und beide „verweisen" gegenseitig aufeinander. Wir können also zusammenfassend sagen:

Interpersonelle Wahrnehmung (und Urteilsbildung) ist nicht einfach nur das gegenseitige Wahrnehmen von mindestens zwei über eine Aufgabe miteinander verbundenen Menschen, sondern sie ist vor allem das gegen- und wechselseitige *Wahrnehmen der gegenständlichen Tätigkeit* von A durch B – et vice versa – *in ihrer Funktion* für die *Regulation der aufgabenorientierten Interaktion* – und unter diesem Aspekt muß sie auch – bei allen Schwierigkeiten, die damit methodisch auftreten – untersucht werden.

1.3. Interpersonelle Wahrnehmung und Urteilsbildung und gesellschaftliche Praxis

Bevor wir in diesem einleitenden Kapitel auf die Bestandteile unserer Thematik und damit auf den Plan dieses Buches näher eingehen, wollen wir uns zunächst fragen, welche Bedeutsamkeit dieser Forschungsgegenstand für unsere *gesellschaftliche Praxis* haben kann. Nachdem wir den Leser in den vorangegangenen Abschnitten mit dem Problem in einer ersten Näherung vertraut gemacht haben, wird es möglich, die gesellschaftliche Relevanz des Phänomens der interpersonellen Wahrnehmung und Urteilsbildung in vertiefter Weise zu verstehen.

1.3.1. Gesamtgesellschaftliche Zielstellung

Wir wollen mit dem *übergreifenden* gesellschaftlichen Zusammenhang beginnen, aus dem eine wissenschaftliche Fragestellung wie die unsrige erwächst und für den sie mit ihren Ergebnissen Lösungs- und Entwicklungsbeiträge erbringen soll. Dieser Zusammenhang ist für unser Problem in seiner historisch konkreten Form die weitere Entwicklung unserer sozialistischen Gesellschaftsordnung, besonders des Systems der *„Produktionsverhältnisse"*, das die zwischen- und mitmenschlichen Beziehungen im gesellschaftlichen Reproduktionsprozeß der Menschen enthält. Die gesellschaftlichen Verhältnisse entstehen, wie bekannt, objektiv auf der Grundlage der Entwicklung der gesellschaftlichen Produktivkräfte, und sie bestehen objektiv als Voraussetzung der gesellschaftlichen Produktion der Menschen. Die Menschen, so drückte dies Engels (MEW, Bd. 13, S. 8) aus, „produzieren nur, indem sie auf eine bestimmte Weise zusammenwirken und ihre Tätigkeit gegeneinander austauschen. Um zu produzieren, treten sie in bestimmte Beziehungen und Verhältnisse zueinander, und nur innerhalb dieser gesellschaftlichen Beziehungen und Verhältnisse findet die Einwirkung auf die Natur, findet die Produktion statt."

Innerhalb der Produktionsverhältnisse einer Gesellschaft sind die Eigentumsverhältnisse die grundlegenden und bestimmenden. Damit ist vor allem das Eigentum an Produktionsmitteln gemeint, das alle anderen gesellschaftlichen Verhältnisse und zwischenmenschlichen Beziehungen bestimmt. Demnach lassen sich zwei in der Geschichte beobachtbare *Hauptformen* von Produktionsverhältnissen unterscheiden: die auf dem gesellschaftlichen Eigentum an Produktionsmitteln beruhenden Verhältnisse der Zusammenarbeit und gegenseitigen Hilfe und die auf dem Privateigentum an Produktionsmitteln beruhenden Beziehungen der Ausbeutung und Unterdrückung des Volkes durch eine Minderheit, die Ausbeuterklasse.

Unsere sich entwickelnde sozialistische Gesellschaft in der DDR beruht auf dem gesellschaftlichen Eigentum an Produktionsmitteln, was bedeutet, daß sich die ihr gemäßen Verhältnisse und Beziehungen Schritt um Schritt entwickeln können. Deshalb konnte das „Programm der Sozialistischen Einheitspartei Deutschlands", das vom IX. Parteitag 1976 beschlossen wurde, auch formulieren (Programm der SED, 1976, S. 19 f.):

„Die Gestaltung der entwickelten sozialistischen Gesellschaft ist ein historischer Prozeß tiefgreifender politischer, ökonomischer, sozialer und geistig-kultureller Wandlungen. Die Gestaltung der entwickelten sozialistischen Gesellschaft macht es notwendig, alle Vorzüge und Triebkräfte, alle Seiten und Bereiche des gesellschaftlichen Lebens, die Produktivkräfte und Produktionsverhältnisse, die sozialen und politischen Beziehungen, die Wissenschaft und das Bildungswesen, die sozialistische Ideologie und Kultur, die Gesamtheit der Arbeits- und Lebensbedingungen sowie die Landesverteidigung planmäßig auf hohem Niveau zu entwickeln. Die entwickelte sozialistische Gesellschaft setzt die ungeteilte Herrschaft der sozialistischen Produktionsverhältnisse voraus . . .

Entwickelte sozialistische Gesellschaft — das heißt: die Produktionsverhältnisse als Beziehungen kameradschaftlicher Zusammenarbeit und gegenseitiger Hilfe zwischen den Werktätigen und zwischen den Arbeitskollektiven weiterzuentwickeln und zu vervollkommnen, die Kollektivität in den gesellschaftlichen Beziehungen zu verstärken."

Beziehungen der kameradschaftlichen Zusammenarbeit und der gegenseitigen Hilfe äußern sich in Inhalt *und* Form zwischenmenschlicher Wechselwirkungen, also Interaktionen, und werden auch darin ausgebildet. Wie wir gesehen haben, ist die Wahrnehmung des Interaktionspartners ein wesentliches Bestimmungsstück interaktiver Prozesse; somit können ihre Untersuchung und die Überführung der Ergebnisse und Erkenntnisse in die Praxis helfen, diese gesellschaftliche Zielstellung, wie sie im Parteiprogramm formuliert ist, zu erreichen. Damit ist auch der eigentliche Sinn dieser wissenschaftlichen Arbeit – gewissermaßen als Zielfunktion der Sozialpsychologie – umrissen.

Das ist allerdings noch eine recht allgemeine Bestimmung für die praxisgerichtete Zielfunktion unserer Wissenschaft, und deshalb muß sie weiter konkretisiert werden (vgl. dazu Abschn. 1.3.2.). Zuvor aber muß eines Umstandes gedacht werden, der uns davor hüten soll, die Überführung solcher Forschungsresultate überzogen einzuschätzen. Greifen wir noch einmal auf das Beispiel des „hilfreichen Verhaltens" zurück. Unser B konnte seine geschilderte Hilfeleistung auch unterlassen haben, auch dann, wenn seine Wahrnehmung des A und der Situation adäquat war; deshalb hatten wir gleich darauf aufmerksam gemacht, daß mit diesem Beispiel die Einwirkung sittlicher *Normen* gezeigt werden sollte, die interaktives Verhalten kodeterminieren. Mit einer adäquaten Wahrnehmung der Interaktions-Situation und des „Partners" ist der Übergang zu normgerechtem Verhalten aber nicht zwangsläufig verknüpft; zwischen den psychischen Abbildern der Wirklichkeit und dem nachfolgenden Verhalten sind Entscheidungsprozesse enthalten, in die in der Regel mehr Determinanten eingehen. Wir werden deshalb später noch etwas näher darauf einzugehen haben (im Abschn. 1.3.3.), daß sich die „Anwendung" solcher sozialpsychologischer Erkenntnisse auf die soziale Praxis nicht nur auf die Lösung einzelner zwischenmenschlicher Problemsituationen – z. B. eines gravierenden Ehekonflikts durch Beratung und Psychotherapie in einer entsprechenden Beratungsstelle – beschränken darf, sondern darin bestehen muß, ganze Erkenntnissysteme in eine gesamtgesellschaftliche „Erziehungsstrategie" zur Ausbildung *sozialistischen* zwischenmenschlichen Verhaltens einzubringen. Das aber überschreitet die potentielle Reichweite psychologischer Erkenntnisse und ist, vom Standpunkt der beteiligten Wissenschaften her gesehen, eine interdisziplinäre Aufgabe. Es ist mit der Psychologie wie mit allen anderen Gesellschafts- und Naturwissenschaften: Es sind nicht die einzelnen Ergebnisse und Erkenntnisse, die praxiswirksam sind, sondern jeweils eine auf vielen Ergebnissen und Erkenntnissen gegründete wissenschaftliche *Theorie,* die, wenn sie in geeigneter Weise überführt wird, die Praxis bewegt.

1.3.2. Interpersonelle Wahrnehmung und Urteilsbildung in alltäglichen Situationen

Die umfassende gesellschaftliche Zielstellung konkretisierend, wollen wir uns nunmehr dem Alltag zuwenden und dessen Probleme unter die Lupe nehmen, um zu demonstrieren, wie psychologische Erkenntnisse aus unserem Forschungsgebiet wirksam werden können. Das kann, versteht sich, nur eine kleine Auswahl sein.

(1) Wir hatten bereits am Anfang festgestellt, daß es *eine* der Funktionen des Austauschs von Bewußtseinsinhalten über die Bedingungen der Interaktionssituation ist, daß die Abbilder, die A, B, C ... usw. von ihrer gemeinsamen Interaktionssituation aufbauen, einander angeglichen werden müssen, genauso wie auch die „Bilder vom anderen" keine schwerwiegenden Fehlurteile über die dem anderen tatsächlich eigenen Fähigkeiten, Persönlichkeitseigenschaften und bestimmte Zustände, wie z. B. Intentionen, Motivationen, enthalten dürfen. Gelingt solches nicht, divergieren also die Wahrnehmungen und Kognitionen der Interaktionsaufgabe mit den darauf gerichteten Intentionen oder Fähigkeiten des Partners, so werden Störungen zu erwarten sein. Das sind natürlich in erster Linie Störungen im Ablauf der Interaktion selbst, die, wie wir im Alltag sagen würden, durch „Mißverständnisse" verursacht werden. Das ist etwa der Fall bei einem „kognitiven Konflikt" (Brehmer und Hammond 1977), der letztlich den unterschiedlichen Perspektiven und Strategien anzulasten ist, die Partner in eine Interaktion einbringen können.

Am Beispiel unseres Neuererkollektivs läßt sich die Wirkung solcher Konflikte illustrieren. Gibt es dort zum Beispiel mehrere Lösungsvarianten der Rationalisierungsaufgabe, die den einzelnen Mitgliedern unterschiedlich effektiv, plausibel oder vernünftig erscheinen, dann kann daraus ein solcher kognitiver Konflikt hervorgehen. Besonders kritisch für die Aufgabenlösung ist jene Phase der Konfliktentstehung, in der dieser den Beteiligten noch nicht als eine „Auffassungsdifferenz" bewußt geworden ist: Zwei der Mitglieder meinen dann, z. B. in einer Diskusison, über ein und dieselbe Sache zu reden, während ihre jeweiligen Perspektiven sie veranlassen, von verschiedenen Dingen zu sprechen. Man redet sozusagen aneinander vorbei. Das kann dann dazu führen, daß sich nunmehr Fehlwahrnehmungen der Partnerintentionen einschleichen; A meint dann etwa, daß B mit Absicht die Kooperation blockiere, also unkameradschaftlich handele, während dieser nur einen abweichenden Aspekt des Sachproblems vertritt. Werden solche „kognitiven Konflikte" aber „auf den Tisch gelegt" und die darin enthaltenen Widersprüche herausgeschält, dann wird es möglich, die vordem versäumte Angleichung der Perzeptionen und Kognitionen nachzuholen. Wie Untersuchungen gezeigt haben, ist die eigentliche Lösung eines kognitiven Konflikts darin zu suchen, daß die unterschiedlichen Perspektiven gegenseitig bewußt gemacht werden — was, nebenbei bemerkt, die Fähigkeit jedes Beteiligten einschließt, sich in die anderen „reflektierend" hineinzuversetzen.

Unser Beispiel überzieht allerdings die Reichweite von Einflüssen der Wahrnehmung, speziell der interpersonellen, da sich die meisten dieser Konflikte auf der Ebene des Denkens abspielen, besonders in ihren Lösungsphasen.

(2) Verwandt zwar, aber keinesfalls identisch mit kognitiven Konflikten sind die sogenannten *Interessenkonflikte,* wie sie in Bindungspartnerschaften häufig vorkommen. A (die Ehefrau) möchte den Urlaub an der See, B (der Ehemann) lieber im Gebirge verbringen. (Das ist natürlich ein extrem einfaches Beispiel!) Häufen sich solche interpersonellen Konflikte und werden sie nicht adäquat, etwa im Sinne eines Interessenausgleichs, gelöst, dann können sich Störungen in den gegenseitigen Beziehungen und auch Störungen im „Bild des anderen" ergeben. So kann einer der beiden zu der Auffassung kommen, der andere sei „herrschsüchtig", indem er das für Bindungspartnerschaften nötige Minimum an Kollektivität und Solidarität seinen egoistischen Intentionen unterordnet. Ist ein solches „Bild" einmal entstanden, kann es der Anlaß dafür sein, daß weitere Interaktionen von vornherein den Keim des Mißlingens und der Störung enthalten, und auf diese Weise kann sich die konfliktgeladene Beziehung immer weiter aufschaukeln.

Für den Fall eines kognitiven wie auch eines Interessenkonfliktes muß angemerkt werden, daß sich durch den eben skizzierten circulus vitiosus *solche* Verhärtungen ergeben können, daß sie, *wenn überhaupt,* nur mit der Hilfe eines Außenstehenden gelöst werden können. Das ist z. B. die Aufgabe eines in einer Eheberatungsstelle praktizierenden Psychologen; für unser Neuererkollektiv ist das die Aufgabe des Leiters, der auch in dieser Beziehung die Übersicht behalten muß.

Wir wollen hier aber keine Konfliktpsychologie betreiben, sondern die Folgen für interaktive Prozesse und zwischenmenschliche Beziehungen untersuchen, die sich aus den interpersonellen Wahrnehmungen, aus den jeweiligen „Bildern vom anderen" (bzw. von den anderen) ergeben können. In unseren Konfliktbeispielen ist unklar geblieben, was die jeweiligen Konfliktursachen und -bedingungen sind. Diese sind sehr wahrscheinlich gar nicht in den differenten Wahrnehmungen des anderen zu suchen, sondern liegen tiefer; gestörte Wahrnehmungen sind eher Symptome eines Konflikts. Zweifellos aber ist die Wahrnehmung des Partners und dessen (implizite oder explizite) Beurteilung ein Schlüsselproblem im Ablauf eines interpersonellen Konfliktes, an dem sehr oft psychotherapeutische Bemühungen ansetzen. – Aber gehen wir zu deutlicheren Beispielen aus dem Alltag über.

(3) Ein immer wieder erwähntes und allen wohlbekanntes Beispiel liefert die folgende amüsante Episode:

Zwei Personen schreiten auf einem sehr schmalen Gehweg aufeinander zu und müssen ob der Enge einander ausweichen. A „denkt" nun, B werde sich nach dieser Seite wenden und entscheidet, nach der anderen auszuweichen. B nun „denkt" genau dazu spiegelbildlich, so daß sie beide nach derselben Seite ausweichen und zusammenzuprallen drohen; indessen korrigiert jeder der beiden seine Ausweichstrategie, aber wieder spiegelbildlich, so daß sie sich nun wieder direkt voreinander befinden. Zur Erheiterung zufälliger Beobachter kann diese Prozedur in ein mehrmaliges Hinundherhüpfen ausmünden.

Wir haben bei der Beschreibung dieser Episode eben „denken" in Gänsefüßchen gesetzt, da es sich hier um *perzeptive* Prozesse handelt, die freilich in denkerische Reflexionen übergehen können, zumeist – wegen der Kürze der Zeit – erst nachträglich. A und B haben aus unter Umständen sehr feinen Bewegungsanzeichen des anderen implizit erschlossen, wohin der andere auszuweichen gedenkt, und ihr Verhalten danach gerichtet.

(4) Ein schon schwerer wiegendes Beispiel soll unseren Gedankengang fortsetzen:

Ein knapp zweijähriges Kind befaßt sich in seiner Ecke mit Spielsachen, da tritt seine Mutter hinzu, um es zum Essen zu holen. Das Kind beginnt zu schreien, es sträubt sich und wirft sich auf den Fußboden. Die Mutter reagiert darauf, indem sie das Kind ärgerlich anfährt und es wegzuzerren versucht, was dazu führt, daß sich das Kind in diese alterstypische Trotzreaktion weiter hineinsteigert. – Ein entwicklungspsychologisch vorgebildeter Beobachter wird meinen, die Mutter habe falsch, unpädagogisch gehandelt. Uns aber interessiert, auf Grund welcher Wahrnehmung und welchen perzeptiven Urteils über das Verhalten des Kindes das Handeln der Mutter bestimmt wurde. Offensichtlich weist sie der beginnenden Trotzreaktion des Kindes eine unangemessene „Bedeutung" zu, etwa als eine Art von Ungehorsam; wenn sie der Auffassung ist, daß Kinder sofort gehorchen müssen, wenn sie einen „Befehl" erhalten, dann wird sie auf diese vermeintliche Normübertretung mit den ihr zugänglichen Strafen reagieren.

Solche Mißverständnisse bzw. Zuweisungen von unangemessenen Bedeutungen sind in der interpersonellen Wahrnehmung besonders häufig anzutreffen, wo die psychischen Verfassungen der Partner voneinander abweichen. Für die Mutter unseres Beispiels war offensichtlich der Mechanismus, dem die geschilderte Trotzreaktion ihres Kindes unterliegt, nicht nachvollziehbar, und deshalb konnte die Interpretation, die sie dessen Verhalten gab, nicht zur Lösung des darin enthaltenen Konfliktproblems führen.

In ähnlicher Weise mag es uns gehen, wenn wir Angehörigen anderer Völker bzw. Kulturen begegnen, deren Verhaltensweisen und Gewohnheiten von den unseren abweichen. Wie Verhandlungskader unseres Außenhandels erzählten, geschieht es ihnen trotz zureichender Vorinformation über jene Besonderheiten des öfteren, daß sie in einer Verhandlungssituation irgendein Verhalten mißinterpretieren, z. B. einem Lächeln ihres Partners die Bedeutung beilegen, dieser freue sich, weil er soeben seinen Kontrahenten „hereingelegt" habe, während es sich um ein höfliches Lächeln handelt. Das geschieht dann, wenn (wie solche Kollegen sagen) „intuitiv" reagiert wird, d. h. auf der Basis der bloßen Wahrnehmung und des gewohnten, impliziten Deutungssystems. Auch wenn wir als Urlauber in der Volksrepublik Bulgarien darauf hingewiesen werden, daß in diesem Lande die nichtverbalen Ja- und Nein-Zeichen genau den unsrigen entgegengesetzt ausgeführt werden, sind wir doch immer wieder befremdet, wenn der Kellner im Restaurant unsere Bestellung mit einem Schütteln des Kopfes bestätigt; für uns ist die Wahrnehmung dieses Verhaltens zu fest mit seiner Nein-Bedeutung verknüpft.

(5) Nun sei noch ein weiterer und wichtiger Bereich unseres sozialen Lebens erwähnt, in welchem interpersonelle Wahrnehmungen deutlich in den Ablauf gemeinsamer Tätigkeiten hineinwirken. Es handelt sich um die für kollektive Prozesse besonders bedeutsame *Leitungstätigkeit*, also um die „Bilder", die sich Leiter von ihren Mitarbeitern, diese von ihrem Leiter und natürlich auch die Gruppenmitglieder übereinander machen. Das haben wir schon einmal erwähnt. Das „Bild vom Leiter", wie es – unter Umständen different – in den Vorstellungen seiner Mitarbeiter besteht, beeinflußt, wie durch Untersuchungen bekannt, erheblich das Verhalten seiner Mitarbeiter, indessen nicht nur das soziale ihm gegenüber und untereinander, sondern auch das gegenständliche, bis hin zur Arbeitseffektivität. Wenn dieses „Bild" mit den Erwartungen übereinstimmt, die man von einem „guten Leiter" hat, also mit einem Normbild, dann wird dessen soziales und gegenständliches Verhalten auch dann, wenn er Fehler macht oder manchmal „aus der Haut fährt", positiv wahrgenommen und beurteilt und im Sinne der gemeinsamen Aufgabe in positives Verhalten überführt. Ist das nicht der Fall, so kann das zu gravierenden Störungen im Leiter-Mitarbeiter-Verhältnis und in der Effektivität der Arbeit führen. Dafür stehe die folgende Episode aus einer früheren Untersuchung:

In einem Betrieb wird ein relativ junger und in Leitungsfragen unerfahrener Ingenieur zum Abteilungsleiter ernannt. In der guten Absicht, es allen recht zu machen und es mit niemandem zu verderben, ist sein Verhalten, vor allem in der ersten Zeit – wegen Unsicherheit – inkonsistent. Gerade aber solche Inkonsistenz, als Inkonsequenz gedeutet, widerspricht dem allgemeinen „Bild vom guten Leiter"; sie wurde in diesem Falle, wie die Untersuchung ergab, tatsächlich als die bestimmende Eigenschaft des neuen

Leiters wahrgenommen – während sie nichts anderes als Zeichen von Unsicherheit wegen mangelnder Erfahrung war. Dieser Widerspruch zwischen der Interpretation des wahrgenommenen Verhaltens und dem Normbild wurde als negativ erlebt. Während sich diese negative Einschätzung des neuen Leiters zunächst nur auf dessen soziales Verhalten, seinen „Umgang mit den Leuten" bezog und zunächst die Urteile über seine fachliche Kompetenz gut waren, verschob sich die soziale Negativität dann auch auf die Bewertung des Fachlichen. Dabei entstanden zwei „Teufelskreise": (a) Das als negativ wahrgenommene soziale Verhalten wurde zunehmend mehr mit ebenso negativen interpersonellen Verhaltensweisen der Mitarbeiter beantwortet, was die Unsicherheit und Inkonsistenz auf seiten des Leiters erhöhte. (b) Dasselbe traf für den Zusammenhang mit der fachlichen Leistung zu: Da diese mehr und mehr als inkompetent erlebt wurde, begannen die Mitarbeiter, lässiger zu arbeiten, die verringerte Leistung der Abteilung wurde sodann der angeblichen Inkompetenz angelastet, was die Bewertung weiter negativierte; auch der an sich sehr bemühte Leiter „verlor die Lust an seiner Arbeit", wie er sagte.

Das alles geschah in relativ kurzer Zeit und begab sich, wie nachher gesagt wurde, „mehr unterschwellig", d. h., es kam weder dem Leiter noch seinen Mitarbeitern ganz klar zum Bewußtsein. Das war auch die Ursache dafür, daß das Kollektiv erst relativ spät diesen Prozeß zu korrigieren begann; seine überraschend positive Lösung jedoch fand er dann mit der Hilfe der übergeordneter Gewerkschaftsleitung, die in einer klugen und durch die Untersuchung des Betriebspsychologen gestützten Analyse dieses Konflikts erst einmal daran ging, diese beiden Teufelskreise in einer offenen Aussprache aufzubrechen.

Zu diesem Beispiel sei eine weitere Anmerkung deshalb eingefügt, weil es den Vorgang der interpersonellen Wahrnehmung nur einseitig wiedergegeben hat. Der Leiter entwickelt nämlich auch Bilder seiner neuen Mitarbeiter, in die all das an wahrgenommenen Reaktionen und Verhaltensweisen der Mitarbeiter mit eingegangen ist, das von dem Bild des Leiters in diesen kodeterminiert war. Auf diese Weise spiegelte sich die zunehmende Negativität des Bildes vom Leiter auch in seinen Bildern über seine Mitarbeiter *und auch* in seinem Selbstbild wider. Es läßt sich also sagen, daß das Bild von A in B mit dem von B in A sowie mit den Selbstbildern von A und B auf eine sehr komplizierte Weise verknüpft ist; in dieser dialektischen Beziehung liegt die eigentliche Ursache für die dynamischen Wandlungen, denen die interpersonellen Wahrnehmungen unterliegen.

(6) Schließlich soll noch ein wesentliches Gebiet der gesellschaftlichen Praxis in dieser Auswahl genannt werden, für das die Erkenntnisse unseres Forschungsthemas nutzbar gemacht werden können und auf das wir im Untertitel und im Vorwort schon aufmerksam gemacht haben: die *Beurteilung* und *Begutachtung* von Menschen. Bei vielerlei Anlässen sind Leiter der verschiedensten Zweige und Ebenen zum Beispiel verpflichtet, zumeist in schriftlicher Form, eine Beurteilung eines Mitarbeiters, seiner Persönlichkeit, seiner Leistungs- und Entwicklungsfähigkeit anzufertigen. Lehrer tun das über ihre Schüler in der Regel alljährlich und am Ende der Schulzeit in ausführlicherer Form. Der FDJ-Sekretär einer studentischen Gruppe verfaßt nach intensiver Beratung im Kollektiv eine solche Persönlichkeitseinschätzung für jedes Gruppenmitglied. Der praktisch tätige Psychologe einer Erziehungsberatungsstelle erarbeitet sehr häufig (gutachterliche) Einschätzungen vorgestellter Schüler, die etwa unzureichende Leistungen in der Normalschule erbracht haben, und trägt damit zu der Entscheidung bei, ob dieses Kind in eine Sonderschule überwiesen werden sollte.

Bei dieser expliziten Form der interpersonellen Wahrnehmung und Urteilsbildung werden zwar zusätzliche Erkenntnis-Hilfsmittel, wie z. B. Tests beim Psychologen, benutzt; dennoch beruht sie aber auch auf den vielerlei Eindrücken aus dem Umgang mit diesem besonderen „Partner", die der Urteilende als aus verschiedenen Quellen stammende Informationen gesammelt hat und die er nun zu einer solchen Beurteilung integrieren muß.

Unsere Erörterungen in den Abschnitten 1.1. und 1.2. haben sicherlich schon deutlich machen können, daß in diesen Vorgang nicht nur die Beschaffenheiten des Urteilsobjekts (des Partners), sondern auch die des urteilenden *Subjekts* (des Leiters, Lehrers, Psychologen usw.) eingehen: seine Wahrnehmungs- und Urteilsfähigkeiten, seine Sprachbeherrschung, das Ausmaß der Erfahrung bzw. der tatsächlichen Interaktionen mit dem zu Beurteilenden, also der Grad der Bekanntheit, der Inhalt der im Mittel häufigsten Interaktionen, z. B. ob jener nur aus *einer* bestimmten Situation oder nur aus der Perspektive des Vorgesetzten bekannt ist oder nicht, seine Normvorstellungen und Verhaltenserwartungen – und vieles andere mehr. Auch hier gehen also die Kontextbedingungen von Interaktionen mit ein, wie wir sie herausgearbeitet haben. Aus diesem überaus komplexen Bedingungsgefüge und während einer ebenso komplexen internen Verarbeitung heraus bilden sich die Daten für die Beurteilung, die dann in einem weiteren schöpferischen Akt des Urteilers zu einer expliziten Beurteilung zusammengefügt werden. Darin aber liegen auch vielerlei Möglichkeiten zu fehlerhaften oder verzerrten Urteilen, die im Sinne des Zwecks solcher Beurteilungen, der Persönlichkeitsförderung, soweit wie möglich beseitigt werden müssen.

Dazu wird das 4. Kapitel Näheres bringen.

1.3.3. Überführung wissenschaftlicher Erkenntnisse über die interpersonelle Wahrnehmung und Urteilsbildung in die Praxis

Damit haben wir in einer relativ willkürlichen Auslese einige repräsentative Bereiche des sozialen Lebens genannt, in denen solche sozialpsychologischen Erkenntnisse, wie die in diesem Buche geschilderten, bedeutsam sind bzw. bedeutsam werden können. Diese Formulierung zielt auf den Umstand, daß Wissenschaft in die Praxis *überführt* werden muß, um dort wirksam zu werden; und für diese Überführung bedarf es gewisser Formen, denen wir uns nunmehr zuwenden wollen. Dabei orientieren wir uns, dies sei wiederholend angemerkt, an der in Abschnitt 1.3.1. beschriebenen Zielfunktion unserer sozialistischen Gesellschaft, der Entwicklung und Vervollkommnung kameradschaftlicher Zusammenarbeit und gegenseitiger Hilfe.

(1) Der erste Gedanke, der in diesem Zusammenhang auftritt, ist wohl der, daß solche wissenschaftlichen Kenntnisse und Erkenntnisse *verbreitet*, d. h. in das subjektive Wissenssystem der Menschen eingebracht werden müssen. Es ist anzunehmen, daß manche negativen Erscheinungen des Zusammenlebens damit vermieden werden können. Der jungen Mutter in unserem Beispiel mit der Trotzreaktion ihres Kindes fehlte doch, so könnte man argumentieren, nichts anderes als ein bestimmtes Wissen um kinderpsychologische Tatsachen, etwa um die charakteristischen Auslösebedingungen für Trotzverhalten dieses Alters, damit sie diese besondere Interaktion ohne solche „Reibungen" hätte gestalten

können. Unserem jungen Abteilungsleiter fehlten doch – unter anderem – die Voraussetzungen für eine zweckmäßige, kritische und selbstkritische Analyse kollektiver Konfliktsituationen. Gelänge es, solche – und viele andere – Erkenntnisse in die Aus- und Weiterbildung von Erziehern, Eltern, Lehrern, Leitern, Propagandisten usw. einzubringen, dann sollte doch wohl schon viel gewonnen sein.

Das ist ohne Zweifel einer jener Wege, unsere gesellschaftliche Zielstellung zu unterstützen. In vielerlei Formen wird er, wenn auch noch recht unzulänglich, beschritten. Wir müssen ihm aber eine gewisse Portion Skepsis entgegenbringen, wenn wir nicht in illusionäre Effektvorstellungen geraten wollen: Das bloße Wissen garantiert keineswegs das ihm angemessene Verhalten. Deshalb werden in der Didaktik seit Comenius Wege gesucht, wie Wissen sozusagen in „Fleisch und Blut" übergehen kann, wie es sich also im Verhalten ohne direkte Reflexionen entäußern kann. Dieser Weg wird in der sozialen Praxis der Menschen selbst beschritten, allerdings unsystematisch und oftmals sehr aufwendig. Ein erfahrener Lehrausbilder drückte dies einmal in folgender Weise aus: „Die Psychologie des Jugendalters mag ja schön und gut sein, aber ich benötige sie nicht. Ich habe mir meine Erfahrungen im Umgang mit Lehrlingen mit vielen Mißerfolgen in einem spontanen Optimierungsprozeß teuer erkauft. Aber darauf kann ich mich jetzt verlassen. Ich brauche nur hinzuschauen, um genau zu wissen, was mit diesem oder jenem meiner Lehrlinge los ist, und dann reagiere ich, ohne lange über Jugendpsychologie zu meditieren, in der Regel angemessen."

Daran ist zweifellos etwas Richtiges: Die Wissensaneignung (denn darum handelt es sich auch bei unserem Lehrausbilder) lief im *Verhalten selbst* ab, durch „Versuch und Irrtum", indem erfolgreiche Verhaltensweisen verallgemeinert und aufbewahrt und erfolglose allmählich beseitigt wurden. Das ist zumeist ein langer Lernprozeß, um nicht zu sagen, ein lebenslanger, und er ist ganz sicher die unabdingbare Grundlage dafür, daß wissenschaftliche Kenntnisse auch angeeignet werden können. Ließe sich aber dieser lange Weg nicht verkürzen?

(2) Das ist nun unsere zweite Anmerkung zum Überführungsproblem. Wissensverbreitung muß durch praktische Erfahrung angereichert und von ihr durchdrungen werden. Dies aber läßt sich in der Tat systematisieren, nämlich durch Übungsverfahren, die auf

psychologischen Erkenntnissen basieren. Bei uns sind solche Prozeduren unter dem Begriff des „sozialpsychologischen Verhaltenstrainings" bekannt geworden. Dabei werden in relativ konsequenzenlosen Übungssituationen (z. B. Rollenspiel) gewisse Verhaltensweisen, z. B. die Fähigkeit, eine interpersonelle Konfliktsituation zu analysieren und zu bewältigen, systematisch und gründlich geübt. Der systematische Aufbau gewährleistet, daß der Zeitbedarf des Erfahrungslernens gegenüber dem spontanen wesentlich abgekürzt werden kann. Bisher wurde diese Aneignungsmethode erfolgreich für Leiter in unserer Industrie erprobt. Aber auch für Eltern gibt es etwas Ähnliches, entwickelt von Köhle und Köhle (1980). Ansätze, dies auch für Lehrer zu tun, wurden in bescheidenem Umfang beobachtet. Für solche Personen halten wir diese Übungsformen – und auch noch andere, die denkbar sind – für einen effektiven Weg, psychologische Erkenntnisse in die Praxis, das heißt hier in das interpersonelle Verhalten der Menschen, einzuführen.

Um für unser engeres Thema, die interpersonelle Wahrnehmung und Urteilsbildung, ein entsprechendes Beispiel zu nennen, verweisen wir auf eine umfangreiche Untersuchung von Köckeritz (1983), in der auf der Grundlage einer Analyse des Urteilens über interpersonelle Beziehungen Übungsverfahren zur Verbesserung der Urteilsfähigkeit entwickelt und geprüft wurden. Der Autor konnte demonstrieren, daß der Einsatz eines systematischen Urteilstrainings in die Lage versetzt, die Zuverlässigkeit des Urteils über Beziehungen in Bindungspartnerschaften beträchtlich zu erhöhen, vor allem dadurch, daß die bei solchen Urteilen typischen Urteilsfehler bewußt gemacht werden.

(3) Eine weitere Möglichkeit der Überführung ist die in die Arbeit des praktisch tätigen Psychologen, z. B. in Beratungseinrichtungen. Wir heben diese deshalb hervor, weil in Ehe- oder Erziehungsberatung unsere (sozialpsychologische) Thematik am deutlichsten zum Tragen kommen dürfte: In diesen Einrichtungen werden sehr häufig Probleme des interpersonellen Verhaltens und interpersoneller Beziehungen behandelt. Selbstverständlich sind die Grenzen zu solchen Problemen, die den individuellen Fall z. B. einer neurotischen Störung betreffen, fließend, da in diese Tätigkeit des „klinischen Psychologen" ebenfalls sozialpsychologische Erkenntnisse überführt werden, sowohl in die Psychodiagno-

stik solcher psychopathologischer Phänomene als auch in deren Psychotherapie (z. B. Gruppenpsychotherapie).

(4) Der nun zu skizzierende vierte Weg der Überführung überschreitet zwar unsere engere Thematik und die Grenzen der psychologischen Wissenschaft *und überhaupt* der Wissenschaft, sollte aber wegen seiner Bedeutsamkeit nicht unerwähnt bleiben. Er wurde schon einmal angedeutet. Es handelt sich um die Überführung komplexer, zumeist interdisziplinärer Wissens- und Erkenntnissysteme in Theorieform in gesellschaftliche „Strategien" oder „Technologien", die sich auf das gesamte soziale Leben und sein Kernstück, die zwischenmenschlichen Beziehungen und das interpersonelle Verhalten, beziehen, also um wesentliche Bestandteile der *Sozial-* und *Bildungspolitik.* Solche Bestandteile, z. B. das Bildungssystem einer Gesellschaft, werden mit dem Ziel entwickelt, die notwendigen und wünschenswerten Merkmale der künftigen Gesellschaft, für unser Anliegen im Bereich der zwischenmenschlichen Beziehungen und des sozialistischen interpersonellen Verhaltens, als eine *Massenerscheinung* zielstrebig auszubilden. Der „Vater" solcher Konzepte auf dem Felde der Erziehung und Persönlichkeitsformung für eine kommunistische Gesellschaft war bekanntlich Makarenko (vgl. für eine genauere Analyse unter sozialpsychologischen Gesichtspunkten Hiebsch 1966). Nach diesem Modell ließen sich, sicherlich bedingungsabhängig, weitere Konzepte für die Gebiete der Schulbildung, der Heimerziehung, der Jugendhilfearbeit, der Krippen- und Kindergartenerziehung denken. Vertieft man sich in die damit angedeuteten Probleme, so wird deutlich, daß die gesamte Politik unseres Staates – in ihrer Einheit von Wirtschafts- und Sozialpolitik – letztlich eine solche wissenschaftlich fundierte „Strategie" darstellt, die natürlich in einzelnen Bereichen noch weiter wissenschaftlich untermauert werden muß. Zu dieser „Untersetzung" trägt auch die Psychologie bzw. Sozialpsychologie bei, ebenso wie unser darin angesiedeltes Thema, wenn es auch nur einen kleinen Teil der gesamten gesellschaftlichen Thematik abzudecken in der Lage ist. Der letzte Sinn von Wissenschaft ist, auch wenn diese sich nur mit einem „kleinen Thema" befaßt, sich in die gesellschaftlichen und sozialen Wandlungsprozesse fundierend einzuschalten, die die Entwicklung unserer sozialistischen Gesellschaft zum Kommunismus charakterisieren.

(5) Nur ganz knapp soll noch erwähnt werden, daß sozialpsychologische Erkenntnisse, vor allem die über das interpersonelle Verhalten in Gruppen und Kollektiven auch in die anderen Disziplinen der Psychologie (z. B. Entwicklung der psychodiagnostischen und psychotherapeutischen Theorie, Nutzung für pädagogisch-psychologische Theorieentwicklungen, etwa auf dem Gebiete der Kollektiverziehung usw.) *und* auch in andere Wissenschaften überführt werden, z. B. in Sprachwissenschaft, Pädagogik, Kriminologie, Soziologie, Psychiatrie, Sozialhygiene – um nur einige in bunter Reihe zu nennen.

(6) Am Schluß dieses Abschnittes sei (last but not least) ein Überführungsweg genannt, der zwar sehr langfristige und vermittelte, jedoch sehr entscheidende Wirkungen in unserer gesellschaftlichen Praxis zu zeitigen vermag. Das ist die Einbeziehung psychologischer Erkenntnisse in die individuelle *Weltanschauung* der Menschen. Obzwar mit dem, was vorhin als Wissensverbreitung beschrieben, eng zusammenhängend, muß sie doch wohl in ihrer Besonderheit hervorgehoben werden; Bestandteile der individuellen Weltanschauung sind nicht einfach nur Wissen, sondern – mit solchem verknüpft – ethisch-moralische Wertungen und Haltungen sowie „Anleitungen" zum Handeln, und zwar oft in der Weise, daß solches weltanschaulich fundiertes Handeln ganz selbstverständlich und ohne besondere Reflexionen aus dem Gewahrwerden seiner Gegenstände hervorgehen kann.

Wie bekannt, gehört zur individuellen Weltanschauung auch als ein sehr „hautnahes" Thema das Bild vom Menschen, das bei jedem von uns, ob er sich dessen bewußt ist oder nicht, in seinem zwischenmenschlichen Verhalten und seinen interpersonellen Urteilen funktional wirksam ist. Das individuelle „Menschenbild", das sich unter vielerlei Einflüssen und Einwirkungen aus der sozialen Wirklichkeit in einem Individuum gebildet hat, bestimmt mit, wie man andere Menschen wahrnimmt und – implizit oder explizit – beurteilt, wie man ihr Verhalten bewertet, wie man den anderen gegenübertritt, wie man mit ihnen redet, verhandelt oder in anderen Formen mit ihnen gemeinsam tätig ist.

Wie wir im 3. Kapitel genauer darstellen wollen, ist eine „implizite Theorie", die A über das Verhalten von Menschen überhaupt und über ihre „Persönlichkeit" hat, ein wichtiger subjektiver „Hintergrund" für Wahrnehmungen, Urteile und Verhaltenskonsequenzen. Eine der notwendigen Grundlagen für die zielgerechte Veränderung zwischenmenschlichen und mitmenschlichen Verhaltens sind jene Wandlungen des „Menschenbildes" in der subjektiven Weltanschauung, wie sie durch die gesamtgesellschaftliche Erziehung in ihren verschiedenen Formen angeregt werden.

Das könnten wir an allen unseren Beispielen, die wir bisher eingeführt haben, verdeutlichen. Es soll jedoch, stellvertretend, nur an einem getan werden: Die junge Mutter, die der Trotzreaktion ihres zweijährigen Kindes die Bedeutung des Ungehorsams zuweist, läßt sich, so ungewöhnlich dies auch klingen mag, von einer aus ihrem subjektiven Menschenbild abgeleiteten „Hypothese" leiten, die etwa so formuliert werden könnte: Ein Kind, das nicht sofort gehorcht, wenn es dazu veranlaßt werden soll, ist eben ungehorsam, und Ungehorsam muß als eine negative soziale Eigenschaft bestraft werden. Angenommen, sie hätte in ihrem Menschenbild dafür einen anderen Deutungshintergrund zur Verfügung, etwa durch fest angeeignetes Wissen über oder durch „Gefühl" für den psychologischen Mechanismus des Trotzens, so könnte wohl eine andere, sachangemessenere Wahrnehmung des kindlichen Verhaltens und der kindlichen Persönlichkeit, eine andere Bedeutungszuweisung und ein verändertes eigenes Verhalten zur Konfliktbewältigung daraus hervorgehen.

Die Konsequenzen des individuellen Menschenbildes betreffen also nicht nur die eigentlichen weltanschaulichen Stellungnahmen und Urteile, sondern auch unser alltägliches Verhalten. Wegen dieser praktischen Bedeutsamkeit dieses Elements der subjektiven Weltanschauung, in das psychologische Erkenntnisse eingeführt werden sollten, heben wir diesen besonderen Überführungsweg hervor. – Das sollte auch sozusagen ein Fazit unserer Überlegungen in diesem Abschnitt sein. Im nächsten soll der Plan, dem dieses Buch folgt, übersichtlich dargestellt und damit dieses einleitende Kapitel abgeschlossen werden.

1.4. Die Problemkreise der interpersonellen Wahrnehmung und Urteilsbildung – der Plan dieses Buches

(1) Das logisch erste und die Gesamtbehandlung fundierende Problem wird darin bestehen, die „Natur" dessen näher aufzuklären, was wir in der Einleitung vorläufig „Gegenstandsbedeutung" (Holzkamp 1973) genannt haben. In der üblichen Redeweise der Wahrnehmungspsychologie bedeutet das, den „distalen Reiz" (darüber im Abschn. 3.1.4. Näheres) zu erfassen, der diesem besonderen Wahrnehmungsprozeß zugrunde liegt und von dem er ausgeht. Dieser „distale Reiz", also das wahrzunehmende Objekt, dessen wirkliche Beschaffenheiten perzeptiv (und natürlich auch kognitiv) rekonstruiert werden müssen, damit ein Perzipient angemessen handeln kann, ist der in gemeinsamer Tätigkeit mit dem Perzipienten verbundene Partner. Diese Rekonstruktion ist insofern ein, obzwar in einem biologischen Medium ablaufender, *gesellschaftlicher* Prozeß, als er – wenigstens in letzter Instanz – ein Moment des gesamtgesellschaftlichen Produktions- und Reproduktionsprozesses ist. Deshalb müssen wir, um die für Wahrnehmungsuntersuchungen immer obligatorische „Reizanalyse" gründlich genug vorzunehmen, die gesellschaftlichen Herkunfts- und Wirkungsbedingungen der interpersonellen Wahrnehmung und Urteilsbildung möglichst umfassend aufklären.

Das ist allerdings noch nicht das eigentliche psychologische Anliegen, sondern rechnet zu dessen philosophischen Voraussetzungen, besonders aus dem historischen Materialismus. Da die Erkundung des gesellschaftlichen Herkunfts- und Wirkungszusammenhangs, in dem der Prozeß der interpersonellen Wahrnehmung steht, in der marxistisch-leninistischen Philosophie zwar vorbereitet, aber noch nicht auf unser Problem hin durchgeführt wurde, soll dieser fundierenden Thematik ein eigenes Kapitel, das zweite, gewidmet werden. Diese relative Neuartigkeit macht auch verständlich, daß unsere Problemanalyse in gewissen Beziehungen noch unvollständig ist; auch der dafür zur Verfügung stehende Raum erzwingt eine eingeschränkte Behandlung.

(2) Das dritte Kapitel wird als umfangreichstes das Hauptkapitel sein. Es befaßt sich, natürlich auch nur selektiv und unter Vernachlässigung verschiedener Aspekte, mit dem Gesamtprozeß der

interpersonellen Wahrnehmung und Urteilsbildung. Sein erster Teil (Abschn. 3.1.) wird sich, dem Gedankengang, wie er in diesem Kapitel einleitend angedeutet wurde, entsprechend damit befassen, wie sich die interpersonelle Wahrnehmung und Urteilsbildung in der interaktiven Tätigkeit regulativ auswirkt, und zwar in zwei Richtungen:

(a) in Richtung des Einflusses der Tätigkeit auf die Wahrnehmung und

(b) in Richtung des Einflusses der Wahrnehmung (des Partners) auf die Tätigkeit (das Verhalten) des Wahrnehmenden. Daraus werden in einer Übersicht die Prozeßelemente der Partnerwahrnehmung abgeleitet. Der nächste Teil (Abschn. 3.2.) ist ein Exkurs in die Ontogenese der interpersonellen Wahrnehmung und der Ausbildung der Interaktionsfähigkeit in den ersten Lebensjahren; wir haben ihn deshalb an dieser Stelle eingeschoben, weil an der ontogenetischen Entwicklung dieser psychischen Leistung, d. h. also in ihrer einfacheren Form, die Elemente der Aktualgenese besser verdeutlicht werden können.

Der nachfolgende Teil (Abschn. 3.3.) bildet den Schwerpunkt des gesamten Kapitels; in ihm werden wir die vorher abgeleiteten Prozeß-Elemente – „Hinweisreize", „Erschließungsmechanismen" und „kognitive Verarbeitungsstrukturen" der Partnerwahrnehmung – detailliert untersuchen. Der Abschnitt 3.4. wird sich mit einem daraus entnommenen, speziellen Problem befassen, nämlich der Informationsintegration bei der dimensionalen Beurteilung von Personen. Aber das wird dann im einzelnen noch genauer abgeleitet und begründet werden müssen.

Wie aus den Erörterungen in diesem Kapitel deutlich geworden sein dürfte, beziehen sich unsere Beschreibungen, wie sie vor allem das dritte Kapitel enthalten wird, in der Hauptsache auf den Prozeß der Partnerwahrnehmung, wie er so ganz selbstverständlich im normalen, realen Lebensvollzug der Menschen enthalten ist und dort funktional wirksam wird. Hier tritt die interpersonelle Wahrnehmung und Urteilsbildung in ihrer *impliziten* Form auf. Wie wir schon andeuteten, gibt es zu denjenigen ihrer Arten, die sich, darauf aufbauend, als *explizite* Beurteilungen ausformen, bis hin zum (vielleicht sogar durch Vorschriften geregelten) *Gutachten,* fließende Übergänge. Und das bedeutet auch: Überall dort, wo solche (zumeist schriftliche) Beurteilungen verfaßt werden, wirken im Urteiler ähnliche Mechanismen und Gesetzmäßigkeiten wie in der impliziten Urteilsbildung. Um den Zusammenhang zwischen der impliziten und der expliziten Beurteilung zu verdeutlichen, hielten wir es für erforderlich, noch einmal speziell darauf einzugehen. Das wird das vierte Kapitel enthalten. Es wird die Frage stellen, welche Gemeinsamkeiten und welche Unterschiede bestehen und wovon diese abhängig sind. Damit soll wenigstens der *Ansatz* zu den entwickelten Formen der Beurteilung und Begutachtung, wie sie in den verschiedensten Bereichen unserer gesellschaftlichen Praxis gefordert werden, gezeigt werden, ohne daß wir auf diese Formen selbst eingehen können. Die Absicht dieses Buches ist es, die theoretisch-psychologischen *Grundlagen* dafür abzuhandeln – worauf wir bereits mehrfach verwiesen haben.

2. KAPITEL

Der gesellschaftliche Begründungs- und Wirkungszusammenhang der interpersonellen Wahrnehmung und Urteilsbildung[1]

2.1. Die Funktionalität der menschlichen Psyche – Grundlagen der interpersonellen Wahrnehmung und Urteilsbildung in der objektiven Dialektik

Wenn wir den gesellschaftlichen Begründungs- und Wirkungszusammenhang für eine psychische Erscheinung bestimmen wollen, so müssen wir das zur Untersuchung stehende psychische Phänomen als einen notwendigen Bestandteil der sich höher entwickelnden Materie erklären. Als Vorbild für eine solche Aufgabe können etwa solche dialektisch-materialistisch orientierten Darstellungen zur Entstehung des Psychischen wie die von Leontjev (1964) oder die von Klix (1971) über die Einordnung des Psychischen in die materielle Entwicklung dienen. In diesen wird die Beziehung des Psychischen zur Materie mindestens in zweifacher Weise gesehen: (a) Es wird gezeigt, daß die psychischen Prozesse für alle Organismen und besonders für die Menschen als gesellschaftliche Wesen organisierende bzw. regulierende Funktion haben; (b) es wird die jeweils spezifische Entwicklungsstufe der Widerspiegelungsfähigkeit solcher Systeme herausgearbeitet.

Innerhalb der Thematik des Buches und dem erreichten Erkenntnisstand entsprechend, können wir hier nur einen bescheideneren Beitrag anbieten:

Wir werden den Leser mit den Anforderungen an die Widerspiegelungs- und Regulationsfähigkeiten bekannt machen, die aus der Entwicklung der Materie bis hin zu ihrer gesellschaftlichen Existenzweise entspringen. Diese Ableitung erfolgt, indem die Funktionalität des Psychischen für die *Reproduktion* und die *erweiterte* Reproduktion der Menschen als *gesellschaftliche* Wesen offengelegt wird. Wir werden aber aus den in den Gesellschafts-

---

[1] Dieses Kapitel verfaßte H. Metzler.

wissenschaften erhältlichen Erkenntnissen nur solche Ableitungen vornehmen und diejenigen Anforderungen bestimmen, die mit der interpersonellen Wahrnehmung und Urteilsbildung in einem engeren Zusammenhang stehen. Auch dabei kann keine Vollständigkeit angestrebt werden. Wir wollen vielmehr verdeutlichen, welche weltanschaulichen und methodologischen Prämissen für unsere Suche nach psychologischen Erkenntnissen und Ergebnissen zum Problem der interpersonellen Wahrnehmung und Urteilsbildung bestimmend waren und bestimmend sind.

Wenn man sich in psychologischen Untersuchungen vom dialektischen und historischen Materialismus leiten läßt, dann erhebt sich zuerst die Frage, ob man die interessierenden psychischen Erscheinungen an einem Individuum erforschen will, das man gedanklich aus seiner Umweltverflechtung herausgelöst hat, oder ob man es in *Einheit* mit seiner spezifischen Umwelt untersuchen will. Dafür, diese Einheit und Verflechtung zu berücksichtigen, spricht, daß die Art „Mensch" in der biologischen Entwicklungsreihe etwas grundsätzlich Neues bietet. Die Menschen passen sich nicht einfach den bestehenden Anforderungen der Umwelt an, sondern schaffen sich eine – durch sie selbst geprägte – Umwelt, eine „künstliche" Umwelt (Kurella 1968). Die Art „Mensch" vermenschlicht die eigene und die sie umgebende Natur. Um sich das qualitativ Neue zu verdeutlichen, bietet sich ein Vergleich mit der höchsten Entwicklungsstufe des organischen Lebens *vor* der Entstehung des Menschen an, also mit den höchstentwickelten Tierarten, den Primaten (wobei es natürlich zweckmäßig ist, nicht die rezenten Primaten und deren höchste Formen, die Anthropoiden, sondern die fossilen Vorformen vor dem Tier-Mensch-Übergangsfeld zu betrachten (vgl. dazu Klix 1980, S. 17 ff.)). Bei allen diesen Arten besteht zwar eine *aktive* Wechselbeziehung zwischen Tier und Umwelt, aber die Umwelt erhält nicht ihre spezifische Gestalt dadurch, daß eine bestimmte Art auf sie einwirkt. Natürlich können dichtere Ansiedelungen von Tiergesellungen lokal eine Umwelt beherrschen; als ein für uns geläufiges Beispiel könnte dafür die Einwirkung von Biberkolonien auf Ufergestalt und Flußverlauf stehen. Man kann jedoch nicht davon sprechen, daß eine Tierart einer Umwelt, und zwar schließlich in erdumgreifendem Maße, ihr Gepräge aufdrückt. Die Grundtendenz im Wechselverhältnis von Art und Umwelt besteht vielmehr darin, ein ökologisches Gleichgewicht immer wieder einzupegeln. Dabei wird deutlich: Auch für die am weitesten entwickelten Stufen der Tierreihe bleibt das Primat der Umwelt erhalten. Stirbt eine bestimmte Art etwa aus, so ist damit nicht zwangsläufig ein Wechsel in der Ökologie verbunden.

Ganz anders dagegen ist das Verhältnis zwischen Mensch und Umwelt. Engels formulierte das in seiner „Dialektik der Natur" so: „Kurz, das Tier *benutzt* die äußere Natur bloß und bringt Änderungen in ihr durch seine bloße Anwesenheit zustande; der Mensch macht sie durch seine Änderungen seinen Zwecken dienstbar, *beherrscht* sie. Und das ist der letzte, wesentliche Unterschied der Menschen von den übrigen Tieren, und es ist wieder die Arbeit, die diesen Unterschied bewirkt" (MEW, Bd. 20, S. 452). Die Grundbeziehung des Menschen zur Natur drückt sich in einer ständig sich ausweitenden gesellschaftlichen Prägung, d. h. in der Unterwerfung der Natur, aus. An die Stelle der Tendenz zur bloßen Gleichgewichtserhaltung tritt die des Fortschritts (die natürlich auch eine ganze Reihe von Anforderungen an ökologische Gleichgewichtssysteme erfüllen muß). In dieser prinzipiell neuartigen Form existiert die Umwelt immer in bezug auf die Menschen und diese immer in bezug auf ihre „vermenschlichte" Umwelt. Oder: „Indem die Menschen ihre Lebensmittel produzieren, produzieren sie indirekt ihr materielles Leben selbst" (MEW, Bd. 3, S. 21, auch S. 28 ff.). Diese gegenseitige Bezugsetzung oder Relativierung mit der Tendenz einer immer mehr durchgreifenden Vergesellschaftung aller Natur – das ist das Neue gegenüber der Tier-Umwelt-Beziehung.

Dieser Umstand hat zum Beispiel zur Folge, daß gesellschaftliche Objekte, etwa Arbeitsmittel und -gegenstände, nur in Beziehung auf gesellschaftliche Subjekte, hier auf arbeitende Menschen, als *die* gesellschaftlichen Gebilde existieren, als die wir sie anzusehen gewohnt sind. Sobald sie außerhalb dieses Zusammenhangs stehen, fallen sie in den Zustand von Naturobjekten zurück (vgl. dazu MEW, Bd. 23, S. 198), die für die natürliche Welt nur – scheinbar – zufällig in eine kuriose Form geraten sind. Der historische Materialismus begreift diese besondere Beziehung zwischen Gesellschaftlichkeit und Natur als eine dialektisch-widersprüchliche Einheit (vgl. dazu MEW, Bd. 3, S. 47). Diese dialektisch-widersprüchliche Einheit wirkt also in der *objektiven* Realität und nicht erst in der Widerspiegelungsbeziehung menschlicher Subjekte zu realen Objekten; sie ist allerdings für die besondere Ausgestaltung der Erkenntnisbeziehung außerordentlich bedeutsam. Wir müssen sie deshalb *zuerst* unter dem Gesichtspunkt objektiv-realer Veränderungen der Individuum-Umwelt-Beziehung berücksichtigen und *dann,* davon abgeleitet, für die Untersuchung von Widerspiegelungsleistungen und darunter auch der interpersonellen Wahrnehmung und Urteilsbildung heranziehen.

Zur zweiten Seite der vorn formulierten Frage übergehend, können wir nun, wird das Dargelegte anerkannt, folgendes festhalten:

Das aus seiner Umweltverflechtung abgelöste menschliche Individuum dürfte nur in sehr begrenzten Fällen genügen, um Widerspiegelungs- und Regulationsleistungen dieser Art zu untersuchen. – Wir müssen jedoch betonen, daß in Rücksicht auf den heutigen Entwicklungsstand der Psychologie und bei Anerkennung gewisser Anforderungen des experimentellen Zugriffs zu psychischen Phänomenen oft noch isolierende Vorgehensweisen und damit Vereinfachungen in der skizzierten Richtung nicht zu umgehen sind. Solches Herangehen besteht natürlich gegenwärtig nicht darin, ein psychisches Phänomen völlig außerhalb jeglicher Bindung an Umweltereignisse untersuchen zu wollen; dies war der älteren spekulativen Psychologie vor der Einführung des Experiments vorbehalten. Öfter dagegen findet sich heute noch die Tendenz, einen psychischen Prozeß, wie z. B. das Wahrnehmen, in *dem* Sinne verkürzt zu untersuchen, daß die eigentlichen „menschlichen" Beschaffenheiten der Wahrnehmungsobjekte (ihre „Bedeutungen", vgl. 1. Kap.) auf bloße figurale und qualitative Eigenschaften reduziert werden. Holzkamp (1973) bezeichnet deshalb mit Recht solche Wahrnehmungskonzeptionen als „formalistisch". Ansätze, solche Vereinfachungen zu durchbrechen, finden sich vor allem in der dialektisch-materialistisch orientierten Psychologie, etwa bei Vygotskij (1964), Rubinstein (1959), Leontjev (1964) und Holzkamp (1973). In dessen Werk „Sinnliche Erkenntnis – historischer Ursprung und gesellschaftliche Funktion der Wahrnehmung", auf das wir des öfteren zurückkommen werden, bereitet er Erkenntnisse der politischen Ökonomie und des historischen Materialismus für das Verständnis der materiellen gesellschaftlichen Voraussetzungen der psychischen Phänomene, speziell der Wahrnehmung, auf.

Andere Ansätze finden sich auch in den Bemühungen um eine „ökologische Psychologie", z. B. bei Bronfenbrenner (1981), in denen allerdings die Umwelt des Menschen auf ihre bloßen „sozialen" Bedingungen hin verkürzt wird. Wir müssen demgegenüber betonen, daß es gar nicht darum geht, die Art Homo sapiens in ihrer Einheit mit der Umwelt im Sinne „nach oben" modifizierter ökologischer Tier-Umwelt-Beziehungen zu sehen; es muß uns vielmehr darauf ankommen, das qualitativ neuartige Verhältnis, von dem die Rede war, in seiner grundsätzlichen Bedeutsamkeit zu durchdenken. Der Mensch als „Gattungswesen" bezieht sich in seiner vermenschlichten, d. h. gesellschaftlich geprägten Umwelt auf sich selbst – und dies darf auf keinen Fall außer acht bleiben, wenn wir ihn als gesellschaftlich geprägtes Individuum, bezogen auf *seine* Umwelt, in der psychologischen Forschung zu untersuchen haben. Bei Engels finden wir dazu die folgende Anmerkung:

„Aber gerade die Veränderung der Natur durch den Menschen, nicht die Natur als solche allein, ist die wesentlichste und nächste Grundlage des menschlichen Denkens, und im Verhältnis, wie der Mensch die Natur verändern lernte, in dem Verhältnis wuchs seine Intelligenz. Die naturalistische Auffassung der Geschichte ..., als ob die Natur ausschließlich auf den Menschen wirke, die Naturbedingungen überall seine geschichtliche Entwicklung ausschließlich bedingten, ist daher einseitig und vergißt, daß der Mensch auch auf die Natur zurückwirkt, sie verändert, sich neue Existenzbedingungen schafft. Von der ‚Natur' Deutschlands zur Zeit als die Germanen einwanderten, ist verdammt wenig übrig. Erdoberfläche, Klima, Vegetation, Fauna, die Menschen selbst haben sich unendlich verändert und alles durch menschliche Tätigkeit, während die Veränderungen, die ohne menschliches Zutun in dieser Zeit in der Natur Deutschlands (geschehen sind), unberechenbar klein sind" (MEW, Bd. 20, S. 498 f., vgl. auch MEW, Bd. 3, S. 34, 37, 44).

Aus dieser Eigenart des Verhältnisses zwischen Mensch und Umwelt ergibt sich für die Reproduktion und erweiterte Reproduktion des Menschen der besondere Umstand, daß damit auch die *Gesellschaftlichkeit* der eigenen Natur und der Umwelt reproduziert und erweitert reproduziert werden muß. Demzufolge besteht die Funktionalität des Psychischen, seine Widerspiegelungs- und Regulationsleistung, darin, daß sich das Individuum eben unter Einschluß dieser Gesellschaftlichkeit erweitert reproduziert. Bevor wir darauf näher eingehen, müssen wir daran erinnern, wie sich die Einheit von menschlichem Individuum und Umwelt, damit zugleich die von Gesellschaft und Natur sowie von Individuum und Gesellschaft, *vermittelt*.

Die *Grundform* dieser Vermittlung ist die gesellschaftlich organisierte materielle *Produktion*. Dadurch daß in der materialistischen Psychologie (Rubinstein, Leontjev u. a.) die Arbeit und – verallgemeinert – die *Tätigkeit* in die Analyse der psychischen Prozesse in ihrer Widerspiegelungs- und Regulationsfunktion einbezogen wird, wird diese Grundform der Vermittlung zum Gegenstand psychologischer Untersuchungen. In der Arbeit beziehen sich die Menschen aufeinander und auf ihre Umwelt; sie stehen damit in gesellschaftlich organisierter Wechselwirkung, sie produzieren und reproduzieren Gesellschaftlichkeit (vgl. dazu MEW, Bd. 3, S. 21, 29 f., 44 u. a.). Alle anderen Formen menschlicher Tätigkeit sind hinsichtlich der sie grundlegend charakterisierenden Gesellschaftlichkeit am Muster der Arbeit zu begreifen und einzuordnen. Für eine historisch-materialistische psychologische Analyse menschlicher Tätigkeitsformen gilt daher – in der Regel – die Arbeit als Muster, so z. B. wenn nach der Gegenständlichkeit, der Kooperation u. a. gefragt wird. Arbeit ist also der Prototyp der Erzeugung, der Übertragung und der Aneignung von Gesellschaftlichkeit. In der Literatur zum historischen Materialismus und zur marxistischen politischen Ökonomie finden wir hierfür in reicher Zahl entsprechende Analysen.

Für psychologische Analysen wäre es aber verfehlt, im Hinblick auf unsere Frage den Prozeß der Arbeit nur in seinem aktualgenetischen Aspekt zu sehen. Wir müssen außerdem auch – immer mit Blick auf die Einheit von Mensch und Umwelt – das materielle Tradieren von Gesellschaftlichkeit in der Form von Produktions- und Konsumtionsmitteln berücksichtigen. Bei ihrer Begründung der materialistischen Geschichtsauffassung hoben Marx und Engels gerade *diese* Seite als wesentlich hervor: daß in der Geschichte

„auf jeder Stufe ein materielles Resultat, eine Summe von Produktionskräften, ein historisch geschaffenes Verhältnis zur Natur und der Individuen zueinander sich vorfindet, die jeder Generation von ihrer Vorgängerin überliefert wird, eine Masse von Produktivkräften, Kapitalien und Umständen, die zwar einerseits von der neuen Generation modifiziert wird, ihr aber andererseits ihre eignen Lebensbedingungen vorschreibt und ihr eine bestimmte Entwicklung, einen speziellen Charakter gibt" (MEW, Bd. 3, S. 38).

In diesem materiell-gegenständlichen Tradieren zeigt sich deutlich die Besonderheit des menschlichen Verhältnisses zur Umwelt im Unterschied zu dem der Tiere, nämlich in ihrer Entwicklung nicht einfach nur Gleichgewichtszustände, sondern *Fortschritt* anzustreben. Indem sich die Menschen mit der vergegenständlichten Erfahrung und Fertigkeit der Art auseinandersetzen, wird die wachsende Gesellschaftlichkeit in der Mensch-Natur-Beziehung herbeigeführt.

Diese Weise, das Mensch-Umwelt-Verhältnis zu bestimmen, kann aber nicht dabei stehenbleiben, die zentrale Stellung der Arbeit und das damit verknüpfte materielle Tradieren nur festzustellen. Der darin eingeschlossene Bezug zur *Geschichte* zwingt uns weiterzugehen. Marx hebt bei einer ähnlichen Überlegung zum Thema der „Produktion" hervor:

„Die Produktion im Allgemeinen ist eine Abstraktion" ... „dies Allgemeine, oder das durch Vergleichung herausgesonderte Gemeinsame, ist selbst ein vielfach Gegliedertes, in vielen Bestimmungen Auseinanderfahrendes"... „die Bestimmungen, die für die Produktion überhaupt gelten, müssen gerade gesondert werden, damit über der Einheit – die schon daraus hervorgeht, daß das Subjekt, die Menschheit, und das Objekt, die Natur, dieselben – die wesentliche Verschiedenheit nicht vergessen wird" (MEW, Bd. 42, S. 20 f.).

Es sollen also in die konkrete Bestimmung der Produktion die jeweiligen historischen Produktionsverhältnisse mit einbezogen werden.

Nachdem Marx für verschiedene Produktionsverhältnisse den Wandel der Arbeit skizziert hat, fährt er in demselben Werk fort:

„Dies Beispiel der Arbeit zeigt schlagend, wie selbst die abstraktesten Kategorien, trotz ihrer Gültigkeit – eben wegen ihrer Abstraktion – für alle Epochen, doch in der Bestimmtheit ihrer Abstraktion selbst ebensosehr das Produkt historischer Verhältnisse sind und ihre Vollgültigkeit nur für und innerhalb dieser Verhältnisse besitzen" (a. a. O., S. 25).

Wir können nunmehr das Ergebnis unserer ersten Überlegungen zum gesellschaftlichen Begründungs- und Wirkungszusammenhang der interpersonellen Wahrnehmung und Urteilsbildung zusammenfassen:

Gegenüber den Verhältnissen im Tierreich hoben wir die auf qualitativ neuer Ebene gestaltete *Einheit* von Mensch und Natur hervor, die in der *gemeinsamen* Gesellschaftlichkeit besteht. Diese wird durch die Arbeit erzeugt, die wir in ihrer materiellen Geschichte, gebunden an die jeweiligen historischen Produktionsverhältnisse, zu berücksichtigen haben.

Wir können nunmehr darangehen, in einem nächsten Schritt die Funktionalität der psychischen Prozesse in ihrer Widerspiegelungs- und damit Regulationsfunktion zu bestimmen, und zwar immer in bezug auf das eben skizzierte, konkrete materielle Bedingungsgefüge.

Wir sind bereits im 1. Kapitel mehrfach auf die Funktionalität von Information bzw. intern verarbeiteter Information – z. B. als „Bild vom anderen" – eingegangen. Im folgenden werden wir diesen Begriff der Funktionalität erweitert verwenden; wir werden also psychische Prozesse bzw. Tätigkeiten überhaupt in dieser Hinsicht analysieren. Zu diesem Zwecke werden wir uns die Frage zu stellen und zu beantworten haben, inwiefern die eben abgeleiteten gesellschaftlich-materiellen Bestimmungen der menschlichen Existenz der menschlichen psychischen Widerspiegelung und Regulation bedürfen, um *zustande zu kommen.* Damit ist implizit gemeint, daß die Effektivität der psychischen Widerspiegelung und damit Regulation *maßgeblich* (und konstitutiv) die Effektivität der menschlichen Existenz beeinflußt und bedingt. Wir gehen davon aus, daß die Widerspiegelungsfunktion als Anteil und als Voraussetzung der regulativen Funktion wirksam wird. Hier werden wir die Widerspiegelungsfunktion als Voraussetzung der regulativen Funktion deshalb besonders hervorheben, weil sie – in ihrer besonderen Form der interpersonellen Wahrnehmung und Urteilsbildung – der Gegenstand unserer Untersuchung ist. Wie schon im 1. Kapitel unterstreichen wir noch einmal, daß wir diese Funktionalität für das grundsätzliche Bedingungsgefüge bestimmen wollen. Da sich dieses als Notwendigkeit im Zufall durchsetzt, gibt es selbstverständlich eine Vielzahl von besonderen Varianten einerseits wie auch vielfältige Störfaktoren andererseits, die einen einzelnen konkreten Prozeß der Widerspiegelung und

Regulation abweichend gestalten oder gar dysfunktional werden lassen. Statistisch ausgedrückt: Wenn gesagt wird, etwas sei funktional, so bedeutet das, daß es im Durchschnitt zutrifft.

Arbeit wird im gesellschaftswissenschaftlichen Begriffsverständnis als durch vielfältige gedankliche Operationen gesteuerte, grundsätzlich kooperativ und arbeitsteilig organisierte Tätigkeit menschlicher Individuen verstanden, in der Arbeitsgegenstand, Arbeitsmittel und Arbeitskraft unter gegebenen Produktionsverhältnissen aufeinander bezogen sind. Im „Kapital" charakterisiert das Marx in folgender Weise:

„Die Arbeit ist zunächst ein Prozeß zwischen Mensch und Natur, ein Prozeß, worin der Mensch seinen Stoffwechsel mit der Natur durch seine eigne Tat vermittelt, regelt und kontrolliert ... Am Ende des Arbeitsprozesses kommt ein Resultat heraus, das beim Beginn desselben schon in der Vorstellung des Arbeiters, also schon ideell vorhanden war. Nicht daß er nur eine Formveränderung des Natürlichen bewirkt; er verwirklicht im Natürlichen zugleich seinen Zweck, den er weiß, der die Art und Weise seines Tuns als Gesetz bestimmt und dem er seinen Willen unterordnen muß" (MEW, Bd. 23, S. 192 f.).

In demselben Abschnitt nennt Marx auch noch den „zweckmäßigen Willen" und die „Aufmerksamkeit" als notwendige psychische Komponenten dieses Prozesses; im weiteren Text werden auch die vorhin abgeleiteten Bestimmungen zum Begriff der Arbeit ausführlich dargestellt.

Schon diese begriffliche Bestimmung der Arbeit läßt erkennen, daß psychische Widerspiegelung und Regulation *notwendig* einbezogen werden müssen. Da sich die Arbeit von vergleichbaren tierischen Tätigkeiten (Wabenbau der Biene als Beispiel bei Marx, a. a. O.) dadurch unterscheidet, daß sie mit Werkzeugherstellung und -gebrauch verbunden ist (a. a. O., S. 194 f.), wird ersichtlich, daß die Art der psychischen Widerspiegelung und Regulation bei den Tieren dafür nicht ausreichen kann: Werkzeuge sind materialisierte bzw. vergegenständlichte *gesellschaftliche* Arbeitserfahrungen, und sie erfordern deshalb in besonders hohem Maße eine Antizipation des Prozesses der Tätigkeit. Dadurch daß der Arbeitsprozeß in der Regel arbeitsteilig und kooperativ organisiert ist, wird ein informationeller Austausch notwendig, der über die Kommunikation verwirklicht wird, und über diese Kommunikation, deren spezifisch menschliches Mittel die Sprache ist, setzt sich gesellschaftlich die psychische Regulation durch. Indessen kommt diese konkret über die individuelle Widerspiegelung und Regulation zustande; denn sie ist sowohl an Wahrnehmungsprozesse als auch an Denken und Sprache gebunden. Mit dem Blick auf das materielle Tradieren verweist Marx auf folgendes:

„Dieselbe Wichtigkeit, welche der Bau von Knochenreliquien für die Erkenntnis der Organisation untergegangener Tiergeschlechter (hat), haben (die) Reliquien von Arbeitsmitteln für die Beurteilung untergegangener ökonomischer Gesellschaftsformationen" (a. a. O., S. 194).

Zugleich aber hebt er auch das gegenüber dem Tier Unvergleichbare heraus:

„Wenn ein Gebrauchswert als Produkt aus dem Arbeitsprozeß herauskommt, gehen andere Gebrauchswerte, Produkte früherer Arbeitsprozesse, als Produktionsmittel in ihn ein. Derselbe Gebrauchswert, der das Produkt dieser, bildet das Produktionsmittel jener Arbeit. Produkte sind daher nicht nur das Resultat, sondern zugleich Bedingung des Arbeitsprozesses." Produkte als Produktionsmittel „sind nicht nur Produkte vielleicht der Arbeit vom vorigen Jahr, sondern, in ihren jetzigen Formen, Produkte einer durch viele Generationen, unter menschlicher Kontrolle, vermittelst menschlicher Arbeit, fortgesetzten Umwandlung. Was aber die Arbeitsmittel insbesondere betrifft, so zeigt ihre ungeheure Mehrzahl dem oberflächlichen Blick die Spur vergangener Arbeit" (a. a. O., S. 196).

Wenn wir – mit Marx – unterstellen, daß, einerseits, „geronnene" Arbeitserfahrungen vergangener Generationen in Gestalt von Produktionsmitteln in den Arbeitsprozeß eingehen und damit die Gesellschaftlichkeit der Arbeit *auch* in der Produktion eines *individuellen* Produzenten reproduzieren, so müssen wir uns, andererseits, bei der Untersuchung des materiellen Tradierens *unumgänglich* auf lebendige Arbeit beziehen, d. h., es genügt keine Kontemplation:

„Wenn also vorhandene Produkte nicht nur Resultate, sondern auch Existenzbedingungen des Arbeitsprozesses sind, ist andererseits ihr Hineinwerfen in ihn, also ihr Kontakt mit lebendiger Arbeit, das einzige Mittel, um diese Produkte vergangener Arbeit als Gebrauchswerte zu erhalten und zu verwirklichen" (a. a. O., S. 198).

Psychische Widerspiegelung und Tätigkeitsregulation werden in diesem materiellen Tradieren in *zweifacher* Weise wirksam und unumgänglich: einmal im Arbeitsprozeß bei der *Erzeugung* der Produktionsmittel, zum anderen im *Verbrauch* dieser vergegenständlichten Arbeit im lebendigen Arbeitsprozeß. Marx drückt dies damit aus, daß die als Produktionsmittel in den Arbeitsprozeß eingehenden Produkte „zu ihren begriffs- und berufsmäßigen Funktionen im Prozeß begeistet" werden (a. a. O., S. 198). Diese objektive Geschichtlichkeit menschlicher Umweltbeziehungen, durch die mit der „Natur außer ihm" auch die „eigne Natur" des Menschen gesellschaftlich verändert wird (a. a. O., S. 192), dürfen wir nicht mit einem Geschichtsbewußtsein verwechseln; Marx hebt dies hervor, wenn er schreibt: „Im gelungnen Produkt ist die Vermittlung seiner Gebrauchseigenschaften durch vergangene Arbeit ausgelöscht" (a. a. O., S. 197). Er gibt aber auch eine Situation an, in der das Arbeitsmittel als Produkt vergangener Arbeit widergespiegelt wird, in der der Nutzer in seiner Vorstellung auf den Produzenten verwiesen wird: „Machen Produktionsmittel im Arbeitsprozeß ihren Charakter als Produkte vergangener Arbeit geltend, so durch ihre Mängel. Ein Messer, das nicht schneidet, Garn, das beständig zerreißt usw., erinnern lebhaft an Messerschmied A und Garnwichser E" (a. a. O., S. 197). Diese Form der Widerspiegelung der „Geschichtlichkeit", also des Entstehens des genutzten Produkts, ist selbst ein Bestandteil der im konkreten Arbeitsprozeß enthaltenen psychischen Regulationen. Ins Positive gewendet, finden wir heute, in unserer sozialistischen Industrie, solche übergreifenden Regulationen darin, daß für qualitativ hochwertige Produkte Gütezeichen verliehen werden, oder auch in der Bewegung „Meine Hand für mein Produkt", wobei oft der individuelle Produzent namentlich in seinem Produkt auftritt, oder auch in der Verwirklichung notwendiger Anforderungen der Materialökonomie. In diesem Falle wird die vergegenständlichte Arbeit in der Regel nur unter ihrer Wertseite betrachtet.

Aber alle diese (und andere) Formen übergreifender gesellschaftlicher Regulationen können nicht die *individuelle* psychische Widerspiegelung und Regulation, mit der es besonders die Psychologie zu tun hat, umgehen. Selbst dort, wo ökonomische Regulationsmechanismen wie z. B. der Markt wirksam werden, ist das individuelle Käufer- und Verkäuferverhalten *notwendig* durch individuelle psychische Prozesse vermittelt. (Eine umfangreiche Untersuchung über die Funktionalität psychischer Prozesse am Fall der Wahrnehmung innerhalb ökonomischer Beziehungen und Prozesse hat Holzkamp (1973) vorgelegt; wir können hier nur darauf verweisen und werden später mehrfach darauf zurückkommen.)

Wir haben bisher das Problem der Funktionalität psychischer Prozesse – mit Marx – für einen Arbeitsprozeß betrachtet, „zunächst unabhängig von jeder bestimmten gesellschaftlichen Form" (a. a. O., S. 192). Bei dieser Abstraktion stehenzubleiben, verbietet sich aus dialektisch-materialistischer Sicht, worauf wir vorhin, im Zusammenhang mit dem Begriff der „Produktion im Allgemeinen", schon hingewiesen haben. Nach diesen allgemeinen Erörterungen geht Marx im „Kapital" auf die Besonderheiten des Arbeitsprozesses unter kapitalistischen Produktionsverhältnissen ein; wie wir gleich sehen werden, machen seine Eingangsüberlegungen bereits die bestimmte Funktionalität der psychischen Widerspiegelung und Regulation deutlich:

„Der Arbeitsprozeß, wie er als Konsumtionsprozeß der Arbeitskraft durch den Kapitalisten vorgeht, zeigt nun zwei eigentümliche Phänomene.

Der Arbeiter arbeitet unter der Kontrolle des Kapitalisten, dem seine Arbeit gehört. Der Kapitalist paßt auf, daß die Arbeit ordentlich vonstatten geht und die Produktionsmittel zweckmäßig verwandt werden, also kein Rohmaterial vergeudet und das Arbeitsinstrument geschont, d. h. nur so weit zerstört wird, als sein Gebrauch in der Arbeit ernötigt.

Zweitens aber: das Produkt ist Eigentum des Kapitalisten, nicht des unmittelbaren Produzenten, des Arbeiters . . . Der Kapitalist hat durch den Kauf der Arbeitskraft die Arbeit selbst als lebendigen Gärungsstoff den toten ihm gleichfalls gehörigen Bildungselementen des Produkts einverleibt. Von seinem Standpunkt ist der Arbeitsprozeß nur die Konsumtion der von ihm gekauften Ware Arbeitskraft, die er jedoch nur konsumieren kann, indem er ihr Produktionsmittel zusetzt. Der Arbeitsprozeß ist ein Prozeß zwischen Dingen, die der Kapitalist gekauft hat, zwischen ihm gehörigen Dingen. Das Produkt dieses Prozesses gehört ihm daher ganz ebensosehr, als das Produkt des Gärungsprozesses in seinem Weinkeller" (a. a. O., S. 199 f.).

Man kann aus dieser Darstellung von Marx, der sich noch viele andere anfügen ließen, die Funktionalität der beteiligten psychischen Prozesse leicht absehen; schon zur *objektiven* Beschreibung des kapitalistischen Ausbeutungsverhältnisses sind Begriffe wie „Kontrolle" oder „Standpunkt", die eine subjektive Komponente enthalten, notwendig. Konnten wir in unseren bisherigen Ableitungen, in denen wir den Bezug auf die Produktionsverhältnisse noch nicht hergestellt hatten, diese psychischen Komponenten auf die Beziehung zwischen Mensch und Material beschränken, so muß jetzt notwendig die Beziehung zwischen den Menschen in Betracht gezogen, d. h., der Arbeitsprozeß muß nunmehr in seiner vollständigen Gestaltung berücksichtigt werden. Damit treten aber auch die psychischen Prozesse unter mehreren Gesichtspunkten, nämlich unter denen der beteiligten Individuen, in Erscheinung. Im Marxschen Zitat ist es neben dem, der die Kontrolle ausübt und die Arbeitskraft kauft, auch der, der im Arbeitsprozeß kontrolliert wird und seine Arbeitskraft verkauft – was für die Untersuchung der Funktionalität der psychischen Prozesse unbedingt berücksichtigt werden muß. Denn ob jemand Kontrolle ausübt oder erleidet, macht zweifellos einen Unterschied in der Organisation der psychischen Prozesse aus; das wird in der neueren Psychologie allgemein als „Perspektivität", z. B. der Wahrnehmung, bezeichnet (Graumann 1960); nur muß dabei mit ins Kalkül gezogen werden, daß eine unterschiedliche Perspektive in der Widerspiegelung der Wirklichkeit kein reines subjektives Faktum ist, sondern – wenigstens für unseren Fall – als bedingt durch die objektive Klassenposition des Ausbeuters und des Ausgebeuteten gesehen werden muß. Zu diesem Problem finden wir bei Holzkamp (1973) wesentliche Erkenntnisse, die auf der Marxschen Analyse im „Kapital" beruhen.

Hier wollen wir nur noch das angeführte Beispiel um erweiternde Gesichtspunkte konkretisierend ergänzen: Der Lohnarbeiter muß einerseits in seiner Arbeit die Kontrolle des Kapitalisten in Rechnung setzen, zum andern wird er bzw. muß er, um seine Arbeitskraft und seine Gesundheit zu schonen, gegebenenfalls Rohmaterial vergeuden, Arbeitsinstrumente überlasten und Abweichungen vom vorgeschriebenen Arbeitsablauf herbeiführen. Wenn er seine Arbeitskraft verkauft, wird er (z. B. mittels gewerkschaftlicher Lohnkämpfe) versuchen, den mehrproduktschaffenden Anteil nicht nur dem Kapitalisten zu überlassen, sondern für sich selbst eine *erweiterte* Reproduktion seiner Arbeitskraft zu sichern. Seine psychischen Prozesse setzt er ein, um seine Arbeitskraft so teuer wie möglich zu verkaufen, dabei aber überhaupt zu sichern, daß sie auch verkauft wird.

Schon aus diesen wenigen Angaben können wir sehen, daß die in die Funktionalität der psychischen Prozesse eingeordneten Zusammenhänge und Beschaffenheiten mannigfaltig erweitert werden müssen, wenn wir die Produktionsverhältnisse (hier bezüglich des Kapitalismus) einbeziehen. Vor allem geht deutlich daraus hervor, daß wir dialektische Widersprüche, mehrschichtige Verflechtungen und überhaupt eine höhere Komplexität berücksichtigen müssen. Wenn wir zusätzlich beachten, daß die materielle Produktion nicht losgelöst von anderen materiellen und besonders auch ideellen gesellschaftlichen Wechselwirkungen existiert, daß dabei besonders die in den Überbau einzuordnenden Organisationsformen (wie z. B. das Recht) ebenfalls wirksam sind, so wird klar, daß die psychischen Prozesse in ihrer Widerspiegelungs- und Regulationsfunktion in einem eng vermaschten Netz objektiv realer Prozesse und Beziehungen angesiedelt sind.

Da die Beziehung zwischen den menschlichen Individuen und ihrer Umwelt, wie wir gesehen haben, über die Arbeit vermittelt wird, gilt das, was wir eben abgeleitet haben, ebenso für die Funktionalität des Psychischen innerhalb *dieser* Beziehung. Damit haben wir den Kreis zu den Überlegungen am Anfang dieses Kapitels geschlossen und die Funktionalität der psychischen Prozesse, die in den Beschaffenheiten „Widerspiegelung" und „Regulation" besteht, als *grundsätzlich notwendig* für die Existenz der Entwicklungsstufe der „gesellschaftlichen Materie" skizziert. Wir werden diese Aussagen dann weiter konkretisieren, wenn wir die Anforderungen an die interpersonelle Wahrnehmung und Urteilsbildung ableiten werden, die sich aus der Funktionalität dieser psychischen Prozesse für die gesellschaftliche Existenzweise des Menschen ergeben.

2.2. Bedingungen der interpersonellen Wahrnehmung und Urteilsbildung in der Subjekt-Objekt-Dialektik – erkenntnistheoretische Überlegungen

2.2.1. Einige Besonderheiten des gesellschaftlichen Widerspiegelungsobjekts

Im vorhergehenden Abschnitt betonten wir die „Gesellschaftlichkeit" der Materie; wir sprachen von der Vermenschlichung der Natur, von „künstlicher" Umwelt oder von der gesellschaftlichen Prägung der Natur. Das in diesem Zusammenhang von uns Dargestellte verstehen wir zuerst als eine objektive Tatsache. Wenn wir aber daraus etwas über die Spezifität der *Widerspiegelung,* insbesondere der interpersonellen Wahrnehmung und Urteilsbildung, ableiten wollen, dann müssen wir die Frage zu beantworten suchen, wie sich objektive *und subjektive* Komponenten in der erkenntnistheoretisch zu untersuchenden Subjekt-Objekt-Relation verändern. Wir gehen zunächst auf deren objektive Seite ein.

Rufen wir uns dazu die bekannte Formulierung von Lenin aus „Materialismus und Empiriokritizismus" in Erinnerung:

„Für jeden Naturforscher, ..., sowie für jeden Materialisten ist die Empfindung tatsächlich die unmittelbare Verbindung des Bewußtseins mit der Außenwelt, die Verwandlung der Energie des äußeren Reizes in eine Bewußtseinstatsache" (Lenin, Werke, 14, S. 42 f.).

Verstehen wir die „gesellschaftliche Materie" als eine bestimmte Entwicklungsstufe der objektiven Realität, nämlich als diejenige, die sich nach und nach aus der biologischen bzw. belebten Stufe herausbildet, so muß sie unserem Bewußtsein auch über „Reize" und „Empfindungen" vermittelt werden. Den älteren Begriff der Empfindung werden wir, in Anpassung an den Begriffsgebrauch in der Psychologie, durch den der Wahrnehmung ersetzen; erkenntnistheoretisch meinen beide Begriffe dasselbe.

Unsere Sinnesorgane sind so aufgebaut, daß sie innerhalb ihrer spezifischen Grenzen (Schwellen) für spezifische physikalische Signalmuster als Reizmuster ansprechbar sind, die sie aufnehmen und in entsprechende physiologische Erregungsmuster übersetzen. Wenn wir das Wahrnehmen von Gegenständen der objektiven Realität auf den verschiedenen Entwicklungsstufen der objektiven Realität miteinander vergleichen wollen, dann bieten sich die Begriffe der Kybernetik als gemeinsames Beschreibungsmittel an. Der gemeinte Prozeß kann dann als ein *Informationsübertragungs- und -verarbeitungsprozeß* behandelt werden. Je nach dem gegebenen oder benutzten physikalischen Träger – kinetische Energie bewegter Körper, chemische Energie, elektromagnetische Wellen im sichtbaren Spektrum usw. – können in unterschiedlicher Reichhaltigkeit einige der Beschaffenheiten und Strukturen der Informationsquelle als dem Trägerprozeß aufgeprägte Modulationen übermittelt werden. Die verschiedenen Rezeptoren sind für den Empfang von Informationen über unterschiedliche rezeptorspezifische Informationsträger geeignet. Sie haben ferner unterschiedliche Auflösungsvermögen; Leistungsverbesserung der Rezeptoren kann durch Übung, aber auch dadurch erreicht werden, daß technische Beobachtungs- und Meßgeräte eingesetzt werden.

Wenn wir nun einen bestimmten Gegenstand in seiner physikalisch, chemisch, biologisch oder gesellschaftlich bestimmten Existenzweise über *ein* Sinnesorgan, z. B. das Auge, erfassen wollen, dann bieten sich uns die unterschiedlichen Entwicklungsniveaus der Materie als unterschiedlich hohe Komplexität bzw. als unterschiedlich reiche Strukturiertheit dar. Wenn wir von der besonderen Eigenschaft der Sinnesorgane ausgehen, die qualitativ unterschiedlichen Materieformen zu verarbeiten, so drückt sich das qualitativ Verschiedene auf der Seite der Information durch unterschiedliche Komplexitätsniveaus aus. Diese Niveaus sind jedoch *objektiv reale* Bestimmungen der verschiedenen Formen der Materie. Da jede Entwicklungsstufe der Materie alle vorausgegangenen in dialektisch negierter Weise enthält, können wir unterstellen, daß mit der Höherentwicklung der Materie die Komplexität anwächst.

Diese jeweilige Stufe der Komplexität steht im Signalangebot bereit. Dazu wollen wir anschaulich vergleichen: die Prozesse, die in dem im ersten Kapitel erwähnten Neuererkollektiv ablaufen, mit denjenigen, die in einer Ameisengruppe vorgehen, die gemeinsam eine Raupe überwältigen und die Bewegungsvorgänge von

Bällen in der Wellenturbulenz unterhalb eines Wasserwehrs. Mögen die Bewegungen der Bälle – ein ausschließlich physikalisches Phänomen – auch schwieriger beobachtbar und voraussagbar sein als die Bewegungen der Ameisen und Menschen in den jeweils gemeinsamen Aktivitäten, so wird doch klar ersichtlich, daß die Komplexität vom Ballbeispiel zum Geschehen im Kollektiv anwächst. Das liegt daran, daß die jeweiligen Bewegungsmuster mit jeweils zusätzlichen Einflußgrößen verbunden sind, die weit über die Bewegung selbst hinausgehen. So spielen bei den Ameisen gewisse biochemische wie auch instinktive Faktoren (z. B. Gesellungsinstinkt) eine bedeutende Rolle, bei den Menschen treten sozialpsychologische (wie Kollektivbildung und -entwicklung) und soziologische (wie Wechselbeziehung des Kollektivs zur Gesellschaft) Faktoren zusätzlich auf. All das ist objektiv real und durch geeignete Informationsträger auch übertragbar. In der Regel wird eine gegebene höhere Komplexität durch mehrere Informationsträger unterschiedlicher Art vermittelt. Damit der Empfänger die jeweilige Komplexität des Objekts auch abbilden kann, muß er fähig bzw. imstande sein, die notwendig eingesetzte Menge an Informationsträgern mit hinreichender Güte aufzunehmen und die damit übertragene Information angemessen zu entschlüsseln. Das Subjekt hat dafür – im Prinzip – zwei Möglichkeiten: einerseits zusätzliche Dimensionen des Objekts für die Wahrnehmung selbst zu erschließen und zu nutzen, andererseits – und vor allem – das sinnlich Gegebene in der weiteren kognitiven Verarbeitung auszuwerten. Wie wir später sehen werden, sind das nicht *getrennte,* sondern miteinander vernetzte Möglichkeiten. Über diese *individuellen* Verarbeitungsformen hinaus kann der Erkenntnisgewinn auch noch durch gesellschaftliches, arbeitsteiliges Vorgehen vergrößert werden. – Wir wollen aber erst noch bei der Objektseite dieser Prozesse verweilen.

Für die komplexen Signalmuster der gesellschaftlichen Materie können wir uns als Quelle solche Beschaffenheiten vorstellen, die jeweils mehrere Objekte als Träger dieser Beschaffenheiten miteinander verknüpfen, und das sind solche, die *Beziehungen* enthalten. Damit ein Objekt, z. B. ein Werkzeug, als „Säge" ausgewiesen ist, müssen – als Einheit – in das komplexe Signalmuster eingehen: der Arbeitsgegenstand (ein Holzstück auf dem Sägebock), ein Exemplar des Werkzeugs in seiner figural-qualitativen

Beschaffenheit, die Nutzer des Werkzeugs *und* eine „Zusammenfassung" aller dieser Signale in Raum und Zeit; nur auf diese Weise kann die spezifische Funktionalität der Säge durch Signale vermittelt werden. Anders gesagt: Nicht ein einzelnes, zeitlich punktuelles Signalmuster, sondern nur eine Folge solcher komplexer Signalmuster kann jene gesellschaftliche Beschaffenheit vermitteln, ein bestimmtes Werkzeug (hier: „Säge in Funktion") zu sein. Genau das macht den Inhalt der besonderen Beschaffenheit „gesellschaftliche Prägung" aus, wie sie sich in der Vermittlung zwischen Objekten signalmäßig darbietet. Je nach der Reichhaltigkeit dieser komplexen Signalmuster-Sequenzen wird dann diese Beschaffenheit – der gesellschaftlichen Materialität des Objekts – vollständig oder eingeschränkt vermittelt.

Unsere Darstellung enthielt bereits den Begriff der Beziehung oder *Relation,* der in den komplexen Signalmustern der gesellschaftlichen Materie außerordentlich bedeutsam ist. Allerdings sind Relationen nicht ausschließlich Besonderheiten der gesellschaftlichen Materie: Die Größer-Kleiner-Beziehung, die räumliche Anordnung von Objekten usw. können wir neben anderen Relationen sofort als Beschaffenheiten von Gegenstandsmehrheiten der physikalischen Materie nennen. Was die gesellschaftliche Entwicklungsstufe der Materie auszeichnet, ist nur der Umstand, daß sie *per definitionem* durch relationale Beschaffenheiten bestimmt ist.

Wir wollen jetzt unser Beispiel für das Problem der Widerspiegelung gesellschaftlicher Materie aufbereiten, indem wir eine Beschreibungsweise der Relationenlogik benutzen. Dieser zufolge ist die Beschaffenheit „Säge-(in Funktion)-sein", S (...) eine Relation, die ein bestimmtes Werkzeugexemplar, a, mit einem bestimmten Exemplar des Arbeitsgegenstandes, b, und einem bestimmten handelnden Menschen, c, in einer Folge von Zuständen, i, einander zuordnet:

$S_i(a, b, c)$, mit der Angabe, daß die Zustände i durch ihr Nacheinanderauftreten in einem Zeitintervall T_I näher bestimmt sind. Ohne die in der Logik übliche leseschwierige Symbolik in unseren Text einzuführen, werden wir im folgenden immer unterstellen, daß unsere Aussage für alle i, i Element aus T_I, gilt.

Für unsere Betrachtung ist derjenige Entartungsfall der Relation interessant, in dem sich ein Werkzeug *außerhalb* seiner Funktion darstellt: S_i (a, y, z). Hier sind y und z Platzhalter für reale Exemplare der entsprechenden Klasse von Individuen (y für Arbeitsgegenstände, z für handelnde Menschen). Der Index i ist dann überflüssig, weil die Zustände als über die Zeit konstant angesehen werden müssen. Solange die Leerstellen y, z unbesetzt sind, befindet sich das Werkzeug a nicht in Funktion; daher ist die in diesem Zusammenhang eingeführte Zustandsfolge irrelevant. Der formal weiterzubehandelnde Fall S (x, y, z) existiert also nicht konkret materiell, da Relationen nicht losgelöst von ihren materiellen Trägern existieren.

Eine weitere interessante Abwandlung der dargestellten Situation erhalten wir, wenn der Wahrnehmende der sich in Funktion befindenden Säge auch selbst ihr Anwender ist, oder wenn, z. B. im Falle einer großen Blattsäge, sogar *zwei* Personen am Einsatz der Säge beteiligt sind. Das wird sich vor allem auf die Belegung der Variablen z in S (x, y, z) auswirken, für die nicht an eine andere Person, sondern an die eigene oder ein Paar zu denken ist. Da wir aber für die Beschreibung dieser Situation unbedingt auf die Bedingungen der *Widerspiegelung* zurückgreifen müssen, wollen wir erst später darauf näher eingehen. Indessen müssen wir jetzt schon, in einer allgemeineren Hinsicht, auf das Psychische als Bestandteil des Widerspiegelungs*objektes* eingehen. Lenin betonte in seinem Werk „Materialismus und Empiriokritizismus":

„Freilich ist auch der Gegensatz zwischen Materie und Bewußtsein nur innerhalb sehr beschränkter Grenzen von absoluter Bedeutung: im gegebenen Fall ausschließlich innerhalb der Grenzen der erkenntnistheoretischen Grundfrage, was als primär und was als sekundär anzuerkennen ist. Außerhalb dieser Grenzen ist die Relativität dieser Entgegensetzung unbestreitbar" (Werke, 14, S. 142).

Derselbe Gedanke wird auch für die Gegensatzpaare Materie – Geist und Physisches – Psychisches (a. a. O., S. 243 f.) formuliert. Wir müssen diese Relativität immer im Auge behalten, wenn wir gesellschaftliche Widerspiegelungsobjekte untersuchen. Sobald solche Objekte Personen sind, müssen wir diese selbst als widerspiegelnde Individuen berücksichtigen. In diesem Zusammenhang wird die Beschaffenheit der Materie, die wir abgekürzt „Psyche" nennen, als etwas betrachtet, das der Materie bzw. der objektiven Realität *eingeordnet* ist, und nicht als das, was ihr als Subjektives gegenübergestellt ist. Diese besondere Beschaffenheit der Materie muß vor allem für ihre gesellschaftliche Entwicklungsstufe beachtet werden. Das widerspiegelnde Subjekt hat sie in zweifacher Weise zu berücksichtigen: zum ersten als Beschaffenheit von Personen überhaupt, zum anderen in der speziellen Hinsicht, daß das widerspiegelnde Subjekt sein eigenes Widergespiegeltwerden durch die andere Person in Rechnung setzt. Hiermit ist eine Beschaffenheit gesellschaftlicher Widerspiegelungsobjekte genannt, die bei den der gesellschaftlichen Materie vorangehenden Entwicklungsstufen unbekannt ist. Aus den beiden genannten Aspekten werden wir später unterschiedliche Anforderungen an die interpersonelle Wahrnehmung und Urteilsbildung ableiten.

2.2.2. „Gegenstandsbedeutung" als widerspiegelungsbezogener Begriff von gesellschaftlicher Materie

Im vorhergehenden Abschnitt erörterten wir einige Besonderheiten der gesellschaftlichen Materie, die ins Gewicht fallen, wenn diese beschriebene Entwicklungsstufe der Materie von Menschen widergespiegelt wird. Wir wollen nun einen Schritt weitergehen und einige Aussagen der Psychologie diskutieren, die gemacht werden, wenn die gesellschaftliche Materie zum *Gegenstand der Widerspiegelung erhoben* wird. In der Psychologie wird der Begriff der „Gegenstandsbedeutung" für die zum Objekt der Widerspiegelung erhobene materielle gesellschaftliche Wirklichkeit verwendet; im 1. Kapitel wurde dieser Begriff bereits kurz eingeführt.

In seinen „Grundlagen der allgemeinen Psychologie" schrieb Rubinstein dazu:

„Die menschliche Wahrnehmung ist gegenständlich und sinnerfüllt. Sie läßt sich nicht auf eine nur reizmäßige Grundlage reduzieren. Wir nehmen nicht Empfindungsbündel und nicht ‚Strukturen' wahr, sondern Gegenstände, die eine bestimmte Bedeutung haben. Praktisch ist für uns gerade die Bedeutung des Gegenstandes wesentlich, weil sie seine Verwendbarkeit kennzeichnet: Die Form hat keinen eigenständigen Wert" (Rubinstein 1959, S. 319).

Wie man sieht, unterstellt dieser Begriff sowohl die Gegenständlichkeit als auch die Bedeutsamkeit eines Signalmusters für den widerspiegelnden Menschen. Der Aspekt der Bedeutsamkeit schließt ein, daß ein gesellschaftliches Objekt immer nur *in bezug auf* die widerspiegelnde Person – als möglichen Nutzer – existiert. Es sei hier an die im ersten Abschnitt dieses Kapitels genannte Eigenart gesellschaftlicher Gebilde erinnert, daß sie nur im Kontakt mit lebendiger Tätigkeit ihre gesellschaftliche Existenzweise verwirklichen, ansonsten aber, außerhalb gesellschaftlicher Prozesse, sich wie Naturobjekte verhalten (MEW, 23, S. 198). Der Widerspiegelnde muß sich daher, um den gesellschaftlichen Charakter des Objekts erfassen zu können, als Vertreter der Art „Mensch", genauer sogar als Vertreter konkret-historisch bestimmter Menschengruppen, auf dieses Objekt beziehen. Er muß, indem er widerspiegelt, die gesellschaftlichen Wechselbeziehungen in bestimmtem Maße ideell realisieren. Das ist im Grunde in der materialistischen Psychologie mit dem *Tätigkeitsprinzip* (Leontjev, Rubinstein u. a.) gemeint. Der Begriff der Gegenstandsbedeutung wird also aus der Subjekt-Objekt-Relation eingeführt, um das gesellschaftlich-materielle Widerspiegelungsobjekt zu charakterisieren.

Holzkamp, der diesen Begriff im Anschluß an Rubinstein weiter präzisiert hat, hebt ihn betont von dem Bedeutungsbegriff ab, der uns aus der Semantik geläufig ist. Er verwendet für diesen den Begriff der „Symbolbedeutung" und sagt:

„In der Gegenstandsbedeutung ist nicht, wie in der Symbolbedeutung, auf ein Drittes, Gemeintes verwiesen; Gegenstandsbedeutung heißt vielmehr Bedeutung im Zusammenhang mit der menschlichen Lebenstätigkeit" (Holzkamp 1973, S. 25).

Aus terminologischer Sicht müssen wir hier darauf verweisen, daß dieser doppelte Gebrauch des Wortes „Bedeutung" im Deutschen – und auch in anderen Sprachen – nicht ungewöhnlich ist. In der Umgangssprache wird „Bedeutung" oft synonym für „Bedeutsamkeit" verwendet; dies drückt den pragmatischen Bezug zu einer Sache oder zu einer Erkenntnis aus. Mit diesem pragmatischen Bezug aber wird gleichzeitig für den, dem die Sache selbst oder der Erkenntnisinhalt „bedeutsam" ist, eine hinreichende Klarheit darüber unterstellt, und das heißt: ein *semantischer* Bezug. Der im Sinne der Zeichentheorie eingeschränkte Sprachgebrauch, dem zufolge „Bedeutung" nur den Erkenntnisinhalt von Zeichen beträfe, ist auch in die wissenschaftliche Allgemeinsprache eingedrungen. Der Terminus der „Gegenstandsbedeutung" aber verweist, um es noch einmal zu unterstreichen, eindeutig auf die materielle Welt selbst, er erfaßt diese jedoch *im Hinblick* auf ein diese Welt widerspiegelndes und veränderndes menschliches Individuum. Dazu Holzkamp:

> „Ein ,Hammer' beispielsweise ist nicht lediglich ein Inbegriff einer bestimmten Form und bestimmt gearteten Farbigkeit, sondern eine komplexe gegenständliche Bedeutungseinheit, in die eingeht, daß er von Menschen gemacht ist, daß er zum Schlagen da ist, wie man am besten mit ihm trifft, daß man mit ihm vorsichtig sein muß u. v. a., wobei all dies einheitliches und eindeutiges Gesamtcharakteristikum des Hammers als eines wirklichen, wahrnehmbaren Dinges ist. – Die Dinge werden dabei nicht nur als Bedeutungseinheiten, sondern im Zusammenhang mit Bedeutungsstrukturen wahrgenommen, die gleichermaßen gegenständlich gegeben sind" (a. a. O., S. 25).

Wie wir im 1. Kapitel schon eingeführt haben, unterscheidet Holzkamp sachliche und personale Gegenstandsbedeutungen. Für diesen seinen Bedeutungsbegriff zieht Holzkamp im Anschluß an Leontjev und Rubinstein historisch-materialistische und daraus abgeleitete ausgewählte Ergebnisse der politischen Ökonomie heran, die die geschichtliche Entwicklung, Widersprüchlichkeit und Klassenbezogenheit seines Inhalts verdeutlichen.

Um die Unterscheidung zwischen sachlicher und personaler Gegenstandsbedeutung als *materielle* Gegebenheiten der Sach- bzw. Person-Welt im Zustand des Objekt-Seins klar darstellen zu können, wird es erforderlich, die materielle gesellschaftliche Wirklichkeit selbst in dieser Hinsicht zu differenzieren. Das werden wir in der Weise tun, daß wir den personalen Aspekt aus dem dargestellten Gesamtzusammenhang herausheben. Alles übrige werden wir dann global dem Sachaspekt zuschlagen, gleichviel, ob es sich um Dinge, ihre Eigenschaften oder die darin ablaufenden Prozesse handelt.

Wenn wir nun wieder unsere Aufmerksamkeit der materiellen gesellschaftlichen Tätigkeit zuwenden, so bemerken wir ein neues Element in der Prozeßentwicklung, nämlich den Umstand, bei dem Menschen – kooperativ oder feindselig – miteinander agieren. Die

Entwicklung der gesellschaftlichen Verhältnisse wird durch die Art und Weise, *wie* Menschen interagieren, angereichert, konkretisiert, weitergetrieben. In der Beziehung eines Nutzers zu einem Werkzeug tritt zwar auch ein gesellschaftliches Verhältnis in Erscheinung – zum einen dadurch, daß die im Werkzeug „geronnene" Gesellschaftlichkeit im Arbeitsprozeß wieder lebendig wird, und zum anderen dadurch, daß sich gesellschaftliche Verhältnisse zwischen Menschen unmittelbar in der Art des Verfügen-Könnens über das Werkzeug äußern; beides aber ist nur die Überführung von dispositionell Gegebenem in Aktuelles, kein neues Erzeugen von Gesellschaftlichkeit. Das ist anders bei der Entwicklung von Gesellschaftlichkeit durch interpersonelles Agieren. Dabei wird selbstverständlich nur *lokal* Gesellschaftlichkeit erzeugt; diese aber steht in einem sich gegenseitig determinierenden Wechselverhältnis zur *globalen,* also derjenigen, wie sie durch die jeweiligen Produktionsverhältnisse für die Gesellschaft als Ganzes gegeben ist – wobei diese zweite Seite für den Charakter aller lokalen gesellschaftlichen Verhältnisse die dominierende ist.

Nach Holzkamp (1973) läßt sich für die Beziehungen der Menschen im Produktionsprozeß

„zeigen, daß – wie die sachlichen Gegenstandsbedeutungen den orientierungsrelevanten Aspekt von Arbeitsergebnissen und damit zusammenhängenden Gegebenheiten darstellen – die personalen Gegenstandsbedeutungen als orientierungsrelevanter Aspekt der kooperativen Beziehungen zwischen Menschen betrachtet werden müssen" (S. 141).

In der Form personaler Gegenstandsbedeutungen ist die widerspiegelnde Person durch ihre Tätigkeiten bzw. Tätigkeitsdispositionen bestimmt, die ihrerseits durch die Bedingungen des Arbeitsprozesses, den vorliegenden Arbeitsgegenstand, die Arbeitsmittel, das durch die Arbeit zu schaffende Resultat u. ä. determiniert sind. An Hand unseres Beispiels der holzsägenden Vater-Sohn-Arbeitsgruppe kann der Leser dieses Wechselverhältnis leicht rekonstruieren. Dazu betont Holzkamp (1973):

„Interpersonelle Wahrnehmung ist demnach von allem Anfang an keine bloße soziale Beziehung zwischen zwei Menschen, sondern impliziert ein allgemeines gesellschaftliches Verhältnis, da sie vermittelt ist über die Gegenstandsbedeutungen von Produkten gesellschaftlicher Arbeit" (S. 142).

Weiterhin bezieht Holzkamp in die personale Gegenstandsbedeutung – sofern sie unter Kooperationsbedingungen auftritt – ein, daß man am anderen Menschen, an dessen Tätigkeit, ablesen kann, welchen Beitrag er in der Zusammenarbeit, verglichen mit den gesellschaftlichen Arbeitserfordernissen, einzubringen vermag, so daß der Perzipient seinen eigenen, notwendig zu leistenden Anteil richtig dosieren kann. Somit sind personale Gegenstandsbedeutungen zuerst – tätigkeitsbezogen – *Objekt* der Widerspiegelung. Je nach

„Konsistenz ihres Auftretens und Wiederauftretens (repräsentieren sie) ‚Fertigkeiten‘ oder ‚Fähigkeiten‘ des anderen“ zur Herstellung oder zum Gebrauch eines Werkzeuges. „Derartige länger erstreckte Bedeutungsmomente kennzeichnen die Möglichkeiten eines Menschen, Tätigkeitsdispositionen in wirklichen Tätigkeiten bestimmter Art und Angemessenheit zu aktualisieren“ (S. 144).

Der Autor trägt diesen gesellschaftlich umfassenden Beziehungen durch folgenden Gedanken Rechnung:

„Demgemäß bestimmen sich auch die Systeme dispositionsbezogener Personbedeutungen, hinsichtlich deren die Menschen einer Gesellungseinheit im gesellschaftlichen Durchschnitt nach Eigenart und Ausprägungsgrad der ihnen möglichen ‚Beiträge‘ angemessen erfaßbar und unterscheidbar sein müssen, damit gesellschaftliche Kooperation möglich ist, nach den jeweiligen objektiven Notwendigkeiten gesellschaftlicher Lebenserhaltung, müssen demnach aus der Struktur der Produktionsweise einer jeweils bestimmten Gesellungseinheit ableitbar sein“ (S. 145).

In nichtkooperativen, feindlichen interpersonellen Situationen lassen sich, wenn man ähnliche Überlegungen darauf anwendet, ebenfalls personale und sachliche Gegenstandsbedeutungen – als Vermittler – aufeinander beziehen, und ebenso läßt sich auch ihr Bezug zu Produktionsweise und Gesellschaftsformation herstellen.

Für kooperative wie nichtkooperative interpersonelle Beziehungen gelten demnach in gleichem Maße die abschließenden Feststellungen Holzkamps zu den genannten Wechselverhältnissen:

„Gegenstandsbedeutungen sachlicher und personaler Art haben den Charakter der gegenseitigen Bedeutungsverweisung von Menschen auf Sachen, von Beziehungen zwischen Menschen auf Beziehungen zwischen Sachen, von

Beziehungen zwischen Sachen auf Beziehungen zwischen Menschen; solche objektiven Bedeutungsstrukturen sind der allgemeinste orientierungsrelevante Aspekt der Produktivkraftentwicklung und dabei zwischen Menschen eingegangenen Produktionsverhältnisse" (S. 146).

Wir wollen nunmehr festhalten: Die im interpersonellen Handeln (Interagieren) sich entwickelnde Gesellschaftlichkeit drückt sich in einem gegenseitigen Aneignungs- und Vergegenständlichungsprozeß aus, der – in der Regel – über die Auseinandersetzung mit Arbeitsgegenständen, Arbeitsmitteln und anderen, die materielle Situation bestimmenden Faktoren verläuft. Gegenüber der nur einseitigen Aneignungs- und Vergegenständlichungsbeziehung zwischen Person und Arbeitsgegenstand, -mittel usw. ist die zwischen Menschen ablaufende Vergegenständlichung und Aneignung vor allem durch ihre *Reziprozität* gekennzeichnet. Der Begriff der *personalen Gegenstandsbedeutung* schließt die bereits früher entwickelte gesellschaftliche Prägung der einzelnen und ihrer relationalen Zusammenfassung in Interaktionen ein. Alles, was im historischen Materialismus über die „Person-Wirklichkeit" und was in den darauf aufbauenden Gesellschaftswissenschaften, die die gesellschaftlich-materielle Welt untersuchen, gedanklich erarbeitet wurde, bringt Holzkamp über den Begriff der personalen Gegenstandsbedeutung in die gesellschaftliche Objekt-Subjekt-Beziehung der sinnlichen Erkenntnis für die Psychologie ein. In diesem Begriff wird also der Mensch *nicht* als gesellschaftliches Abstraktum wie in der herkömmlichen Persönlichkeitspsychologie, sondern in seiner gesellschaftlichen materiellen (und auch, darauf bezogen, ideellen) Determiniertheit und Verflochtenheit, d. h. in seiner gesellschaftlichen Konkretheit, zum Gegenstand der sinnlichen Widerspiegelung und Handlungsregulation gemacht.

2.2.3. Anmerkungen zur Entfaltung der Subjekt-Objekt-Beziehung bei gesellschaftlichen Widerspiegelungsobjekten

Am Ende unseres Abschnitts 2.2.2. gingen wir auf die Besonderheit von personalen Objekten der menschlichen Widerspiegelung ein, selbst auch widerspiegelnde Individuen zu sein. Außerdem fanden wir – in der Bestimmung des Begriffs der personalen Gegenstandsbedeutungen bei Holzkamp – auch einen Bezug auf die Psyche des Wahrnehmenden. Wenn wir die Subjekt-Objekt-Beziehung nunmehr weiter entfalten wollen, müssen wir diesen beiden Gesichtspunkten Rechnung tragen. Zuerst soll der Wahrnehmende selbst betrachtet werden.

Wir kommen damit auf die im Abschnitt 2.2.1. erwähnte und dort zurückgestellte Beschreibung jener Situation zurück, in der der Perzipient eines Werkzeugs zugleich sein Nutzer ist, d. h. auf die Wahrnehmung der Relation „Säge in Funktion", in die er selbst als Träger dieser Relation eingeht. Dabei geht es uns nur darum, die objektiven Wahrnehmungsbedingungen zu prüfen, nicht aber um die Selbstwahrnehmung der Person in der Handlung.

Das Neue an dieser Situation ist nicht in einem grundsätzlichen Wandel der angegebenen Beziehungen zu sehen: So gilt auch in *diesem* Zusammenhang S_1 (a, b, c), nur daß jetzt mit c keine fremde, sondern die eigene Person markiert ist. Was sich verändert, das ist zuerst die *Perspektive*.

Da die Bedeutsamkeit solchen Perspektivenwechsels nicht auf der Hand liegt und auch nicht in knappen Worten zu beschreiben ist, soll eine vereinfachende Vergleichssituation herangezogen werden, um das Verständnis zu erleichtern: Wenn ein Beobachter seine Position gegenüber einer Kugel dadurch wechselt, daß er sie nach einer Betrachtung von außen nun von innen her betrachtet (wobei er in keinem Falle als ein die Kugel Konstituierender verstanden werden darf; dies ist *eine* unserer Vereinfachungen), so wechselt er in seiner Perspektive aus einer konvexen in eine konkave Welt über: Was vorher einen Links-Drehsinn hatte, hat nun einen Rechts-Drehsinn; vorher in der Reflexion divergierende, parallel eingestrahlte Strahlenbündel konvergieren nunmehr. Trotz dieser sehr einfachen geometrischen Veränderungen finden wir also schon beachtliche Auswirkungen. Da ein Mensch kaum in die Lage kommen dürfte, in einer existenzbedeutsamen Weise solche Perspektivenwechsel kurz nacheinander und mehrfach auszuführen, dürften hier keine besonderen Widerspiegelungs- und Regulationsprobleme auftreten.

Bekanntlich bringen ähnliche geometrische Perspektivenwechsel, wie sie in den Laboratorien der Wahrnehmungspsychologen benutzt werden, je nach

Fall mehr oder weniger beträchtliche Orientierungsprobleme, z. B. für die Lokomotion, mit sich. Unser fiktives Beispiel der Kugel ist unseres Wissens noch nicht untersucht worden; das dürfte auch aus mehreren, hier nicht zu verfolgenden Gründen schwierig, wenn nicht unmöglich sein – außer man könnte dabei die Wirkung der Schwerkraft aufheben. Es gibt jedoch Analogien: Man denke an die Experimente mit den sogenannten Inversions-Brillen, bei denen der Eingang am visuellen Rezeptor verändert wird – was einem geometrischen Perspektivenwechsel der sichtbaren Welt analog ist (Kohler 1951). Oder es sei an die Untersuchungen von Ames u. a. (Ames 1951) erinnert, in denen nichtorthogonale Räume konstruiert wurden, die bei einäugiger Betrachtung von einem bestimmten Punkt aus orthogonal wirken, wobei z. B. die Größenkonstanz einer sich im Raum befindlichen und darin von vorn nach hinten bewegenden Person aufgehoben werden kann. – Solche und ähnliche Versuche können das Problem des geometrischen Perspektivenwechsels besonders deutlich machen.

Davon muß aber der für uns interessante Perspektiven-Wechsel im Werkzeuggebrauch unterschieden werden. In Lernvorgängen allerdings gehört dieser Wechsel zum selbstverständlichen Verhalten zwischen Lehrfacharbeiter und Lehrling – um nur eine solche Variante zu nennen. Würde man die Relation: „Holzstück auf dem Sägebock" – „Säge" – „sägende Person" dadurch reduzieren, daß man die sägeführende Person durch „sägeführende Hand" ersetzt, dann läge vom Gesichtspunkt der visuellen Wahrnehmung des Geschehens kein Perspektivenwechsel vor. Daß in der Praxis solche Vereinfachungen vorkommen, ist geläufig, so z. B. bei arbeitsprozeßgestalterischen Überlegungen, sofern in ihnen die arbeitenden Menschen nur unter ihren individuell-körperlichen Aspekten berücksichtigt und soziale Komponenten vernachlässigt werden.

Da uns aber die genannte Relation in ihrer vollständigen Wirklichkeit, zu der gerade die soziale Seite gehört, interessiert, können wir für unser Problem die genannten Vereinfachungen *nicht* zulassen. Ebenso wie wir die Relation aus der Sicht des externen Beobachters als eine solche fassen wollen, in der die *ganze* handelnde Person zu berücksichtigen ist, müssen wir auch, aus der Sicht des darin einbezogenen Perzipienten, diesen als Werkzeugnutzer insgesamt und nicht nur bezüglich der Hand o. ä. beachten. Damit zusammenhängend tritt als etwas grundsätzlich Neues auf, daß der Wahrnehmende selbst die Relation „Werkzeug in Funktion" mit konstituiert. Das ist zwar für die materielle Wirklichkeit der Relation nicht von Belang, wohl aber für unseren Fall, in dem diese materielle Wirklichkeit zum Objekt der Widerspiegelung erhoben wird, also unter dem Aspekt ihrer Betrachtung als Gegenstandsbedeutung. Eine nähere Untersuchung, der wir uns kurz zuwenden werden, zeigt dann, daß die konstituierende Einbeziehung des Wahrnehmenden in eine solche Relation zu einer unterschiedlich reichhaltigen Gegenstandsbedeutung und damit zu unterschiedlichen Anforderungen an das sinnliche Widerspiegeln führt.

Der Perspektivenwechsel führt dazu, daß jeweils andere Beschaffenheiten des „Werkzeugs in Funktion" der sinnlichen Wahrnehmung zugänglich werden. Neben denjenigen, die Signalmuster für die Fernsinne (Sehen, Hören, auch Riechen) erzeugen, werden akzentuiert auch diejenigen Beschaffenheiten wirksam, die vom komplexen sensorischen System der Haut (Druck, Schmerz, Temperatur, Vibration) und vom Gleichgewichtsorgan im Innenohr sowie von den Propriorezeptoren, vor allem in den Muskeln, die beim Umgang mit dem Werkzeug beteiligt sind, aufgenommen werden. Dabei lassen wir das spezielle Problem noch unberücksichtigt, daß ein Subjekt, das den eigenen Werkzeuggebrauch widerspiegelt, gewisse Vorerfahrungen darüber haben muß, wie es als ein handelndes Subjekt überhaupt mit Werkzeugen umzugehen hat.

Die Perspektivität bringt es mit sich, daß sowohl die Werkzeuge als auch die Arbeitsmittel in unterschiedlicher Weise auf das beteiligte Subjekt beziehbar werden, etwa je nachdem, ob eine Lernphase oder eine Kann-(Arbeits-)Phase vorliegt; das bedeutet also, daß die Träger dieser Relation jeweils unterschiedliche Signal- oder Reizmuster erzeugen. Die Struktur des Wahrnehmungsgegenstandes „Werkzeug in Aktion" bietet sich also gemeinsam, in ihrer Ganzheit, dar. Zu Beginn der Lernphase tritt das Werkzeug wie auch der Arbeitsgegenstand dem Lernenden als etwas gegenüber, das *bewältigt* werden muß. In der Kann-Phase indessen wirkt das Werkzeug als *Verstärker* der Arbeitskraft in der Auseinandersetzung mit dem Arbeitsgegenstand – und diese unterschiedliche Wirkungsweise ist selbstverständlich nicht nur für die widerspiegelnde Seite der psychischen Prozesse, sondern auch für deren regulative, organisierende Funktion belangvoll. Des weiteren führt der Perspektivenwechsel dazu, daß sich die sachlichen und die personalen Momente der Gegenstandsbedeutung von „Werkzeug in Funktion" in unterschiedlicher Weise ausprägen, d. h. unterschiedlich für das widerspiegelnde Subjekt faßbar werden. Während sich, wenn wir eine andere Person nur beobachten, die mit dem „Werkzeug in Funktion" in Verbindung steht, die personale Komponente als „Fertigkeit", „Geschicklichkeit" usw. fertig darbietet und sich bei längerer Beobachtung nur weiter entfaltet, kommt im Falle der Einbeziehungen der Person selbst der Prozeß der gesellschaftlich bedingten *Bildung* der „Fertigkeit" usw. ins Blickfeld. Das könnte, in einem Beispiel verdeutlicht, etwa so erfolgen, daß in der Lernphase der Lehrende die zunächst ungeschickt operierende Hand des (den Gesamtprozeß widerspiegelnden) Lehrlings führt und solcherart die individuelle Anpassung an gesellschaftliche Erfahrungen im Umgang mit Werkzeugen – und das heißt auch die Bildung des individuellen Regulationsmechanismus – beschleunigt. *Damit* wird die lebendige Form der Gesellschaftlichkeit auf der personalen Seite, wiederum über Sequenzen von Signalmustern, wahrnehmbar und konkret erlebbar.

Wir können uns die Tragweite dieses perspektivischen Unterschieds etwa wie folgt verdeutlichen: Für die Fremdbeobachtung der handelnden Person könnte man sich diese auch als durch einen Roboter ersetzt denken, d. h., man könnte sie in reduzierter Form als einen technischen Mechanismus wahrnehmen, der z. B. die Säge führt; allerdings ist diese Reduktion für die eigene Person nicht möglich. Schon dadurch läßt sich vermuten, daß der Perspektivenwechsel eine der Grundbedingungen für das Wahrnehmen komplexer Signalmuster-Sequenzen ist.

Aus der Wahrnehmungsforschung ist dazu bekannt, daß Sequenzen von sich systematisch ändernden Erregungsmustern auf der Retina, wie sie sich während der Lokomotion im Raum darbieten, für die Wahrnehmung der Komplexität und Stabilität der Sehdinge im Raum unabdingbar sind. Es wird dadurch nicht nur der sogenannte „Blinde Fleck" auf der Retina kompensiert, sondern es werden durch die bei Eigenbewegung erzeugten parallaktischen Verschiebungen der Sehdinge relativ zum Wahrnehmenden sukzessive Erregungsmuster erzeugt, die etwa für die Tiefenwahrnehmung sehr bedeutungsvoll sind, auch bei Ausschaltung der Querdisparation, d. h. beim einäugigen Sehen. Auch hier handelt es sich um einen Wechsel der

„Perspektive", diesen Begriff in seiner ursprünglichen Bedeutung genommen!

Unsere eben gewonnenen Aussagen über den Perspektivenwechsel, hier also den von Fremd- zu Eigenwahrnehmung angesichts unseres „Werkzeugs in Funktion", lassen noch weitere Folgerungen zu. Bei der Fremdwahrnehmung eines Handelnden, etwa nach seiner Lernphase, bietet sich uns die Gesamtheit seiner Bewegungen als eine geschlossene Ganzheit dar, die visuell z. B. als ein (relativ) *simultanes* Wahrnehmungsereignis imponiert; in der Eigenwahrnehmung indessen werden die eingeschlossenen Bewegungen *sukzessive* aufgenommen, um danach, durch das Wirken des Kurzzeitgedächtnisses, zu einem Wahrnehmungsganzen synthetisiert zu werden. (Das ist allerdings nur ein relativer Unterschied!) Aber mit dem Wechsel der jeweils dominierend angeregten Rezeptoren in Fremd- und Eigenwahrnehmung ist auch eine unterschiedliche Art verknüpft, *wie* Zusammenhänge oder *Ganzheiten* erfaßt werden – wobei sich natürlich, wie eben gesagt, die verschiedenen Abbildungsweisen ergänzen und letztlich zu hochkomplexen, über interrezeptorische Verbindungen realisierten Widerspiegelungen bzw. Abbildern zusammengefaßt werden.

Ferner wird dem Wahrnehmenden in der Eigenwahrnehmung bzw. -beobachtung auch ein besonderer Zugang zum Wechselverhältnis der widerspiegelnden und der regulativen Funktion des menschlichen Psychischen ermöglicht, weil der gemeinte Vorgang – „Werkzeug in Funktion" – anders als bei der bloßen Fremdwahrnehmung immer den Einsatz *beider* Funktionen erfordert. Durch den Perspektivenwechsel wird also die Komplexität der Signalstrukturen erst der Wahrnehmung zugänglich. Da es sich bei der Wahrnehmung sozialer Strukturen immer um *relationale* Beschaffenheiten der Wirklichkeit (d. h. nicht an einzelne Personen gebundene) handelt, erfolgt der Perspektivenwechsel immer bezogen auf verschiedene Personen, und zwar dadurch, daß der betreffende gesellschaftliche Vorgang einmal in bezug auf eine fremde, zum anderen auf die eigene Person wahrgenommen wird und *wahrgenommen werden muß.*

Dieser an Personen gebundene Perspektivenwechsel ermöglicht es nun, die aus *einer* Perspektive immer unvollständige Darbietung der personalen Komponente der Gegenstandsbedeutung des

„Werkzeugs in Funktion" im Subjekt zu ergänzen. Der Perspektivenwechsel ist für ein widerspiegelndes Subjekt also ein Mechanismus, die dialektische Widersprüchlichkeit der Subjekt-Objekt-Beziehung in der Wahrnehmung zu meistern. Natürlich ist dieser Mechanismus, nur für die sinnliche Widerspiegelung gedacht, begrenzt, wie eben die sinnliche Erkenntnis überhaupt. Das zeigt sich daran, daß in dieser phänomenalen, d. h. sinnlich erfaßten gesellschaftlichen Welt auch ein „objektiver Schein" entstehen kann; dieser kann als Folge bestimmter gesellschaftlicher Verhältnisse auftreten. Marx und im Anschluß an ihn Holzkamp haben dies ausführlich für die Bedingungen der Warenproduktion im Kapitalismus beschrieben; wir können hier nur darauf verweisen (Holzkamp 1973, Kap. 7 und 8).

Weiter nun in unserem Gedankengang. Nachdem wir uns mit dem Perspektivenwechsel befaßt haben, wollen wir nochmals den Übergang von S_1 (a, b, c) zu S_1 (a, y, z) überdenken, weil ja damit sachliche Gegenstandsbedeutungen aus ihrer Kopplung mit personalen Gegenstandsbedeutungen gelöst werden. In der Beziehung S (a, y, z) tritt der personale Anteil nur noch als *Anforderung* z. B. an Geschicklichkeit, Erfahrung usw. auf. Die über Vergegenständlichung im Arbeitsprozeß „geronnene" personale Gegenstandsbedeutung ist dagegen in sachliche Gegenstandsbedeutung *umgeschlagen*. Sie hat ihre Spur hierin nur insoweit noch hinterlassen, als die qualitativ-figuralen Beschaffenheiten des Werkzeugs jeweils noch an die Menschen angepaßt sind. So sind z. B. bei der Säge das Material und die Form des Griffs an die menschliche Hand und das Sägeblatt an den durchschnittlich zu erbringenden Kraftaufwand angepaßt. Wenn wir also ein Werkzeug als ein uns angepaßtes und mit Anforderungen verknüpftes Ding wahrnehmen, dann kann das aus dem beschriebenen Perspektivenwechsel erklärt werden; der Begriff des „Wahrnehmens" ist hier nicht in seiner metaphorischen Verwendung, sondern als sinnliche Erfassung gemeint.

Wir wenden uns nunmehr im einzelnen der personalen Gegenstandsbedeutung zu, wobei wir unsere Aufmerksamkeit auf die mit- oder gegeneinander agierenden Menschen richten und auch dafür nach den Besonderheiten fragen, die an die Wahrnehmung gestellt werden. Auch hier wollen wir den Wahrnehmenden selbst als Träger der Beziehung im interpersonellen Agieren berücksichtigen. Wollten wir diese Modifikation nur einseitig vornehmen, so entstünde eine ähnliche Situation, wie wir sie vorher für die Wahrnehmung des „Werkzeugs in Aktion" beschrieben haben, nur daß jetzt für den Wahrnehmenden statt des Werkzeugbezugs ein Personenbezug entstünde. Da aber andererseits – von der objektiv gegebenen Beziehung her – keine Person gegenüber der anderen ausgezeichnet ist, ist es angemessen, *beide* Personen als einander gegenseitig Wahrnehmende zu berücksichtigen.

Für das jetzt interessierende interpersonelle Agieren läßt sich das Beispiel benutzen, das wir bei der Einführung des Begriffs der sachlichen Gegenstandsbedeutung verwendet haben: Wir unterstellen, daß das benutzte Werkzeug eine große Blattsäge ist, die nur von *zwei* Personen gehandhabt werden kann. Wir haben damit aus den vielen Möglichkeiten interpersonellen Agierens eine kooperative Situation ausgewählt.

Das Neue in dieser Situation ist, daß sich die Einheit von sachlicher und personaler Gegenstandsbedeutung auf ihrer personalen Seite anreichert, da eine interpersonelle Beziehung zwischen den kooperierenden Partnern wirksam wird. Genauso wie wir vorhin die gesellschaftliche Prägung des Werkzeugs über den Zugang „Werkzeug in Funktion" herausgearbeitet haben, genauso werden wir auch jetzt vom Zusammenwirken der beteiligten Personen und den gegebenen sachlichen Bedingungen ausgehen. Die weitestgehend zulässige Vereinfachung der darin wirksam werdenden Beziehung – immer hinsichtlich der uns interessierenden Wahrnehmungsproblematik – ist, sie als eine dreistellige Relation zu fassen, in der die beiden Personen und die sachlichen Anteile (Werkzeug, Arbeitsgegenstand, technische Hilfsmittel, wie der Sägebock unseres Beispiels, und sonstige materielle Situationsanteile) unterschieden werden. Beide Personen werden, wie schon angemerkt, nicht nur als objektiv Agierende, sondern auch als Wahrnehmende in unseren Überlegungen berücksichtigt. Die Relation nun, die sich dem Wahrnehmenden darstellt, ist eine Einheit von sachlicher und personaler Gegenstandsbedeutung, jetzt aber nicht deshalb, weil jeder der beiden Wahrnehmenden selbst Nutzer des Werkzeugs, sondern weil darin eine interpersonelle Beziehung wirksam ist.

In der kooperativen Zusammenarbeit wird nun das eigene Verhalten in Abstimmung mit dem Partner und „reaktiv" zum Verhalten des Partners reguliert, und zugleich wird dessen Verhalten regulativ („aktiv") beeinflußt; auf diese Weise baut sich in der Regulation der Zusammenarbeit aus der „individuellen Subjektivität" eine „kollektive Subjektivität" auf. Die gegenseitigen Abstimmungsprozesse erfolgen selbst in bezug auf den und abhängig von dem materiellen Umgestaltungsprozeß, sie sind also – in unserem Beispiel – vom Eingriff der Säge in das Holz und von eventuellen Unregelmäßigkeiten in dessen Aufbau bestimmt. Von der Seite der Personen gehen dabei z. B. Geschicklichkeit, Erfahrung, Kraft, Ausdauer im gleichmäßigen Einsatz dieser und ähnlicher Faktoren in die Regulationsaufgabe ein. Es wäre aber unzureichend, ausschließlich solche Momente für die Regulation zu berücksichtigen, die mehr oder weniger nur der technologischen Charakteristik des Arbeitsprozesses zugehören; vielmehr wird die *Person als Ganzes,* also einschließlich ihrer Widerspiegelungsweise, ihrer Motivationen und Emotionen, in der abgestimmten Regulation in Rechnung gesetzt. Da nun die kooperative Zusammenarbeit selbst eine *gesellschaftliche* Tätigkeit ist, wird sie in hohem Maße von der eingebrachten (a) vergegenständlichten (in den materiell-technischen Arbeitsbedingungen enthaltenen) und (b) lebendigen (an die Personen selbst gebundenen) Gesellschaftlichkeit bestimmt. So werden z. B. in Zusammenarbeit geübte oder auch im Umgang mit Werkzeugen und sonstigen Arbeitsbedingungen erfahrene Personen die abgestimmte Regulation schneller und effektiver – im Sinne eines „kollektiven Subjekts" – gestalten können als ungeübte und unerfahrene.

Wenn wir einerseits die Regulation der Widerspiegelungsweise als ein Moment nannten, das auf Personen bezogen ist, so müssen wir, andererseits, die Widerspiegelung *zum Zwecke* der Regulation dazu ins Verhältnis setzen. Hier finden wir ein bemerkenswertes Beispiel dafür, daß nicht nur die materielle Wirklichkeit außerhalb der Subjekt-Objekt-Beziehung Momente des Widerspiegelns erzeugt, sondern daß auch aus der Subjekt-Objekt-Dialektik selbst neue Momente entspringen; vorhin hatten wir bereits darauf aufmerksam gemacht. Das ist schlicht und einfach eine Folge dessen, daß, wenn sich die menschliche Subjekt-Objekt-Beziehung in der materiellen Wirklichkeit realisiert hat, sie selbst zu einem nicht vernachlässigbaren Faktor der materiellen Welt wird.

Um die gesellschaftliche Prägung der kooperativen Zusammenarbeit deutlicher zu machen, wollen wir etwas detaillierter darauf eingehen; wir betrachten dazu den *gesamten* Prozeß *und* seine *personalen* Faktoren etwas näher. Vorhin nannten wir individuelle Geübtheit und Erfahrung als Faktoren für die Effektivität der Zusammenarbeit. Diese individuellen Faktoren können aber durch gesellschaftliche Regeln, Arbeitsnormen, technologische Prozeßbeschreibungen noch verlustärmer und effektiver wirksam werden. Die Erzeugung solcher gesellschaftlicher normativer Arbeitshilfen ist an ein bestimmtes Entwicklungsniveau der Gesellschaft gebunden, ihre Nutzbarkeit durch das Individuum aber auch an weitere gesellschaftliche Bedingungen: Motivation (Interesse) und Wahrnehmungs- sowie Denkprozesse müssen entsprechend ausgebildet sein, damit eine Interiorisation dieser Arbeitshilfen ermöglicht wird. Ohne daß wir auf weitere Details eingehen, wird bereits jetzt deutlich, daß der in unserem Beispiel benutzte lokal-gesellschaftliche, kooperative Arbeitsprozeß des gemeinsamen Durchsägens des Holzes untrennbar von gesamtgesellschaftlichen Bedingungen zu betrachten ist, d. h., Globales und Lokales wirken miteinander verflochten. Bei der Untersuchung von Interessen beispielsweise müssen wir die individuelle Motivation immer auch als konkretisierenden Ausdruck *gesellschaftlicher* Interessenlagen und -gegensätze begreifen. Diese Interessenlage bestimmt zum einen das Verhältnis der einzelnen Personen zur Aneignung der erwähnten normativen Arbeitshilfen, zum anderen werden aber auch emotionale und andere Faktoren dadurch determiniert, die im gegenseitigen Verhältnis der am Arbeitsprozeß unmittelbar beteiligten Individuen auftreten. So wird sich z. B. ein Arbeiter im Kapitalismus, der sich in einem Arbeite-langsam-Streik befindet, weniger bereit finden, die normativen Arbeitshilfen zu interiorisieren, als derjenige, der seinen persönlichen Einsatz im Arbeitsprozeß wie ein Erleben sportlicher Selbstbetätigung auffaßt. Wer subjektiv die Arbeit als eine Last verarbeitet, weil er gegen seine Interessen in sie hineingezwungen wurde, wird unter Umständen auch dort zu emotional gravierenden Streßerlebnissen kommen, wo – bei gleicher objektiver Belastung – derjenige emotionale Hochgefühle verspürt, der sich mit seiner Arbeit identifiziert. In ähnlicher Weise können konflikthafte oder harmonische Erlebensweisen auftreten, wenn kooperativ mit einem nahen Freund oder einem Feind zusammengearbeitet werden soll. Wie weit die genannten Faktoren wirksam werden, die den Gesamtprozeß unter *personalen* Aspekten charakterisieren, ist wiederum von der individuellen Biographie der zusammenarbeitenden Personen abhängig, in der sich der individuelle Sozialisationsprozeß, d. h. der Weg der individuellen Vergesellschaftung, ausdrückt.

Es dürfte nun klar geworden sein: Die Einheit von sachlicher und personaler Gegenstandsbedeutung in der kooperativen Zusammenarbeit ist Ausdruck dafür, daß und wie die beteiligten Personen auf den Arbeitsgegenstand *und aufeinander verändernd* einwirken. Dieser mehrseitige Prozeß enthält ein „Knäuel" miteinander verflochtener dialektischer Gegensatzpaare, in deren Einheit sich die Triebkräfte der Einzelprozesse und des sich überlagernden Gesamtprozesses durchsetzen. Auf die damit angedeutete dialektische Widerspruchsproblematik können wir hier nicht im einzelnen eingehen, da sie selbst zu umfangreich ist und den Rahmen dieser Untersuchung sprengen würde. In sie gehen solche Widersprüche ein, wie sie im historischen Materialismus und in der politischen Ökonomie innerhalb und zwischen den Produktivkräften und den Produktionsverhältnissen sowie in deren Verhältnis zum gesellschaftlichen Überbau herausgearbeitet worden sind. Dazu kommen jene analogen Widersprüche, die in Tätigkeiten und Beziehungen außerhalb der Produktion wirken. Ferner hätten wir diejenigen Widersprüche zu berücksichtigen, die vom historischen Materialismus und der Erkenntnistheorie aufgeklärt wurden, so z. B. den Widerspruch zwischen dem Objektiven und dem Subjektiven, wie er sich im Handeln und im Erkennen wie auch in deren Verknüpfung äußert. Wir verweisen auf diese Mannigfaltigkeit von Widersprüchen vor allem deshalb, weil wir in *konkreten* Analysen und Untersuchungen darauf achten und entsprechende Gewichtungen vornehmen müssen; schließlich können wir nicht für alle psychologischen Untersuchungen von einem Standard-Widerspruchsschema ausgehen.

Die Wahrnehmung des anderen in seiner Beziehung zum Werkzeug ist aber auch noch von einem anderen Gesichtspunkt her von Interesse. Der andere wird in unserem Zusammenhang nicht, wie bei der Beobachtung eines Fremden, der allein mit einem Werkzeug operiert, wahrgenommen; dieser könnte, wie wir vorhin angeführt haben, auch durch einen Roboter ersetzt gedacht werden. Im interpersonellen Prozeß aber wird er als ein in *dieser Relation*

Agierender erfaßt. Damit ist er auf die Gesamtpersönlichkeit des Wahrnehmenden bezogen, d. h. auf emotionale, motivationale Aspekte ebenso wie auf den sinnlichen oder kognitiven Aspekt. Das ist bei einem Roboter *nicht* in jener gegenseitig sozialisierenden Weise möglich, weil zu ihm kein lokales gesellschaftliches Verhältnis aufgebaut werden kann, wie das für jede interpersonelle Beziehung charakteristisch ist. Wenn wir die andere Person – in ihrer Verbindung mit dem Werkzeug – im Arbeitsprozeß wahrnehmen, so müssen wir sie selbst als eine wahrnehmende Person in Verbindung mit ihrer Verhaltensänderung wahrnehmen – und damit tritt eine *Erweiterung* der Subjekt-Objekt-Beziehung in Erscheinung. Die Subjekt-Objekt-Beziehung erscheint hier nicht nur hinsichtlich des Wahrnehmenden in seinem Verhältnis zum Werkzeug, sondern auch hinsichtlich des anderen, aber auch in gegenseitiger Verflechtung dieser beiden Momente. Dieses zusätzliche Moment der Wahrnehmung wird in der psychologischen Literatur als *Reziprozität* bezeichnet; es ergibt sich daraus, daß objektiv eine *zusätzliche* Subjekt-Objekt-Beziehung auftritt, die vom jeweils Wahrnehmenden verarbeitet und in seinem Verhalten berücksichtigt werden muß.

Wenn wir nun – unter der eben skizzierten Erweiterung der Subjekt-Objekt-Beziehung – zum Problem des Perspektivenwechsels zurückkommen, so müssen wir, erweiternd, hervorheben, daß nicht nur *eine* Situation mit einer anderen Person im Vergleich zu jener, in der man selbst mitgewirkt hat, wahrgenommen wird, sondern daß jeweils *mehrere* kooperative Arbeitssituationen mit möglichst unterschiedlichen kooperierenden Personen über die Zeit hinweg in Wahrnehmungen erfaßt werden müssen. Das deshalb, weil nur dadurch die Wahrnehmung der sozialen Komponente herausgehoben werden kann. Der Übergang von individueller zu kollektiver Subjektivität in der abgestimmten Regulation erzeugt eine besondere „Sensibilität" der Personenwahrnehmung: Die Aufmerksamkeit richtet sich sehr differenziert auf die personalen Beschaffenheiten des anderen, die gesellschaftlich bedingten Gedächtnisinhalte werden in spezifischer Weise angereichert, damit die Personenwahrnehmung besser und differenzierter für die eigene Verhaltensregulation nutzbar gemacht werden kann. Über das Moment der „Sensibilisierung" der Wahrnehmung des anderen vermittelt sich dasjenige Moment, das für die regulative Seite der psychischen Prozesse entsteht. In der kooperativen Zusammenarbeit geht es nicht nur um eine Widerspiegelung zum *Zwecke* der Regulation des individuellen Arbeitsprozesses; es muß darin auch die Regulation eben dieser Widerspiegelung gewährleistet sein, die ihrerseits wieder ein Moment der Widerspiegelung enthält. In der Kybernetik werden ähnliche Situationen beschrieben; sie sind dort mit dem Begriff des hierarchisch vermaschten Regelkreises erfaßt, in den auch jeweils Meßinformationen (als Analogon zur Wahrnehmung zu sehen) und Regeleingriffe eingehen. Der zweite Regelkreis sichert für den zum Vergleich heranzuziehenden Fall die Anpassung der Meßeinrichtung. Dies sei nur genannt, um die angedeutete Besonderheit der Widerspiegelungskomponente zu verdeutlichen, wie wir sie soeben für die interpersonelle Wahrnehmung und Urteilsbildung beschrieben haben.

Abschließend wollen wir noch einmal zusammenfassen, wie sich die Momente der Wahrnehmung bei kooperativer Zusammenarbeit gegenüber der bei Einzelarbeit verhalten:

(1) Alle für die Einzelarbeit wirksamen Momente des Wahrnehmens bleiben auch für die kooperative Zusammenarbeit bestehen und werden angemessen modifiziert.

(2) Diese aber werden überlagert und dadurch modifiziert bzw. erweitert, daß die Wahrnehmung nun in die Regulation des Arbeitsprozesses mit dem Werkzeug eingeordnet ist und diese Regulation jetzt eine kollektive ist, was heißt, daß damit zusätzlich die Regulation des gegenseitigen und gemeinsamen Verhaltens der Beteiligten, eben des interpersonellen Verhaltens, gefordert wird.

2.3. Anforderungen an die interpersonelle Wahrnehmung und Urteilsbildung

Nunmehr, am Ende dieses Kapitels, wollen wir versuchen, die Anforderungen an die interpersonelle Wahrnehmung und Urteilsbildung zu bestimmen, die wir aus unseren Erörterungen über die Gesellschaftlichkeit der Materie und der darauf bezogenen Subjekt-Objekt-Relation ableiten. Wir werden uns dabei auf eine Auswahl der betreffenden Probleme beschränken; im nächsten Kapitel werden diese Gedanken weitergeführt werden.

Um diese Anforderungen abzuleiten, beginnen wir am besten bei den Gedanken, die wir im Abschnitt 2.2. über die Funktionalität der menschlichen Widerspiegelung erörtert haben. Da die personalen Gegenstandsbedeutungen, wie wir gesehen haben, in der Regel über sachliche Gegenstandsbedeutungen vermittelt werden, darf der Kreis unserer folgenden Überlegungen nicht auf die personenbezogene Komponente in der Funktionalitätsbestimmung eingeschränkt werden. Wir müssen uns aber darüber im klaren bleiben, daß wir für die Ableitung der Anforderungen an die interpersonelle Wahrnehmung auf die sachlichen Gegenstandsbedeutungen nur *so weit* einzugehen brauchen, daß die Ansprüche an personale Gegenstandsbedeutung ausreichend dargelegt werden können. Das ist natürlich eine gewisse Einschränkung, die wir aber in Anbetracht unseres Themas überall in dieser Abhandlung vornehmen werden.

Wie wir gesehen haben, gestaltet der Mensch als „Gattungswesen" dadurch eine prinzipiell neue Qualität seines Verhältnisses zur Natur, daß er die eigene wie die ihn umgebende Natur in immer mehr sich ausweitendem Maße gesellschaftlich prägt, sie gesellschaftlich unterwirft und vermenschlicht. Demzufolge muß sich sein Widerspiegelungsvermögen gegenüber dem der Tiere erweitern, eben auf die Erfassung dieser Gesellschaftlichkeit hin. Er muß lernen, in dem Maße, in dem Personen und Sachen gesellschaftlich geprägt werden, personale und sachliche Gegenstandsbedeutungen wahrzunehmen, zu begreifen und zu beurteilen. In diesem Prozeß entsteht der Anspruch, Erfahrungen und Fertigkeiten der Art, wie sie in den materiellen Zeugnissen der Produktions- und Konsumtionsmittel niedergelegt sind, widerzuspiegeln und selbst wiederum zu vergegenständlichen – wobei für Vergegenständlichungen jeder Art ein angemessenes historisch-gesellschaftlich orientiertes Widerspiegelungsvermögen ebenfalls Voraussetzung ist. Der Mensch muß lernen, Tradition wie Fortschritt widerzuspiegeln, um selbst innerhalb dieser Linie wirken zu können. Er muß es ferner lernen, mit den genannten materiellen Vergegenständlichungen, die sein gleichsam externes gesellschaftliches Gedächtnis bilden, seine individuellen psychischen Aktivitäten zu verknüpfen. Das bedeutet z. B. für das Wahrnehmen, daß der Anteil, den das interne Gedächtnis am Abbild hat, über den unmittelbar individuell gewonnenen Erfahrungsschatz hinaus dadurch erweitert werden muß, daß der von der Gesellschaft in langer Entwicklung erarbeitete „Erfahrungsschatz" eingefügt wird. Solche „transindividuellen" Gedächtnisinhalte wirken dann, wie wir im 3. Kapitel näher untersuchen werden, als naive, „implizite Theorien", z. B. als „Persönlichkeitstheorien", als Kausalerklärungs- oder Attributionsschemata, als Stereotype u. ä. intern oder implizit, nämlich unmittelbar in der Entstehung des sinnlichen Abbildes. Damit solche Gedächtnisleistungen zustande kommen, sind spezielle gesellschaftliche Anstrengungen in Ausbildung und Erziehung vonnöten. Wenden wir uns einem speziellen Widerspiegelungsproblem zu, daß in der Natur keine, wohl aber in der Gesellschaft antagonistische Widersprüche auftreten, dann entsteht der Anspruch an menschliche Widerspiegelungsleistungen, diese Widersprüche sinnlich wahrnehmen zu können. Bei diesem Anspruch ist aber zu bedenken, daß, nach Holzkamp (1973, S. 213 ff.), der bloßen Wahrnehmung eine widerspruchseliminierende Tendenz innewohnt.

Versuchen wir in diese Problematik tiefer einzudringen, so ist eine Vorüberlegung nötig:

Wenn Tätigkeits- und Resultatsmuster in der Regel als hochkomplexe Informationen auftreten, dann sind für ihre Wahrnehmung neue Verknüpfungen von Sinnesleistungen, differenziertere Leistungsparameter einzelner Rezeptoren notwendig, und es müssen z. B. differenziertere Urteilsschemata gebildet werden, so daß die hochkomplexen Informationen angemessen abgebildet werden können. Das kann über die Ausbildung neuer und komplexerer funktioneller Systeme des Zentralnervensystems wie auch über spezialisierte Übung im Gefolge der Arbeitsteilung auf der individuellen Ebene erreicht werden. Dazu kommen aber auch gesellschaftliche Leistungen, die, wenn sie interiorisiert sind, im Individuum wirksam werden; zu nennen wären hier ideelle geistige Arbeitsinstrumente, Arbeitsteilung und Kooperation, gesellschaftliche Aufwendungen für die wissenschaftliche Untersuchung menschlicher psychischer Leistungen, um dann über Bildung und Qualifizierung das individuelle psychische Leistungsvermögen zu verbessern.

Besonders die zunehmende Notwendigkeit, *Relationen* widerzuspiegeln, verlangt dringend Leistungsverbesserungen, da die adäquate Erfassung gesellschaftlicher Zusammenhänge, Prozesse und Objekte nicht auf einem übermäßig reduzierenden Wege, also mit Hilfe von zu Eigenschaften vereinfachten Relationen möglich ist. Dazu gehört unter anderem eine spezifische Verbesserung der im Gedächtnis bereitstehenden Widerspiegelungsmuster, damit der Mensch insbesondere Sequenzen von Signalmustern aufnehmen kann, wie sie in der Widerspiegelung von gesellschaftlichen Prozessen, z. B. der Arbeit, verarbeitet werden müssen.

Ferner müssen die neuen Ansprüche an die Abstraktionsfähigkeit erwähnt werden, um hierarchische Relationsgefüge, aber auch Reflexionen über Widerspiegelungen intern abbilden zu können.

Die Ansprüche, die vom kooperativen Zusammenwirken ausgehen, um eine kollektive und konformgehende Abbildung in den beteiligten Individuen zu erreichen, verlangen Reziprozität der Wahrnehmung, Wechsel der Perspektiven über die objektiv bedingten *unterschiedlichen* Perspektiven mehrerer Partner hinweg, Abbildung der Einheit von Vergegenständlichung und Aneignung und der Einheit von lokaler Einzelerscheinung und global-gesellschaftlichen Wirkfaktoren.

Der Perspektivenwechsel, in dem die Resultate aus verschiedenen Perspektiven über einen Abstraktionsvorgang miteinander verknüpft werden, verlangt aber auch die Wahrnehmung von sachlichen Gegenstandsbedeutungen in ihrer konkreten Erscheinung von Werkzeugen. Dabei können sowohl die Angepaßtheit des Werkzeugs als auch die Anforderungen an den Menschen als Komponenten der personalen Gegenstandsbedeutung erfaßt werden. Von nur mittelbarer Bedeutung für die interpersonelle Wahrnehmung und Urteilsbildung wären diejenigen Anforderungen an die Wahrnehmung sachlicher Gegenstandsbedeutung, die die vergegenständlichte gesellschaftliche Arbeit betreffen.

Nach diesen Vorüberlegungen wollen wir uns dem besonderen Problem der Verbesserung der Widerspiegelung dialektischer Widersprüche zuwenden. Holzkamp (a. a. O.) hebt hervor, daß durch gesellschaftliche Mechanismen in der kapitalistischen Ausbeuterordnung die objektiven Widersprüche verschleiert werden, da mit ihrer Beseitigung auch eine der Ausbeutungsverhältnisse verbunden wäre; dadurch entstünde ein objektiver Schein der Nichtwidersprüchlichkeit. Damit zusammenhängend bedenkt er, daß die menschliche Wahrnehmung beschränkt sei, weil sie die Widersprüche nur einseitig, weil die Seiten isolierend, erfassen könne. Hier wäre zu prüfen, wieweit es der Wahrnehmung verschlossen bleiben *muß*, reale dialektische Widersprüche zu erfassen, und wie überhaupt deren sinnliche Widerspiegelung verbesserbar ist. Denn es wäre doch wünschenswert, diese Wahrnehmungsfähigkeit weiterzuentwickeln, etwa über die vordem genannten internen Gedächtnisstrukturen, weil damit die regulative Beeinflussung menschlichen Verhaltens beschleunigt und flexibler gehalten werden könnte. Für die Verhaltensregulation im Alltag benutzen wir bevorzugt Wahrnehmungen und einfache Wahrnehmungsurteile an Stelle der aufwendigeren gedanklichen Durchdringung.

Die Widerspiegelung und das Bewußtmachen dialektischer Widersprüche, und nicht nur die Abbildung ihrer einzelnen Seiten, werden für die interpersonelle Wahrnehmung und Urteilsbildung schon deshalb zum unumgänglichen Anspruch, weil nicht nur ein individueller, sondern ein kollektiver Regulationsprozeß in der kooperativen Zusammenarbeit erforderlich wird; das haben wir im Abschnitt 2.2. ausführlich erörtert. Da beide (oder mehr) Individuen als Subjekte zu diesem bewußten Kollektivverhalten übergehen müssen, wenn menschliches Zusammenwirken nicht unmöglich gemacht werden soll, muß die im Prozeß objektiv wirkende Widersprüchlichkeit auch bewußt werden. Da diese Regulation am effektivsten verläuft, wenn die darin zu berücksichtigenden dialektischen Widersprüche unmittelbar und nicht erst über mehr oder weniger komplizierte und aufwendige Verarbeitungsstufen widergespiegelt werden, kann der eben formulierte Anspruch an die interpersonelle Wahrnehmung damit begründet werden. Die für jeden der Partner bestehende interpersonelle Prozeßdialektik von Vergegenständlichung und Aneignung bewirkt, daß die Wahrnehmung des anderen in der Bezugsetzung auf die Selbstwahrnehmung und umgekehrt erfolgt; das bedeutet, daß gegenseitige Vergegenwärtigung mittels Selbst- und Fremdbild und damit die gegenseitigen Urteile ebenfalls nur unter gegenseitiger Bezugnahme erarbeitet werden.

Diese Wechselbeziehung auf der Ebene der Widerspiegelung ist auch Ausdruck dafür, daß die Gesellschaftlichkeit des menschlichen Individuums nur in dem Maße ausgeprägt wird, wie sich Individualität und Kollektivität als Einheit erweitern und gegenseitig bereichern.

Auch die Wahrnehmung des anderen in seiner Einheit mit dem Werkzeug innerhalb des kooperativen Arbeitsprozesses verlangt die Erfassung eines dialektischen Widerspruchs, da einerseits das Werkzeug als ein Verstärker wie ein „verlängerter Leib" (MEW, Bd. 23, S. 187) aufzufassen ist, andererseits aber sachliche Gegenstandsbedeutung (des Werkzeugs) und personale Gegenstandsbedeutung (des anderen) zu unterscheiden sind. Darüber hinaus ist dann aber auch noch zu beachten, daß sich das Werkzeug in der Selbst- wie in der Fremdwahrnehmung als „verlängerter Leib" darbietet.

Soweit einige Anmerkungen zur Problematik der Wahrnehmung dialektischer Widersprüche.

Im folgenden versuchen wir zu umreißen, wie die interpersonelle Wahrnehmung aufgebaut sein muß, damit die eben abgeleiteten Ansprüche erfüllt werden können. Wir gehen davon aus, daß der – in der interpersonellen Wahrnehmung – wahrzunehmende Partner als ein Mitträger der Relation erfaßt wird, die er gemeinsam mit dem Wahrnehmenden und den gegenständlichen Bedingungen in kooperativer Zusammenarbeit konstituiert. Der Partner wird nach diesem Konzept also nicht isoliert für sich, sondern mit Bezug auf den Gesamtprozeß wahrgenommen. Es wäre aber sicher verfehlt anzunehmen, daß dieser Bezug in allen seinen Details für den Wahrnehmenden vollständig zugänglich wäre. Wir verstehen dieses Wahrnehmen „in bezug auf die gemeinsame Beziehung" als Wahrnehmung unter objektiv vorgegebenen Bedingungen; die objektive Beziehung, die die beteiligten Partner in der kooperativen Zusammenarbeit eingehen, determiniert objektiv das Wahrnehmungsverhalten einschließlich der darin enthaltenen Urteilskomponenten.

Als einzelne dieser Bezugsbedingungen sind nach unserer Auffassung die folgenden für die interpersonelle Wahrnehmung belangvoll:

(1) Der Partner wird in seinem Zusammenhang mit dem Verlauf der kooperativen Zusammenarbeit und mit der darin zu lösenden gemeinsamen Aufgabe wahrgenommen. Das bedeutet, daß z. B. der Verlauf der Zusammenarbeit und der Aufgabenerfüllung, der jeweilige Abstand vom Ziel, die Güte der erreichten Zwischenleistungen den Wandel der Wahrnehmung des anderen bedingen.

Das Ausmaß, in dem die genannten sachlichen Prozeßkomponenten für die Wahrnehmung des Partners wirksam werden, ist indessen selbst wiederum abhängig von den Wahrnehmungs- und Urteilsfähigkeiten beider Partner, und zwar für den jeweils Wahrnehmenden das eigene unmittelbar, das des Wahrgenommenen mittelbar. Wenn auch die materiellen Bedingungen *primär* das Arbeitsverhalten und das darin eingeschlossene Widerspiegeln bestimmen, so müssen wir doch den vorliegenden *kognitiven* Bedingungen eine hohe Bedeutsamkeit zumessen, denn über sie werden die im Reizangebot enthaltenen Signalmuster, die zum Abbild ausgestaltet werden, gewichtet und ausgewählt.

(2) Der andere wird als *Beteiligter* (eben „Partner") an der aufgabengerichteten Gemeinsamkeit wahrgenommen, die im Arbeitsprozeß realisiert wird. Damit beeinflussen Selbst- und Fremdwahrnehmung einander in der Art und Weise, wie jeder der Partner vom anderen ideell verarbeitet wird.

Damit heben wir neben dem unter (1) genannten sachbezogenen Aspekt den personenbezogenen hervor. Wenn die Gemeinsamkeit, d. h. das Kooperative bei der Zusammenarbeit, nicht abstrahiert und kognitiv reflektiert wird, sondern als eine immanente Komponente der interpersonellen Wahrnehmung – implizit – wirkt, dann geschieht das in der Form des Sich-aufeinander-Beziehens. Die Gemeinsamkeit setzt sich also subjektiv um als positives Aufeinander-Beziehen von Selbst- und Fremdwahrnehmung. In dem Maße, in dem Interessengegensätze in der Zusammenarbeit bedeutsam sind, treten Fremd- und Selbstwahrnehmung und die darin eingeschlossene kognitive Komponente des Fremd- und Selbstbilds kontrastierend zueinander ins Verhältnis.

(3) Das umfassende (oder globale) Gesellschaftliche der gemeinsamen Relation in der kooperativen Zusammenarbeit setzt sich in der interpersonellen Wahrnehmung über kognitive Komponenten, Wissenssysteme, implizite oder explizite Theorien oder auch *Einstellungen*, durch. Wir gehen davon aus, daß gesellschaftlich gesetzmäßige, also objektive Beziehungen auch gesellschaftlich bewußt gemacht und durch geeignete erzieherische Maßnahmen den Gesellschaftsmitgliedern vermittelt bzw. von diesen angeeignet werden; dies geschieht vor allem über *Normen,* denen das gemein-

same Handeln notwendig unterliegen muß. In ihrer angeeigneten Form, d. h. über das jeweils widerspiegelnde Subjekt vermittelt, werden sie im konkreten gesellschaftlichen Zusammenhang wahrnehmungswirksam. Solche Normen und dergleichen sind also Bestandteil der regulativen Funktion der psychischen Prozesse. Dabei muß betont werden, daß sie sich auch im gesellschaftlichen Charakter der interpersonellen Wahrnehmung selbst verwirklichen.

(4) Die Gesellschaftlichkeit des wahrzunehmenden Partners äußert sich in der Widerspiegelung des Perzipienten insofern, als jener – auf der Grundlage der Reziprozität der Widerspiegelungsbeziehungen in der interpersonellen Wahrnehmung – unter Nutzung gesellschaftlicher Erfahrungen bewußt das Wahrnehmen seiner Person durch den wahrnehmenden Partner beeinflußt.

Neben der gesellschaftlichen Erfahrung ist der vorher behandelte Perspektivenwechsel die Voraussetzung dafür, daß der Wahrzunehmende weiß, daß und wie er sein Bild beim anderen positiv oder negativ beeinflussen kann. Neben der bewußten gibt es natürlich auch eine unkontrollierte, spontane Beeinflussung, und zwar dann, wenn sich z. B. jemand „nicht alles anmerken" läßt – als Ergebnis einer bestimmten gesellschaftlichen Prägung bzw. Erziehung. Des weiteren geht die Gesellschaftlichkeit des Wahrnehmenden dadurch in seine Wahrnehmungsprozesse ein, daß eben „Gesellschaftlichkeit" *die qualitative* Bestimmtheit der Persönlichkeit ist. Wir heben hier die bewußte Wahrnehmungsbeeinflussung deshalb hervor, weil sie für die interpersonelle Wahrnehmung – im Vergleich zur Wahrnehmung der sozialen Überformtheit gesellschaftlicher Werkzeuge – ein Novum ist.

(5) Die Gesellschaftlichkeit des Wahrnehmenden geht in den Prozeß der Partnerwahrnehmung auch deshalb ein, weil sie als Ausdruck der Persönlichkeitsreife des Wahrnehmenden in der Art und Weise seiner Widerspiegelung wirksam wird. Als Beispiel kann dafür die unterschiedliche Wirksamkeit des Attributionsmechanismus in der Partnerwahrnehmung in Abhängigkeit von der Persönlichkeitsreife genannt werden. So kann der Wahrnehmende sich selbst kritischen Maßstäben unterwerfen oder auch in unreifer Weise Modeorientierungen, verbreiteten Vorurteilen o. ä. folgen. Im unterschiedlichen Wahrnehmungsverhalten äußern sich kogni-

tive, motivationale und emotionale Komponenten je nach ihrer gesellschaftlichen Ausprägung als Faktoren, die die Regulation der Zusammenarbeit über die gegenseitige Wahrnehmung fördern oder hemmen können. In der Selbstkontrolle der eigenen Partnerwahrnehmung, die sich im perzeptiven Prozeß als eine Art Selbstkorrektur äußert, kommt der regulierende Eingriff in die Widerspiegelung zum Ausdruck, die Bestandteil der Regulierung der kooperativen Zusammenarbeit ist. Darin besteht unter anderem der vorhin angedeutete hierarchisch aufgebaute Regulationsmechanismus.

Um unseren Gedankengang am Ende des Kapitels abzurunden, sollten wir noch einmal auf seinen Beginn zurückblicken. Dort hatten wir als unser Ziel formuliert, die weltanschaulichen, philosophisch-erkenntnistheoretischen und methodologischen Prämissen für die psychologische Behandlung der interpersonellen Wahrnehmung und Urteilsbildung darzustellen. Dabei standen die historisch-materialistischen Bedingungen unseres Problems im Vordergrund, wie aus unserer Analyse sicher deutlich geworden ist. Diese Vorgehensweise entspricht den Anforderungen an eine dialektisch-materialistisch fundierte Einzelwissenschaft. Es muß dazu aber klar gesagt werden, daß die solcherart gewonnenen Erkenntnisse noch nicht die der betreffenden Einzelwissenschaft selbst sind, sondern – wie wir sagten – deren Prämissen. Sie sollen, verschärft ausgedrückt, als Grundlegungen dienen, nämlich für die einzelwissenschaftliche Theoriebildung, für das empirisch-methodische Herangehen, für die Befundinterpretation und auch für die späteren Überführungen gewonnener Erkenntnisse in die Praxis.

Solche Grundlegungen aber haben einen zwiefachen Charakter: Sie bilden einerseits einen umfassenderen Erkenntnisrahmen als er, zumindest gegenwärtig, durch einzelwissenschaftliche Erkenntnisse und speziellere Theorien ausgefüllt werden könnte; andererseits aber sind sie hinsichtlich ihrer Aussagefähigkeit für das konkrete Problem allgemeiner, und das heißt hier auch: unbestimmter, unschärfer, hypothetischer. Wenn wir hier als ein globales Resultat unserer Überlegungen anführen können, daß wir eine Fülle von (sicher noch unzulänglichen) Erkenntnissen über die vielschichtig-komplexe Einbettung der interpersonellen Wahrnehmung und Urteilsbildung in den sozial-historischen Gesamtprozeß gewinnen konnten, dann bedeuten diese Erkenntnisse noch keine psychologische Theorie und Empirie, sondern hier fängt die einzelwissenschaftliche Forschung erst an.

Mit Blick auf den Stand der psychologischen Forschung zu unserem Problem müssen wir deutlich sagen, daß wir noch nicht in der Lage sind, diesen „umfassenderen Erkenntnisrahmen" mit adäquater psychologischer Theorie und Empirie auszufüllen. Wir können nur versprechen, uns darum zu bemühen.

Um die Schwierigkeiten zu demonstrieren, die die in diesem Kapitel angedeutete hohe Komplexität unseres Problems für ihre methodische Umsetzung mit sich bringt, sei nur auf ein Moment verwiesen. Wir haben gefunden, daß interpersonelle Wahrnehmung und Urteilsbildung unter anderem durch Perspektivwechsel (in dem hier von uns eingeführten Sinne) ermöglicht wird. Wollte man nun diesen besonderen Umstand in eine experimentelle Anordnung einbringen, so stünde man vor nicht unerheblichen Schwierigkeiten, etwa was den Zeitbedarf des Experiments und die Anzahl der zu kontrollierenden Variablen betrifft. Geht man dann „reduktionistisch" vor, z. B. dadurch, daß man die Anzahl der Variablen verringert, um sie auf mehrere Experimente aufzuteilen, dann läuft man Gefahr, genau das konstitutive Merkmal des zu untersuchenden Prozesses, den Perspektivenwechsel, zu verfehlen. Versucht man, die Komplexität möglichst weitgehend auf eine experimentelle Situation abzubilden, dann stößt man leicht an die Grenzen der klassischen laborexperimentellen Methode, oder man erkauft sich dann seine Erkenntnis durch eine größere Unschärfe, da mit der Erhöhung der Anzahl eingeführter Variablen es immer schwieriger und zeitaufwendiger wird, sie genau zu kontrollieren.

Kurzum: Eine solche Fundierung des psychologischen Problems der interpersonellen Wahrnehmung und Urteilsbildung stellt uns viel mehr Aufgaben, als wir zur Zeit lösen können. Wie weit wir mit Lösungen gekommen sind, das wollen wir im folgenden Kapitel darzustellen versuchen.

3. KAPITEL

Die interpersonelle Wahrnehmung und Urteilsbildung in der gemeinsamen Tätigkeit

Nachdem wir im ersten Kapitel eine mehr deskripitve Betrachtung des Problems der interpersonellen Wahrnehmung und Urteilsbildung vorgenommen und im zweiten den philosophisch-gesellschaftswissenschaftlichen „Hintergrund" dargelegt haben, wird sich das folgende Kapitel – der Hauptteil unseres Buches – mit unserem Thema ausführlicher und von seinen verschiedenen Seiten her befassen.

Es sollen folgende Aspekte des Problems näher in Augenschein genommen werden (vgl. auch Abschn. 1.4.):

Zunächst wollen wir das bereits angedeutete Problem der „Funktionalität" der interpersonellen Wahrnehmung und Urteilsbildung, also die Funktion für die psychische Regulation des interaktiven Verhaltens, vertiefend abhandeln (Abschn. 3.1.). Dabei wird es unter anderem darum gehen, die Bedeutung des Tätigkeitsprinzips der dialektisch-materialistischen Psychologie für dieses Gebiet der sozialpsychologischen Forschung zu demonstrieren. Im Abschnitt 3.2. wollen wir uns kurz der Ontogenese von Interaktion und interpersoneller Wahrnehmung zuwenden, um den Entwicklungsgedanken in die Untersuchung psychischer Prozesse einzubringen. Der Abschnitt 3.3. befaßt sich mit den Prozessen, die der Verarbeitung von Information über den (die) anderen und dem Aufbau des „Bildes vom anderen" zugrunde liegen; dies soll so weit als möglich gründlich, an theoretischen Überlegungen und empirischen Befunden vorgenommen werden. Der daran anschließende Abschnitt 3.4. wird die kognitiven Prozesse erörtern, über die das Urteil über den anderen entsteht, wobei die dimensionale Beurteilung im Vordergrund stehen soll.

Es sollte noch darauf aufmerksam gemacht werden, daß dieses Kapitel einiges, was im ersten schon einmal skizziert wurde, wiederholen wird; damit soll die hier nun einmal notwendige Systematik gewährleistet werden.

3.1. Die Regulation von Interaktion durch interpersonelle Wahrnehmung und Urteilsbildung [2)]

3.1.1. Zur dialektischen Beziehung von Interaktion und Partnerwahrnehmung

Einleitend erinnern wir an den Gedankengang des 1. Kapitels, in dem wir das Thema in denjenigen Zusammenhang einzuordnen versuchten, dem es entstammt:

Der grundlegende Zusammenhang für unsere wissenschaftliche Analyse, so stellten wir fest, war der Prozeß der *Interaktion,* d. h. eines konkreten Aktes der aktiven Wechselbeziehung und Wechselwirkung zwischen mindestens zwei Individuen, in dem eine von den Partnern akzeptierte Aufgabe in gemeinsamer Tätigkeit gelöst wird. Es wurden dazu die Beschaffenheiten einer solchen sozialen Handlung, ihre „äußere und innere Kontingenz", beschrieben und die Determinanten erfaßt, welche die jeweilige Ausprägung dieser Beschaffenheiten bestimmen – nämlich Inhalt und Anforderungsstruktur der gemeinsamen Tätigkeit, soziale bzw. interpersonelle Beziehung zwischen den interagierenden Partnern, die Bedingungen der äußeren Situation, in der eine Interaktion stattfindet, und die verhaltenswirksamen gesellschaftlichen Normen, die für eine bestimmte Interaktion als notwendig und gültig akzeptiert werden.

Mit den Beschaffenheiten der Kontingenz und ihren Determinanten läßt sich nahezu jede soziale Interaktion zureichend beschreiben. Soll sie aber *erklärt* werden, so müssen die Besonderheiten der verhaltensregulierenden, psychischen Prozesse einbezogen werden, die in den beteiligten Individuen – in gegenseitiger Abstimmung – ablaufen. Damit sind die Aufnahme und die Verarbeitung von Information über die gesamte Interaktionssituation und ihre Überführung in Verhaltensentscheidungen gemeint. Die zu verarbeitende Information besteht, so stellten wir fest, in hochkomplexen objektiven Bedeutungsstrukturen, in denen sachliche, personale und symbolische Gegenstandsbedeutungen (Holzkamp 1973) miteinander verknüpft sind.

---

[2] An der Erarbeitung dieses Abschnitts war K. Löschner beteiligt.

Unser Thema hebt die „personalen Gegenstandsbedeutungen" hervor und die Art und Weise, wie sie verarbeitet und in Entscheidungen für interpersonelles, d. h. auf den Partner gerichtetes Verhalten überführt werden. Damit untersuchen wir – um das noch einmal deutlich zu sagen – das Problem der Regulation des interaktiven, sozialen Verhaltens *einseitig,* da wir die gegenständliche Tätigkeit nur insoweit berücksichtigen, als sie als unmittelbare Bedingung für die Partnerwahrnehmung und -beurteilung, also *am* „Bilde des anderen" in Erscheinung tritt.

Wenn solcherart „vereinseitigt" wird, könnte der Eindruck entstehen, hier werde das „Teil" von seinem „Ganzen" unangemessen isoliert; damit wird oft unterstellt, daß Ergebnisse solcher „isolierender" Untersuchungen keine Rückschlüsse auf den Gesamtprozeß gestatten. Dagegen kann eingewendet werden: Wissenschaftliche Untersuchungen hochkomplexer Prozesse müssen sich zumeist solcher isolierender Verfahren bedienen; es kommt nur darauf an, in einer dem Problem angemessenen Weise zu „teilen" – was im Einzelfall natürlich immer sehr sorgfältig, inhaltlich wie methodisch, durchdacht werden muß. Andererseits scheint es uns aber auch berechtigt, die partnergerichtete Informationsverarbeitung bzw. das davon regulierte interpersonelle Verhalten aus dem „Ganzen" der Interaktionswahrnehmung bzw. des interaktiven Verhaltens herauszuheben, weil darin eine relativ selbständige Klasse menschlichen Verhaltens, das *zwischenmenschliche,* in Erscheinung tritt, deren Untersuchung unter dem Aspekt der Zielfunktion der sozialistischen Gesellschaft (vgl. dazu Abschn. 1.3.1.) auch „für sich" bedeutsam und notwendig ist. Man vergleiche dazu noch einmal die im Abschnitt 1.3.2. angeführten Beispiele, etwa das des neuen Abteilungsleiters, um die Berechtigung solcherart „isolierender" Verfahren anzuerkennen.

Die Problematik isolierender und demzufolge einseitiger Betrachtung aber durchaus anerkennend und weiterhin berücksichtigend, dürfen wir sie jedoch nicht so weit treiben, daß nur untersucht wird, wie A irgendeinen B wahrnimmt und beurteilt, also unabhängig von einer konkreten Beziehung oder Interaktion. Unser Vorgehen ist darauf gerichtet zu ermitteln, wie A den B *als Partner* bei der gemeinsamen Aufgabenlösung wahrnimmt und beurteilt und wie das unter *dieser* Bedingung etablierte Partnerbild sein Verhalten kodeterminiert.

Der von interaktiven Prozessen relativ abgelöste Vorgang soll, in Übereinstimmung mit der Literatur, „Personenwahrnehmung" genannt werden (vgl. dazu den zusammenfassenden Bericht von Tagiuri 1969).

Dieser Zweig der Wahrnehmungsforschung wurde früher zumeist innerhalb der allgemeinen Psychologie betrieben, wobei das methodische Paradigma der älteren Wahrnehmungstheorie auch darauf angewandt wurde. Das jeweilige Wahrnehmungsobjekt (Gegenstände, Raum, Bewegung, Zeit usw.) wurde möglichst „rein" einem Perzipienten im Labor dargeboten, und die Wahrnehmungsreaktionen wurden sodann in Termen formaler Qualitäten wie Größen, Abstände usw. gemessen. Für die Personenwahrnehmung benutzte man oft sehr eingeschränkte Reizgrundlagen wie Porträt-Fotografien, Strichzeichnungen, Adjektivlisten oder – im besseren Falle – Filmaufnahmen, oder man präsentierte den anderen zwar leiblich, aber ohne Gelegenheit oder explizite Aufforderung zu einer sinnvollen Interaktion. – Untersuchungen zur Personenwahrnehmung finden sich aber auch in anderen Zweigen der Psychologie, z. B. in der Ausdruckslehre oder in der psychodiagnostischen Forschung.

Es muß dazu angemerkt werden, daß wir auch solche Untersuchungen als durchaus legitim und partiell sehr brauchbar ansehen, wenn dabei gesichert wird, daß deren Ergebnisse bedingungsabhängig interpretiert werden (was leider oft nicht der Fall war). Die eigentliche methodische Problematik dieser Art von Personenwahrnehmungsforschung liegt in zwei Punkten: (1) Wird eine unter Umständen zu sehr reduzierte Reizgrundlage geboten, so ist nicht gesichert, daß die für das jeweilige Wahrnehmungsresultat konstitutiven Informationen gegeben werden, und der Perzipient sieht sich dann genötigt, aus seinem Gedächtnis unbewußt zu ergänzen bzw. zu erweitern, also „über die gegebene Information hinauszugehen" (Bruner 1957). Das ist zwar normal und geschieht bei jeder menschlichen Wahrnehmungsleistung, ist aber nicht kontrollierbar, und demzufolge kann das ermittelte Wahrnehmungsurteil nicht mehr auf die Reizgrundlage bezogen werden. Es wird also oft herauskommen, wie ein Perzipient „ergänzt", und nicht, wie er die in der Reizgrundlage enthaltene Information genutzt hat. (Das wird später genauer erörtert werden.) (2) Wird einer Versuchsperson (Vp) in einem Wahrnehmungsexperiment eine solche Reizgrundlage geboten, z. B. ein Porträtfoto, und sie veranlaßt, ein Urteil über „Intelligenz" abzugeben, dann kann man nicht ausschließen, daß sie nicht doch eine virtuelle Beziehung ausbildet oder sich – unbewußt – in eine virtuelle Interaktionssituation zu der Stimulusperson versetzt. Welcher Art diese Beziehung bzw. die imaginierte Situation ist, bleibt dann ebenfalls unkontrollierbar.

Diese „Schwachstellen" im Auge behaltend, können allerdings die Ergebnisse solcher experimenteller Untersuchungen durchaus verwendet werden, zumal es in Untersuchungen, die auf das Problem der Partnerwahrnehmung zugeschnittene experimentelle Designs benutzen, natürlich auch noch (und teilweise ähnliche) methodische „Schwachstellen" gibt. Außerdem sind reduzierte Laborexperimente auch dann notwendig, wenn es um die Klärung von Einzelmechanismen geht.

Die interpersonelle Wahrnehmung (oder *Partnerwahrnehmung*) ist gegenüber der „einfachen" Personenwahrnehmung durch ihre höhere *Komplexität* ausgezeichnet. Das macht es notwendig, eine größere Zahl von Variablen in ihrer gegenseitigen Verflechtung und Abhängigkeit ins Kalkül zu ziehen und methodisch sachgemäß auf die gewählte Untersuchungssituation, z. B. auf eine experimentelle Situation, abzubilden. Des weiteren ist die Partnerwahrnehmung in höherem Grade als andere Wahrnehmungsvorgänge an den situativen *Kontext* gebunden, vor allem an die Situation der gemeinsam zu lösenden Aufgabe. Schließlich ist sie, wie die Wahrnehmung sozialer Erscheinungen überhaupt, dadurch gekennzeichnet, daß die Wahrnehmungsresultate nur gering an die „rein" physikalischen Parameter der Reizgrundlage gebunden sind, sondern an die darin „verschlüsselten" Bedeutungen, wie sie im Gedächtnis des Perzipienten eingetragen sind.

Diese hier nur angedeuteten und sicher noch nicht vollständigen Besonderheiten der Partnerwahrnehmung machen das dialektische Verhältnis von „Information und Verhalten" (Klix) aus, das in unserem Falle als Dialektik von Information über den anderen, mit dem ich in einer Interaktionssituation verknüpft bin, und der Interaktion selbst auftritt. Wir erinnern an den in Abb. 1 angedeuteten „Kreisprozeß", der diese Beziehung enthielt.

Bricht man ihn – wie das für eine wissenschaftliche Untersuchung oft nötig ist – auf, so ergeben sich zwei zwar miteinander zusammenhängende, jedoch relativ gut trennbare Hauptfragen: Die erste Frage bezieht sich auf die *Herkunft* einer psychischen Erscheinung, hier also darauf, *wie* das Abbild, die Widerspiegelung des Partners, in mir entsteht, welchen Einfluß also die *Tätigkeit*, die ich mit ihm zusammen ausübe, auf mein „Bild vom anderen" hat.

Die zweite Frage richtet sich auf die *Konsequenzen* dieser psychischen Erscheinung, also darauf, wie das solcherart entstandene Partnerbild mein folgendes Verhalten determiniert.

Wir wollen im weiteren diese beiden Fragen etwas näher in

Augenschein nehmen. Dabei werden wir uns vor allem auf Befunde stützen, die in unserem Forschungskreis unter expliziter Nutzung des Tätigkeitskonzepts gewonnen wurden.

3.1.2. Der Einfluß der Tätigkeit auf die interpersonelle Wahrnehmung

Mit der in der Überschrift genannten Wirkungsrichtung ist gemeint:

Es sei eine bestimmte Interaktionssituation mit ihren Anforderungen, also mit ihrer Aufgaben- und Zielstellung, ihrer „Technologie" sowie den anderen gegenständlichen Bedingungen, und es seien dazu auch die individuellen Beschaffenheiten der interagierenden Partner gegeben – wie wird *davon* die gegenseitige Wahrnehmung und Kognition, in einem Urteil ausgedrückt, *determiniert?* Welches „Bild vom anderen" bildet sich in A über B, wenn A mit B

– eine gegenständliche Aufgabe, z. B. Holz zu sägen, löst oder

– mit ihm gemeinsam eine betriebliche Rationalisierungskonzeption entwickelt oder

– wenn er mit ihm eine Urlaubsreise, eine zoologische Expedition oder eine Kongreßreise unternimmt oder

– wenn er mit dem anderen, beide als Vertreter ihres Betriebes, über die Abstimmung der Produktionssortimente des kommenden Jahres verhandelt oder

– wenn er ihn, z. B. als Psychotherapeut, in einer komplizierten Konfliktsituation berät?

Diese Liste diverser Interaktionen, die wir zur Vereinfachung auf dyadische beschränkt haben, wäre beliebig zu erweitern, was sicher nicht ausgeführt zu werden braucht. Hält man sich eine solche Situation genauer vor Augen, so kann man sofort vermuten, daß die Wahrnehmungen und Urteile unterschiedlich akzentuiert, wenn nicht in höherem Maße verschieden sein könnten, und zwar je nach den *Anforderungen,* die die gemeinsame Tätigkeit an beide stellt. Darauf hinweisende Beobachtungen können wir oft im Alltag machen: Man denke daran, wie sich das Bild von einem Mitarbeiter, den man bisher nur in der Arbeitssituation und als Arbeitspartner erlebt hat, ändern kann, wenn man ihn einmal in seiner privaten Sphäre oder bei einem Sportfest oder bei einem Betriebsausflug usw. wahrgenommen hat. Das dann oft zu hörende Urteil: „Das hätte ich von ihm nicht erwartet!" spricht für – positive wie negative – Wandlungen im Urteil, die zweifellos von den unterschiedlichen Situations- und Tätigkeitsanforderungen abhängig sind.

Dieser Zusammenhang soll im folgenden durch einige empirische Untersuchungen untersetzt werden.

(1) Eine Reihe von Untersuchungen aus dem Arbeitskreis um Bodalëv (1965, 1971) war darauf gerichtet, diesen Zusammenhang systematisch aufzuklären. Der prinzipielle Ansatz dieser Untersuchungen kann in folgender Weise charakterisiert werden:
– Es wurden solche Interaktionszusammenhänge gewählt, die sehr häufig sind und für viele Menschen zutreffen, z. B. die zwischen Leitern und Mitarbeitern, Lehrern und Schülern, zwischen Gegnern im sportlichen Wettkampf u. ä.
– Die Vpn wurden aufgefordert, *freie* Urteile übereinander abzugeben und/oder einzuschätzen, welche Eigenschaften und Verhaltensweisen im allgemeinen typisch und wesentlich sind, damit der gegebene Interaktionszusammenhang auch realisiert werden kann.

Ein solches Vorgehen hat zwei Vorteile: (a) Die Wahl derartiger alltäglicher Situationen gestattet es, die jeweiligen Tätigkeitsanforderungen näherungsweise zu beschreiben, und zwar qualitativ, und Unterschiede zwischen den Tätigkeitsarten zu kennzeichnen. (b) Die Erfassung eines „freien Urteils", eines, wie von den Autoren genannt: „verbalen Porträts", erlaubt es in diesem Anfangsstadium der Untersuchung, die Wahrnehmungs- und Urteilsaspekte phänomenologisch hinreichend zu charakterisieren, da den Vpn keine Einschränkungen auferlegt werden.

Aus den Untersuchungen wollen wir als Beispiel nur zwei näher beschreiben, in denen die Determination der Wahrnehmung bzw. des Urteils durch den Interaktionszusammenhang gut sichtbar wird.

Subrizkaja (zit. nach Bodalëv 1971, S. 86) forderte drei Gruppen von Sportlern – Fußballer, Boxer und Fechter – auf, in freier Beurteilung jene charakteristischen Merkmale anzugeben, nach denen sie ihre jeweiligen Gegner bewerten. Die Angaben wurden zu drei Kategorien zusammengefaßt: körperliche Eigenschaften, geistige Fähigkeiten und emotional-volitive Qualitäten. Der in Tab. 1 dargestellte Vergleich zwischen den Sportarten zeigt, daß sich die Häufigkeit der Merkmalsnennungen zwischen den einzelnen Kategorien bei den drei Sportlergruppen deutlich unterscheidet; die Gründe dafür werden in den unterschiedlichen Anforderungen der Sportarten vermutet.

Tab. 1: Relative Häufigkeiten der Merkmalsnennungen, nach denen die Beurteilung der Wettkampfgegner in drei Sportarten erfolgt (in Prozent)

	Fußballer	Boxer	Fechter
Körperliche Eigenschaften	22,2	34,1	34,2
Geistige Fähigkeiten	50,2	45,8	45,3
Emotional-volitive Qualitäten	27,6	20,1	20,5

In einer anderen Untersuchung ermittelte Maximova (zit. nach Bodalév 1971), welche Merkmale von Angehörigen verschiedener Berufsgruppen besonders beachtet werden, um Personen einzuschätzen, mit denen sie in ihrer beruflichen Tätigkeit unmittelbar Kontakt haben. Es wurden Richter, Lehrer und Montiererinnen befragt. Jede Vpn-Gruppe erhielt die Aufgabe, wesentliche Aspekte zu nennen, auf die sie sich besonders konzentriert, wenn sie einen solchen Kontaktpartner zu bewerten hat. Nach ihren beruflichen Tätigkeiten hatten die Richter Angaben über Untersuchungsgefangene, Lehrer über Schüler und Montiererinnen über Leiter abzugeben. Die wieder im freien Urteil erhaltenen Merkmale wurden zu 14 übergeordneten Eigenschaftsbegriffen zusammengefaßt und die absoluten Nennungshäufigkeiten registriert. Wie aus Tab. 2 ersehen werden kann, werden die Kategorien von den verschiedenen Berufsgruppen mit unterschiedlicher Häufigkeit besetzt. Je nach dem typischerweise vorliegenden Tätigkeitszusammenhang werden bestimmte Eigenschaften ausgewählt und andere gar nicht oder nur in geringem Umfang berücksichtigt. Es kann freilich verschiedene Gründe haben, warum eine bestimmte Eigen-

Tab. 2: Absolute Häufigkeiten der Eigenschaftsbenennungen, nach denen die Angehörigen verschiedener Berufsgruppen Interaktionspartner einschätzen

	Richter	Lehrer	Montie-rerinnen
Kühnheit	—	50	—
Wohlwollen	—	20	—
Patriotismus	30	17	—
Bescheidenheit	40	—	15
Ehrlichkeit	30	—	27
Arbeitsliebe	20	—	—
Gerechtigkeit	—	—	27
Aufmerksamkeit	—	—	15
Verlegenheit	30	60	20
Grobheit	30	15	20
Oberflächlichkeit	24	25	—
Dummheit	—	20	—
Hochmut	30	—	—
Egoismus	24	—	—

schaft genannt oder nicht genannt wird; sie kann dem Beurteilenden deshalb einfallen, weil sie in seinem Erleben besonders dominant ist, sie kann aber auch nicht genannt werden, gerade weil sie für sein Verhältnis zum Urteilsobjekt sehr wichtig und dabei ganz selbstverständlich ist. Im allgemeinen jedoch wird gelten, daß während der Urteilsbildung gerade jene Qualitäten des anderen im Brennpunkt der Aufmerksamkeit stehen werden, die in der Realität für den Urteiler besonders wesentlich sind.

Diese beiden Untersuchungen sollen *einen* Typ von Forschungen zeigen, wie er im Arbeitskreis von Bodalëv praktiziert wurde, um den Einfluß einer dominierenden Tätigkeit, zumeist der beruflichen, auf die Wahrnehmung und Beurteilung des bzw. eines Partners zu ermitteln.

Dieser knapp skizzierte allgemeine Untersuchungsansatz wurde in mehreren Untersuchungen zu folgenden Fragen weiter spezifiziert:

(a) Die Ermittlung von Urteilsunterschieden, die von speziellen interpersonellen Tätigkeitsanforderungen abhängig sind (z. B.:

Nach welchen Kriterien beurteilen Lehrer verschiedener Schulfächer ihre Schüler?).

(b) Die Erfassung von Beurteilungsdifferenzen, die durch den jeweiligen konkreten Interaktionszusammenhang bedingt sind, über dasselbe Beurteilungsobjekt (z. B.: Wie urteilen Lehrer, Eltern oder Mitschüler über ein und dieselben Kinder?).

(c) Die empirische Erhebung solcher Kriterien, die Personen mit definierten Tätigkeiten oder Berufen hinreichend charakterisieren (z. B.: Welche Eigenschaften hat typischerweise bzw. sollte ein Jurist, Lehrer usw. haben?).

Die Untersuchungen Bodalëvs u. a., die vornehmlich den Beruf des Urteilenden nutzen, um den Einfluß dieser Art von Tätigkeit auf Personenurteile zu ermitteln, sind zweifelsohne *eine* der Möglichkeiten, das Tätigkeitskonzept auf diesem Gebiet zu operationalisieren. Dabei werden Urteile abgefordert, die möglicherweise mehr ein Soll-Bild des zu Beurteilenden, seines Typus oder mehr das Wissen des Urteilers über die Tätigkeitsanforderungen in dieser Klasse von Situationen enthalten, als das in einer konkreten Situation von einem konkreten Menschen geäußerte und von dem anderen wahrgenommene Verhalten. Ob sich eine Vp in solchen Untersuchungen mehr auf diesen übergreifenden und verallgemeinerten Tätigkeitszusammenhang bezieht oder ob sie während des Urteilsprozesses mehr an eine bestimmte Person denkt, das kann nicht entschieden werden. Problematisch ist ferner, daß mit der auf Berufe bezogenen Operationalisierung Tätigkeitsinhalte und -anforderungen zusammengefaßt werden, die in einer Taxonomie von psychologischen Tätigkeitsanforderungen ganz andersartig klassifiziert sein könnten. Der „realistische", nichtexperimentelle Zugang macht es auch sehr schwer, die Vielzahl von Einflüssen und Bedingungen, die sowohl auf A (den Urteiler) als auch auf B wirken, zu differenzieren und den zwischen ihnen bestehenden Determinationszusammenhang aufzudecken. Die Methode des „verbalen Porträts" hat neben den genannten Vorzügen auch den Nachteil, daß die Auswerterobjektivität nicht gesichert werden kann: Tatsächlich vorhandene Differenzen können dann weder qualitativ noch quantitativ belegt und damit nicht statistisch geprüft werden.

Für unsere theoretische Konzeption bleiben also mehrere Fragen offen, die mit diesem Ansatz nicht beantwortet werden können;

unseres Erachtens ist ein experimenteller Zugang unbedingt erforderlich.

Die wichtigsten der offenen Probleme sind:

(a) Gelten die gefundenen Unterschiede im Personenurteil nur für einen solchen übergreifenden und langfristig ausgeübten Interaktionszusammenhang oder kann man sie auch bei kürzerfristigen und wechselnden Tätigkeitsbeziehungen ermitteln?

(b) Wie wirkt sich der Inhalt einer konkreten Interaktion, also der dabei zu lösenden Aufgabe, im Kontext mit Informationen über die äußere Situation, über den Partner selbst und über die zwischen den Interagierenden bestehende soziale Beziehung auf ein Urteil aus?

(c) Wie schlagen sich jene Verhaltensweisen und Eigenschaften von B, die bei Bewältigung einer *bestimmten* Tätigkeit zutage treten, im Verhältnis zu zwar auch wahrgenommenen, aber die Aufgabenlösung nicht tangierenden Eigenschaften im Urteil nieder?

(d) Welchen Anteil am Zustandekommen des Urteils haben jene Erfahrungen des Perzipienten, die als implizite Persönlichkeits- und Verhaltenstheorien, als generalisiertes Wissen um Sollzustände oder Normen usw. beim Urteil über einen konkreten Partner in einer konkreten Situation mitwirken?

(2) Wenn diese und andere Fragen wenigstens im Ansatz beantwortet werden sollen, dann müssen wir an die Operationalisierung des Tätigkeitsaspekts die folgenden Anforderungen stellen:
– Die wahrzunehmende und zu beurteilende Person (B) muß dem Beurteiler (A) in einem konkreten Interaktionszusammenhang präsentiert werden.
– Das Beurteilungsobjekt (B) sollte über verschiedene Tätigkeitsinhalte hinweg konstant gehalten werden.
– Zwischen dem Beurteilenden (A) und dem Beurteilten (B) sollten keine vorangegangenen Interaktionserfahrungen bestehen.
– Die Tätigkeitsinhalte (Aufgaben) müssen wenigstens qualitativ unterscheidbar sein.
– Das Urteil, also die abhängige Variable, muß so erfaßt werden können, daß ein qualitativer und quantitativer Vergleich zwischen den verschiedenen Tätigkeitsanforderungen möglich ist; das setzt voraus, daß die eingesetzten Verfahren den Mindestanforderungen der klassischen Gütekriterien genügen müssen.

Von diesen Anforderungen ausgehend, entwickelte Salz (1979) ein experimentelles Verfahren, mit dem der Einfluß des Tätigkeitsinhalts auf das Urteil besonders eindrucksvoll nachgewiesen werden konnte. Die Vpn waren, da damit auch eine Aussage über die Ontogenese des interpersonellen Verhaltens gewonnen werden sollte, Vorschulkinder, denen einige kurze standardisierte Szenen mit Handpuppen vorgeführt wurden. Die vier verwendeten Puppen waren von ihrem Äußeren her so gestaltet, daß unschwer eindeutige Charakteristika einer erwachsenen Frau, eines erwachsenen Mannes, eines kleinen Mädchens und eines kleinen Jungen, also einer Familie, erkennbar waren. In den vorgeführten Szenen aus dem Familienalltag entsprachen in einer Variante die Rolleninhalte dem Äußeren der Puppen, in anderen Varianten wurden die Erwachsenenrollen von den Kindpuppen oder die Kindrollen von den Erwachsenenpuppen dargestellt. Die Vpn hatten danach auf entsprechend erprobte Fragen anzugeben, was in den Szenen geschehen war, welche Personen mitgewirkt hatten und welches Verhalten sie gezeigt hatten.

Tabelle 3 zeigt den Versuchsplan:

Tab. 3: Versuchsplan der Untersuchung von Salz (1979)

	S_1	S_2	S_3	S_4
A_1 (3; 6–4; 5 Jahre)	$n = 20$	$n = 20$	$n = 20$	$n = 20$
A_2 (4; 6–5; 5 Jahre)	$n = 20$	$n = 20$	$n = 20$	$n = 20$
A_3 (5; 6–6; 7 Jahre)	$n = 20$	$n = 20$	$n = 20$	$n = 20$

Hier soll nur ein Teilaspekt dieser Untersuchung dargestellt werden, und zwar, mit welcher Häufigkeit die agierenden vier Handpuppen als Kinder oder als Erwachsene benannt wurden. Dabei wird zwischen dem dargestellten Verhalten und dem Äußeren unterschieden. Die Tabellen 4 und 5 zeigen die Ergebnisse in prozentuellen Häufigkeiten der Nennungen. Dabei ist zu beachten, daß sich der Prozentsatz der Nennungen auf alle vier Puppen zusammengefaßt bezieht.

Diese ausgewählten Ergebnisse belegen deutlich, daß für die Kinder aller Altersgruppen das von den Puppen dargestellte *Verhal-*

Tab. 4: Häufigkeit der Puppenbenennungen bei kindlichem Verhalten und Aussehen (in Prozent)

	Rollenbezeichnung bei typisch kindlichem Verhalten der Puppen, unabhängig vom Äußeren, als		Rollenbezeichnung bei typisch kindlichem Aussehen der Puppen, unabhängig vom Verhalten, als	
	Erwachsene	Kinder	Erwachsene	Kinder
A_1	73,5	26,5	52,5	47,5
A_2	36,2	63,8	32,3	67,7
A_3	18,0	82,0	26,0	74,0

Tab. 5: Häufigkeit der Puppenbenennungen bei erwachsenem Verhalten und Aussehen (in Prozent)

	Rollenbezeichnung bei typisch erwachsenem Verhalten der Puppen, unabhängig vom Äußeren, als		Rollenbezeichnung bei typisch erwachsenem Aussehen der Puppen, unabhängig vom Verhalten, als	
	Erwachsene	Kinder	Erwachsene	Kinder
A_1	54,1	45,9	73,8	26,2
A_2	33,3	66,7	36,1	62,9
A_3	28,4	71,6	20,5	79,5

ten in den Spielszenen bedeutsamer ist als die deutlich erkennbaren äußeren Merkmale. Daneben ist eine deutliche Abhängigkeit der Urteile auch vom Alter zu bemerken. Die Veränderung der Rollenbezeichnungen mit dem Alter geht sicherlich auch darauf zurück, daß die älteren Kinder mehr an Spielerfahrungen mit Rollenspielen, in denen ja kleine Kinder oft Erwachsene zu vertreten haben, in ihre Interpretationen einbringen.

Allerdings ließ die Gestaltung der verwendeten Puppen kritische Einwände zu; sie waren, wie das bei Handpuppen meist üblich ist, gleichgroß. Die Fehlerquelle darf aber als nicht so groß abgeschätzt werden, daß eine Widerlegung der Ergebnisse zu erwarten gewesen wäre.

Die Ergebnisse von Salz lassen nicht den Schluß zu, daß Kinder nicht in der Lage seien, nach äußeren Merkmalen Rollenzuweisungen vorzunehmen. Lippold (1980) konnte nachweisen, daß Kinder des Alters von 2; 3 bis 3; 6 Jahren Personen nach äußeren Merkmalen identifizieren können. Den Vpn wurden wiederum Puppen, aber in Lebensgröße, vorgestellt, die aber *nicht* handelten: eine erwachsene männliche Person, ein Kind und ein Baby. Die Identifizierung gelingt, wie erwartet werden kann, allen Kindern dieser Altersgruppe. Im folgenden Untersuchungsschritt wurden die Köpfe der Puppen so vertauscht, daß fünf Situationen entstanden, in denen jeweils ein Torso mit einem „unpassenden" Kopf versehen war. Wie in Tab. 6 zu sehen ist, orientieren sich die Vpn hauptsächlich an der Körpergröße, und die etwas älteren Kinder greifen auf das Gestaltungsmerkmal „Kopf" zurück, wenn der Widerspruch im Erscheinungsbild größere Werte annimmt, z. B. in der Situation 4.

Tab. 6: Anzahl der Orientierungen am Merkmal „Torso" oder „Kopf" bei der Identifikation der Puppen; n in jeder Gruppe $= 30$; S_1 bis S_5 sind die Darbietungsarten der Puppen, nach steigendem Widerspruch zwischen Torso und Kopf geordnet

(* Differenz zwischen den Altersgruppen signifikant, geprüft mit Chi-Quadrat)

	2; 4–2; 10 Jahre		2; 11–3; 6 Jahre	
	Torso	Kopf	Torso	Kopf
S_1	26	4	26	4
S_2	20	10	23	7
S_3	19	11	30	0
S_4	12	18	6	24*
S_5	26	4	26	4

Die Ergebnisse der hier nur selektiv und beispielhaft dargestellten Untersuchungen von Salz und Lippold weisen darauf hin, daß wir den aktuellen Tätigkeitszusammenhang als *Ausgangspunkt* für die Wahrnehmung und Beurteilung ansehen können; in diesen, von der Tätigkeit des anderen determinierten Eindruck werden dann, im weiteren Verlauf, die in der Situation zur Verfügung stehenden Informationen sukzessive zu einem umfassenderen Urteil zusammengefaßt.

(3) Für eine weitere Einsicht in das zur Diskussion stehende Problem und einen weiteren Beitrag zur Beantwortung unserer Fragen dürfte es bedeutsam sein zu ermitteln, welche Aspekte der abgegebenen Partnerurteile von den Anforderungen der gemeinsam zu lösenden Aufgabe und dem Grad ihrer Bewältigung kodeterminiert werden. Auf der Grundlage unseres beschriebenen Untersuchungsmodells nahmen Kopsch und Werner (1980) in einem komplexeren Experiment folgende Erweiterungen vor:
– B (der Wahrzunehmende) hatte gemeinsam mit A (dem Perzipienten) eine Aufgabe in direkter Interaktion zu lösen.
– B war über alle Versuche hinweg ein und dieselbe Person, die sich nach einer vorher erprobten „Strategie" verhielt.
– Jede Vp löste jeweils nur eines von drei Problemen und mußte B dann auf einem Polaritätsprofil und in einer freien Beurteilung einschätzen.
– Als Aufgaben wurden verwendet: eine sensumotorische Koordinationsaufgabe (I), eine Diskussionsaufgabe um ein soziales Problem (II) und eine Denkaufgabe, der „Turm von Hanoi" (III).
– Gemäß der Instruktion wurden Eigenschaftsurteile gefordert, die nach einem einfachen, für den Untersuchungszweck konstruierten Kategorienschema geordnet wurden. Tabelle 7 zeigt zunächst den Versuchsplan:

Tab. 7: Versuchsplan des Experiments von Kopsch und Werner

	I	II	III
weiblich	$n = 25$	$n = 25$	$n = 25$
Vpn			
männlich	$n = 25$	$n = 25$	$n = 25$

Die folgende Tabelle gibt einen groben Überblick über die Hauptergebnisse.

Bei der Auswertung des benutzten Polaritätsprofils konnte gefunden werden, daß die Beurteiler-Übereinstimmung bei denjeni-

Tab. 8: Häufigkeit der Merkmalsnennungen über dieselbe Person bei unterschiedlichen Aufgabenbedingungen (in Prozent)

Urteilsaspekte (Kategorien)	Aufgaben		
	I	II	III
Sozialverhalten	44	74	43
Leistung	34	14	38
Temperament	22	12	19

gen Eigenschaften am höchsten war, wo es zwischen dem Item des Profils und den Anforderungen der Aufgabe eine genaue inhaltliche Entsprechung gab. Ferner fällt auf, daß bei jeder der drei zum Teil recht unterschiedlichen Anforderungen jede der drei Kategorien des Sozial-, Leistungs- und Temperamentsverhaltens besetzt ist; das bedeutet, daß es keine generelle und strenge Veränderung des Urteils in Abhängigkeit von variierenden Anforderungen gibt. Wahrscheinlich liegen hier nur graduelle, aber keine weitreichenden qualitativen Urteilsänderungen vor. Bemerkenswert ist ferner, daß unter allen Bedingungen die Merkmale des Sozialverhaltens am häufigsten genannt und damit hervorgehoben werden.

(4) In dem eben beschriebenen Experiment waren die Interaktionspartner einander unbekannt. Deshalb könnte angenommen werden, daß es gar nicht möglich sei, bei einer so kurzzeitigen Begegnung Urteile über den anderen abzugeben, und daß deshalb die Vpn dieses Experiments nur angeben könnten, nach welchen Aspekten in solchen Anforderungssituationen sie Urteile fällen würden, daß sie sich also in diesem Falle stärker auf ihre „implizite Theorie" anstatt auf das Verhalten des anderen stützten. Wenn aber nicht diese verallgemeinerten Anforderungen, sondern das *Verhalten* des Interaktionspartners der Ausgangspunkt für die Beurteilung ist, dann müßten bei unterschiedlichem Lösungsverlauf konstanter Aufgabeninhalte die Urteile variieren.

Zunächst prüften wir, ob eine erfolgreiche gegenüber einer

nicht erfolgreichen Aufgabenbewältigung die Urteilsinhalte beeinflußt. Lüder (1980) konnte an einer Denkaufgabe („Turm von Hanoi") nachweisen, daß sich die Urteilsinhalte in diesen beiden Fällen signifikant voneinander unterscheiden. Die Versuchsanordnung war so gewählt, daß der zu Beurteilende (B, ein Mitarbeiter des Versuchsleiters = Vl) nach einer vorher ausgearbeiteten Strategie handelte und damit Erfolg oder Mißerfolg der Lösung bewirkte. War die Lösung erfolgreich, so nannten die Vpn mehr Kriterien des Sozialverhaltens (nach demselben Kriteriensatz wie bei Kopsch und Werner), war sie ein Mißerfolg, nahm die Anzahl der Merkmalsnennungen in der Kategorie „Temperament" zu. Das alles waren natürlich nur graduelle Unterschiede.

In einer Untersuchung von Nebel (1983), in der ebenfalls eine dyadische Lösung des „Turms von Hanoi" verwendet wurde, verhielt sich B in Abhängigkeit vom Verhalten von A (der Vpn) dergestalt, daß Erfolg oder Mißerfolg der Leistung von der jeweiligen Vp selbst hervorgerufen wurde, ohne daß sie Einsicht in diesen Zusammenhang gewinnen konnte. Die Vpn mußten im Anschluß an die Problemlösung angeben, wie schwierig oder wie leicht sie den Lösungsverlauf bewerteten. Von 160 Vpn bewertete etwa die Hälfte die Aufgabe als schwierig. Unter dem subjektiven Eindruck, die Aufgabe sei „leicht", wurde der Partner wesentlich positiver eingeschätzt, und diese Vpn beurteilten ihn mit größerer Übereinstimmung – gemessen an einem faktorenanalysierten Polaritätenprofil – als unter dem Eindruck, die Aufgabe sei „schwierig", unter dem sie den Partner negativer und auch uneinheitlicher beurteilten.

Diese Ergebnisse belegen, ebenso wie die von Lüder, daß der Urteilende vom tatsächlich geäußerten Verhalten des anderen ausgeht und daß er in der Lage ist, aus der wahrgenommenen Verhaltensstichprobe, die natürlich im Rahmen der Aufgabenanforderungen geäußert wird, hinreichende Schlüsse auf relevante Urteilsaspekte zu ziehen.

(5) Wenn man anerkennt, daß das Verhalten des anderen, des Partners, den *Ausgangspunkt* für den Wahrnehmungs- und Urteilsprozeß bildet, so können wir feststellen:
– Es gibt einen Trend, einen Partner in möglichst vollständiger Weise und umfassend zu beurteilen.

– Abgegebene Urteile beziehen sich *nicht allein* auf den aktuellen Tätigkeitsinhalt.

– Aktuelle Tätigkeitszusammenhänge bewirken graduelle, aber keine prinzipiellen Unterschiede im Urteil.

Dies kann nicht für beliebige Interaktionsaufgaben gesichert werden, da die generalisierten Ergebnisse der oben genannten Untersuchungen an folgende Bedingungen gebunden waren:

– Der gewählte Tätigkeitsinhalt war dem Erlebens- und Verhaltensbereich der Partner angemessen.

– Die Aufgaben waren für die Interaktionspartner relativ sinnvoll.

– Der Aufgabeninhalt stand nicht im Widerspruch zu bisherigen Interaktionserfahrungen der Vpn.

Ein weiterer Beleg für diese Aussagen, besonders für den zuletzt genannten Gesichtspunkt, konnte in einer Untersuchung von Rauchert (1981) erbracht werden. Dabei wurden die Wirkungen (a) des Aufgabeninhalts, (b) der äußeren Erscheinung des zu Beurteilenden und (c) der Wechselwirkungen von (a) und (b) auf das Urteil erfaßt.

Zwei Gruppen von Vpn (Kinder im Alter von 11 bzw. 13 Jahren) wurden veranlaßt, mit einem erwachsenem Partner (dem Vl) (a) eine Lernaufgabe und (b) eine Spielaufgabe zu bewältigen. Der Erwachsene war über alle Versuchsbedingungen identisch, sein Äußeres wurde aber so variiert, daß er einmal „streng" und zum anderen betont „jugendlich" wirkte. Das Urteil wurde wieder mit einem Polaritätenprofil und mit einer freien Beschreibung erfaßt. Der Untersuchung lag der folgende multivariate Plan zugrunde (Tab. 9):

Tab. 9: Versuchsplan der Untersuchung Rauchert (1981); $n = 64$

		Aufgabe 1		Aufgabe 2	
		Alter 1	Alter 2	Alter 1	Alter 2
Äußeres 1	männlich	4	4	4	4
	weiblich	4	4	4	4
Äußeres 2	männlich	4	4	4	4
	weiblich	4	4	4	4

Aus den Daten des Polaritätenprofils wurden Mittelwert und Streuung berechnet, zur Prüfung der Mittelwerts- und Varianzunterschiede der vier Hauptgruppen wurden t- und F-Tests verwendet. Da die Urteile auf dem Polaritätenprofil in den einzelnen Versuchsgruppen relativ positiv waren und nahe beieinander lagen, wurde zusätzlich eine Wichtung der Urteile eingeführt, die es gestattete, zwischen den Versuchsgruppen über alle Items hinweg die Urteile weiter zu differenzieren. Analog dazu wurden die Varianzen, also die Urteilerübereinstimmungen, ebenfalls gewichtet, so daß Aussagen darüber abgeleitet werden konnten, in welcher Versuchsgruppe die größte und in welcher die geringste Varianz vorlag. Nach dieser Auswertungsvorschrift konnte die höchste Punktzahl bei der Beurteilung der Eigenschaften 120 sein, was die höchste positive Beurteilung bedeutete, die niedrigste Punktzahl bei der Varianz betrug 30, und das war die größte Urteilerübereinstimmung. Die Gewichtsfaktoren wurden empirisch bestimmt.

Die beiden verschiedenen Tätigkeitsarten „Spiel" und „Lernen" führten, wenn alle anderen Versuchsbedingungen konstant gehalten wurden, zu Unterschieden in der Beurteilung des Erwachsenen. Ebenso konnten Differenzen bei der Variation der äußeren Erscheinung gefunden werden. Geht man vom Gesamturteil über alle Items aus, so ergibt sich das folgende, in Tab. 10 dargestellte Ergebnis:

Tab. 10: Der Einfluß der Aufgabe und der äußeren Erscheinung auf das Urteilsergebnis (jeweils linke Zahl: Punktwert der Eigenschaftsbeurteilungen; rechte Zahl: Punktzahl der Urteilsübereinstimmungen; Erläuterungen im Text)

	Jugendliches Aussehen	Strenges Aussehen
Spiel	86/70	81/79
Lernen	70/73	76/77

Wie zu sehen ist, ergibt sich aus der Bedingungsvariation: Aufgabe 1 (Spiel) und Äußeres 1 (jugendliches Aussehen) das im ganzen positivste Gesamtbild (86) und die höchste Urteilerübereinstimmung (70). Das kann man auch im Sinne der „Stimmigkeit" der Situation interpretieren, da hier das Äußere der Stimulus-Person und die Aufgabenanforderung (Spiel) einander entsprachen.

Betrachtet man das Alter und das Geschlecht der Vpn, deren Einfluß auf das Urteil ebenfalls geprüft wurde, so ergab sich: Ältere Schüler beurteilen den erwachsenen Partner positiver und mit höherer Übereinstimmung als die jüngeren. Geschlechtsunterschiede waren nicht mit dieser Deutlichkeit nachweisbar.

Im Hinblick auf unsere allgemeine Fragestellung, den Einfluß aktueller Tätigkeitskomponenten auf Wahrnehmung und Beurteilung des Interaktionspartners betreffend, kann man nach den eben angeführten Resultaten zusammenfassend feststellen, daß nicht das aktuell geäußerte Verhalten allein und keinesfalls *ausschließlich* die Beurteilung determiniert; die übrigen Bedingungen der Interaktion gehen als „Kontext-Informationen" modifizierend in die Verhaltenswahrnehmung und das davon abgeleitete Urteil mit ein. Des weiteren läßt sich sagen, daß die Beurteilung der sozialen Komponenten des Verhaltens von einer globalen Beurteilung der Situation mitgetragen wird. (Das ließ sich von der Tatsache ableiten, daß das Spiel angenehmer als die Lernaufgabe empfunden wurde.)

(6) Unsere Resultate legen die folgende hypothetische Aussage nahe: Bei Partnern mit hinreichender gemeinsamer Interaktionserfahrung und demzufolge mit einem stabilisierten Urteil übereinander wird ein aktueller Tätigkeitszusammenhang keine wesentliche Urteilsänderung nach sich ziehen.

Um diese Hypothese zu prüfen, kann man miteinander bekannte Personen in experimentelle Situationen, ähnlich wie die vorhin beschriebenen, versetzen und dann kontrollieren, ob nach Bewältigung einer Interaktionsaufgabe eine Variation des Urteils erfolgt oder nicht. Wir nehmen dabei als wahrscheinlich an, daß eine *einmalige* Anforderung dieser Art eine Urteilsänderung nicht bewirken wird. Dies dürfte im Grunde auch gar nicht geschehen, weil damit ein wesentlicher Aspekt des Tätigkeitsprinzips verletzt würde: Im realen Leben werden sich Urteile über einen bestimmten anderen, mit dem man häufig und in unterschiedlichen Situationen interagiert, nicht von Fall zu Fall unterscheiden dürfen, da damit der orientierungsrelevante Aspekt der zu erfassenden personalen Gegenstandsbedeutungen, also die „ökologisch valide" Orientierung in der gewohnten sozialen Umwelt, verloren gehen dürfte. Eine Urteilsänderung stärkeren Ausmaßes sollte nur dann zu erwarten sein, wenn die neue Situation außergewöhnlich ist und mit den bisherigen Interaktionserfahrungen nicht übereinstimmt und wenn das Urteil, das Personen übereinander abgeben, unsicher und wenig begründbar ist. Man denke daran, daß in größeren Gruppen von Menschen (wie in Arbeitsbrigaden, Schulklassen, Studentengruppen u. ä.) nicht alle Mitglieder zu jedem anderen den gleichen Bekanntheitsgrad haben und daß demzufolge deren Urteile unterschiedlich begründet sein können. Es ist anzunehmen, daß dann durch eine einmalige, unmittelbare und intensive Interaktion miteinander wohl eine Veränderung des Urteils bewirkt werden könnte.

Zur Prüfung dieser Vermutung scheint der folgende Weg gangbar zu sein: Man erfaßt mit einem validen und reliablen Meßinstrument (z. B. einem Polaritätenprofil oder anderen geeigneten Skalen) Urteile von Personen übereinander, die in einem wohldefinierbaren und längerfristigen Interaktionszusammenhang zueinander stehen. Diese Personen werden paarweise in die Situation eines (ihnen unbekannten) experimentellen Matrix-Spiels gebracht, wobei man – je nach dem Anliegen der Untersuchung – die Zusammensetzung der Paare nach den vorher erhobenen Urteilen gestalten kann. Nach der Bewältigung eines Spieles oder einer Serie von Spielen werden erneut die Urteile mit demselben oder einem parallelen Verfahren ermittelt. Dieses Vorgehen hat mehrere Vorteile:

– Die experimentelle Situation ist von der Alltagssituation durchaus verschieden.

– Das Verhalten bei der Bewältigung der Spielanforderungen kann mit den erprobten Spielparametern erfaßt und quantifiziert werden.

– Eine gefundene Urteilsänderung kann mit dem Verhalten in der Spielsituation in Beziehung gebracht werden, und sie kann auch – da ein reliables Verfahren vorliegt – interpretiert werden.

– Es ist dabei möglich, über die Instruktion einem Partner ein spezielles Verhalten vorzuschreiben, um dessen Wirkung zu erproben.

Mit diesem methodischen Ansatz konnte Ederer (1983) zeigen,

daß der aktuelle Tätigkeitsvollzug, wie er von einer einmalig zu lösenden Aufgabe provoziert wird, nur dann eine Urteilsänderung nach sich zieht, wenn die in der Prä-Messung ermittelten Urteile in den Mittelbereichen der Skalen lagen. Man kann nun vermuten, daß die meisten solcher Anfangsurteile, die in den mittleren Bereichen der Skalen (also bei mittleren Ausprägungen der Eigenschaften) liegen, auf die relative unsichere Kenntnis des anderen zurückzuführen sind. In solchen Fällen wird dann die neue Situation (des experimentellen Spiels) und das von dem anderen darin gezeigte Verhalten zur Grundlage der Beurteilung, und das in der Post-Messung geäußerte Urteil verändert sich stärker. Unter diesen Bedingungen fand Ederer ferner, daß bei den Anfangsurteilen, die mehr an den extremen Enden der Skalen lagen, wo also nach unserer Voraussetzung größere Urteilssicherheit herrschte, sehr häufig die Prä- und Post-Messung gut übereinstimmten; das deutet darauf hin, daß einmalige Ereignisse die bereits leidlich stabilisierten Urteile nicht zu verändern vermögen und daß die in solchen Situationen sich manifestierenden ungewöhnlichen oder unvorhergesehenen Verhaltensweisen von den Beurteilern so umbewertet werden, daß sie mit den bisherigen Urteilen weitgehend übereinstimmen.

(7) Nimmt man die in diesem Abschnitt referierten Ergebnisse (sowie die hier nicht erwähnten) zusammen, so kann man das folgende Resümee ziehen:

(a) Übergreifende und längerfristige Interaktionszusammenhänge, wie sie in typischer Weise in der beruflichen Tätigkeit vorliegen, führen zu einem im Gedächtnis eingetragenen „Modell" eines generalisierten Partners, das, oft mit normativen Elementen versehen, die Wahrnehmung und Beurteilung eines konkreten Partners relativ unabhängig von dessen konkretem Verhalten kodeterminiert.

(b) In konkreten Interaktionssituationen ist unter der Bedingung „unbekannter Partner" das tatsächlich geäußerte und auf den Partner gerichtete *Verhalten* der *Ausgangspunkt* für die interpersonelle Wahrnehmung und Urteilsbildung. Zu dieser „Primärinformation" treten dann sukzessive und bedingungsabhängig weitere Informationen aus der Situation, dem Äußeren usw. hinzu und werden zu einem Abbild gestaltet. Dabei muß selbstverständlich unterstellt werden, daß zumindest beim erwachsenen Menschen generalisierte Erfahrungen mit den entsprechenden Klassen von Partnern und Klassen von Interaktionssituationen das Urteil kodeterminieren (was in unseren Untersuchungen nicht speziell geprüft wurde).

(c) Bei bekannten Interaktionspartnern hängt die Ausnutzung der aktuellen Information über das Verhalten und seinen Kontext *und* der gespeicherten Erfahrung mit dem bestimmten Partner vom Grad der Bekanntheit bzw. vom Ausmaß der Gewißheit oder Ungewißheit des Urteils ab; je größer die Ungewißheit ist, desto mehr werden aktuelle Informationen genutzt und desto eher kann sich auch ein Urteil ändern; je größer die Gewißheit bzw. Sicherheit, mit der ich meinen Partner zu beurteilen meine, desto weniger nutze ich aktuelle Informationen und desto geringer ändert sich mein Urteil.

3.1.3. Der Einfluß der interpersonellen Wahrnehmung auf die interaktive Tätigkeit

Aus dem Kreisprozeß zwischen Wahrnehmen und Handeln, den wir zu Beginn dieses Abschnittes für unser Problem spezifiziert haben, greifen wir nun die *zweite* der eingangs gestellten Fragen heraus und unterstellen das folgende:

Bei A liegt eine bestimmte Wahrnehmung seines Partners mitsamt dem darauf bezogenen (impliziten oder expliziten) Urteil über B vor. Wie wird dadurch sein soziales Verhalten gegenüber B kodeterminiert?

Auch dazu ließen sich viele Alltagsbeobachtungen mit anekdotischer Evidenz finden. Es ist anzunehmen, daß das „Bild" des jungen Leiters unseres im Abschnitt 1.3.1. angeführten Beispiels aus einer Betriebsuntersuchung, das er ob seiner anfänglichen Unsicherheit bei seinen Mitarbeitern erzeugt hatte, auch ihr Verhalten ihm gegenüber beeinflußte. Wir hatten dazu festgestellt, daß sich dieses Urteil in negativer Weise sowohl auf das soziale Verhalten seiner Mitarbeiter wie auch auf deren Leistungsverhalten ausgewirkt hatte. Man frage sich einmal: Wie wird es sich auf das Verhalten auswirken, wenn A (z. B. eine Ehefrau) B (ihren Mann), der ein völlig konsistentes und konsequentes Verhalten im Umgang mit Geld an den Tag legt, entweder als „geizig" oder als „sparsam" wahrnimmt und beurteilt?

Wenn auch die Auswirkungen, die Wahrnehmungen bzw. Urteile auf das folgende Verhalten haben, klar aus der These von der *regulativen* Funktion der psychischen Prozesse hervorgehen, so bedarf doch dieses Problem, bezogen auf den Fall der Partnerwahrnehmung, einer sorgfältigen Untersuchung; es wäre immerhin denkbar, daß das Verhalten von A gegenüber seinem Partner weniger durch sein Urteil über ihn, sondern mehr durch seine personalen Dispositionen – also relativ unabhängig vom Urteil – determiniert wird. Allerdings werden wir sicher zu Recht unterstellen können, daß eine *effektive* Aufgabenbewältigung immer die entsprechende Wahrnehmung des Partners voraussetzt, denn *ohne* ein Urteil über die Art und Weise, wie mein Partner zu einer Aufgabenlösung beitragen kann, dürfte eine erfolgreiche Interaktion wohl nicht zustande kommen. Deshalb sollte zuerst die folgende Frage gestellt werden:
– Wie verläuft die Urteilsbildung über einen unbekannten Partner im Vollzug der Aufgabenbewältigung?

Danach kann erst die weitere Frage gestellt werden:
– Wie wirkt sich ein manifestes Urteil auf die weitere Bewältigung einer Aufgabe aus?

(1) Für die Untersuchung dieser Fragen wählten wir einen einheitlichen Untersuchungszugang, um die Ergebnisse besser vergleichbar zu machen. Dafür wurden spielexperimentelle Versuchsanordnungen (Matrix-Spiele) verwendet, die je nach Fragestellung modifiziert werden konnten.

Zur erstgenannten Frage wählte Burghard (1980) die folgende Anordnung:

Den Vpn ($n = 120$, Studenten) wurde nach entsprechender Instruktion eine Matrix (s. Tab. 11) vorgelegt, nach der sie gegen einen fiktiven Partner (Strohmann-Strategie) 80 Züge realisieren sollten. Der Strohmann wählte für die drei Versuchsgruppen die folgenden Strategien: (a) eine unbedingt wohlwollende, (b) eine bedingt wohlwollende und (c) eine übelwollende. In festgelegten Abständen wurden die Vpn aufgefordert, auf dem Polaritätenprofil von Bach und Feldes (1975) den vermeintlichen Partner einzuschätzen; diese Messung erfolgte insgesamt viermal, und zwar nach dem 7., 14., 21. und nach dem 41. Zug. Es wurde die sogenannte Komorita-Matrix verwendet:

Tab. 11: Die in der Untersuchung von Burghard (1980) verwendete Komorita-Matrix

	L_1	R_1	S_1
L_2	3 ; 3	5 ; 0	−1 ; −5
R_2	0 ; 5	1 ; 1	−2 ; −7
S_2	−5 ; −1	−7 ; −2	−9 ; −9

Im Ergebnis der Datenauswertung ergab sich, daß es eine wohlwollende Strategie den Vpn eher erleichtert, ihr Urteil zu stabilisieren, als eine übelwollende Strategie, bei der die Unsicherheit über den anderen länger vorhält. Die bedingt wohlwollende Strategie ermöglicht es den Vpn am ehesten, den Gegenspieler zu charakterisieren. Die Abb. 4 zeigt den Verlauf der Urteilsbildung bei beiden wohlwollenden Strategien (zusammengefaßt) über die vier Messungen hinweg, getrennt für die drei Dimensionen des verwendeten Profils: Erregung, Valenz und Potenz.

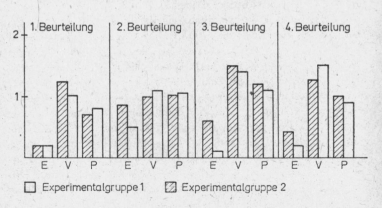

Abb. 4: Mittelwerte der Beurteilungen des Partners in den Experimentalgruppen 1 (bedingt wohlwollend) und 2 (unbedingt wohlwollend), bezogen auf die Dimensionen: Erregung (*E*), Valenz (*V*), Potenz (*P*).

Als wesentliches Ergebnis muß der Umstand angeführt werden, daß sich die Urteile nicht über den gesamten Verlauf des Spiels hinweg ändern. Sie werden in der Regel nach einer relativ kurzen Spielphase (14 Züge) relativ abgeschlossen. Sie fungieren dann, wie anzunehmen ist, *als Grundlage* für das *weitere Verhalten* des Urteilers im Versuch, also für seine eigene Strategie.

In diesem Zusammenhang dürfte es interessant sein anzumerken, daß sich andere Ergebnisse zeigen, wenn man als Vpn Psychotherapie-Patienten wählt. Hirsch (1983) ermittelte mit genau derselben Versuchsanordnung, daß diese Vpn während des *gesamten* Spielablaufs, also über 80 Züge, *nicht* zu einem relativ abgeschlossenen Urteil gelangen und daß es ihnen daher auch nicht gelingt, ihr (Spiel-)Verhalten zu stabilisieren.

Zu unserer ersten Frage können wir also sagen:

Verfügt ein Urteiler über keine Vorinformation über seinen Partner, so sieht er sich, wenn er zu diesem in einen Interaktionszusammenhang gerät, genötigt, die Informationen aus dessen Verhalten zu Beginn der Aufgabenbewältigung zu entnehmen. Dieses erste „Bild vom anderen" wird dann aber recht rasch etabliert und stabilisiert sich in der Regel schnell, weil es in der darauf folgenden Interaktion als ein *notwendiges Element* benutzt werden muß. Ohne jegliche Information über einen Partner scheint eine Interaktionsaufgabe gar nicht lösbar zu sein.

Wir müssen hier darauf verweisen, daß diese Aussagen an die Situation des experimentellen Spiels, an die gewählten Spielparameter und deren Operationalisierungen gebunden sind. Man muß sich das deshalb vor Augen halten, weil den Vpn in diesen Arten von Experimenten ja gar keine reale Person gegenübersteht, sondern diese ersetzt ist durch nichts anderes als durch die vom Vl realisierte Strategie bzw. die wahrgenommene Sequenz der Züge und ihrer Folgen für Gewinn oder Verlust der Vp. Um so erstaunlicher ist der Umstand, daß auch unter *diesen* extremen Bedingungen der „andere" beurteilt und bewertet wird, ja, daß sogar offenbar ein „Bedürfnis" dazu besteht, sich ein Bild über denjenigen zu verschaffen, mit dem man über die Spiel-Matrix verbunden zu sein glaubt (Barth 1978).

Wenn wir nochmals an unsere vorn eingeführten Alltagsbeispiele zurückdenken, so können wir zu unserer zweiten Frage übergehen, wie sich manifeste Urteile, die sich auf eine hinreichende Bekanntheit gründen, auf das nachfolgende Verhalten in einer Aufgabenlösung auswirken.

(2) Dazu führten Edeler und Edeler (1982) eine größere Untersuchung durch. Sie erhoben mit dem sogenannten „Gruppenbewertungsverfahren" (Esser und Förster 1970), einem soziometrischen Test, Urteile der Gruppenmitglieder von Produktionsbrigaden und Studentengruppen übereinander. Diese Urteile wurden hinsichtlich folgender gemeinsamer Tätigkeiten erhoben: gemeinsame Arbeit, gemeinsame kulturelle Betätigung, Hilfe bei persönlichen Problemen (GBV). Gleichzeitig wurden die Vpn befragt, welche Urteile sie ihrer Meinung nach von den anderen Gruppenmitgliedern erhalten hätten (reflexive Beurteilungen: GBV'). Dabei werden die Urteile der Gruppenmitglieder übereinander und die reflexiven Beurteilungen (GBV und GBV') auf einer siebenstufigen Skala vorgenommen, auf der das Ausmaß der Wahlen oder Ablehnungen für die oben genannten Betätigungen markiert wird. Der Ausprägungsgrad der Wahlen und Ablehnungen wird dann auf drei Skalenbereiche vereinfacht: Wahlen (+), Indifferenz (?) und Ablehnungen (—). Damit lassen sich verschiedene Paarkonstellationen bilden, wie in der folgenden Tabelle an einem Beispiel veranschaulicht ist:

Tab. 12: Erläuterungen im Text

	GBV	GBV'
Person A	+	+
Person B	—	—

Das bedeutet: A wählt B für die gemeinsame Tätigkeit und nimmt auch an, von B dafür gewählt zu werden, während B den A aber ablehnt und auch annimmt, von A abgelehnt zu werden.

In einer Studentenstichprobe ($n = 70$) wurden folgende Arten von Konstellationen gefunden (die Prozentangaben zeigen die relative Häufigkeit in dieser Population):

(a) Beide Partner haben keine Differenzen zwischen Wahlen und Wahlerwartungen (31 %), z. B.:

```
—/—      +/+      ?/+
—/—      +/+      +/?      und so weiter;
```

(b) beide Partner haben geringe Differenzen zwischen Wahlen und Wahlerwartungen (20 %), z. B.:

```
+/+      —/—      +/?
?/?      ?/?      +/?      und so weiter;
```

(c) ein Partner hat keine, der andere eine geringe Differenz (36 %), z. B.:

```
—/—      +/+      +/+
—/?      +/?      ?/+      und so weiter;
```

(d) beide Partner haben große Differenzen (2 %), z. B.:

```
+/+      —/—
—/—      +/+;
```

(e) ein Partner hat keine, der andere große Differenzen (4 %):

```
?/—      ?/+      —/+
+/?      —/?      +/+      und so weiter;
```

(f) ein Partner hat geringe, der andere große Differenzen (6 %):

```
+/+      —/—      —/—
—/?      ?/+      +/?      und so weiter.
```

Bevor wir auf die Resultate dieser Untersuchung eingehen können, müssen wir – in einem kleinen Exkurs – erst die Frage beantworten, ob es überhaupt eine Beziehung zwischen Wahlen bzw. Ablehnungen in einem soziometrischen Test (wie ihn das GBV darstellt) und direkten Eigenschaftsbeurteilungen gibt. Das wurde in einer besonderen Untersuchung (Ederer, Edeler und Löschner 1982) geprüft.

Mittels eines faktorenanalysierten Polaritätenprofils (4 Faktoren) und eines soziometrischen Tests (GBV) fällten die Mitglieder einer studentischen Gruppe Urteile übereinander. Für jede Vp wurde dann eine Regressionsrechnung über die Verhaltens-Stichprobe durchgeführt; dafür wurde eine Schätzformel für jede Vp berechnet, die es erlaubt, aus der Kenntnis von direkten Eigenschaftsbeurteilungen das soziometrische Urteil zu „bestimmen“. Die Formel

$$y = a_0 + a_1 x_1 + a_2 x_2 + a_3 x_3 + a_4 x_4$$

beinhaltet folgende Größen: y – geschätzter GBV-Wert; x_1 bis x_4 – Mittelwert der Items der Faktoren 1 bis 4, a – Regressionskoeffizienten.

Danach wurden die geschätzten GBV-Werte mit den ermittelten GBV-Werten korreliert. Diese Korrelationen fallen allgemein sehr hoch aus, ein Beleg dafür, daß Eigenschaftsbeurteilungen und Wahlen bzw. Ablehnungen einen engen ·Zusammenhang aufweisen. Es wird aber auch ersichtlich, daß sowohl die Richtung als auch die Größe des Einflusses der einzelnen Faktoren interindividuell beträchtlich variieren. An Hand der a-Gewichte kann auch ermittelt werden, an welcher Eigenschaftsdimension sich eine Vp orientiert, wenn sie eine Entscheidung über die Eignung eines Partners fällt. Die a-Gewichte charakterisieren also den Urteilsstil der betreffenden Vp. Ist dieser „Stil" gefunden, dann kann aus der Eigenschaftsbeurteilung auch das soziometrische Urteil bestimmt werden. Es scheint, als ob, unabhängig von den zu beurteilenden Partnern, bei jedem einzelnen eine positive oder negative Bewertung von Einzelaspekten (wie etwa der Leistungsfähigkeit) dann relativ stabil berücksichtigt wird, wenn dieser Aspekt in die anderen Aspekte „integriert" wird. Ähnlich liegt der Sachverhalt auch bei den erwarteten Bewertungen.

Nach diesem Exkurs zurück zu der Untersuchung von Edeler und Edeler. Aus den möglichen Paarkonstellationen, die wir vorn in Auswahl charakterisiert haben, wurden die folgenden in die Datenauswertung einbezogen:

D_1 = „wahladäquate Paare"

$$+/+$$
$$+/+$$

D_2 = „ablehnungsadäquate Paare"

$$-/-$$
$$-/-$$

D_3 = „inadäquate Paare"

$$+/+ \quad \text{oder} \quad -/-$$
$$-/- \qquad\qquad +/+$$

In einem Experiment mußten nun diese ausgewählten Paare ein matrixfreies Transportspiel bewältigen, bei dem die Partner je nach der verwendeten Strategie einen unterschiedlichen Punktgewinn erreichen konnten. Es ließen sich empirisch die folgenden Strategie-Varianten ermitteln: kompetitives Verhalten (V_1), kooperatives Verhalten (V_2) und Verhalten zum Vorteil anderer (V_3). V_3 ist eine ins Extrem getriebene Variante des kooperativen Verhaltens; während bei diesem der Gesamtgewinn für beide

Partner maximiert wird, verzichtet der Spieler bei jenem ganz auf den eigenen Gewinn. Es ist nicht ganz klar, wie eine solche Strategie psychologisch zu werten ist; allgemein ließe sie sich dem kooperativen Verhalten (vielleicht als „selbstlose Hilfe") subsumieren.

Die nach bevorzugten Lösungsstrategien geordneten Ergebnisse sind in Tab. 13 dargestellt:

Tab. 13: Zusammenhang von Paarkonstellation und Verhaltenstendenz im Transportspiel (Edeler und Edeler 1982); D_1 = „wahladäquat"; D_2 = „ablehnungsadäquat"; D_3 = „inadäquat"

	Vpn-Paare nach zunehmendem Ausprägungsgrad der Verhaltenstendenz geordnet				
V_1	D_1	<	D_2	<	D_3
V_2	D_2	<	D_3	<	D_1
V_3	D_3	<	D_2	<	D_1

Die Art der Problemlösung beim Transportspiel (Strategiewahl) wurde dabei weniger von Wahl oder Ablehnung des Partners, sondern mehr von der Adäquatheit der Kenntnis der Urteilsinhalte determiniert. Für die – in erster Linie interessierenden – kooperativen Lösungen (V_2 und V_3 zusammengefaßt) ergab sich die folgende grobe Rangfolge: „Wahladäquate" Paare verhielten sich kooperativer als „ablehnungsadäquate", und diese zeigten wieder mehr kooperatives Verhalten als die „inadäquaten" Paare. Personen also, die in geringerem Umfang fähig sind, die reziproken Urteilsinhalte zu identifizieren (D_3), verhalten sich auch „inadäquat" zur Aufgabe, wobei sie kompetitive Strategien bevorzugen (was auch zum eigenen Nachteil gereicht).

In einer Untersuchung von Ederer (1983), in der die Komorita-Matrix verwendet wurde, konnten weitere Zusammenhänge aufgedeckt werden. Dabei wurden nicht wie eben die Extreme der Paarkonstellationen ausgewählt, sondern solche Paare zusammengestellt, bei denen die im GBV und GBV' gemessenen Urteile über den anderen mehr im neutralen Mittelfeld der Skalen lagen. Diese Auswahl wurde deshalb vorgenommen, weil solche Konstellationen am häufigsten sind. In die weitere Datenerhebung wurden zudem noch das faktorenanalysierte Polaritätenprofil und das Selbstkonzept-Gitter (nach Orlik) einbezogen. Die folgenden Paarkonstellationen wurden geprüft.

Tab. 14: Die untersuchten acht Paarkonstellationen
(Ederer 1983)

A (−/−) mit	B (−/−)	und C (?/−)
A (?/?) mit	B (?/?)	und C (+/?)
A (+/+) mit	B (+/+)	und C (?/+)
A (?/?) mit	B (?/?)	und C (−/?)

Die Faktorenstruktur der Spielmaße mußte, da sie populationsabhängig ist, neu geprüft werden, was aber hier nicht weiter interessiert. Die Ergebnisse dieser Untersuchung lassen sich wie folgt zusammenfassen:

(a) Die Spielmaße gestatten die Diskriminierung von Dyaden von überwiegend positiver und negativer Beziehungsstruktur, wie sie durch soziometrische Verfahren ermittelt werden können, oder anders gesagt: Die in Gestalt der Spielmaße zusammengefaßten konkreten Verhaltensweisen gestatten es, Paare, die einander mögen, von solchen zu unterscheiden, die einander nicht mögen.

(b) Es konnte keine *einzelne* Spielvariable gefunden werden, durch die die Urteilsstruktur der ausgewählten Konstellationen besonders deutlich widergespiegelt wird.

(c) Eine kanonische Korrelationsanalyse erbrachte einen relativ hohen Zusammenhang zwischen allen Urteilsparametern (Faktorenladungen der Items des verwendeten Polaritätenprofils) und den durch die Spielmaße operationalisierten Parametern des interpersonellen Verhaltens.

Diese Ergebnisse sind in ihrer theoretischen Aussagemöglichkeit wohl nicht so eindeutig wie die von Edeler und Edeler; dennoch ist es ein Vorzug dieser Untersuchung, daß sie sich stärker an den real auffindbaren Konstellationen orientierte.

Für beide Untersuchungen gilt, daß das Problem jeweils von Partnern zu lösen war, die miteinander schon Interaktionserfahrungen hatten. Trotz der Einschränkungen, zu denen ein solches Experiment zwingt, zeigt sich in den Ergebnissen die Komplexi tät der interpersonellen Verhaltensregulation über Wahrnehmungs- und Urteilsprozesse recht deutlich.

Natürlich stehen dem Urteiler in einer solchen Situation mehrere Möglichkeiten offen, wie er diese Komplexität bewältigt. Er kann neben den Informationen, die er dem Verhalten seines Partners entnimmt, auch die über die Aufgabenanforderungen und die über die gesamte Situation in Rechnung stellen und darüber hinaus auch die vermutete Motivation des anderen zur Aufgabenlösung, die Art der wechselseitigen Beziehung (z. B. Mögen oder Nichtmögen), das Ausmaß der Relevanz der Aufgabe für sich und den anderen berücksichtigen. Er kann sich aber auch, im Sinne einer Reduktion des Informationsangebots, nur auf den sachlichen Gehalt der Aufgabe beschränken, *ohne* dem Partner allzuviel Beachtung zu schenken.

Das heißt also: Je nach den vorliegenden Bedingungen – und wahrscheinlich auch dem individuellen „Urteilsstil" – verhält sich ein Urteiler *selektiv* zu den Informationen, die ihm prinzipiell zur Verfügung stehen. In den Situationen des Experiments, in denen spielexperimentelle Problemanforderungen gestellt werden, gibt es zwar die Möglichkeit, unterschiedliche Strategien zu wählen; da aber letztlich, bei den verwendeten Spielmatrizen, eine kooperative Strategie und die Lösung erkennbar als angemessen angesehen werden, dominiert oft der sachliche Gehalt der Anforderungen, und von diesem wird in erster Linie das Verhalten determiniert.

Bei der Bewertung der vorher berichteten Befunde ist dazu noch folgendes zu beachten: Die Vpn waren in der Regel Studenten verschiedener Fachrichtungen, und für diese Population haben die Untersuchungen natürlich wenig persönliche Relevanz. Gewinn oder Verlust im Spiel dürfte sich auf die nachfolgende Beziehungsgestaltung kaum auswirken. Für sie ist eine solche Aufgabe eine von vielen Problemanforderungen, die man mit mehr oder weniger geschätzten Partnern zu absolvieren hat. Gerade diese Alltagserfahrung, daß es jederzeit Probleme gibt, die man mit verschiedenen Personen klären muß und kann, schien diese Vpn zu veranlassen, sich in erster Linie dem sachlichen Gehalt der Aufgabe zuzuwenden. Das wie auch immer geartete Urteil über den Partner, besonders über die wechselseitige Beziehung, spielt unter solchen Alltagsbedingungen eine untergeordnete Rolle.

Für weiterführende Untersuchungen muß deshalb genau geklärt werden: (a) Welche Aufgaben- bzw. Interaktionsklassen erfordern ein sehr umfangreiches Urteil über den Partner, das das Verhalten ihm gegenüber in gravierender Weise determiniert – und für welche trifft das nicht zu?

Das wird für diejenigen Interaktionen, die in einer Bindungspartnerschaft, z. B. Freundschaft oder Ehe, charakteristisch sind, anders ausfallen als für mehr kurzzeitige und oberflächliche Bekanntschaften mit Aufgaben, die geringere personale Bedeutsamkeit haben. (b) Es muß ferner geklärt werden, in welchem Ausmaß die Reflexion von Partnerurteilen einbezogen werden muß, um adäquate Verhaltensvoraussagen ableiten zu können. Unsere Befunde weisen darauf hin, daß neben dem Partnerurteil auch die Reflexion über dieses das Verhalten beeinflussen kann.

Alles in allem kann am Ende dieses Abschnitts gesagt werden, daß mit unseren theoretischen Überlegungen und den in Auswahl berichteten empirischen Befunden die *Funktionalität* der interpersonellen Wahrnehmung und Urteilsbildung für die Regulation des zwischenmenschlichen Verhaltens nachgewiesen werden konnte – auch wenn es auf diesem Feld noch sehr viele ungeklärte Probleme gibt. Es konnte ferner plausibel gemacht werden, daß Urteile über den Interaktionspartner auch das aufgabengerichtete Verhalten in Interaktionssituationen kodeterminieren. Die interpersonelle Wahrnehmung und Beurteilung, in impliziter wie in expliziter Form, erweist sich also als eine der wesentlichen psychischen Vermittlungen in der Wechselwirkung und -beziehung zwischen den Menschen und ihrer sozialen und gesellschaftlichen Umwelt.

3.1.4.   Die Elemente des Prozesses der Partnerwahrnehmung

Nach den empirischen Belegen über den Zusammenhang von Tätigkeit und Partnerwahrnehmung können wir nun versuchen, die Elemente des Prozesses der interpersonellen Wahrnehmung etwas differenzierter zu beschreiben. Damit setzen wir gewissermaßen die Betrachtung fort, die wir bereits im Abschnitt 1.1.2. begonnen haben. Wir hatten dort vier Gruppen von „Zuständen" beschrieben, die in den Prozeß der Wahrnehmung einer Interaktionssituation – an der, wie wir sagten, „Eingangs-Ausgangs-Verschränkung" zwischen A und B – als zu verarbeitende Informationen eingehen. Das waren (1) die jeweiligen Zustände der Interaktionspartner, (2) die Zustände des Gegenstands der Interaktion, der Aufgabe, (3) die der äußeren Situation, in der die Interaktion stattfindet, und (4) die Zustände oder Beschaffenheiten der interpersonellen Beziehung zwischen A und B.

Diese näherungsweise Beschreibung soll nun, gleich auf die Partnerwahrnehmung zugeschnitten, differenzierter weitergeführt werden. Dabei werden wir der Übersichtlichkeit wegen in der Weise vereinfachen, daß wir A der Interaktion immer als den Perzipienten, B immer als den Wahrgenommenen unterstellen. Wir werden dabei immer im Sinn behalten, daß in die Wahrnehmung von B durch A auch immer der gegenläufige Prozeß, die Wahrnehmung von A durch B mit eingeht, anders gesagt, daß in meine Wahrnehmung des Partners immer bei mir selbst mit eingeht, daß der andere mich auch wahrnimmt und ein Bild von mir in sich erzeugt, wie ich das mit dem seinen tue (vgl. dazu Abschnitt 3.1.5., in dem wir noch einmal darauf zurückkommen werden).

Unter der eben eingeführten einschränkenden Bedingung kann man folgende „Elemente" zur Erfassung des Prozesses der Partnerwahrnehmung unterscheiden: (1) die an die einzelnen Interaktionspartner gebundenen Elemente, (2) die an die Interaktionssituation gebundenen (relationalen) Elemente und (3) die den Prozeß der Wahrnehmung selbst betreffenden Elemente. Sie sollen nunmehr etwas genauer dargestellt werden.

(1) In bezug auf die Interaktionspartner lassen sich unterscheiden:
(1.1) Die Individualität (oder Persönlichkeit) von A, also des Perzipienten, das Ensemble seiner relativ verfestigten und das Verhalten „von innen heraus" kodeterminierenden Eigenschaften, Fähigkeiten, Einstellungen usw., die seine perzeptiven und kognitiven Leistungen individualspezifisch bestimmen, wenn dieser B, seinen Partner, in einer vorliegenden Interaktionssituation wahrnimmt und – implizit oder explizit beurteilt, um eine Entscheidung für sein soziales Verhalten zu B zu fällen. Hier kann man an jene interindividuellen Unterschiede denken, die dazu führen, daß Wahrnehmung oder Urteil von A dem „Wesen" von B mehr

oder weniger adäquat ist, also an den Unterschied zwischen einem sogenannten „guten" oder „schlechten Menschenkenner", wie wir im Alltag zu sagen pflegen. Oder man denke an jene Differenzen, die dazu führen, daß jemand seinen Partner sehr wenig differenziert, unter Umständen nur mit Hilfe einer bipolaren Dimension (sympathisch – unsympathisch) zu beurteilen pflegt, gegenüber einem anderen, der viele Dimensionen in sehr fein abgestufter Weise benutzt (vgl. dazu den dafür benutzten Begriff der „kognitiven Komplexität", z. B. Crockett 1965, Bieri 1967 u. a.).

(1.2) Die aktuelle Befindlichkeit von A, wie sie in der gegebenen Interaktionssituation vorliegt, also seine Handlungsabsicht, seine Stimmungs- und Affektlage, seine aktuelle Einstellung (z. B. zur gemeinsamen Tätigkeit, zum Partner, zur Situation), wobei natürlich auch seine körperliche Zuständlichkeit – wie etwa „Frische" oder „Ermüdung" – nicht unbeachtet bleiben sollte. Wie Individualität und Befindlichkeit des Perzipienten bzw. des Urteilssubjekts seine Wahrnehmung des anderen beeinflußt, das soll erst im 4. Kapitel, besonders im Abschnitt 4.3., etwas näher dargestellt werden.

(1.3) Die Individualität (oder Persönlichkeit) von B, des Wahrnehmungsobjekts, die, bildlich gesprochen, „hinter" dem steht, was A als Information über B unmittelbar gegeben ist. (Das werden wir unter den Punkten (1.5) und (1.6) dieses Abschnitts noch näher aufgliedern).

Wir wollen an dieser Stelle gleich anfügen, wie der normale Alltagsfall eines Urteils über B ausfällt: A schreibt B auf Grund des beobachteten Verhaltens eine Persönlichkeitseigenschaft zu. Diese Eigenschaft ist allerdings nicht unmittelbar zu beobachten. So urteilt zum Beispiel A (z. B. ein Leiter) über B (einen neuen Mitarbeiter, der sich ihm vorstellt), dieser sei „scheu" oder ein „verschlossener Mensch", weil B in dieser Interaktionssituation sehr wenig Augenkontakt zu A zeigte und sehr wenig und leise sprach. Mit einer solchen Zuschreibung meint A, eine charakteristische Eigenschaft von B getroffen zu haben. Wie wir wissen, kann solche „Scheu" aber auch der Ausdruck für das Erleben der Neuheit und Ungewißheit einer ungewohnten Situation oder gar für eine aktuelle depressive Stimmung sein, die durch voraufgegangene Erlebnisse von B, die A nicht kennt, erzeugt wurde. In diesem Falle wäre die Zuschreibung einer habituellen Persönlichkeitsdisposition ein „kurzschlüssiges" Fehlurteil. – Wir erwähnen dies, um klarzumachen, daß diese anscheinend einfache und rationale

Weise, einen anderen zu beurteilen, komplizierte theoretische und praktische Probleme birgt. – Gravierender wird solch ein Fall, wenn so eine Dispositionszuschreibung gar nicht so sehr aus dem beobachteten Verhalten kurzschlüssig abgeleitet wird, sondern wenn sie sich als verzerrender Einfluß des Wahrnehmenden selbst erweist, der vielleicht in dieser Situation depressiv gestimmt ist und seine Befindlichkeit auf den anderen, d. h. auf sein Bild vom anderen, „überträgt".

(1.4) Die aktuelle *Befindlichkeit* von B, des Wahrnehmungsobjekts, die dieser als Intention, Motivationslage, Affekt- oder Stimmungslage in die Situation einbringt und die sich dann, wie die eben genannten habituellen Qualitäten, in seinem beobachtbaren Verhalten – mehr oder weniger verhüllt – äußert.

(1.5) Die in der vorliegenden Interaktionssituation auftretenden *Manifestationen* (oder Erscheinungsweisen) der habituellen und der aktuellen Beschaffenheiten von B, wie sie in den Punkten (1.3) und (1.4) genannt sind.

Diese sollten füglich von den „wahren Beschaffenheiten" unterschieden werden. Wenn wir einmal unterstellen, „Verschlossenheit" sei eine tatsächlich vorhandene Eigenschaft von B in unserem obigen Beispiel, so müssen wir sehen, daß sich diese in verschiedener Weise und in verschiedenartigen Anzeichen oder Manifestationen äußern kann, und zwar in Abhängigkeit von der Individualität von B oder auch von der Situation. Ein Affekt wie „Zorn" oder „Angst" kann sich trotz der Gemeinsamkeit der Ausdrucksbewegungen, in denen sich solche Zustände artspezifisch zu äußern pflegen, unter verschiedenen Bedingungen auch sehr verschiedenartig darstellen. Eine Verhaltensintention, z. B. jemandem „uneigennützig" oder „eigennützig" zu helfen, kann sich, wie jedermann weiß, oft sehr unterschiedlich manifestieren. – Es muß ferner auch daran gedacht werden, daß es Situationen gibt, in denen sich Persönlichkeitsdispositionen oder -zuständlichkeiten nur scheinbar manifestieren, also ohne daß sie tatsächlch vorhanden sind. Das ist etwa der Normalfall beim Schauspieler, der nicht zornig zu sein braucht, wenn er einen Zornigen spielen muß, ja, der sogar im Spiel behindert sein kann, wenn er dabei in Zorn geraten sollte. Solche „Schauspielereien" kommen natürlich auch außerhalb der Bühne vor, und man muß hier gar nicht unbedingt an das Fußballfeld denken.

Nach der Terminologie der Wahrnehmungspsychologie wollen wir die „wahren" habituellen und aktuellen Beschaffenheiten der wahrzunehmenden Person B *mitsamt* ihren jeweiligen Manifestationen als die „*distalen Reize*" bezeichnen, d. h. als die Wahrnehmungs*objekte*, die die Quellen der dann sensorisch wirksamen Reize sind.

(1.6) Von diesen Wahrnehmungsobjekten oder den distalen Reizen gehen sodann die jeweils sensorisch, d. h. am Sinnesorgan einwirkenden Stimuli aus, die wir als *proximale Reize* bezeichnen wollen.

Der Begriff des „proximalen Reizes" (oft auch „Nahreizmuster" genannt) bezeichnet sozusagen die Nahtstelle, an der das äußere Ereignis in die inneren, psychischen Prozesse übergeht, also der Informationsaufnahme und -verarbeitung zur Verfügung steht. An unserem Beispiel demonstriert: Das äußere Ereignis sei hier B in seiner Disposition „Verschlossenheit", die sich in bestimmten Verhaltensweisen, z. B. geringem Blickkontakt usw., äußert; je nach den vorliegenden weiteren Wahrnehmungsbedingungen wird eine Auswahl dieser Manifestationen dann tatsächlich sensorisch wirksam (wenn etwa A auch wenig Blickkontakt zu unterhalten pflegt, dann wird diese Besonderheit des B ihm weniger zugänglich sein). Die Beschaffenheiten dieser objektseitigen Reizgebung, wie wir sie eben charakterisiert haben, bestimmen die „gegebene, aktuell präsente Information" für A über B. Diese „gegebene Information" haben wir für unser Beispiel auf einen kurzzeitigen Wahrnehmungsprozeß, sozusagen auf eine Momentaufnahme, beschränkt; normalerweise ist dies aber eine Handlung oder sind das mehrere Verhaltensweisen von B, aus denen die „Reizkonfiguration" als Momentaufnahme entnommen ist. Unter dieser Voraussetzung lassen sich die wichtigsten der formalen Beschaffenheiten der „gegebenen Information" nennen, von denen es unter anderem abhängt, welcher Ausschnitt der überhaupt verfügbaren Information am Sinnesorgan wirksam, also zu proximalen Reizen wird; das sind:

(a) die *Häufigkeit* gegebener Stimuli in einer Situation, über mehrere gleichartige oder auch verschiedenartige Situationen hinweg (wenn sich B häufig räuspert, dann fällt dies A eher auf, und er kann dann auf eine dahinterstehende Beschaffenheit wie „Heiserkeit" oder „Verlegenheit" schließen);

(b) die *Zugänglichkeit* der Reize, die von ihrer Struktur, Textur u. ä. abhängt (B macht z. B. sehr kleine Bewegungen im Verhältnis zu einem anderen B, der sich deutlich ausfahrend bewegt);

(c) die (mit (b) zusammenhängende) *Auffälligkeit* der Reize, die auf der Seite des Objekts von solchen Reizparametern wie Intensität und Intensitätsschwankungen bedingt ist (einem A fällt eher auf, wenn sein Gesprächspartner B die Lautstärke beim Sprechen stärker variiert).

(2) Als an die Interaktions*situation* zwischen A und B gebundene (relationale) Elemente der Partnerwahrnehmung können genannt werden:

(2.1) die gemeinsam zu bewältigende *Aufgabe* mitsamt ihren gegenständlichen Bedingungen, wofür Tätigkeit, Handeln in Gang gesetzt *und wofür* eben die (möglichst zuverlässige) Wahrnehmung des anderen erforderlich ist;

(2.2) die zwischen A und B sich ausbildende oder schon bestehende interpersonelle *Beziehung* und

(2.3) andere Bedingungen der äußeren Situation, in der die Interaktion stattfindet.

Wir nennen diese Elemente hier nur, da wir sie vereinbarungsgemäß nicht als die eigentlichen Wahrnehmungsgegenstände, sondern als „Begleitumstände" oder Kontextbedingungen ansehen, also insofern und wie sie im *Verhalten* von B (oder in seiner Erscheinung) auftreten. Sie müssen, das haben wir bereits erwähnt, natürlich immer im Auge behalten werden, da ohne ihre Berücksichtigung das „Bild vom anderen" wohl recht dürftig ausfallen würde.

(3) Als letztes Element nennen wir die im Subjekt der Wahrnehmung, also in A, ablaufenden Prozesse der Informationsverarbeitung, die perzeptiven und kognitiven Prozesse, in denen und durch die ein interaktionsrelevantes Abbild von B in A und ein internes (implizites) oder externes (explizites) Urteil aufgebaut werden. Dieses Element der Partnerwahrnehmung bezieht sich also auf den Prozeß, in den die vorhin für das Objekt genannten Elemente als Informationen über den anderen eingehen. Damit wird sich das gesamte weitere Kapitel (vor allem in den Abschnitten 3.3. und 3.4.) befassen, so daß wir sie hier nur zu erwähnen brauchen.

3.1.5. Zur Komplexität der Partnerwahrnehmung

In unserer Auflistung der Bestandteile (oder Elemente) der interpersonellen Wahrnehmung verfuhren wir notwendigerweise „elementaristisch", d. h., sie war von dem Zweck bestimmt, die einzelnen, sinnvoll abzugrenzenden und vor allem untersuchbaren Einheiten des Gesamtprozesses aufzufinden. Wenn wir nun versprechen wollten, das später durch eine mehr synthetisierende Betrachtung wieder aufzuheben, dann gingen wir wohl über unseren gegenwärtigen Erkenntnisstand hinaus. Unser Untersuchungsfeld hat – topographisch gesprochen – noch viele „weiße Flecken". Das ist in erster Linie der überaus großen Komplexität des Problems anzulasten; darauf haben wir ja schon mehrfach hingewiesen.

Um das Bild unseres Problems wenigstens vom Ansatz her etwas abzurunden, beschließen wir den Abschnitt 3.1. mit einigen mehr hinweisenden Darlegungen zu einzelnen Momenten der Komplexität, nämlich (1) zur Informationsmenge, (2) zur Reziprozität und (3) zur Reflexivität in der interpersonellen Wahrnehmung.

(1) Ein sehr wichtiges Moment der Komplexität in der Partnerwahrnehmung ist in der Vielzahl von Informationen zu sehen, die notwendigerweise in den Prozeß eingehen müssen. Das wurde bereits mehrfach genannt (vgl. dazu auch Abb. 3). Der Perzipient hat die Aufgabe, die aus verschiedenen Quellen stammenden aktuellen Außenweltinformationen zusammen mit den schon im Gedächtnis bereitliegenden und dort verallgemeinerten Informationen zu einem interaktionsrelevanten Abbild seines Partners zu synthetisieren bzw. zu integrieren.

Dazu kommt folgender Umstand: Die Informationsgebung von außen geschieht nicht, wie manchmal im psychologischen Labor, wo z. B. ein Porträtfoto eines anderen kurzfristig dargeboten wird, sozusagen „punktuell", sondern in der Zeit erstreckt, zumindest über eine, meist aber über mehrere Interaktionssituationen hinweg. Über die in dieser Zeit sich manifestierenden Verhaltensweisen muß der Perzipient „das Bleibende in der Erscheinungen Flucht" herausfiltern, also Invarianzen bilden, damit er von diesen aus auf die dahinterstehenden personalen Beschaffenheiten schließen kann. Das ist die Regel; natürlich kann der Wahrnehmende, verfügt er über genügend Erfahrung, auch von einer „Momentaufnahme" auf Dispositionen schließen, wenn auch mit größerer Unsicherheit.

(2) Das zweite Moment besteht in der bereits mehrmals genannten *Reziprozität* der interpersonellen Wahrnehmung. Ihr einfachster Fall ist der Umstand, daß A *und* B zugleich Wahrnehmende und Wahrgenommene, zugleich Subjekt *und* Objekt sind. Das ist für die interpersonelle Wahrnehmung ein obligatorisches Merkmal; in der einfacheren Personenwahrnehmung und gar in der Gegenstandswahrnehmung kann das natürlich vernachlässigt werden. Während A den B wahrnimmt, geht in diesen Prozeß der Umstand mit ein, daß A gewahr ist, von B ebenfalls wahrgenommen zu werden. Und nicht nur das: Auch das Bild, das – wie ich glaube – der andere von mir hat, und das ich – wie er meint – von ihm habe, geht in den Prozeß ein und macht ein Moment der Reziprozität aus. Es ist wahrscheinlich notwendig, hier einmal anzumerken, wodurch das etwas verwirrende „Spiel" von „Selbstbild", „Fremdbild" und „Selbstfremdbild", wie man das nennen kann (vgl. dazu Hiebsch und Vorwerg 1966, S. 201 f.), entsteht: Der Grund dafür ist der Umstand, daß es für den zielgerichteten Ablauf einer Interaktion für A notwendig ist zu „wissen", was und wie der andere zu handeln beabsichtigt, und das setzt wiederum voraus, daß A sich wenigstens ein wenig in den anderen hineinversetzt und von diesem Perspektivenwechsel her antizipiert, welche Partnerhandlung ihn demnächst erwartet – und natürlich auch umgekehrt. Dies dient also zu nichts anderem als zur Sicherung der „internen Kontingenz", die wir als notwendiges Merkmal vollständiger wechselseitiger Handlungen bereits beschrieben haben (vgl. dazu noch einmal Abschn. 1.1.1.). Das führt uns zum dritten Moment in der Komplexität der Partnerwahrnehmung:

(3) Wir werden dieses mit *Reflexivität* bezeichnen; sie muß sich, wie sofort einsichtig, auch in der gegenseitigen Wahrnehmung finden lassen. Wegen der Besonderheit dieser für das soziale Leben der Menschen so notwendigen Fähigkeit seien ihr einige weitere Ausführungen gewidmet.

Der Begriff der „Reflexivität" wird in der Psychologie für die Bezeichnung von äußerlich ähnlichen, im einzelnen aber recht verschiedenen Sachverhalten verwendet. „Reflexion" bedeutet im Kontext der interpersonellen Wahrnehmung und Urteilsbildung, wie wir bereits angedeutet haben, daß eine

Person in der Lage ist, die subjektiven Abbilder der Interaktionssituation als subjektiv zu erkennen und zwischen dem eigenen Standpunkt und dem des anderen zu unterscheiden. Werden die eigenen Abbilder von Aspekten der Interaktionssituation zum Gegenstand subjektiven, analytischen Nachdenkens gemacht, dann heißt das „Selbstreflexion". Analog dazu ist aber auch zumindest der Erwachsene fähig, die möglichen Wahrnehmungen seiner Partner gedanklich vorwegzunehmen und mittels verschiedener Kriterien zu bewerten.

Das folgende Beispiel möge diesen Reflexionsvorgang veranschaulichen (Lefevre 1967):

– A und B seien zwei Personen, die dieser Stufe kognitiver Prozesse mächtig sind.

– B kommt in böser Absicht die Treppe herunter und denkt: „Ich muß möglichst harmlos erscheinen."

– A durchschaut dies und denkt: „B denkt, er müsse ganz harmlos erscheinen."

– B bemerkt, daß er von A durchschaut ist, und denkt: „A denkt sich jetzt, daß ich es mir nur ausgedacht habe, harmlos zu erscheinen."

– A sieht nun, daß B bemerkt, daß er durchschaut wurde, und denkt: „B denkt sich, daß ich es mir gleich dachte, er habe es sich nur ausgedacht, harmlos zu erscheinen."

Ohne dieses Verwirrspiel weiter fortzusetzen, läßt sich doch dem Beispiel gut entnehmen, was hier geschieht: A spielt gedanklich durch, welche Absichten B zu verwirklichen gedenkt.

Der Sachverhalt der Reflexion wurde unabhängig voneinander von Lefevre (1967) und Siegrist (1970) genauer analysiert. Die Rolle, die die Reflexion in Interaktionen spielt, wird dort gründlich diskutiert (vgl. dazu auch Löschner 1980). Diese Analyse ist eine Erweiterung des Konsensus-Modells von Newcomb und läßt sich schematisch wie in Abb. 5 darstellen. I ist die „Nullstufe" der Reflexion: A, B und C sind Personen, die zusammen eine Aufgabe lösen müssen, über die individuell verschiedene Auffassungen bestehen.

II ist die Stufe der Reflexion, die von den Autoren als Koorientierung benannt wird: A vergleicht ihre eigene Auffassung von der Aufgabe mit denen der anderen – was natürlich auch B und C tun können.

III wird als „reflexive Koorientierung" bezeichnet: A überlegt, wie er selbst sowie B und C die Widerspiegelung der Aufgabenauffassung widergespiegelt haben könnte.

Es entsteht die Frage, welche regulative Funktion diese Reflexionen haben. Das ist sicher die folgende: Der Vergleich zwischen den Reflexionsstufen gestattet es dem einzelnen, sich über die Problemsicht der anderen, also über deren Abbildungen von Aufgabe, Situation und Person, zu infor-

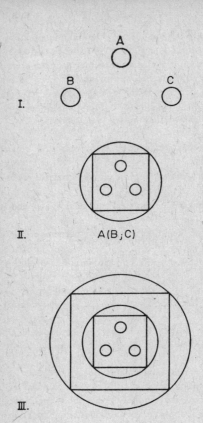

Abb. 5: Schema der Reflexionsstufen.

mieren, um daraus Folgerungen für die eigenen Handlungen abzuleiten –
dies dient also, wie leicht zu sehen ist, dazu, die „interne Kontingenz"
einer Interaktion zu sichern. Die folgende Abbildung soll veranschaulichen,
worüber – in dieser Beziehung – Personen nachdenken können und was
letztlich vergleichbar ist.

Die auf der linken Seite der Abb. 6, im „Quadrat", befindlichen Gedankeninhalte sind nur der Person A zugänglich, analog dazu sind die Inhalte
des „Kreises" Abbildungsinhalte von B, die nur B selbst bekannt sind.
A kann von dieser Position aus bestimmen, welche Informationen über die
verschiedenen Aspekte der Interaktionssituation bei ihm vorliegen und
möglicherweise beim Partner vorliegen können.

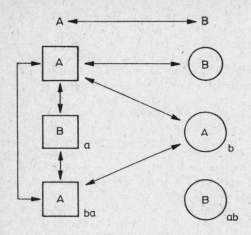

Abb. 6: Reflexionsbeziehungen zwischen A und B.

Ausgangspunkt für eine solche reflexive Analyse ist in jedem Falle eine unvollständige Information über die Abbildungsinhalte des anderen, des Partners. Diese Information kann wegen räumlicher und/oder zeitlicher Beschränkungen, durch personale Schranken, z. B. kognitive Defizite, oder durch zu starke Interessengegensätze unvollständig sein. Die reflexive Analyse dient dazu, die Ungewißheit über das Partnerverhalten abzubauen, das Verhalten der anderen zu erklären, Partnerbeziehungen zu bewerten, ein Problem rationell zu lösen und den Partner zu lenken und zu beeinflussen. Die reflexive Analyse – als subjektive Widerspiegelung der vermuteten Gedankeninhalte des anderen – ist eine für die Bewältigung reaktionsoffener Situationen (d. h. von Situationen ohne feste Verhaltensvorschrift oder -norm) notwendige Operation. Sie kann aber auch zur Quelle von Mißverständnissen und Fehldeutungen werden und zu unangemessenen Reaktionen führen. Die Entscheidung darüber, wie eine Person ihren Partner oder das gemeinsame Problem beurteilt, ist abhängig: vom Umfang der Information über die Person, von den vielfältigen Beziehungen zwischen den Personen, von den Beziehungen des Partners zur Aufgabe und auch von der eigenen Beziehung zur Aufgabe. Die Adäquatheit der Reflexion wird demnach von den verfügbaren Informationen und deren Verknüpfungen (Integration) determiniert. Als Kriterium für die Adäquatheit der Analyse kann immer nur das tatsächlich geäußerte Verhalten des anderen gelten.

Um dies zu illustrieren, wenden wir uns noch einmal der Untersuchung von Edeler und Edeler (1982) zu (vgl. Abschn. 3.1.3.). Dort wurden sowohl direkte Beurteilungen (GBV) wie auch reflexive erhoben (GBV'). Die Befunde ergaben, daß Adäquatheit der reflexiven Analyse (Übereinstimmung des soziometrischen Urteils mit der Urteilserwartung) zu besseren Leistungen führt als Inadäquatheit. Als Ursachen für Adäquatheit bzw. Inadäquatheit können nach dieser Untersuchung angenommen werden:

– Wenn alle Gruppenmitglieder gleiche Kriterien zur Bewertung ihrer Partner verwenden, so wird die Analyse adäquater ausfallen.

– Werden Urteile und Reflexionen über Urteile nach denselben Kriterien vollzogen, dann ist damit der Zugang zu adäquaten Reflexionen gegeben.

Damit erhebt sich die Frage, wann jemand bis zu welchem Reflexionsgrad zurückgehen muß; es ist anzunehmen, daß ein sozusagen unendlicher Regreß von Reflexionen kein anzustrebendes Ziel im realen Interaktionsprozeß sein kann – zumal, wie man sich das leicht selbst ausrechnen kann, ein Rückgriff auf eine Stufe über die reflexive Koorientierung (III) hinaus kognitiv kaum mehr zu bewältigen ist. Die Notwendigkeit, auf eine bestimmte Stufe der Reflexion zurückzugehen, ist durch das Ziel der gemeinsamen Tätigkeit, durch die vorliegenden Informationsbeschränkungen und durch die Möglichkeit bestimmt, die gegebenen Informationsschranken zu überwinden. Dafür scheinen nach unseren Untersuchungen folgende Bedingungen zu gelten:

– Eine Reflexion auf der Stufe der Koorientierung (II) ist notwendig, wenn A Grund zu der Annahme hat, daß die Null-Stufe von B (I) mit der eigenen nicht übereinstimmt und damit als Ausgangspunkt dafür angesehen werden kann, daß die intendierte Interaktion nicht zustande kommt.

– Wird vermutet, daß der Partner (B) auf der Null-Stufe (I) nicht adäquat abbildet oder abbilden kann (also z. B. ein falsches Urteil über A entwirft), dürfte eine Abbildung auf der Ebene der reflexiven Koorientierung (III) für A notwendig sein.

– Eine Differenz zwischen der Null-Stufe (I) und der Stufe II ermöglicht es einer Person, gleiche oder ungleiche Problemauffassungen oder Urteile zu erkennen. Von der Größe dieser Differenz leitet A die Notwendigkeit einer reflexiven Analyse auf der Stufe III, der reflexiven Koorientierung, ab.

– Differenzen zwischen den Stufen I und II, die bei A vorhanden sind, erlauben ihm ein Urteil darüber, in welchem Ausmaße der Partner den von ihm gefundenen Widerspruch wahrnehmen konnte. Kann A diesen Widerspruch nicht lösen, so wären Reflexionen auf einer Stufe IV durchaus angemessen.

Unsere relativ knappen Ausführungen dieses Abschnittes, besonders die eben skizzierten zum Problem von „Reziprozität" und „Reflexivität", belegen wohl recht deutlich die *Komplexität* interpersoneller Wahrnehmung und Urteilsbildung. Wesentlich daran ist, daß sich dieses besondere Merkmal des von uns zu untersuchenden Prozesses nicht nur äußerlich zeigt, sondern besonders in den internen, psychischen (perzeptiven und kognitiven) Prozessen auffindbar ist, die das externe Verhalten regulieren. Man wird nun verstehen, daß die wissenschaftliche Untersuchung dieser Prozesse vor nicht unerheblichen Schwierigkeiten steht.

Damit werden wir uns – nach einem Exkurs in die Ontogenese der Interaktion und der interpersonellen Perzeption und Kognition im Abschnitt 3.2. – in den folgenden Abschnitten dieses Kapitels befassen.

3.2. Die frühe Ontogenese von Interaktion und interpersoneller Wahrnehmung

Dieser Abschnitt wird etwas von dem Gedankengang des Kapitels abschweifen. Wir halten ihn aber für notwendig, um am relativ einfachen und überschaubaren Fall unser Problem von seiner Entwicklung her zu verdeutlichen. Überschaubar wird unser Problem deshalb, weil sich in der Ontogenese die psychischen Fähigkeiten und Leistungen, die der Regulation der sozialen Interaktion dienen, Schritt um Schritt aufbauen und daher besser identifiziert und untersucht werden können als in der voll ausgebildeten, wechselseitig kontingenten Interaktion des Erwachsenen, in der sie miteinander „verschmolzen" sind.

3.2.1. Charakteristik des frühkindlichen sozialen bzw. interpersonellen Verhaltens

Eine noch weitverbreitete Alltagsmeinung – die früher auch von der Entwicklungspsychologie geteilt wurde – nimmt an, das Kind sei in den ersten drei Monaten ein Wesen, dessen Verhalten lediglich aus Nahrungsaufnahme, Schlafen und Ausscheiden bestehe. Man nannte diese Zeit oft das „dumme Vierteljahr", was besagen sollte, daß die geistige Kapazität noch ganz unentwickelt sei.

Dieses Bild vom Säugling ist durchaus falsch. Auch in dieser

Lebensphase ist das (normale) Kind ein Lebewesen, das aktiv Informationen aus seiner Umwelt aufnimmt und verarbeitet, und dazu rechnen auch die Informationen über die engste *soziale* Umwelt – was in unserem Zusammenhang besonders interessiert. Selbstverständlich müssen wir als *Basis* für die geistigen und sozialen Leistungen, genauso wie für die Befriedigung der elementaren organischen Bedürfnisse, gewisse Voraussetzungen annehmen, die als *angeboren* anzusehen sind. Ohne solche Annahmen wäre die erstaunlich rasche Entwicklung kognitiver und sozialer Leistungen vor allem im ersten Lebensjahr gar nicht erklärbar. Es ist ja bekannt, daß die frühen Lernleistungen immer an eine bereits vorhandene Leistung anknüpfen.

Um das frühkindliche soziale bzw. interpersonelle Verhalten näher zu charakterisieren, gehen wir von unserem Beispiel in Abschnitt 1.1.1., einer Mutter-Kind-Interaktion, aus. Dort wurde eine Interaktion zwischen einer Mutter und ihrem einige Monate alten Kind beschrieben, in der sich bereits wichtige Merkmale interaktiver Handlungen (Koorientierung, Koordination und Interdependenz) zeigten. Aber auch schon der Säugling zeigt Ansätze zu gewissen Interaktionen, zumindest von dem Zeitpunkt an, in dem Augen und Ohren zureichend zu funktionieren beginnen. Methoden der Beobachtung und Datenerfassung, die in den letzten zwanzig Jahren zur Untersuchung frühkindlichen Verhaltens eingesetzt wurden, haben gezeigt, daß das Neugeborene bereits über eine Verhaltensorganisation und über entsprechende Fähigkeiten verfügt, die es ihm ermöglichen, in die Wechselbeziehungen zu anderen Menschen solche Verhaltensweisen einzubringen, die das Verhalten der anderen, z. B. (und hauptsächlich) der Mutter, kodeterminieren. Der Säugling ist also nicht nur darauf angewiesen, daß seine Erfahrungen reaktiv, also von außen her, organisiert werden, sondern er ist von Anfang an ein aktives Wesen, das gemäß seiner angeborenen Ausstattung nach Erfahrungen bzw. Informationen sucht und auch das Verhalten der Umwelt zu initiieren trachtet.

Die wesentlichsten Merkmale der Grundausstattung lassen sich bereits in den dominierenden Aktivitäten der Ernährung und des Schlafens und Wachens sowie in den dafür eingesetzten sensorischen Leistungen finden. Es sind das: Spontanaktivität sowie die dazugehörige Periodizität und Selektivität. *Spontanaktivität* bedeutet hier nichts anderes, als daß das Verhalten des Kindes nicht einfach „durch äußere Stimulation ausgelöst" wird, sondern auch durch seine inneren Zustände (zumindest wird es durch sie ko-determiniert). Die so verstandene Spontaneität zeigt sich auch im zweiten Merkmal, der *Periodizität* des Verhaltens; diese wird nicht einfach durch die aus der Umwelt gelieferten Regularitäten erzeugt, sondern primär durch im Gehirn generierte Rhythmen bestimmt – wie sie sich klar im Wach-Schlaf-Rhythmus und in seinen Veränderungen in den ersten Monaten ausdrücken. Das wird auch dadurch nahegelegt, daß Kinder mit Störungen in der Hirntätigkeit größere Abweichungen von diesen Rhythmen aufweisen. Ferner zeigt sich die spontane Aktivität des Kindes auch in dem dritten Merkmal, der *Selektivität*. Sie besteht darin, daß das Kind aktiv bestimmte Reize aufsucht bzw. andere meidet und daß es zwischen verschiedenen Verhaltensbedingungen differenzieren kann. Bereits in der ersten Lebenswoche bevorzugen Neugeborene visuell bestimmte Objekte. Fantz (1963) untersuchte die Fixationsdauer, die von visuellen Konfigurationen ausgelöst wird, indem er – in günstiger Blickposition und bei geeignetem ruhigem Zustand des Kindes – jeweils Paare verschiedener Konfigurationen (s. Abb. 7) bot und die gesamte Fixationsdauer je Muster innerhalb der Applikationszeit feststellte. Er fand, daß komplexe Muster gegenüber geometrisch einfachen Mustern bevorzugt wurden und unter jenen solche, die „gesichtsartig" waren, wobei die wichtigsten Bestandteile „Augenpunkte" waren.

Auch die auditive Wahrnehmung zeigt schon sehr früh das Merkmal der Selektivität. Unter allen für das Baby hörbaren Geräuschen rufen menschliche Stimmen (oder stimmenähnliche Reize) den höchsten Betrag an Muskelaktivität hervor, wie sie mittels Elektromyogramm zwischen dem dritten und dem achten Lebenstag (von Hutt, Lenard und Prechtl 1969) gemessen werden konnte.

Somit kann vermutet werden: Mit diesen (und auch noch anderen) sensorischen Bevorzugungen und entsprechenden Verhaltensmustern, die man in etwa mit den „angeborenen Auslösemechanismen" (AAM) im tierischen Verhalten vergleichen könnte, werden nicht nur die vitalen Anliegen der organismischen Zustandserhaltung gesichert, sondern in ihnen lassen sich auch schon einige Voraussetzungen für die Aufnahme interpersoneller Beziehungen und die Entwicklung interaktiven Verhaltens entdecken.

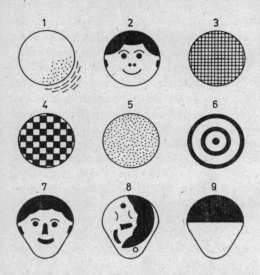

Abb. 7: Einige der von Fantz benutzten visuellen Muster (7 war das am meisten bevorzugte).

Schaffer (1977) nennt sie deshalb – sicher zu Recht – „soziale Prä-adaptationen". Da die bevorzugten visuellen und auditiven Reiz-konfigurationen eindeutig auf menschliche Merkmale verweisen, kann man es als gesichert ansehen, daß die – biologisch ja sehr notwendige – Beziehung zum „sozialen Partner" angeborene Grundlagen hat, und nicht erst als Ergebnis individueller Lernlei-stungen entsteht. Das sind freilich allererste und nicht sehr scharf ausgeprägte Anfänge, wenn man sie mit den bekannten AAM im tierischen Verhalten vergleicht. Sie erfordern deshalb sehr früh schon „ergänzendes Lernen", das vom zweiten Lebenshalbjahr an von einer sehr ausgedehnten Periode eigentlichen „sozialen Ler-nens" fortgesetzt wird, in der das Kleinkind auf Grund früherer Erfahrungen Personen seiner sozialen Umwelt zu unterscheiden lernt und sie nach Ähnlichkeit und Vertrautheit klassifiziert und in der es gleichzeitig verschiedene „soziale Fertigkeiten" erwirbt, die in der weiteren Entwicklung seiner sozialen Interaktionen ein-gesetzt werden.

Die „sozialen Präadaptationen" auf der sensorischen Seite wer-den auf der motorischen durch eine Reihe analoger und mit den sensorischen Leistungen abgestimmter Anpassungen ergänzt, die über Signale die Aufnahme von Kontakt ermöglichen. Es handelt sich vor allem um Vokalisationen wie Schreien, Weinen und später Lallen, die zunächst nur expressive Kundgaben eigener Zuständlichkeiten sind, sich allmählich aber zu den ersten sozialen Signalsystemen ausbilden. Auf ihrer Basis entsteht später, im zweiten Lebensjahr, das für Kommunikation menschlicher Wesen so unerläßliche Instrument der Sprache (Lautsprache). Außerdem lassen sich noch vielfältige Vorformen nichtlautlicher Kundgaben, z. B. in der Mimik, finden, die später zu nichtverbalen Signalsystemen ausgebildet werden.

Jeder normale Säugling verfügt also über ein leidlich zureichendes Inventar instrumenteller Voraussetzungen für die Entfaltung seines interpersonellen Lebens und Verhaltens. Instrumentelle Bedingungen können zwar, müssen aber nicht eingesetzt werden: Worin bestehen die *dynamischen* Grundlagen für ihren Einsatz?

3.2.2. Die dynamische Basis der Entwicklung interaktiven Verhaltens

Kommt das Kind zur Welt, so wird die Regelhaftigkeit des Lebens im Mutterleib durch die ganz andersartige und sehr viel mehr veränderliche Regularität des Lebens in einer (vornehmlich) *sozialen* Umwelt ersetzt. Da das Menschenkind für lange Jahre auf soziale Pflege und Unterstützung angewiesen ist, ist es, neben der unmittelbaren Erhaltung seiner leiblichen Existenz, gewissermaßen seine erste „Aufgabe", Kontakt zu seiner sozialen Umwelt, die in den ersten Lebenswochen fast ausschließlich von der Mutter repräsentiert wird, herzustellen und sein Verhalten mit dem der Mutter zu koordinieren. Im Normalfall bilden also Mutter (bzw. die Person, die Mutterfunktion ausübt) und Kind eine dyadische *Einheit;* in diese Einheit bringt jede Seite neben ihren dafür geeigneten instrumentellen Präadaptationen auch gewisse *Verhaltenstendenzen* ein, die als die dynamische Seite des Verhaltens angesehen werden können.

Betrachtet man diesen Verhaltensaspekt genauer, so läge es wohl nahe, hier gleich von einem „sozialen Bedürfnis" neben den anderen organischen

Grundbedürfnissen (Nahrung und Schutz vor schädigenden Einwirkungen) zu sprechen. Wie wir hier nicht näher ausführen wollen, kann man diese Präadaptationen nicht direkt auf eine Stufe mit den genannten organischen Grundbedürfnissen stellen; es ergäben sich dann erhebliche theoretische Schwierigkeiten. Andererseits ist es auch nicht gut möglich, ein solches „Bedürfnis" *nur* als Lernprodukt zu interpretieren.

Wir benutzen deshalb den theoretisch weniger belegten Begriff der Verhaltenstendenz, den wir – als ein hypothetisches Konstrukt – einer Klasse von beobachtbaren Verhaltensweisen zuweisen können. Es kann dabei offen bleiben, ob eine Verhaltenstendenz als phylogenetische oder als ontogenetische Anpassung aufgefaßt werden muß; eine solche Zuschreibung bedarf allemal sehr genauer, gesonderter Untersuchung. Es kann als sehr wahrscheinlich gelten, daß außerordentlich frühes Auftreten bestimmten Verhaltens auf einem phylogenetischen Erwerb beruht und im Erbgut fixiert ist. Beim Menschen muß dabei immer aber an die nachgewiesene Unspezialisiertheit und somit Ergänzungsbedürftigkeit angeborener Verhaltenstendenzen gedacht werden.

Wenn wir also von Verhaltenstendenzen sprechen, die den sozialen, interpersonellen oder interaktiven Verhaltensweisen des Kindes und seiner Mutter zugeordnet werden müssen, dann wollen wir damit ausdrücken, daß die Veranlassung für das Auftreten einer solchen Verhaltensweise nicht (oder zumindest „nicht nur") als Reaktion auf einen externen Stimulus interpretiert werden kann.

Welche Verhaltenstendenzen, die zur Aufnahme sozialer Aktivität in dieser Dyade führen, können nun für jede der beiden Seiten unterstellt werden?

Vom Kind her kann z. B. die Klasse beobachtbarer Verhaltensweisen sicher dazu gerechnet werden, die den Charakter des „Hinstrebens" zur Mutter, der „Suche" nach Kontakt zur anderen Seite der Dyade, der „Zuwendung", „Zuneigung", „Bindung" tragen. Da solches Verhalten sehr früh und als offensichtlich ursprüngliches Verhalten auftritt, kann man die Basis dessen wahrscheinlich als angeboren ansehen. Auf der Seite der Mutter können alle jenen Formen der „Zuwendung und Hinwendung" zum Kind, die denen des Kindes analog sind, dazugerechnet werden; natürlich lassen sich diese nicht nur auf angeborene Motivationen zurückführen.

Da es im Deutschen keine kurzen und griffigen Bezeichnungen für diese Verhaltenstendenzen gibt und somit immer aufwendigere Umschreibungen erforderlich wären, werden wir die in der angloamerikanischen Literatur eingebürgerten Begriffe verwenden: für die Verhaltenstendenz des Kindes „attachment", für die der Mutter „mothering".

Der Begriff des „attachment", also der Zuwendung, Hinwendung, Zuneigung (dies im wörtlichen Sinne), des Wunsches nach „Kontakt" oder „Bindung" bezeichnet eine Verhaltensklasse, die bei Kleinstkindern täglich beobachtet werden kann. In ihm drückt sich ein „Verlangen" danach aus, mit der Pflegeperson in einem unmittelbaren (und zumeist körperlichen) Kontakt zu gelangen. Die biologischen Grundlagen dafür scheinen ganz einfach zu definieren zu sein: Bei allen Lebewesen, deren frühe Kindheit nur durch längeren Kontakt zur Mutter gewährleistet werden kann, muß zu dessen Aufrechterhaltung eine entsprechende dynamische Grundlage auf beiden Seiten vorausgesetzt werden, genauso wie dafür die realisierenden instrumentellen Bedingungen vorgegeben sein müssen, z. B. der Reflex oder Instinkt des Jungtieres, sich am Fell der Mutter festzuklammern. Da aber diese enge Bindung des Kindes bzw. kleinen Tieres vornehmlich wegen der Nahrungssicherung notwendig ist, ließe sich diese Kontakttendenz auch als ein diesbezügliches Appetenzverhalten interpretieren, also als ein „instinktives" Verhalten, das lediglich „im Dienste" der Nahrungsaufnahme und der Sicherung der Körperpflege steht und keinen eigenen Wert hat. „Die Liebe geht durch den Magen", sagt das Sprichwort; „attachment" wäre also eine Funktion des Umstandes, daß das dazugehörige Objekt Nahrung liefert. Wie sich später das Bedürfnis nach Zuwendung von dem Bedürfnis nach Nahrung löst und verselbständigt, das ließe sich dann als Konditionierung, also als Lernresultat, erklären. Attachment als primäre oder als sekundäre Verhaltenstendenz?

Diese Frage ist schwer zu beantworten. Experimente mit Rhesus-Äffchen geben Hinweise. Harlow (1958) bot sehr jungen Rhesuskindern zwei verschiedene Mutter-Attrappen zur Wahl. Die eine bestand aus Maschendraht und enthielt eine Vorrichtung, an der das Rhesus-Baby Milch erhalten konnte, die andere war mit einem weichen Frottee-Stoff überzogen, jedoch ohne Milchspender. Die Versuchstiere bevorzugten eindeutig die zweite Attrappe, auch wenn sie hungrig waren, offensichtlich, weil sie ihnen „Kontakt-Komfort" lieferte.

Zwar kann man Ergebnisse aus Tierexperimenten nicht unmittelbar auf den Menschen übertragen, Hinweise zum Überdenken des Problems aber liefern sie allemal. Nimmt man die Beobachtungen von Schaffer (1958) hinzu, die sich auf das Verhalten von Kleinkindern im ersten Lebensjahr bei vorübergehender Trennung bzw. Isolierung von der Mutter bzw. der bevorzugten Pflegeperson beziehen, so läßt sich unseres Erachtens folgendes sagen:

„Attachment" ist sicher eine ganz ursprüngliche, angeborene Motivation, die den biologischen Sinn hat, die notwendige Verbindung von Mutter und Kind von der Seite des Kindes her zu sichern. Aus diesem Grunde funktioniert sie dynamisch sowohl „im Dienste" von Nahrungs- und Pflegesicherung wie auch „im Dienste" der sozialen Bindung, da beides eng zusammengehört. Es ist aber ebenso unbezweifelbar, daß in das angeborene „Gewebe" der lebenssichernden Verhaltensweisen schon von den ersten Lebenstagen an „Fäden" eingewoben werden, die als Lernergebnis angesehen werden müssen. Wenn also ein einige Wochen altes Baby, das gesättigt ist und auch trocken liegt, bei Entfernung der Pflegeperson zu schreien und zu wimmern beginnt, um sich wieder sofort zu beruhigen, wenn es von der zurückkehrenden Pflegeperson am Kopf gestreichelt wird, so kann dies sicher als Beispielsfall für das Wirken dieser Verhaltenstendenz interpretiert werden. Nur darf man dabei nicht vergessen, daß mittlerweise vielerlei Lernleistungen, auch unbeabsichtigte, hinzugeschaltet wurden.

Befriedigung des „attachment" scheint in den ersten Lebensmonaten aus tatsächlichem Körperkontakt hervorzugehen, wie er beim Stillen oder bei der Körperpflege, erweitert oft durch das mütterliche Verhalten, das Baby zu liebkosen, verwirklicht wird. Auch andere taktile Kontaktformen erfüllen diese Funktion. Später werden alle diese Formen des körperlichen Kontakts – bis hin zum Austausch von Zärtlichkeiten – als eine Art Bedürfnisbefriedigung eingesetzt. Wir haben, mit Böttcher (1982), keinen Zweifel, daß ein bestimmter Betrag von Körperkontakt und taktiler Kommunikation in der Kindheit für eine normale Entwicklung der kindlichen Persönlichkeit sehr wichtig ist. „Die Hypothese, daß fehlender oder unangemessener Körperkontakt spezifisch zu den Typen der Fehlentwicklung beiträgt, ist der Überprüfung wert" (Böttcher 1982, S. 101).

Dabei darf allerdings nicht übersehen werden, daß die früh-kindliche Mutter-Kind-Interaktion sehr früh schon durch andere Kontaktformen erweitert wird. Bei Menschen nehmen die Fern-sinne, wie wir gesehen haben, sehr bald eine bevorzugte Stellung ein, um auch „attachment" zu gewährleisten. Die vorhin erwähnte visuelle Bevorzugung gesichtsartiger Reizkonfigurationen sowie die auditive menschlicher Stimmen sind ein deutlicher Beleg da-für, in welcher Weise die weitere Entwicklung sozialer Beziehun-gen und Interaktionen sensorisch gewährleistet wird. Der visuelle und der auditive Sinneskanal nehmen dann gemeinsam und ko-ordiniert die Aufgabe wahr, über den Aufbau eines differenzier-teren „Bildes vom anderen" Interaktionen zu determinieren, wäh-rend der taktile demgegenüber zurücktritt – ohne natürlich seine soziale Funktion zu verlieren.

Wie Beobachtungen jederzeit zeigen können, wird der *Blick-kontakt* schon sehr früh zu einem der wesentlichsten Austausch-mechanismen ausgebildet. Etwa vom dritten Lebensmonat an wird gegenseitiges Anblicken, zumeist in einer Gesicht-zu-Gesicht-Position von Mutter und Kind, ein wichtiges Instrument, um eine Beziehung zu unterhalten. Daneben bildet sich eine interessante Kontaktform heraus: der gemeinsame visuelle Kontakt von Kind *und* Mutter zu einem Gegenstand. In Beobachtungen und Versu-chen konnten Collis und Schaffer (1975) zeigen, daß Mütter wäh-rend des Umgangs mit ihrem Baby die Tendenz haben, den Fixa-tionspunkt des kindlichen Blickes zu beobachten und ihm – nahe-zu automatisch – zu folgen. Damit erweist sich ein Gegenstand, der die Aufmerksamkeit des Kindes fesselt, als ein Objekt ge-meinsamen Interesses; darin können wir eine Keimform dafür se-hen, wie in den rein sozialen Kontakt der frühen Phase die Orien-tierung auf einen Gegenstand eingegliedert wird.

Ohne daß wir auf weitere Details dieser sehr breiten Thema-tik eingehen wollen, läßt sich zusammenfassend sagen: Auf seiten des Neugeborenen und des Kleinstkindes muß eine besondere dy-namische (oder motivationale) Grundlage angenommen werden, soziale Beziehungen und Interaktionen zu anderen Menschen, in der ersten Zeit natürlich zur dominanten Pflegeperson, aufzuneh-men und aufrechtzuerhalten. Da sich diese Verhaltenstendenz spontan über die gesamte Menschheit hinweg finden läßt, kann sie zweifellos zur artspezifischen Ausstattung gerechnet werden.

Wir gehen sicher nicht fehl, wenn wir auch eine analoge Tendenz für die Seite des betreuenden Erwachsenen, insbesondere für die Mutter, annehmen, obzwar es für diesen Fall sehr kompliziert ist, Belege für eine „soziale Präadaptation" genetischer Art herbeizuschaffen, denn in dem Alter, in dem eine solche Verhaltenstendenz voll zur Wirkung kommt, haben sicher schon mannigfaltige Lernvorgänge vorgelegen. Wie bereits angemerkt, wollen wir dafür den (nichtübersetzbaren) Begriff aus der angloamerikanischen Literatur „mothering" verwenden.

Hiermit sind die besondere Verhaltensklasse und damit auch das hypothetische Konstrukt einer Verhaltenstendenz gemeint, die wir den Verhaltensweisen einer Mutter ihrem Baby gegenüber zuordnen können. Es ist aus dem Alltag wohlbekannt, daß dieses Verhalten anders ist als das gegenüber Erwachsenen oder auch älteren Kindern. Das betrifft vor allem – neben den selbstverständlichen Unterschieden, die durch die Pflegehandlungen und die jeweilige körperliche Verfassung des Kindes bedingt sind – die *Kommunikation,* z. B. die Art und Weise, wie Mütter zu ihren Kindern sprechen (in der sogenannten Baby-Sprache, die weniger eine des Kindes als eine der Mutter ist) und wie sie sich ihnen gegenüber mimisch und gestisch-taktil zu äußern pflegen. Die Komponenten des kommunikativen Verhaltens im Sinne verbaler und nonverbaler Zeichen sind zwar im Prinzip identisch mit denen, die gegenüber Erwachsenen verwendet werden, aber *wie* sie ausgeführt werden, das ändert sich kleinen Kindern gegenüber – und nicht nur ihren eigenen gegenüber. Bei aller registrierbaren interindividuellen Variabilität dieser Ausprägungen gibt es hier nicht wenige (kulturunspezifische) Universalien. Als ein Schlüsselreiz für „mothering"-Verhalten (das im übrigen nicht nur Mütter äußern) kann der Anblick der typischen Kleinkindform, besonders des Kopfes, angesehen werden; in der Ethologie wurde dieses Schema als „Kindchenschema" (Lorenz) bezeichnet. In gewissem Ausmaß kann „mothering" auch von den Kleinkindschemata der näherstehenden Tiere, besonders der Haustiere ausgelöst werden. Die Funktion dieses Schemas soll – der Meinung der Ethologen zufolge – darin bestehen, Brutpflegeverhalten und andere soziale Zuwendungen zu den noch hilfebedürftigen Nachkommen, und das nicht nur bei deren leiblichen Eltern, anzuregen. Diese Funktion dürfte sicher bei Menschen weniger stark ausgeprägt sein als bei Tieren; Reste davon sind aber schon wegen seiner biologischen Notwendigkeit anzunehmen. Mütterliches Verhalten wird beim Menschen im wesentlichen durch erworbene Verhaltensmuster und ihnen zugehörige sekundäre Motivationen gesteuert, wobei gesellschaftliche Normen darüber, mit welchen Arten von *Verhaltensweisen* und *wie* man sich zu seinen Kindern verhalten soll, einbezogen werden. Eine artspezifische Basis ist jedoch nicht auszuschließen. „Mothering" ist ein integrierter Komplex verschiedener kommunikativer Verhaltensweisen, deren wichtigste Komponenten kurz erörtert werden sollen.

Die *Mimik* Erwachsener zu einem kleinen Kind ist zumeist, im Verhältnis zu ihrem normalen Ablauf, übertrieben und zeitlich auseinandergezogen. Bekannt dabei ist der Gesichtsausdruck des scheinbaren Erstaunens: Die Augen werden weit geöffnet, die Augenbrauen nach oben gezogen, der Mund wird weit geöffnet, und dabei wird oft ein Laut wie „ooh" oder „aaah", ebenfalls übertrieben in die Länge gezogen, geäußert. Oft folgt dieser Sequenz ein Lächeln. Diese Abfolge hat eine gewisse Ähnlichkeit mit dem sogenannten „Augengruß"; wie interkulturell-vergleichende Untersuchungen von Eibl-Eibesfeldt (1967) gezeigt haben, findet sich diese Sequenz in sehr vielen Kulturen in der Situation, in der jemand überraschend einen Bekannten wahrnimmt. Wie der Augengruß ist der erstaunte Ausdruck stereotypisiert, bei nur leichten Abwandlungen.

Andere mimische Konfigurationen, die dem Kleinkind gegenüber häufig eingesetzt werden, sind der „finstere Blick", das Lächeln, Ausdruck von Sympathie und Teilnahme und auch das „ausdruckslose" Gesicht. Sie alle haben besondere Signalwerte für die Regelung des Ablaufs einer Mutter-Kind-Interaktion.

Nach Stern (1977) sind das folgende:

1. Der Ausdruck des scheinbaren Erstaunens dient dazu, die Bereitschaft zur Interaktion zu signalisieren und das Baby darauf aufmerksam zu machen.

2. Lächeln und andere Bekundungen der Teilnahme werden eingesetzt, um die Interaktion aufrechtzuerhalten; besonders das Lächeln signalisiert, daß die Interaktion (für die Mutter) befriedigend verläuft.

3. Der Abschluß wird durch Stirnrunzeln, Zurücklehnen des Kopfes und Abbrechen des Blickkontakts gekennzeichnet.

4. Will die Mutter eine Interaktion, die von ihrem Baby initiiert wird, vermeiden, so nimmt sie einen neutralen oder absichtlich ausdruckslosen Gesichtsausdruck an oder/und meidet den Blickkontakt.

Natürlich werden in diesem Kontext auch weitere Affektausdrucksbewegungen des Gesichts wie Furcht, Ärger usw. beobachtet, sie treten in der Regel aber erst gegenüber älteren Kindern auf.

Auch die lautlichen Kundgaben (Vokalisationen) gehören zum Komplex des mütterlichen Verhaltens; das Baby ist ja auch, wie wir gesehen haben, dafür gut „präadaptiert". Dabei ist natürlich das Wie der Vokalisationen und nicht das Was entscheidend. Auch hier wird übertrieben und auseinandergezogen: Die Intensität variiert viel stärker als Erwachsenen gegenüber, von leisesten Flüstertönen bis zu überschwenglichen Ausrufen. Spricht die Mutter in Normalsprache, dann pflegt sie bestimmte Wörter in ihrer Aussprache auseinanderzuziehen und stärker zu betonen. Ferner läßt sie Pausen zwischen ihren Äußerungen, so als ob sie eine dialogische Reaktion erwartet.

Auch der *Blickkontakt* zwischen Mutter und Kind verläuft anders als der zwischen Erwachsenen. Erwachsene sehen einander während einer sprachlichen Interaktion immer nur für kurze Augenblicke direkt an; Sprechen und Anblicken wechseln einander ab. Die Mutter dagegen hält den Blick in die Augen ihres Kindes länger fest, auch wenn sie mit ihm spricht oder es füttert. Nach Stern (1977) betrifft das – beim Spielen und beim Füttern – etwa 70 % der Gesamtzeit.

Schließlich gehört zu den Charakteristika des mütterlichen Verhaltens auch ein höheres Ausmaß an *Körperkontakt* während einer Interaktion im Vergleich zu Interaktionen zwischen Erwachsenen, wo unmittelbarer Körperkontakt nur in sehr intimen Situationen eingesetzt wird.

3.2.3. Die weitere Entwicklung von Interaktion und interpersoneller Wahrnehmung

Wenn wir unterstellen, daß die eben skizzierten instrumentellen Bedingungen und die frühen Verhaltenstendenzen des kleinen

Kindes als Voraussetzungen für die Entwicklung der vollständigen und wechselseitig kontingenten Interaktion anzusehen sind, dann läßt sich fragen, *wie* sich allmählich die reife Form herausbildet. Von den im 1. Kapitel dargestellten *Merkmalen* sozialer Interaktion sind demnach in dieser Phase bereits vorhanden bzw. werden sehr früh erworben: die Koorientierung der Partner zueinander, gewisse Formen der Koordination ihrer individuellen Akte – und natürlich auch deren Interdependenz –, also das, was wir zusammenfassend als *äußere Kontingenz* bezeichnet haben. Die zur Sicherung des äußeren kontingenten Verhaltens der Partner erforderlichen Informationsübertragungssysteme, also das Senden und Empfangen von sozialen bzw. sozial wirkenden Signalen, sind ebenfalls in gewissem Ausmaß ausgebildet. Auf seiten des Kindes werden Schreien, Weinen, Lallen, ferner mimische Ausdrucksbewegungen (wie z. B. Blickkontakt), aber auch Körperkontakt zum Teil bereits „absichtlich" eingesetzt, um auf Interaktionsabsichten der Mutter zu reagieren oder auch Interaktionen mit der Mutter zu initiieren.

Wenn auch das Kind der frühen Phasen schon aktiv ist und immer mehr sozial aktiv wird, so bleiben die Interaktionen für längere Zeit noch asymmetrisch in dem Sinne, daß (a) die Initiative zur Aufnahme und Beendigung von Interaktion mehr von der Mutter ausgeht und daß (b) ein durchgängiger Verhaltensplan zunächst nur, wenn überhaupt, auf ihrer Seite vorliegt. Was also den Interaktionen in den frühen Lebensabschnitten fehlt, ist die *innere Kontingenz,* also dasjenige Merkmal, das die Akte beider Partner „psychologisch" miteinander verknüpft. Es muß zudem noch beachtet werden, daß die Determination sowohl der äußeren wie der inneren Kontingenz gegenüber späteren, reifen Interaktionsprozessen noch unentwickelt ist, vor allem die gegenständliche Determination. Dies alles zu erreichen, ist die Entwicklungsaufgabe der nachfolgenden Perioden der kindlichen Entwicklung, bis zum Abschluß des Kindergartenalters und teilweise noch darüber hinaus. Mehrere, zunächst partiell getrennte Entwicklungslinien sind dafür erforderlich:

1. der weitere Ausbau der sozialen Signalsysteme bis hin zur sprachlichen Kommunikation, in die die anderen, nichtsprachlichen Systeme integriert werden;

2. die Entwicklung der gegenständlichen Tätigkeit des Kindes,

in die der Partner einbezogen werden kann, bis hin zum kooperativen, also arbeitsteilig abgestimmten Handeln z. B. im Spiel des älteren Vorschulkindes;

3. die Entwicklung der kognitiven Systeme, die funktional die Erfassung und Speicherung von Regelhaftigkeiten und Invarianzen in den Ereignisstrukturen und -sequenzen der Außenwelt gewährleisten, bis hin zur konzeptuellen Repräsentation der Außenwelt im Gedächtnis;

4. als Teil von 3. der Aufbau von konzeptuellen Systemen über die soziale Welt, also von internen, geordneten Repräsentationen von sozialen Situationen mit den dazugehörenden Verhaltensmustern, von sozialen Normativen für interaktives Handeln und von *Personen* wie auch von Klassen von Personen;

5. als Teil des Letztgenannten der Erwerb der Fähigkeit, Verhaltensintentionen des Partners zu verstehen und die Verhaltensperspektive des anderen vorübergehend einnehmen zu können (was z. B. im Rollenspiel des späteren Vorschulalters und frühen Schulalters gewährleistet wird).

Ohne daß wir jetzt das „weite Feld" der damit angedeuteten Entwicklungslinien betreten können, läßt sich diesen Andeutungen schon entnehmen, daß sie sowohl als Voraussetzungen für das interne System sozialer, interaktiver Fähigkeiten, wie auch für die Entwicklung der *interpersonellen Wahrnehmung* gelten können. Das wesentlichste Element in der Wahrnehmungsentwicklung ist die Ausbildung der *Reziprozität,* und für deren Entwicklung kann als wichtig die Reflexion über das Verhalten des anderen gelten.

Auf diese sehr komplizierte Entwicklung können wir hier nicht näher eingehen; es wird aber einleuchten, daß sie einen gehörigen Zeitbedarf hat und eigentlich erst mit Beginn des Schulalters ihren relativen Abschluß findet.

3.3. Die Verarbeitung sozialer oder interpersoneller Information

3.3.1. Zur allgemeinen Charakteristik des Verarbeitungsprozesses

Wir sind an mehreren Stellen, unter den Abschnitten 1.1., 1.2. und 1.3., schon andeutungsweise auf den *Prozeß* der Verarbeitung von Information eingegangen, der der Regulation sozialer Interaktion dient. Im folgenden werden wir dieses Problem vertieft und im Detail erörtern. Das soll zunächst unter einem mehr allgemeinen Gesichtspunkt geschehen, also ohne ausschließlich auf die Partnerwahrnehmung einzugehen.

Die „soziale Wahrnehmung und Kognition" bzw. die „Verarbeitung sozialer Information" hat bei allen Gemeinsamkeiten, die sie mit den allgemeinen organismischen Verarbeitungsprozessen hat, auch ihre Besonderheiten. Wir haben diese Spezifität zunächst und mehr hinweisend mit dem Begriff der „Gegenstandsbedeutung" umschrieben. Damit ist – wie wir feststellten – gemeint, daß auf diesem Feld menschlicher Wahrnehmungstätigkeit das implizite wie auch das explizite Urteil nicht *unmittelbar* an die physikalischen Charakteristika der Stimuli gebunden ist, wie das bei der Wahrnehmung der elementaren Objektbeschaffenheiten wie z. B. Größen, Entfernungen, Farben, Tönen der Fall ist. Die dem Perzipienten zugänglichen proximalen Reize bzw. Nahreizmuster werden vielmehr benutzt, um daraus – mit Hilfe besonderer Gedächtnisstrukturen – die für menschliches Handeln *bedeutungsvollen* Beschaffenheiten der sozialen Umwelt zu rekonstruieren. Das perzeptive und besonders das kognitive Resultat, das Urteil, ist also in starkem Maße auch durch nichtsensorische, aktuell aus dem Gedächtnis abgerufene Einflüsse bestimmt. Wie wir gesehen haben, macht dieser Umstand unter anderem auch die hohe Komplexität der sozialen Informationsverarbeitung aus.

3.3.1.1. Allgemeine Mechanismen der Informationsverarbeitung

Was ist denn eigentlich – zunächst ganz auf das Allgemeine abgestellt – die wesentliche („biotische" oder „ökologische") Funktion der Wahrnehmung von Organismen, den Menschen gleich eingeschlossen?

Diese Frage sollte, trotz aller Schwierigkeit, das in der hier gebotenen Kürze zu tun, zuerst beantwortet werden (für eine umfassende Darstellung vgl. Klix 1971).

Jeder Organismus verfügt über einige mehr oder weniger differenzierte bzw. spezialisierte Sinnesorgane, mit deren Funktion er die für ihn lebenswichtige Wechselwirkung mit der Außenwelt – im Sinne des „Informationswechsels" (Tembrock 1967) – realisiert. Diese Organe sind in spezialisierter Weise für verschiedene Formen physikalischer Energie aufnahmefähig, die aus der Umwelt auf den Organismus einwirken und in deren Parametern und Verteilungen Informationen über lebens- und verhaltensbedeutsame Beschaffenheiten der Umwelt enthalten sind. Diese „verschlüsselten Nachrichten" müssen entschlüsselt werden, damit sie der Organismus in seinem lebenserhaltenden Verhalten relativ zuverlässig berücksichtigen kann.

Da nun die Übertragung der Umweltbeschaffenheiten auf die jeweilige Energieverteilung (oder Reizkonfiguration) von einer Vielzahl variabler Bedingungen abhängt, ist die Stimulation, die sensorisch wirksam wird (der proximale Reiz), ebenfalls außerordentlich variabel. Ein „rotes Objekt" reflektiert nicht nur elektromagnetische Schwingungen des „Rot-Abschnitts" des Spektrums (um etwa 700 nm), sondern je nach der Zusammensetzung des darauffallenden Lichts Mischungen verschiedener Abschnitte. Ein und derselbe Gegenstand (oder distale Reiz) wird je nach seiner Entfernung vom Perzipienten oder nach seiner räumlichen Lage unterschiedlich groß oder verschieden geformt im proximalen Reiz in Erscheinung treten usw. Dazu muß noch beachtet werden, daß sich die Lage der reizempfangenden Sinnesflächen im Raum durch die Eigenbewegung des Organismus nahezu ständig verändert, was die Variabilität am Eingang des Systems unermeßlich erhöht.

Ein Wahrnehmungssystem, das dieser überaus großen Variabilität der proximalen Reizgebung vollständig ausgeliefert wäre, könnte seine eigentliche Funktion, Nachrichten über die wahren Beschaffenheiten der Umwelt aufzunehmen, nicht erfüllen. Es müssen also Verarbeitungsmechanismen angenommen werden, die imstande sind, aus den flüchtig-veränderlichen proximalen Stimulationen sehr rasch die relative *Invarianz* der distalen Objektwelt zu ermitteln. Solche Mechanismen sind für die Wahrnehmung elementarer Gegenstandsbeschaffenheiten wohlbekannt und relativ gut untersucht, z. B. die Farb- und Helligkeitskonstanz sowie die Größen- und Formkonstanz der Sehdinge. Diese Mechanismen reduzieren also die Variabilität der proximalen Reize.

Ein weiterer „reduzierender" Mechanismus besteht darin, daß die solcherart übermittelten Objekt-Informationen zusammengefaßt, gruppiert oder *klassifiziert* werden. Objekte oder Ereignisse, die bezüglich ihrer elementaren Merkmale ähnlich sind oder die bezüglich ihrer Verhaltensrelevanz eine ähnliche Funktion erfüllen, werden stufenweise zu *Einheiten* zusammengeschlossen und auch in solcher Gruppierung in das Gedächtnis eingetragen. Dabei müssen gewisse Beschaffenheiten, die für die jeweilig erforderliche Strukturbildung wesentlich sind, perzeptiv hervorgehoben, und andere, die dafür unwesentlich sind, vernachlässigt, unterdrückt oder sogar eliminiert werden. Dadurch werden die aufgenommenen Informationen für den Organismus leichter verfügbar.

Natürlich dürfen diese Strukturen oder Klassifikationen nicht absolut starr sein; die Mannigfaltigkeit der Umweltbeschaffenheiten erlaubt es, sie unterschiedlich zu verwenden, und zwar je nach dem Verhaltenszusammenhang, in den ein bestimmtes Objekt eingeht. Die Zuordnung zu einer Klasse oder Struktur muß also variabel bleiben, und je nach dem gerade vorliegenden Tätigkeitszusammenhang müssen unterschiedliche Konfigurationen von Merkmalen (Klassen) gebildet werden können. Ein Stein z. B. kann verschieden verwendet werden, als Werkzeug oder Waffe, als Markierung des Weges oder als Gegenstand mineralogischer Untersuchung oder ästhetischer Bewunderung. Je nach seiner Verwendung müssen bestimmte seiner vielfältigen Beschaffenheiten in besonderer Weise gewertet werden, und je nach dieser Bewertung, wie sie der Gegenstand je nach Handlungsabsicht oder -motivation des Perzipienten erfährt, muß er auch unterschiedlich klassifiziert oder – als höchste Form der Klassifikationsleistungen – begrifflich eingeordnet werden. Es muß also eine „Funktion" unterstellt werden, die diese Zuteilung von „Gewichten" gewährleistet, und diese soll mit dem Begriff der *Bewertung* bezeichnet werden.

Organismen leben in einer Umwelt, die trotz aller Variabilität in den Erscheinungen durch physikalische Regelhaftigkeiten gekennzeichnet ist. Ein guter Teil dieser Regelhaftigkeiten oder Gesetzmäßigkeiten ist selbst zum Bestandteil der strukturellen (anatomischen) Ausstattung einer Art geworden, ein weiterer – und je nach Evolutionshöhe immer größer werdender – Anteil muß in der individuellen Erfahrung „erkannt" werden. Um zu überleben, ist es für alle Organismen notwendig, die auf der sinnlichen Oberfläche der Erscheinungen oft verhüllten Regelhaftigkeiten im Ablauf der für den Organismus relevanten äußeren Ereignisse zu ermitteln und dann im Verhalten – *vorausschauend* – zu berücksichtigen. Wenn ich einen Stein als Wegmarkierung benutze, so muß ich sicher sein, daß er sich nicht spontan von der Stelle bewegen wird; wenn ich ihn als Waffe gegen ein Raubtier verwende, dann muß ich aus Krafteinsatz und Richtung meines Schlages mit einer gewissen Zuverlässigkeit den Effekt dieser (von mir initiierten) Ereignissequenz voraussagen können. Dieser Mechanismus der Informationsverarbeitung, die *Voraussagefunktion,* wie das genannt werden könnte, erlaubt es einem Organismus, aus beobachteten Ereignissequenzen zu extrapolieren, Erwartungen über erst eintretende Ereignisse auszubilden und sich rechtzeitig auf das erforderliche Verhalten vorzubereiten (vgl. dazu den Begriff des „neurodynamischen Reizmodells" von Sokolov 1960).

Wie nicht besonders betont zu werden braucht, hängen die erwähnten Mechanismen, die die „ökologische" Funktion der Wahrnehmung ausmachen, eng miteinander zusammen: Invariantenbildungen über elementare Merkmale erlaubt ihre Klassifikation, diese wird durch Bewertungen modifiziert und bedingt ihrerseits auch Bewertungen, und dies alles zusammen geht als eine der Voraussetzungen in die Voraussageleistungen eines solchen informationsverarbeitenden Systems ein.

Der Vollständigkeit halber muß die in allen diesen Funktionen oder Mechanismen notwendigerweise enthaltene „Grundfunktion" jeglicher Informationsverarbeitung noch explizit erwähnt werden, die *Gedächtnis*funktion. Der durch den Verhaltenserfolg bestätigte „Extrakt" aus allen diesen perzeptiven und kognitiven Prozessen eines solchen Systems wird in generalisierter Form aufbewahrt und steht dann zum Abruf für künftige Informationsverarbeitungen zur Verfügung. Das Ergebnis *aller* Vorgänge der informationellen Wechselwirkung zwischen Organismus und Umwelt, wie es sich im Gedächtnis zeigt, ist – beim Menschen – ein vielgestaltiges und außerordentlich komplexes *Abbild* der objektiven Realität im Subjekt; zufolge seines generalisierten und schematisierten Charakters kann man es auch als „internes Modell der Außenwelt" bezeichnen.

Ehe wir die Besonderheiten der sozialen Wahrnehmung beschreiben wollen, sei nur kurz darauf verwiesen, daß die eben genannten Mechanismen oder Funktionen der menschlichen Informationsverarbeitung auch in der sozialen und interpersonellen Wahrnehmung anzutreffen sind. Wir haben ja die Partnerwahrnehmung als Wahrnehmung und Beurteilung der „gegenständlichen Tätigkeit des Partners", der mit dem Perzipienten über eine Interaktionsaufgabe verbunden ist, gefaßt; dabei werden wir ebenfalls Invariantenbildungen (z. B. die Ausfilterung des Gemeinsamen in vielen Verhaltensweisen des Partners) und Klassifikationsleistungen (z. B. die Zusammenfassung von beobachtetem Verhalten zu Einheiten und deren Zurückführung auf Eigenschaften oder Dispositionen des Wahrgenommenen), ferner auch Bewertungsleistungen (z. B. die Gewichtung einzelner Merkmale oder Eigenschaften des Partners im Hinblick auf seine „Tauglichkeit" für die Aufgabenlösung) und natürlich auch – und hier besonders wichtig – Voraussageleistungen entdecken, mit denen auf das künftige Verhalten des Partners geschlossen wird. Partiell haben wir dies im Abschnitt 3.1. schon dargestellt.

Wir belassen es bei der Erwähnung dieser Besonderheiten deshalb, weil wir im nächsten Abschnitt uns mehr den Besonderheiten des Prozesses der sozialen Wahrnehmung zuwenden wollen.

3.3.1.2. Die Besonderheiten der „sozialen Wahrnehmung"

Am Anfang müssen wir uns wieder einer terminologischen Anmerkung zuwenden, die den eben genannten Begriff betrifft.

Der Begriff der sozialen Wahrnehmung (social perception) wurde in den vierziger Jahren als eine Art „Gegenbewegung" zur klassischen Wahrnehmungsforschung, die bekanntlich mit der Psychophysik begonnen hatte, von Bruner eingeführt. Nach dem Paradigma der ersten Experimente (z. B. Bruner und Goodman 1947) war damit der vordem natürlich schon bekannte

Umstand gemeint, daß sich so elementare Beschaffenheiten der Wahrnehmungsgegenstände, wie z. B. ihre Größe, unter dem Einfluß der Einstellungen des Perzipienten, z. B. von Bedürfnislagen und subjektiven Wertvorstellungen, gegenüber den physikalischen Reizcharakteristika ändern können. Dabei blieb unklar, was mit dem Adjektiv „sozial" eigentlich gemeint war: die besondere Beschaffenheit der Wahrnehmungsobjekte oder der Wahrnehmungsmechanismen. Ohne dieses Problem ausführlicher zu diskutieren, wollen wir feststellen:

Die grundlegenden Mechanismen, durch die in den Sinnesorganen und im Gehirn von Organismen, den Menschen eingeschlossen, Außenweltinformation verhaltensgerecht verarbeitet wird, sind ohne Zweifel das Produkt langer evolutionärer Anpassung und demzufolge in der erblich fixierten Struktur dieser Substrate und ihren davon abhängigen Funktionen festgelegt. Es ergibt also keinen Sinn, den Begriff der sozialen Wahrnehmung so zu interpretieren, als ob die Gesetzmäßigkeiten, denen sie unterliegt, sozialer bzw. gesellschaftlicher „Natur" seien. Das schließt natürlich keineswegs die Tatsache aus, daß konkrete menschliche Wahrnehmungsleistungen sozialen bzw. gesellschaftlichen Einflüssen unterliegen, aber auch diese können sich nur über die biologischen Mechanismen der perzeptiven Tätigkeit realisieren (vgl. dazu Hiebsch 1973).

Wenn wir die eben kritisierte Auffassung ausschließen, dann kann mit „sozialer Wahrnehmung" nichts anderes als die Wahrnehmung *sozialer Gegenstände* gemeint sein. „Soziale Gegenstände" sind dann alle potentiellen Wahrnehmungsobjekte, denen zufolge ihres gesellschaftlichen Herstellungsund/oder Verwendungszusammenhangs „Gesellschaftlichkeit" zukommt. Damit können Dinge, Menschen und gesellschaftliche Ereignisse gemeint sein, also all das, was in dem eingeführten Sinne „Bedeutung" hat (vgl. 1. und 2. Kap.).

Es soll nur noch am Rande darauf hingewiesen werden, daß unser Begriff von manchen Autoren noch enger verwendet wird; so reserviert ihn Heider (1958, 1977) nur für die Wahrnehmung einer anderen Person. Dies erscheint uns im Lichte der Diskussion um den Bedeutungsbegriff und seine gesellschaftswissenschaftlichen Implikationen als zu eng gefaßt.

„Soziale Perzeption und Kognition" des Menschen – das bedeutet nach dem, was wir bisher eingeführt haben, die subjektive *Rekonstruktion* der objektiv gegebenen sachlichen und personalen wie auch der Symbolbedeutungen, und zwar in Abhängigkeit von der jeweiligen Tätigkeit oder Aufgabe, ihrem Ziel, von den Handlungsintentionen, Wünschen, Bedürfnissen, Strebungen, Motiven usw., die sich auf den interaktiv Handelnden beziehen.

Dieser Rekonstruktionsvorgang soll nun am einfacheren Beispiel einer *sachlichen* Gegenstandsbedeutung dargestellt werden. Dabei wird teilweise einiges wiederholt, was bereits unter Abschnitt 1.1.4. eingeführt wurde.

(1) Auf der Außenweltseite der informationellen Wechselwirkung sei ein Gegenstand, z. B. ein Messer – unter anderem, versteht sich – gegeben; dieses ist sinnlich präsent und zugänglich, und der Handelnde ist mit ihm über eine, sagen wir, selbstgestellte, Aufgabe verbunden: Er hat z. B. die Absicht, sich ein Stück Brot abzuschneiden, weil er hungrig ist. Dieser Kontext stellt dem Akteur eine „Wahrnehmungsaufgabe", d. h., dieser darf nicht nur schlechthin „etwas" wahrnehmen, was ihm gerade so in sein Blickfeld gerät, sondern er muß „unter dem Aspekt" gerade dieser Aufgabe das Ding perzipieren bzw. kognizieren. In diesem Sinne ist ihm das Ding „Messer" phänomenal als ein Etwas gegeben, dem er die für die Aufgabenlösung taugliche Beschaffenheit *ansieht*: Das Messer wird als „ein Ding zum Brotschneiden" wahrgenommen. In anderen Fällen und im Zusammenhang mit anderen Handlungs- und Wahrnehmungsaufgaben könnte dasselbe Ding auch als „etwas zum Dosenöffnen" oder „zum Aufbrechen einer verschlossenen Schublade" oder als „ein Instrument zum Töten" wahrgenommen werden.

(2) Diese „Tauglichkeit für etwas" (oder seine Gegenstandsbedeutung) ist nun auf der Objektseite in einer Reihe von dafür *kritischen Merkmalen* fundiert; soll dieses Ding die genannten Aufgaben lösen helfen, dann muß es einige Anforderungen an seine Merkmale erfüllen: Die Schneide sollte leidlich scharf und nicht zu sehr biegsam sein, am Griff sollte man gut anfassen können usw. Neben den kritischen haften daran auch unkritische Merkmale: Ob der Griff aus Holz oder Plaste gefertigt, ob er rot oder schwarz gefärbt ist, ist für unsere unterstellten Funktionen irrelevant und kann deshalb bei der Bedeutungsrekonstruktion außer acht gelassen werden, außer wenn der Akteur die Erfahrung gemacht hat, daß jenes Messer mit dem braunen Holzgriff dasjenige ist, das am besten schneidet, wenn also gerade dieses Merkmal einen Signalwert für ein kritisches Merkmal hat.

In seinen klassischen Analysen des produktiven Denkens hat Duncker (1935) diesen Umstand unter dem Begriff des „Funktionalwertes" (eines

Lösungsmittels) eingeführt. Er konnte zeigen, daß die (interne oder externe) Suche nach einem Lösungsmittel für ein anstehendes Problem „sub auspicie" des auf einer allgemeineren Ebene des Denkens konzipierten Funktionalwertes geschieht, dem gegenüber ein gefundenes Mittel als seine mehr oder weniger adäquate Verkörperung anzusehen ist.

Für Duncker ist indessen der Funktionalwert eines Lösungsmittels ein phänomenaler Tatbestand, dessen Verbindung zu den objektiven Beschaffenheiten des Dings nicht expliziert wird. Auf der Stufe unserer Analyse aber handelt es sich, das kann nicht oft genug wiederholt werden, um eine objektive, nichtphänomenale Beschaffenheit, die durch die vergegenständlichende Tätigkeit der Menschen erzeugt wurde.

(3) Der funktionskritische Satz von Merkmalen, die „Bedeutung" ausmachen, ist das, was sensorisch zugänglich ist, z. B. die Schärfe der Schneide am taktilen Rezeptor, das für eine „Schneide" charakteristische figural-metrische Merkmal am visuellen usw.

Wie wir bereits erwähnt haben, handelt es sich bei den sensorisch zugänglichen Beschaffenheiten allesamt um metrische und figurale sowie qualitative und modale Merkmale, also Größen, Entfernungen, Abstände, Bewegungsrichtungen und -geschwindigkeiten, Konturen, Texturen, Helligkeiten und Farben, Glätte oder Rauheit von Oberflächen, Klänge und Geräusche, Geschmäcke und Geruchsqualitäten usw. – also das, was die klassische Wahrnehmungslehre, zumeist mit dem Begriff der „Empfindung", als Charakteristika der Wahrnehmungsgegenstände beschrieben hat. Obwohl „Bedeutung" in nichts anderem sensorisch (und das heißt: überhaupt) zugänglich ist, kann die Bedeutungswahrnehmung aber nicht auf diese elementaren Qualitäten reduziert werden. Diese ist jenen Elementarmerkmalen gegenüber eine *neue Qualität* (Qualität höherer Ordnung), die aus der räumlichen (und auch zeitlichen) Anordnung der Elemente und ihren funktionalen Verbindungen entsteht, wie sie vom produzierenden Menschen absichtsvoll und hinsichtlich eines Gebrauchswertes geschaffen wurden.

(4) Es muß also angenommen werden, daß die Wahrnehmung von Bedeutungen in diesem Sinne auf einer – zumeist unbewußt verlaufenden – *Zusammenfassung* von Informationen über die genannten Elementarmerkmale beruht, in der sozusagen die raumzeitliche und funktionale Organisation der Merkmale, welche die objektive Bedeutung ausmachen, subjektiv reproduziert wird. Das

eben ist „Rekonstruktion"; philosophisch gesprochen handelt es sich dabei um den zur Vergegenständlichung komplementären Prozeß, um *Aneignung*.

(5) Nach unserer Auffassung ist diese Informationszusammenfassung kein angeborener, ursprünglicher Mechanismus perzeptiver Prozesse beim Menschen, sondern muß im Verlaufe der Ontogenese erworben, angeeignet werden. Regeln oder Strategien der Informationszusammenfassung auf dieser Stufe der Perzeption werden gelernt; weiteres darüber gleich unter (6).

Das zu betonen ist nicht trivial. Eine Reihe von Wahrnehmungstheorien postulieren, daß solche und analoge Qualitäten des Wahrnehmungsgegenstandes unvermittelt zugänglich sein sollen und nicht über einen Erschließungsprozeß vermittelt sind.

Dazu gehört z. B. die Gestaltpsychologie, die annahm, solche „Komplex- oder Gestaltqualitäten" (also Qualitäten höherer Ordnung) seien unmittelbar eine Funktion der Konfiguration (Metzger 1954) oder des phänomenalen Feldes (Köhler 1920, 1933). Eine andere Konzeption führt die Wahrnehmung von Qualitäten höherer Ordnung auf den Vorgang der „Einfühlung" (Lipps 1907) zurück; wenn der den „stolzen" Torero wahrnehmende Carmen-Besucher versteht, daß jener stolz ist bzw. den Stolz spielt, dann deshalb, weil er den Ausdruck des Stolzes, etwa in Haltung und Mimik des Torero, unwillkürlich und virtuell imitiert und dadurch in sich ein Gefühl des Stolzes auf eigene Rechnung produziert. Andere und explizit idealistische Wahrnehmungskonzeptionen meinten, einen besonderen, unabhängig vom Wahrnehmen existierenden und weiter nicht beschreibbaren Erkenntnisprozeß annehmen zu müssen, um die perzeptive Erfassung von Qualitäten höherer Ordnung zu erklären; ein solcher sei z. B. in der „Intuition" (Bergson 1889) oder im „Verstehen" (Dilthey 1894) zu sehen.

Wenn es im subjektiven Erleben zweifellos auch Erkenntnisvorgänge gibt, die zufolge ihres phänomenalen Gegebenseins mit Bezeichnungen wie „Einfühlung" (Empathie), „Intuition" oder „Verstehen" scheinbar befriedigend bezeichnet werden können (da ja die perzeptiven und kognitiven Stufen der Informationsverarbeitung nicht in allen Anteilen bewußtseinsfähig sind), so ist das kein Beleg für die Annahme von Erkenntnismechanismen sui generis. Eine materialistische Auffassung kann sich mit solch einer idealistischen Hypostasierung keinesfalls anfreunden, sondern wird die oben genannten Vorgänge auf materialistische Weise zu erklären suchen. – Das aber ist jetzt und hier nicht unsere Aufgabe.

(6) Nach der Theorie von Leontjev (1964) geschieht die *Aneignung* von Strategien der Informationszusammenfassung primär im

aktiven Handeln, also im Umgang mit dem betreffenden Gegenstand, d. h., indem das Objekt in den materiellen Prozeß der Tätigkeit einbezogen wird. Für die frühen Phasen der Aneignung demonstriert Leontjev dies an dem Beispiel, wie das kleine Kind die Verwendung des Löffels *und dabei gleichzeitig* das Abbild dieses Dinges erwirbt. Somit bilden die Aneignung der Handhabung und die der Regeln für die Informationszusammenfassung ursprünglich eine Einheit. Dabei kann unterstellt werden, daß die „Strategie" des motorischen Handelns mit dem Ding und die der Wahrnehmung des Dinges durch die sinnlich erfahrbaren Merkmale des Gegenstandes selbst determiniert wird. Diese belegbare Annahme vermeidet subjektive Willkür und betont die objektive Bedingtheit solcher Strategien – auch wenn subjektiv-willkürliche gelegentlich zu beobachten sind. Das „motorische Programm", das sich im Umgang mit dem Ding als eine elementare Fertigkeit bildet, das „Handlungsprogramm", in das diese Fertigkeit mit anderen zusammen zu einer höheren Verhaltenseinheit zusammengeschlossen wird, und das „Wahrnehmungsprogramm", das die Bedeutung des Gegenstandes zu rekonstruieren erlaubt, entstehen allesamt in ein und demselben komplexen Aneignungsprozeß.

(7) Eine interne Strategie der Informationszusammenfassung bildet sich also im Ergebnis der Summe aller mit dem betreffenden Gegenstand ausgeführten Handlungen aus. In der Ontogenese aber treten von Anfang an weitere Bedingungen konstitutiv hinzu. Das sind

(a) die soziale Unterstützung, die das kleine Kind von einer Pflegeperson erhält, wenn ihm diese z. B. den Löffel reicht und das Händchen bei den ersten Versuchen, damit zu essen, führt;

(b) die auf den Umgang gerichtete sprachliche Instruktion und überhaupt die Sprache der Erwachsenen, über die das Kind allmählich die Bezeichnungsfunktion der Laute erwirbt, wodurch zur Aneignung der sachlichen Gegenstandsbedeutungen fast von Anfang an der Erwerb von Symbolbedeutungen hinzutritt.

Es sind also *drei* Faktoren, die bei der Aneignung von Bedeutungen konstitutiv zusammenwirken: das eigene praktische Handeln, die hinzutretende soziale Interaktion und die (vor allem) verbale Kommunikation oder anders ausgedrückt: *Das in Interaktion mit anderen ablaufende eigene Handeln, das durch Kommunikation koordiniert wird.*

Mit allen diesen Faktoren müssen wir also rechnen, wenn wir die perzeptive und kognitive Rekonstruktion dieser Qualitäten höherer Ordnung verstehen wollen.

3.3.1.3. Ein Modell der Partner- bzw. Personenwahrnehmung

Wenn wir uns nunmehr wieder der Partnerwahrnehmung zuwenden, so gilt das bisher Erörterte auch dafür – mutatis mutandis, versteht sich. Deren höhere Komplexität ist natürlich mit unseren etwas verkürzten und vereinfachenden Aussagen noch nicht abgedeckt; das muß allmählich, in den späteren Abschnitten, weiter entfaltet werden.

Wir haben es schon einmal erwähnt: In der naiven Partner- oder Personenwahrnehmung des Alltags *„sieht"* A, daß der mit ihm interagierende (oder von ihm beobachtete) B:
– beabsichtigt, die unterbrochene oder noch gar nicht begonnene Konversation (wieder) aufzunehmen, weil er (was A dann explizit formulieren könnte, ist natürlich vielfältig und hängt von einer Vielzahl anderer Bedingungen ab) den schlechten Eindruck, den er gemacht zu haben glaubte, wieder verwischen will;
– sich in einem heiteren oder ärgerlichen Gemütszustand befindet, weil er die voraufgegangenen Ereignisse, etwa durch A verursacht, als sehr positiv bewertet oder sich eben darüber geärgert hat;
– überhaupt ein heiterer oder verdrießlicher Mensch ist, was aus den vorangegangenen Verhaltensweisen klarerweise hervorgeht;
– den Wunsch hegt, den Kontakt abzubrechen, weil er z. B. öfter auf seine Uhr gesehen hat oder weil A ihm nicht gerade sympathisch ist usw.
Das, was man in einer Partner- oder Personenwahrnehmung, nach eigener zwingender Evidenz, *„sieht"*, wird ebenfalls durch die anfangs dieses Abschnittes erwähnten allgemeinen Mechanismen der Informationsverarbeitung gebildet – der Invariantenbildung, der Klassifikation oder Strukturbildung, der Bewertung und der Voraussage. Mit der Aussage, B habe eine *Disposition* – entweder eine aktuelle (heitere Stimmung) oder eine habituelle (heiterer Mensch, sonniges Gemüt) –, die ihn veranlaßt, sich so zu verhalten, wie er sich gerade verhält oder zu verhalten pflegt, hat A in die Vielfalt und Menge der immerfort sich wandelnden Verhaltens-

weisen von B einen wesentlich höheren Grad an *Ordnung* eingebracht, als ihn die proximalen Daten enthalten: Er hat in „der
Erscheinungen Flucht" gewisse Fixpunkte, Invarianzen oder Konstanten, aufgerichtet, er hat die Menge der Verhaltensweisen
klassifiziert, bewertet und damit vereinfacht und ist auch in der
Lage, das Verhalten von B mit einer gewissen subjektiven Sicherheit vorauszusagen. Er hat die in seiner sozialen Welt enthaltene
Unbestimmtheit oder Ungewißheit *durch Aufnahme* von *Informationen* reduziert und „Ordnung geschaffen". Natürlich ist diese
fast immer, wenigstens für die soziale Welt, vorläufig und muß
ständig korrigiert und weiterentwickelt werden. Aus den sehr vielen perzeptiven und kognitiven Leistungen von A gegenüber B,
C, D, . . . und so weiter, und auch gegenüber den anderen, damit
zusammenhängenden oder auch davon unabhängigen Ereignissen
und Ereignisfolgen, die in der gesellschaftlichen Wirklichkeit von
A vor sich gehen, hat sich dieser ein generalisiertes internes *Modell* seiner sozialen Welt geschaffen, das seine materiellen und
geistigen Aktivitäten in dieser Welt führen kann.

Auch die Art, wie er die anderen wahrnimmt und beurteilt,
wird von den dafür relevanten Bereichen dieses internen Modells
der sozialen Wirklichkeit kodeterminiert; diese bilden die inneren
Systembedingungen, die in Wechselwirkung mit den jeweils äußeren, aktuell eingehenden Informationen, seine verhaltensregulierenden, interaktionsgerichteten psychischen Prozesse bestimmen.
Im Abschnitt 3.3.4. wird dies näher erörtert werden.

Diesen Abschnitt abschließend wollen wir, unsere Überlegungen zum Prozeß der Partnerwahrnehmung zusammenfassend, ein
(vorläufiges) Prozeß-Modell entwickeln. Damit soll nichts anderes geschaffen werden als eine weitere Möglichkeit, die nachfol-
gend zu behandelnden Probleme zu veranschaulichen, wie wir
dies schon teilweise im 1. Kapitel und in diesem Kapitel versucht
haben.

Unser Modell lehnt sich an das von Brunswik (1956) entwik-
kelte „*Linsenmodell*" der Wahrnehmung an, auf das sich auch
Heider (1958, 1977) in seinem klassischen Werk „Psychologie der
interpersonalen Beziehungen" stützt. Das ist ein ursprünglich
operationales Modell, weil es zunächst im Hinblick auf die Gestaltung von Wahrnehmungsexperimenten geschaffen wurde, in
denen die „ökologische Validität" menschlicher Wahrnehmungslei-

stungen Berücksichtigung finden sollte. Wir stellen dieses Modell gleich für die Personenwahrnehmung zugeschnitten und in von uns modifizierter Form vor. Dabei werden wir die Auflistung der „Elemente" der Partnerwahrnehmung und -beurteilung, die wir im Abschnitt 3.1.4. vorgenommen haben, wiederholend benutzen, um sie unabhängig von ihrer damaligen Reihenfolge in den „Wahrnehmungsbogen" (Heider) einzuordnen.

Abbildung 8 zeigt unser Modell vereinfacht und weitgehend schematisiert.

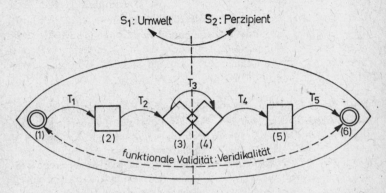

Abb. 8: Schema des „Linsenmodells" der Personenwahrnehmung (modifiziert nach Brunswik); T = Transformation; (1) initialer Brennpunkt; distales Objekt, z. B. Disposition von B, „Verschlossenheit"; (2) distaler Reiz, Manifestation von (1), z. B. „geringer Augenkontakt", „leise Sprache" usw.; (3) proximaler Hinweisreiz, Nahreizmuster; Auswahl aus (2) in Form von Energieverteilungen physikalischer Reize; (4) primäres, sensorisches Bild, z. B. Retinabild (Erregungsmuster auf der Netzhaut usw.); (5) Perzepte der Manifestationen von (1), z. B. wahrgenommene Häufigkeit des Augenkontakts; (6) terminaler Brennpunkt; phänomenales Objekt; erschlossene „Verschlossenheit" von B.

Es sind hier *zwei* Systeme informationell miteinander gekoppelt: S_1 ist die Umwelt (Außenwelt, handlungsbezogene objektive Realität), von S_2, dem darin handelnden Perzipienten, der, um handeln zu können, ein dafür relevantes Abbild der Umwelt in sich erzeugen muß, in dem die verhaltensbedeutsamen Beschaffenheiten von S_1 rekonstruiert werden. Der Prozeß der Wahrnehmung (und Kognition) spannt sich nun zwischen zwei „Brennpunkten":

dem „initialen Brennpunkt", dem Wahrnehmungsobjekt, auf das die Aufmerksamkeit des Perzipienten gerade gerichtet ist, und dem „terminalen Brennpunkt", dem phänomenalen (widergespiegelten, im Subjekt „erscheinenden") Gegenstand, dem Abbild. (Die Benutzung des Begriffs „Brennpunkt" oder „Fokus" verweist auf die Beziehung zur optischen Linse, die die Bezeichnung „Linsenmodell geprägt hat.) Der Perzipient steht vor der Aufgabe, den initialen mit dem terminalen Fokus zu koordinieren, d. h. das, was an jenem für das Verhalten wichtig ist, in diesem zu rekonstruieren; von einer verhaltensgerechten Koordination sagen wir dann, sie habe „funktionelle Validität". Manchmal wird dies auch als „Veridikalität" einer Wahrnehmung bezeichnet (von lat. „veridicus" = „wahrhaft" in die englische Terminologie als „veridical", „veridicality" übernommen, um den erkenntnistheoretischen Begriff der Wahrheit, engl. „truth", zu vermeiden).

Wenn wir hier nur vom „Wahrnehmungsobjekt" sprechen, so ist das eine jener Vereinfachungen, von der eben die Rede war. Für unser Anliegen ist dieses „Objekt" die komplexe Interaktionssituation (vgl. dazu noch einmal Abb. 2 und Abb. 3). Natürlich schließen wir nach unserer Vereinbarung gleich die Verkürzung der Gesamtsituation auf den Partner gedanklich mit ein. Aber auch dieser ist – z. B. gegenüber einem einfachen visuellen Reizmuster – ein sehr komplexes Wahrnehmungsobjekt, das in wahrnehmungspsychologischen Experimenten oft auf eine seiner Qualitäten eingeschränkt wird (vgl. dazu Abb. 10, in der der andere auf das Merkmal „Extraversion" und diese wiederum auf ihre Manifestationen in der Stimme eingeschränkt wird).

Zwischen den beiden Brennpunkten laufen Vermittlungen, *Mediationen*, ab, die sich als Transformationen beschreiben lassen: Die erste (T_1) schließt den Übergang von einer Objektbeschaffenheit, z. B. der „Verschlossenheit" von B, zu ihren Manifestationen im Verhalten ein; das sind die distalen Reize, wie wir sie unter Abschn. 3.1.4. eingeführt haben. Die zweite Transformation (T_2) bezeichnet den Übergang zu dem, was im gegebenen Moment der Wahrnehmung tatsächlich sensorisch wirksam wird, also eine bedingungsabhängige Selektion aus den Manifestationen oder eine Stichprobe aus dem geäußerten und beobachtbaren Verhalten von B. Das nannten wir vorhin den „proximalen Reiz"; da in diesem, also den Energieverteilungen physikalischer Reize am Eingang des Rezeptors, alle „Hinweise" auf den Ursprung, den initialen Brennpunkt, enthalten sind, wird dies auch mit dem Begriff des „Hinweisreizes" bezeichnet (vgl. dazu Abschn. 3.3.2.1.).

Die dritte Transformation (T_3) meint den Übergang der Energieverteilung am Rezeptor zur Erregungsverteilung am Eingang des Organs, also beispielsweise die Projektion der Verteilung elektromagnetischer Wellen auf die Retina des Auges, das periphere sensorische „Bild". T_3 markiert also die kritische Stelle, an der die Information über die Außenwelt (S_1) in den Organismus (S_2) „eindringt" und dort in physiologische Erregung umgewantelt wird. Kritisch ist diese Stelle auch insofern, als es bei T_3 sehr darauf ankommt, daß die wesentlichsten Hinweise auf den Ursprung, das distale Objekt, relativ invariant und ohne „Verrauschen" übertragen werden müssen.

Die weiteren Transformationen in S_2, die also die perzeptiven und kognitiven Prozesse ausmachen, durch die A sich ein Bild von seinem Partner verschafft, könnten nun in verschiedener Weise aufgegliedert werden: Die „Kaskade der Informationsverarbeitung" (Klix) hat je nach gewählter Analyse-Ebene viele Stufen. Wir beschränken uns aber zunächst auf nur zwei und nehmen damit eine Begrenzung des Modells in Kauf. T_4 charakterisiere die Phase, in der über verschiedene analytische und synthetische Prozeduren innerhalb und zwischen den Sensorien im Zentralnervensystem ein (sozusagen „nacktes") Perzeptum entsteht, in dem sich die Erscheinungsweisen der „wahren" Beschaffenheiten abbilden (an unserem Beispiel die Häufigkeit des Augenkontakts von B o. ä.); T_5 soll nun jenen Abschnitt charakterisieren, in dem der Perzipient aus diesen wahrgenommenen Beschaffenheiten die ihnen zugrunde liegende Disposition erschließt (hier also „Verschlossenheit" als Besonderheit der Individualität von B). Dieser relative phänomenale Endzustand ist für unseren Fall das „Bild vom anderen", wie es A von B anscheinend unvermittelt „hat", wenn er die unterstellte Begegnung mit ihm absolviert, das er dann gegebenenfalls mit einem Urteil (B sei ein sehr verschlossener Mensch) versieht.

Nun haben wir allerdings etwas vereinfacht und das nicht nur wegen der (notwendigen) Vernachlässigung der Reziprozität. Das, was wir allgemein mit dem Begriff „Bild vom anderen" bezeichnen, bezieht sich gar nicht so sehr auf eine vollzogene Interaktion oder gar nur auf *einen* Wahrnehmungsakt, wie er im Schema skizziert ist. Zumeist ist es wohl so, daß über mehrere Wahrnehmungsakte in einer Situation und auch über mehrere Interaktionen hinweg das „Bild vom anderen" allmählich aufgebaut wird, wobei das System mit Hilfe synthetischer Akte generalisiert, Invarianten bildet, klassifiziert und bewertet. Das Urteil, B sei ein verschlossener Mensch, resultiert in der Regel aus einer während längerer Zeit wahrgenommenen Verhaltensstichprobe, die A über B gesammelt hat. Den Fall, bei dem dies an einer „Momentaufnahme" geschieht, werden wir noch besonders erwähnen.

In der folgenden Abbildung soll dies etwas verdeutlicht werden.

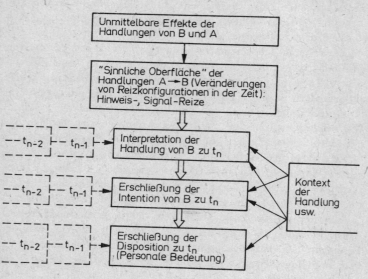

Abb. 9: Rekonstruktion „personaler Gegenstandsbedeutungen".

Diese Darstellung schließt sich nicht unmittelbar an das Schema des Linsenmodells an, sondern verwendet gleich die Vorstellungen mit, die wir schon im ersten Kapitel dargestellt haben. Wir gehen davon aus, daß dem Perzipienten (A) nicht nur ein „Wahrnehmungsobjekt" (der Partner oder dessen „Verschlossenheit") gegenübersteht, das er wahrnehmen muß, sondern daß der andere (B) A gegenüber *handelt;* demzufolge registriert A z. B. nicht einfach nur die Manifestationen der Verschlossenheit von B, sondern die *Effekte* des Verhaltens von B auf sich selbst. Auf der Grundlage dieser Effekte muß der Wahrnehmende die Handlung von B interpretieren, etwa dadurch, daß er dessen Intentionen ermittelt und von diesen aus erst die zugrunde liegenden Dispositionen erschließt. Die mit „Interpretation" und „Erschließung" bezeichneten Blöcke des Schemas sind nach links, gewissermaßen in die Vergangenheit, verlängert, um anzudeuten, daß A dafür die Erfahrungen mit heranzieht, die er mit B oder mit der Klasse von Partnern, zu denen ein bestimmter B gehört, früher gemacht hat. Ebenso ist der Kontext der aktuellen Handlung (rechts) symbolisiert.

Mit dieser Sichtweise nehmen wir einen Gedanken vorweg, den wir erst später, im Abschnitt 3.3.3., näher ausführen wollen, wenn wir den Erschließungsprozeß beschreiben werden. Eine weitere Korrektur scheint uns ebenfalls notwendig. Vorhin gebrauchten wir den Ausdruck, A habe das Bild von B „scheinbar unvermittelt" im Bewußtsein, wenn er diesen wahrnimmt, also ohne daß er der Vermittlungen T_1 bis T_5 gewahr würde. Die Vermittlungen sind zwar im allgemeinen nicht bewußtseinspflichtig, wohl aber – teilweise – bewußtseinsfähig (Hacker 1978). So kann A nach der Begegnung mit B über dessen Verhalten, also über die Manifestationen seiner Verschlossenheit, meditieren und sich oder anderen sagen: „Was war es doch, was mich etwas sonderbar an ihm berührt hat: Er hat mich kaum angeblickt und zögernd-leise gesprochen ... Wenn solches vorliegt, dann kann man wohl so etwas wie Verschlossenheit dahinter vermuten!" A hat also die Disposition bewußt und diskursiv erschlossen, und diese Art von Inferenzprozessen kommt um so häufiger vor, je mehr ein Urteil über einen anderen *explizit* abgefaßt werden soll, z. B. in besonderer Weise beim psychologischen Diagnostiker. In alltäglichen Interaktionen, in denen die Partnerwahrnehmung funktionell in den Verhaltensablauf eingebunden ist, wird die Mediation meist nicht bewußt, und das Urteil ist dann implizit in dem Sinne, wie wir diesen Begriff eingeführt haben (vgl. dazu Kap. 4).

Das Modell und das Schema in Abb. 8 beschreiben den Prozeß bis zum impliziten Urteil. Es gibt nun verschiedene Fälle, in denen es explizit abgefordert wird, und das geschieht zumeist in verbaler Form. Dazu müssen wir anmerken, daß dann eine weitere bzw. mehrere weitere Vermittlungen oder Transformationen unterstellt werden müssen. Die wichtigste davon ist, daß – sehr vereinfacht gesagt – das interne Abbild auf die Sprache „abgebildet" werden muß; deshalb sind Veränderungen, unter Umständen Verzerrungen zu erwarten je nach der Sprache, die ein Perzipient benutzt, und je nach dem Ausmaß, in dem er sie beherrscht. Das ist vergleichsweise unproblematisch in wahrnehmungspsychologischen Experimenten, wenn verbale Urteile über die Wahrnehmung abgefordert werden, wo aber der Vp die sprachlichen Abbildungsmittel, z. B. in Form von verbal bezeichneten Skalen, die nur anzukreuzen sind, zur Verfügung gestellt werden. Gravierender wird das Problem aber, wenn wir an den Alltagsfall denken, in dem von einem Menschen, der von geringer kognitiver Komplexität und analogem Sprachbesitz ist, ein verbales Urteil über einen anderen verlangt wird. Oder man denke an die oftmals differenten Bedeutungsnuancen, die lexikalisch äquivalenten Wörtern in verschiedenen Sprachen zukommen, z. B. bei den Adjektiven, die Eigenschaften bzw. Dispositionen von Menschen bezeichnen. Die Schwierigkeiten zum Beispiel, die bei der Übertragung eines Eindrucksdifferentials (oder semantischen Differentials nach Osgood u. a. 1957) in eine andere Sprache und bei seiner Standardisierung entstehen, sprechen deutlich dafür, weil hier vornehmlich Adjektive und darunter viele mit personaler Bezeichnungsfunktion, verwendet werden (vgl. dazu Ertel 1965). Die Sprachbedeutungen, die einem Urteilenden zur Verfügung stehen, kodeterminieren zweifellos sein verbales Urteil in nicht geringem Ausmaß.

Wenigstens andeutungsweise soll aber noch erwähnt werden, daß der innere Sprachbesitz eines Menschen nicht nur seine explizit abgegebenen, verbalen Urteile kodeterminiert, sondern auch in die Entstehung des internen Abbildes hineinwirkt und sowohl den Wahrnehmungsprozeß wie auch das Wahrnehmungsresultat beeinflußt. Es kann angenommen werden, daß, außer bei sehr elementaren, die Informationsverarbeitungsprozesse des Menschen in irgendeiner Weise von den subjektiven Sprachstrukturen tangiert werden. Dies wurde von Glanzer mit dem treffenden Begriff der „Sprachschleifen-Hypothese" (verbal loop hypothesis) ausgedrückt (Glanzer und Clark 1963, 1964); damit ist gemeint, daß der „Weg" der Informationsverarbeitung in fast allen Fällen „über" den „Abschnitt" des internen Sprachsystems mit seinen semantischen und syntaktischen Strukturen verläuft und daß diese Strukturen sich gewissermaßen den Verarbeitungsprozessen aufprägen. So treffend dieses Modell auch sein mag, so wenig gibt es jedoch relativ exakte Untersuchungen, die Näheres über das Wie dieses Vorgangs gezeigt haben. Eine sehr bekannte experimentelle Untersuchung von Brown und Lenneberg (1954) befaßte sich mit der Abhängigkeit der Farbwahrnehmung vom Besitz an sprachlichen Farbbezeichnungen; darin wurde gefunden, daß Wahrnehmen und Wiedererkennen von Farben von ihrer (sprachlichen) Kodierbarkeit kodeterminiert sind. Für unser Problem, wie Bezeichnungen für personale Dispositionen mit ihrer sprachspezifischen Semantik perzeptive oder kognitive Urteile kodeterminieren, gibt es nach unserer Übersicht – außer mehr anekdotischer Evidenz – keine speziellen Untersuchungen.

Um unser Modell noch etwas weitergehend zu verdeutlichen, wollen wir einige ausgewählte Befunde aus einer Untersuchung von Scherer (1978, auch 1982) referieren. In dieser Untersuchung legte der Autor explizit ein (modifiziertes) Linsenmodell zugrunde. Sie befaßte sich damit, wie ein Perzipient aus Merkmalen der Stimme bei sprachlichen Äußerungen die hinter diesen Manifestationen stehenden Persönlichkeitszustände erschließen kann und mit welcher Genauigkeit er das tut. Die Vpn dieses Experiments waren amerikanische Studenten, und das benutzte „Wahrnehmungsobjekt" war „Extraversion", deren Manifestationen in Merkmalen der Stimme als Reize den Beurteilern zur Verfügung standen. Es ergaben sich für Extraversion drei bereits zusammengefaßte Reizqualitäten, nämlich (a) der dynamische Bereich der Stimme, der mit dem Merkmal „Extraversion" zu $r = .37$ korrelierte, (b) die vokale Anstrengung ($r = .43$) und (c) ihre „Nasalität" (nasale Beschaffenheit der Stimme), zu $r = .41$ mit Extraversion korrelierend. Diese Korrelationen auf der „Objektseite" der Wahrnehmung ergaben sich aus Schätzungen der Stimm-Merkmale durch geübte Phonetiker und durch Schätzungen der Extraversion durch Kollegen der Sprecher.

Es sei hier nur der Hinweisreiz „vokale Anstrengung" beachtet, der zu $r = .38$ in das Perzeptum „Lautheit", zu $r = .62$ in „Schärfe" (des Stimmklangs) überführt wird; aus beiden zusammen ergibt sich mit „Lautheit" zu $r = .28$ und „Schärfe" zu $r = .40$ die relativ zuverlässige Erschließung von Extraversion. Dabei ist

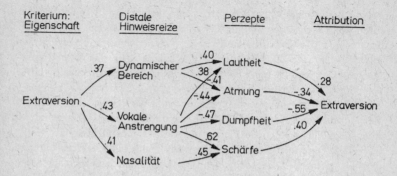

| Kriterium: | Distale | Perzepte | Attribution |
| Eigenschaft | Hinweisreize | | |

Abb. 10: Prozeßmodell für die Erschließung von Extraversion (nach Scherer 1978).

sicher anzunehmen, daß die Wahrnehmenden dieses Experiments gar nicht in erster Linie die phonetischen Charakteristika der Stimme so distinkt aufnehmen, wie in der Abbildung in Form der Korrelationskoeffizienten angezeigt, sondern daß sie den Zusammenhang dieser und anderer Merkmale dabei berücksichtigen, wenn sie aus ihren Perzepten dann – und hier auf besondere Aufforderung – „Extraversion" erschließen.

Diese und ähnliche Experimente (die allerdings leider recht selten sind) sind auch deshalb aufschlußreich, weil daraus ersehen werden kann, daß auch wenige (und im Experiment z. B. auch isolierte) Hinweisreize genügen können, die Beschaffenheit eines Partners funktional valide zu ermitteln.

Trotz dieses Umstands müssen wir uns aber (nochmals) daran erinnern, daß wir für die Partnerwahrnehmung eine wesentlich größere Vielfalt und Komplexität des (distalen wie proximalen) Reizangebots als notwendig unterstellt haben; Vielfalt und Komplexität beziehen sich nicht nur auf (mit A in einer Interaktion verbundenen) B, sondern auch auf die Kontextbedingungen wie Situation, Aufgabe, instrumentelle Bedingungen der Interaktion und die zwischen A und B bestehende soziale Beziehung, also auf Bedeutungsstrukturen mit sehr hoher Komplexität (vgl. Abb. 3). Daß A, der über entwickelte Modelle seiner gesellschaftlichen und personalen Umwelt verfügt, auch aus einzelnen und isoliert dargebotenen Hinweisreizen zuverlässig das distale Objekt, also B rekonstruieren kann, bleibt davon unberührt; in diesem Falle liegt die Aufnahme der ansonsten notwendigen Kontextbedingungen zeitlich früher, und sie sind – in generalisierter Weise – im Gedächtnis des Perzipienten eingetragen. Wir werden also, wenn wir reale Prozesse der Partnerwahrnehmung untersuchen wollen, im Auge behalten müssen, daß trotz der allgemein gültigen Kontextabhängigkeit solcher perzeptiver und kognitiver Prozesse oftmals nur wenige Hinweisreize genügen können, um ein valides Bild des Partners herzustellen. Solche Hinweise, die stellvertretend, nach dem Pars-pro-toto-Prinzip für die Totalität des Reizangebots eintreten können, sollen *signifikante* Hinweisreize genannt werden. Dazu aber im Abschnitt 3.3.2. Näheres.

Die folgenden Abschnitte von 3.3. werden nun die verschiedenen Fragen etwas näher erörtern, die sich aus dem theoretischen Modell der Partnerwahrnehmung bzw. Personenwahrnehmung und der daraus abgeleiteten Beurteilung ergeben: Abschnitt 3.3.2. wird sich, wie schon angemerkt, mit der Funktion von Hinweisreizen befassen, Abschnitt 3.3.3. mit dem Prozeß, in dem aus Hinweisreizen „personale Gegenstandsbedeutungen" erschlossen werden, wobei wir uns besonders der Attribution von Verhaltensursachen zuwenden wollen, und schließlich soll im Abschnitt 3.3.4. die Funktion der internen kognitiven Strukturen als Grundlage für die Bedeutungserschließung abgehandelt werden.

3.3.2.   Zur Funktion von Hinweisreizen

Wie wir im letzten Abschnitt festgestellt haben, sind diejenigen „Reize", die wir mit dem Begriff „Hinweisreize" bezeichnet haben, wesentliche Bestandteile der Vermittlung zwischen dem initialen und dem terminalen Brennpunkt von Erkenntnisprozessen. Aus erkenntnistheoretischer Sicht sind sie diejenigen physikalischen Außenwelt-Ereignisse, von denen die Widerspiegelungsfunktion der sinnlichen Erkenntnis gewährleistet wird.

Da die hier einschlägigen Begriffe in der Literatur nicht einmütig verwendet werden, wollen wir zunächst eine mehr allgemeine Erörterung zum Begriff des „Reizes" in der sozialen Wahrnehmung voranstellen.

3.3.2.1. Der Begriff des Reizes bzw. der Reizsituation in der sozialen Wahrnehmung

Unsere Diskussion ist deshalb notwendig, weil der eingeführte Begriff des *Hinweisreizes* den Begriff des Reizes enthält, der etliche Implikationen aus verschiedenen theoretischen Zusammenhängen enthält, so z. B. aus seiner frühen Verwendung in der Psychophysik des 19. Jahrhunderts, in die der Reizbegriff der damaligen Physiologie eingegangen war, oder aus dem Behaviorismus des frühen 20. Jahrhunderts mit seiner Favorisierung des Reiz-Reaktions-Schemas (S-R-Schemas) als Bezeichnung für die Verhaltenselemente.

In der einschlägigen englischen Fachsprache wird für Hinweisreiz der Ausdruck „cue" verwendet, der das „Stichwort" auf der Bühne und allgemein „Fingerzeig", „Hinweis", „Verweis" bedeutet. Der englische Ausdruck für „Reiz" – „stimulus" – taucht in diesem Zusammenhang oft gar nicht auf. „Hinweisreiz" ist eine Übersetzung von „cue" (das in der deutschsprachigen Fachliteratur oft original übernommen wird), die mehr eine Verlegenheitslösung ist; sie hat sich auch noch nicht durchgesetzt. So findet sich z. B. im „Wörterbuch der Psychologie", 3. bearb. Auflage 1981, der Begriff nicht als Stichwort. In Übersetzungen aus dem Englischen wird gelegentlich „cue" mit „Schlüsselreiz" übersetzt, aber das ist nicht korrekt, da dieser Begriff für Reize verwendet wird, die Instinktverhalten auslösen.

Vom Standpunkt einer materialistisch-erkenntnistheoretischen Position hat der für die psychologische Wahrnehmungslehre von manchem als überflüssig angesehene Reizbegriff jedoch seine Berechtigung: Seine richtige Verwendung gewährleistet den *materiellen* Zusammenhang zwischen Organismus und Umwelt nicht nur auf der Ebene des Stoffwechsels, sondern auch auf der des „Informationswechsels" (Tembrock).

Reize sind bekanntlich Formen physikalischer Energie, aber nicht schlechthin, sondern insofern als der Organismus ein Rezeptorsystem hat, auf das sie einwirken können bzw. das für jene empfänglich ist, und insofern als in den Eigenschaften der Energieverteilung *Nachrichten* oder *Informationen* über die für den Organismus wesentlichen Beschaffenheiten der Quelle verschlüsselt sind, der sie entstammen (z. B. als emittiertes oder reflektiertes Licht aus dem Frequenzband der elektromagnetischen Schwingungen zwischen etwa 400 und 800 nm für den visuellen Rezeptor). Reize sind, psychologisch gesprochen, als physikalische Ereignisse *Träger* von Information.

Reize müssen aber nicht notwendig nur als elementare, punktuelle Ereignisse wie oft in der Psychophysik – als Lichtblitz, Geräusch, Ton – verstanden werden, sondern auch als zeitlich erstreckte und räumlich strukturierte Ereignissequenzen und -muster; wenn wir sie definitorisch als Informationsträger (und nicht nur als Auslöser eines Reflexes) verstehen, so ist diese Sicht obligatorisch.

Manche Autoren, z. B. Arnoult (1963), fordern für die Spezifizierung des „sozialen" Reizes, daß er in jedem Falle als Muster oder Sequenz physikalischer Energien identifiziert und mit einer physikalischen Protokollsprache beschrieben werde. Das aber ist, zumindest für solche Situationen, mit denen wir es hier zu tun haben, also soziale oder gesellschaftliche, weder möglich noch notwendig. Irle (1975, S. 54) ist zuzustimmen, wenn er meint, daß „dieser physikalistische Standpunkt in eine Sackgasse" führe. Das deshalb, weil wir Reize nicht um ihrer selbst willen untersuchen, sondern als Träger von Information. Somit können wir „soziale Reize" in Termen der Information beschreiben, die über sie übertragen wird. Das betrifft allerdings die Objektseite der Information, d. h., wir müssen die in der Außenwelt vorfindbaren Beschaffenheiten beschreiben und nicht deren Wirkungen auf uns. Das ist eine zweckmäßige Regel der Wahrnehmungslehre: Reize müssen unabhängig von den Reaktionen beschrieben und gemessen werden, die sie veranlassen. Das aber ist ein für die soziale Wahrnehmung außerordentlich schwieriges Problem, und Vermischungen sind gegenwärtig kaum vermeidbar.

Wie aber können Reize Träger von Information sein, und wie funktioniert die sichere Übertragung? Auf diese Frage aus der allgemeinen Psychologie können wir hier nur sehr knapp eingehen (vgl. dazu Klix 1971).

Wenn wir als Beispiel die visuell zugänglichen Reize, die Lichtwellen, nehmen, dann gilt:

Ereignisse der Außenwelt, z. B. Körper, haben relativ konstante objektive Beschaffenheiten, die die Parameter des von ihnen reflektierten Lichts beeinflussen. So ist eine „Kante" als Grenze zwischen zwei Flächen, wenn sie dem visuellen System gegenübersteht, der objektiv-reale Ort, an dem sich genau die

Reflexionsrichtung des Lichts sprunghaft, unstetig ändert; die Rundung einer Kugel ist *die* Bedingung dafür, daß sich die Reflexionsrichtung des Lichts stetig ändert usw. Die Nachricht über „Kante" oder „Rundung" wird solcherart den Lichtwellen „aufmoduliert". Das ist in den elementaren Gesetzen der physikalischen Optik, der Lichtbrechung usw. begründet. Sofern die Ausbreitung des solcherart „modulierten" Lichts bis hin zum Rezeptor gesichert und dieser aufnahmefähig bzw. -bereit ist, kann die Nachricht über solche objektiven Beschaffenheiten *invariant* übertragen werden. Das System kann die Information übernehmen und sie – in zumeist mehrfacher Stufung – in die „Sprache" neurophysiologischer Vorgänge, also in Impuls-Frequenzen, übersetzen, um sie dann in eine Wahrnehmung, also in die interne Beurteilung der Reiz-Situation, zu transformieren. Dabei wechselt also der Träger, aber die Information bleibt – unter Umständen verändert, verzerrt – erhalten. Wenn wir jeweils die Wahrnehmungsbedingungen auf der Objekt- wie auf der Subjektseite und im übertragenden Medium konstant halten, dann können wir eine deutliche Invarianzbeziehung zwischen der Quelle einer Nachricht und ihrem Empfang konstatieren – bei aller Variabilität, die bedingungsabhängig ist, versteht sich.

Wir wollen diesen wichtigen Umstand noch an einem elementaren Beispiel verdeutlichen, das wir einem Werk von Klix (1962) entnehmen. Man stelle sich eine ebene Fläche auf der Erde vor, auf der, da durch zufällige Einwirkungen der Natur entstanden, in völliger Regellosigkeit Felsbrocken verschiedener Größe bis hin zum Horizont liegen, so als hätte sie eine Vulkaneruption durcheinandergewirbelt und als hätten einige Jahrmillionen Wind und Wetter an ihr genagt. Die „projektive Abbildung" dieses Umgebungsraumes (im Sinne von Helmholtz 1856–1866), der durch höchste, zufallsbedingte Irregularität gekennzeichnet ist, läßt auch unter *diesen* Bedingungen regelhafte Beziehungen zwischen den Beschaffenheiten der Außenwelt und ihrem Nahreizmuster erkennen: Je weiter entfernt sich ein einzelnes Objekt vom Wahrnehmenden befindet, um so höher wird es auf der Ordinate der zweidimensionalen Bildfläche abgebildet; mit zunehmender Entfernung der Objekte wird deren Abbildungsdichte größer bzw. sie verändert sich (in diesem Falle) unstetig (vgl. auch Gibson 1950). Das ist für die visuelle Raumwahrnehmung, bei der der dreidimensionale Umgebungsraum auf eine zweidimensionale Projektionsfläche, die Retina, abgebildet werden muß, sehr bedeutsam; denn diese Regularitäten sichern die Rekonstruktion der Dreidimensionalität in der Raumwahrnehmung.

Auf dem Hintergrund dieser Erörterungen können wir nun den Sachverhalt der Mediation, den wir mit „Hinweisreiz" bezeichnet haben, besser verstehen: Indikator- oder Hinweisreize sind solche physikalischen Ereignisse, bei denen die Nachricht, deren Träger sie sind, nur mittelbar für den Wahrnehmenden bedeutsam ist, deren Funktion also darin besteht, auf die sich in ihnen manifestierende Bedeutung *zu zeigen, hinzuweisen.* Indem ein Perzipient diesen Hinweis benutzt, kann er das „Dahinter"stehende, die im allgemeinen verdeckte „Bedeutung" erschließen, wie das die Transformation T_5 in Abb. 8 symbolisiert. Voraussetzung dafür ist, daß unser Perzipient die Korrespondenzregeln zwischen der im Hinweisreiz enthaltenen Manifestation einer Bedeutung und dieser selbst beherrscht, für unser im Abschnitt 3.3.1.3. genanntes Beispiel also die Regeln, die den Zusammenhang von „geringem Augenkontakt", „leiser Sprechweise" usw. und „Verschlossenheit" stiften. Das ist natürlich nur in seltenen Fällen ein explizites Regelbewußtsein, und die Erschließung geschieht im Alltag zumeist implizit – wie wir das schon feststellten. Um uns das noch besser zu verdeutlichen, können wir einen zwar damit nicht identischen, jedoch analogen Verweisungszusammenhang heranziehen, mit dem wir es täglich Tausende von Malen zu tun haben: den Zusammenhang zwischen einem *„Zeichen"* und seinem *„Bezeichneten",* wie er z. B. in unserer Lautsprache besteht. Ein „Zeichen" (bzw. ein konkretes Zeichenereignis) ist ein entweder auditiv oder visuell aufnehmbarer Sachverhalt der Außenwelt, der seinen Perzipienten veranlaßt, dessen „dahinter"stehende Bedeutung (Symbolbedeutung) zu ermitteln – und dies nennen wir dann „Verstehen" im eigentlichen Wortsinne des „Sinnerfassens". Daß dieses Ermitteln einer Symbolbedeutung auch ein durch gelernte Korrespondenzregeln gesteuerter Erschließungsvorgang ist, wird einem sofort klar, wenn man an den Fall denkt, in dem wir eine Fremdsprache erlernen.

3.3.2.2. Hinweisreize in der Partnerwahrnehmung

Die eigentlichen „Objekte" der Wahrnehmung sind die Eigenschaften und Zustände der Personen bzw. Partner; sie sind aber nur über ihre Erscheinungsformen bzw. Manifestationen zugänglich. Wir haben diese Manifestationen als die *distalen* Hinweisreize bezeichnet, von denen wieder ein Teil, je nach den gerade vorliegenden objektiven und subjektiven Wahrnehmungsbedingungen, als *proximale* Reize oder Nahreizmuster sensorisch wirksam wird, den Eingang für die Analysatoren bildet. Der Perzipient muß sie aufnehmen, registrieren und auf ihrer Basis, mit Zuhilfenahme der bereits in ihm ausgebildeten Gedächtnisstrukturen, den eben genannten Übertragungsweg „rückwärts" begehen, um sein eigentliches Objekt zu erschließen.

Welche Arten von Reizen, die von anderen Personen bzw. von Partnern ausgehen, funktionieren nun in der interpersonellen Wahrnehmung als Hinweisreize?

Diese Frage ist, wenn sie in dieser Weise, also absolut, gestellt wird, nicht zu beantworten. Zwischen „Bedeutungen" und ihren Manifestationen bestehen in der Regel *keine* umkehrbar eindeutigen Beziehungen. Ein und derselbe Zustand einer Person, wie z. B. eine Verhaltensabsicht, kann sich in sehr verschiedener Weise manifestieren, und ein und dieselbe Manifestation, z. B. ein „lächelndes Gesicht", kann auf sehr viele dahinterstehende Eigenschaften oder aktuelle Zustände hinweisen. Hinweisreize sind also Relationen; wenn man sie in ihrer Funktion identifizieren will, muß man ihre Relativa (Bezugspunkte) bestimmen. In scheinbar paradoxer Weise müssen wir also unsere Frage ganz anders stellen:

Welche *Aspekte* des anderen werden vom Perzipienten *beachtet*, und *warum* beachtet er diese oder jene Aspekte seines Partners?

Damit sind, wie ersichtlich, die Aspekte oder Parameter des jeweiligen distalen Objekts gemeint, für unseren Fall also jene „wirklichen", „wahren" Beschaffenheiten des Partners, die im gegebenen Verhaltens- oder Interaktionszusammenhang bedeutsam sind. Auf die oben gestellte Frage hat Heider (1958, 1977) eine allgemeine, d. h. für die menschliche Wahrnehmung im ganzen gültige Antwort gegeben: Beachtet werden prinzipiell die „*dispositionalen Qualitäten*" der distalen Objekte, also diejenigen ihrer Beschaffenheiten, die als *Ursache* für deren Verhalten im jeweiligen Kontext gelten können. Bei der Dingwahrnehmung ist das vergleichsweise einfach: Wenn ein Dreijähriger ein Spielzeugauto wahrnimmt, so ist – sofern wir eine entsprechende Spielerfahrung und eine entsprechende Spielintention bei ihm voraussetzen können – die in der Form der Räder enthaltene Beschaffenheit des „Fahrens", „Rollens", also eine Disposition bzw. „innere Eigenschaft" („Gesetzmäßigkeit"), bestimmend für seinen perzeptiven Prozeß. Das zeigt sich dann zum Beispiel in dem Fall, in dem er das äußerlich unscheinbare, graugefärbte, da abgenutzte Auto einem bunten, lockenden anderen Spielgegenstand, der nicht *diese* Qualitäten hat, vorzieht. – Ein einjähriges Kind dagegen wählt in der Regel solche Spielsachen aus, die am auffälligsten gefärbt sind, d. h., es benutzt andere Hinweisreize, weil es andere dispositionale Qualitäten beachtet.

Die allgemeine Antwort auf die Frage nach den bevorzugten Aspekten des anderen muß also lauten: Es ist der gegebene Interaktionszusammenhang, es sind die Anforderungen der Tätigkeit, die den jeweiligen Aspekt determinieren. Der Sporttrainer, der in Schulen nach Talenten für seine Basketballmannschaft sucht, wird wahrscheinlich zuerst die bereits vorhandene oder, was schwieriger ist, die nach konstitutionsbiologischen Kriterien zu erwartende Körpergröße der Kandidaten beachten. Ein Student, der sich einen Partner für ein schwieriges Praktikumsexperiment zu suchen hat, beachtet im wesentlichen, ob dieser sachlich wie sozial dafür geeignet ist, aber kaum, ob dessen Körpergröße zu ihm paßt oder ob er blaue oder braune Augen hat. Der junge Mann, der „auf Brautschau" geht, erschließt aus wieder ganz anderen „Reizen" die dispositionalen Qualitäten einer potentiellen Sexualpartnerin usw. Die aus aktuellen Tätigkeits- oder Interaktionsanforderungen resultierende Beachtungsrichtung macht, wie sich aus diesen beliebig vermehrbaren Beispielen ersehen läßt, einen guten Teil der Variabilität der benutzten Hinweisreize aus.

Sind solche Beachtungsrichtungen habitualisiert, z. B. wegen des Berufes „zur Gewohnheit" geworden, dann können sich daraus für den Wahrnehmenden *spezifische* Bevorzugungen von Hinweisreizen ergeben (vgl. dazu auch Abschn. 3.1.3.).

Eine Untersuchung von Bodalëv und Ivanskaya (1982) erbrachte dafür interessante Resultate. Als Vpn wirkten Angehörige verschiedener Berufe: Schauspieler, Künstler, Musiker, Ingenieure und Sporttrainer. Sie hatten kurzzeitig dargebotene Porträtfotos unbekannter Personen mit den in der Kriminalistik üblichen Methoden der „Gesichtskomposition" zu rekonstruieren. Die

Güte der Rekonstruktion wurde mit der Anzahl der richtig gefundenen Einzelzüge des Gesichts gemessen. – Es wurde gefunden, daß über die gesamte Population hinweg eine große Variabilität in der Beachtung der einzelnen Merkmale bestand. Frauen zeigten eine dreifach so große Präzision als Männer. Besonders interessant ist, daß sich die oben genannten Berufsgruppen deutlich in ihrer Genauigkeit unterschieden: Am besten wurden die Schauspieler mit der Aufgabe fertig, dann folgten dichtauf Künstler und Musiker (ohne signifikante Differenzen zu den ersteren), und die Ingenieure und vor allem die Sporttrainer zeigten die geringste Genauigkeit (signifikante Differenzen). Die Autoren führen diese Leistungsdifferenzen auf professionell bedingte Gewohnheiten bei der Gesichtswahrnehmung bzw. auf Differenzen in den Gedächtnisstrukturen, die der Rekonstruktion zugrunde liegen, zurück.

Es sind also auch hier die hinter aktuellen stehenden habituellen Tätigkeitsanforderungen, die für die hohe Variabilität benutzter Hinweisreize – je nach Relevanz der bevorzugten dispositionalen Qualitäten – verantwortlich sind. Damit sind bereits andere Quellen der Varianz angesprochen, die in den historischen, gesellschaftlichen und kulturellen Tätigkeits- und Interaktionsbedingungen zu suchen sind.

So berichtet Hallowell (1951), daß junge männliche Angehörige der Ojibwa-Indianer (zur Sprachfamilie der Algonkin gehörig) weibliche Angehörige ihres Stammes danach wahrnehmen, ob sie Träger desselben Totem-Zeichens sind oder nicht; handelt es sich um Totem-Schwestern, dann sind sie sexuell tabu. In manchen Zeiten oder Kulturen mögen aus der Kleidung oder aus bestimmten Verhaltensweisen rasch Schlüsse auf die Zugehörigkeit zu Klassen oder Berufen usw. oder auf Eigenschaften wie „ehrbar", „höflich" usw. gezogen werden. In seinen autobiographischen Schriften berichtet Fontane über seine Mutter, diese habe andere Menschen danach wahrgenommen, ob sie Anzeichen für Geldbesitz und für die Zugehörigkeit zu den „Besseren" besäßen. Unter den Indianerstämmen des amerikanischen Südwestens war es üblich, bei anderen Menschen nach gewissen Anzeichen dafür zu suchen, ob sie magische Kräfte besäßen oder nicht.

Eng zusammenhängend mit dem genannten speziellen oder allgemeinen Interaktionskontext sind auch die *sozialen* Beziehungen des Perzipienten zu seinen „Objekten" für die von ihm beachteten bzw. perzeptuell bevorzugten Dimensionen und Beschaffenheiten verantwortlich, und danach wird sich auch die Benutzung von Hinweisreizen richten. A nutzt sehr wahrscheinlich andere Hinweisreize und erschließt aus ihnen andere „Bedeutungen" (dispositionale Qualitäten), wenn der wahrgenommene B (a) sein Vater oder (b) sein Kind oder (c) einer seiner Freunde oder (d) sein Vorgesetzter im Betrieb oder (e) sein Kamerad in der Sportmannschaft ist.

Bei aller Variabilität, die Perzipienten in ihren Partnerwahrnehmungen – je nach den genannten Kontextbedingungen – haben, gibt es jedoch auch Gemeinsamkeiten; sie können in typischer Weise einzelnen Perzipienten oder auch Gruppen von Personen zukommen. Die vorhin erwähnten Indianer des amerikanischen Südwestens beurteilen entlang einer Dimension, die „magische Fähigkeit oder nicht" genannt werden könnte. Oder, was für diesen Fall eine bessere Beschreibung wäre: Sie nehmen durch diese „Kategorie" hindurch die anderen wahr. Dimensionen und Kategorien aber sind Begriffe, die eine Art von (intern repräsentierter) „Theorie" bezeichnen. Deshalb läßt sich die eben erwähnte Besonderheit der Bevorzugung dispositionaler Qualitäten und der ihnen entsprechenden Hinweisreize auch so beschreiben:

Bei der Wahrnehmung des anderen läßt sich A von jener „impliziten Persönlichkeitstheorie" leiten, die er sich im Laufe seines Lebens, d. h. als ein Ergebnis sehr vieler Begegnungen und Interaktionen mit anderen aufgebaut hat. Somit bestimmt auch die individual- oder gruppenspezifische „naive Persönlichkeitstheorie" die Richtung der Beachtung und die Nutzung von Hinweisreizen in der sozialen Wahrnehmung.

Mit diesen und anderen Formen von Gedächtnisstrukturen, die gleichsam den „Hintergrund" der Informationsverarbeitungsprozesse in der interpersonellen Perzeption und Kognition bilden, werden wir uns aber gesondert, unter Abschnitt 3.3.4., beschäftigen.

Vorerst lassen sich, die Literatur darüber (nach Tagiuri 1969) knapp zusammenfassend, einige grundlegende Dimensionen herausschälen, die ganz allgemein für die Partnerwahrnehmung – im Hinblick auf die Bevorzugung dispositionaler Qualitäten und die Nutzung ihnen entsprechender Hinweisreize – verbindlich zu sein scheinen. Das sind:

1. *Intentionalität;* die andere Person wird als Quelle oder Verursacher von Handlungen beurteilt, also im Hinblick darauf, ob eine wahrgenommene Handlung und ihre Folgen von ihr beabsichtigt oder nicht beabsichtigt waren; damit hängt eng die Dimension der

2. *Verantwortlichkeit* zusammen, die jemandem für seine Handlungskonsequenzen zugeschrieben wird;

3. *Geeignetheit* versus Ungeeignetheit, die in der Interaktion angestrebte Tätigkeit auszuführen, und

4. die *relative Einflußfähigkeit,* die der andere auf Sachen und Personen, darunter auch auf den Wahrnehmenden, ausüben kann.

Nach den Befunden von Schulze (1982) vereinigen sich sowohl diese allgemeinen als auch die speziellen Dimensionen und Kategorien der Partnerwahrnehmung (in seinem Falle der Beziehungswahrnehmung) zu einer globalen Dimension, die hier als Sympathie-Antipathie-Dimension gekennzeichnet wird.

Um die methodischen Probleme bei der Untersuchung der Wahrnehmung des anderen zu zeigen, sollen einige Ergebnisse dargestellt werden, die von amerikanischen Autoren darüber gewonnen wurden, welche Hinweisreize der durchschnittliche Nordamerikaner benutzt und was er daraus erschließt. Wir geben hier die Zusammenfassung von Allport (1961, dt. 1970) wieder.

(1) Von Dunkelhäutigkeit wird Unfreundlichkeit, Feindlichkeit und Mangel an Humor erschlossen. (Hier zeigen sich Folgen rassistischer Vorurteile oder Stereotype; später gehen wir noch auf die Wirkung von Stereotypen in der Wahrnehmung ein.)

(2) Blonden Menschen werden vornehmlich positive Qualitäten zugeschrieben.

(3) Personen mit Gesichtern, die Fältchen an den Augenwinkeln haben, werden als freundlich, humorvoll und leichtlebig wahrgenommen.

(4) Ältere Männer werden gegenüber jüngeren oft als vornehmer, verantwortungsvoller und gebildeter interpretiert.

(5) Ältere Frauen werden gegenüber jüngeren als mütterlicher gesehen.

(6) Brillenträger oder Leute mit hoher Stirn seien intelligenter, zuverlässiger und fleißiger.

(7) Lächelnde Gesichter seien intelligenter.

(8) Bei Frauen mit dickeren Lippen als gewöhnlich wird vermutet, daß sie mehr „sexy" seien, dünnlippige dagegen weniger oder gar nicht.

(9) Aufgeworfene Lippen werden als Anzeichen von Eitelkeit, Begehrlichkeit oder gar Immoralität wahrgenommen.

Sicher finden sich auch unter anderen sozialen Bedingungen solche und andere Beziehungen. Es ist jedoch notwendig, die Methoden, mit denen sie ermittelt werden, genau zu beachten. In der Regel wurden in solchen Untersuchungen Porträtfotos gezeigt, die nach vorgegebenen Dimensionen, z. B. „intelligent" oder „sexy", einzustufen waren. Dabei werden die Auswirkungen der gegebenen Information (hier also der über die Hinweisreize) übertrieben. So wurde in einer Untersuchung von Argyle und McHenry (nach Argyle 1972) ermittelt, daß Personen mit Brille, wenn sie nur 15 s zu sehen waren, um 13 IQ-Punkte intelligenter als solche ohne Brille eingeschätzt wurden; wurden sie aber in einem fünfminütigen Gespräch wahrgenommen, spielte die Brille keine Rolle mehr.

Die entscheidende Kritik aber, die solchen Untersuchungen und ihren Ergebnissen entgegengebracht werden muß, ist der Umstand, daß sich diese lediglich auf die *statischen* Merkmale der Stimulus-Person richteten. Das bringt, wie Argyle zu Recht kritisiert, den Umstand hervor, daß der Wahrnehmende, da ihm keine weiteren Informationen zugänglich sind, die Relevanz der dargebotenen Merkmale *übertreibt* (bzw. sie in sonst nicht üblicher Weise als Hinweisreiz verwendet). Außerdem, und das ist noch gravierender, wird dadurch das Reizangebot auf eine „Momentaufnahme" aus dem Verhalten eingeschränkt.

Wir kennen diesen Umstand aus dem Alltag, etwa wenn wir ein Foto einer bekannten Person, einen „Schnappschuß", sehen. Manchmal haben wir dabei den Eindruck, der andere sei „gut getroffen", manchmal, „er sei gar nicht zu erkennen". Das ist ein Zeichen dafür, daß Momentaufnahmen aus der Dynamik eines Verhaltensaktes zufällig gut oder zufällig schlecht abbilden können, je nachdem, ob ein dabei auftretender, wie wir sagten, signifikanter Hinweisreiz getroffen wurde, der uns die Rekonstruktion des Abläufes nach dem Pars-pro-toto-Prinzip erlaubt.

Wir möchten deshalb noch einmal an das erinnern, was wir an mehreren Stellen unserer Überlegungen bereits erwähnten: Die für die Erschließung von Bedeutungen relevanten Hinweisreize sind gar nicht in erster Linie statisch-morphologische, sondern funktionale Merkmale des Verhaltens. Es sind auch gar nicht die einzelnen, nur in *einer* Situation beobachtbaren Abläufe, sondern es sind (zumeist) *Stichproben* von Verhaltensweisen, die in einer Situation, meist aber über mehrere Interaktionen hinweg, wahrgenommen werden. Und über diese Verhaltensstichprobe müssen Invarianzen gebildet werden. Es sind eigentlich erst solche Invarianzen der bei einer Person wahrnehmbaren Hinweisreize, genauer: invariante Beziehungen zwischen Hinweisreizen und den Situationen, in denen sie auftreten, die die Erschließung von „Bedeutungen", „dispositionalen Qualitäten", mit subjektiv befriedigender Sicherheit ermöglichen.

Alles in allem läßt sich feststellen, daß die Hinweisreize, die in der Partnerwahrnehmung und -beurteilung genutzt werden, um die jeweils relevanten dispositionalen Qualitäten des anderen zu erschließen, von außerordentlich großer Variabilität sind. Wenn wir in der Ontogenese lernen, unseren jeweiligen Partner wahrzunehmen, damit wir in eine befriedigende Interaktion und Beziehung zu ihm eintreten können, dann müssen wir vor allem die *Korrespondenzregeln* erwerben, die anzeigen, wie „Bedeutungen" und deren Manifestationen korrelieren und demzufolge von uns koordiniert werden müssen.

Wenn wir das Wahrnehmungsverhalten des Säuglings und Kleinkindes beobachten, dann scheint es dort einige feste Beziehungen zwischen Hinweisen und davon ausgelösten Wahrnehmungs- bzw. Verhaltensreaktionen zu geben, nämlich am Gesichtsausdruck von *Emotionen* und *Affekten*. Diese Beziehungen sind möglicherweise die (unbedingte, angeborene) Grundlage für das weitere Wahrnehmungslernen, für den Erwerb der Korrespondenzregeln. Damit erhebt sich die Frage, ob und wie solche internen Zustände des Partners wie Affekte oder Emotionen an ihren Manifestationen in dessen Mimik (und an anderen Ausdruckserscheinungen wie Haltung und Pantomimik) erkannt werden können.

Diese Frage wurde früher vor allem in der Gefühlstheorie und in der Ausdruckslehre behandelt. Gegenwärtig ist das Problem ein bevorzugter Forschungsgegenstand in der psychologischen Kommunikationsforschung, speziell der nichtverbalen Kommunikation.

Wir können auf diese Thematik hier nicht ausführlich eingehen. Ein bis etwa 1967 reichender Überblick über einschlägige, vornehmlich amerikanische Untersuchungen findet sich bei Tagiuri (1969), von dem auch die Befunde älterer Untersuchungen, bis zu Wundt und Darwin zurück, einbezogen wurden. Neuere Ergebnisse, speziell zum Ausdruckswert der Mimik stammen von Ekman und Friesen (1971, 1975). Aus der älteren deutschsprachigen Literatur muß vor allem die „Ausdruckstheorie" von Bühler (1933) hervorgehoben werden.

Eine der Fragen, die vor allem im Zusammenhang mit den Reaktionen noch unerfahrener Perzipienten (Säuglinge) auf Ausdruck von Emotionen im Gesicht auftrat, ist die, ob das Ausdrucksverhalten (zumindest) der Basis-Emotionen (wie Freude, Trauer, Ärger, Furcht, Überraschung, Abscheu u. ä.) *universell* für die Art ist. Das war eine der Annahmen Darwins (1872). Träfe dies für den Menschen zu, dann läge auch die Annahme nahe, eine angeborene Verbindung zwischen gewissen Affektzuständen und ihrer Erscheinungsweise am Gesicht sowie zwischen der Wahrnehmung dieses Hinweisreizes und dem „Verstehen" des Affekts beim anderen zu unterstellen.

Im Resultat von Untersuchungen von Ekman (1972) ergab sich, daß es Elemente des Gesichtsausdrucks gibt, die invariant über viele Kulturen hinweg beurteilt werden, die also als Universalien angesehen werden können; das konnte für einige der oben angeführten Basis-Emotionen gezeigt werden. Ethologische Vergleichsuntersuchungen (Eibl-Eibesfeld 1967) ergaben eine Vielzahl von kulturunabhängigen Elementen sowohl bei der Darbietung wie beim Verstehen von Emotionen. Daneben ist jedoch auch eine hohe kulturelle Variabilität festzustellen, nämlich in bezug darauf, welche mimischen Elemente bei einer bestimmten Emotion ausgedrückt werden und welche Folgerungen auf die Darbietung von Mimik gezogen werden. In beiden Prozessen, im „Sich-ausdrükken" und im Ausdrucksverstehen, scheint es eine Reihe kulturspezifischer „Gewohnheiten" zu geben, die durch Erziehungsstrategien ausgebildet werden. In den meisten Kulturen wird vom Heranwachsenden eine gewisse Steuerung seiner Mimik verlangt, die sich danach richtet, ob die dahinterliegenden Affekte als sozial erwünscht oder unerwünscht bewertet werden (vgl. dazu Hiebsch und Vorwerg 1966, S. 102 ff.). Dazu können bestimmte Darbietungs- oder Ausdrucksregeln als Techniken angeeignet werden, z. B. Anzeichen gewisser Emotionen abzuschwächen oder ganz zu unterdrücken oder solche Hinweise zu verstärken oder auch ohne Emotion zu „spielen". Es versteht sich, daß solche kulturspezifischen Regeln auch vom Perzipienten unterschiedliche Korrespondenzregeln erfordern; so z. B. muß ein Japaner, da in seinem Lande normalerweise ein stereotyp „freundliches" (lächelndes) Gesicht geäußert wird, aus anderen, unter Umständen sehr viel feineren Hinweisen die Stimmungslage seines Partners erschließen lernen. *Einen* Ertrag erbrachten jedoch sehr viele der dazu durchgeführten Untersuchungen: Die Erschließung emotionaler Zustände an einem Partner aus Hinweisreizen ist in hohem Grade *kontextabhängig*. Die Sicherheit richtiger Identifikation steigt an, wenn Kontextinformationen verfügbar sind.

Das ist auch die Crux vieler experimenteller Untersuchungen, die von Tagiuri (a. a. O., S. 399 ff.) resümiert werden. Dieser Autor führt insgesamt fünf *methodische* Fragen an, die die Erkennung von Emotionen aus der Mimik beeinflussen. Wir erwähnen sie hier, weil sie uns auch für andere Erschließungsvorgänge bzw. Ausnutzungen von Hinweisreizen bedeutsam erscheinen. Experimentelle Untersuchungen zu diesem generellen Problem sollten diese Regeln berücksichtigen.

(1) Welche Hinweisreize werden als unabhängige Variable benutzt, und wie werden sie variiert? Die Palette bisheriger Untersuchungen reicht von der Darbietung realer Personen bis zu Film- oder Video-Aufnahmen, von einer Fotografie (Porträt oder Ganzbild) bis zu einer Zeichnung oder einem Schema oder einer Stimmaufnahme der Zielperson. Dabei wird die ausgedrückte Emotion in ihrem natürlichen Zustand genommen oder absichtlich im Labor erzeugt oder manchmal von einem „Schauspieler" dargestellt oder von einem Maler gezeichnet. Die Ergebnisse sind demnach sehr widersprüchlich. Manchmal wird eine Erkennungsrate berichtet, die nicht über den zufällig zu erwartenden Wert hinausgeht, manchmal findet man höhere Genauigkeits-Koeffizienten.

(2) Welche Unterscheidung wird. vom Perzipienten in der Experimentalaufgabe verlangt? „Furcht" und „Ärger" sind wahrscheinlich schwieriger zu diskriminieren als „Liebe" und „Ekel". Für Untersuchungen dieser Art wäre es also notwendig, zuerst

die zu beurteilenden Emotionen zu skalieren; Woodworth (1938) hat auf empirischem Wege eine solche skalierte Ordnung gewonnen und gefunden, daß die Diskriminabilität von der Lage der Emotion auf der Skala abhängt. Die Abb. 11 zeigt die von Schlosberg (1952) weiterentwickelte und genutzte Skala; liegen die zu unterscheidenden Emotionen nahe beieinander, so ist die Schwierigkeit größer, liegen sie im Kreis gegenüber, ist sie am geringsten.

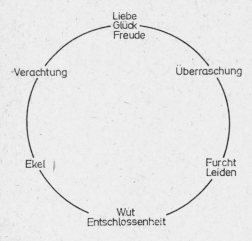

Abb. 11: Schema der in der Mimik darstellbaren Affekte (nach Schlosberg 1952).

(3) Welche Kategorien oder sprachlichen Bezeichnungen wurden von den Urteilern verlangt? Vpn, denen freie Hand gelassen wurde, ihre eigenen, gewohnten Bezeichnungen zu verwenden, erreichten eine bessere Übereinstimmung als solche, denen die Kategorien, etwa in einer Vielfach-Wahl-Anordnung, vorgegeben wurden.

(4) Welcher Art war die Informationsgabe, ob mit oder ohne Kontext? Wird mit dem zu beurteilenden Hinweisreiz die gesamte Reizsituation mitgegeben, so wird die Emotion korrekter beurteilt. Das Urteil folgt dann aber mehr der Situation bzw. dem Kontext und weniger dem präsentierten Gesichtsausdruck; der Urteiler bezieht sich in seinen Folgerungen darauf, welche Emo-

tion in einer bestimmten Situation normalerweise erwartet werden kann (Fernberger 1928). Eine weitere, wenn man will, Kontextbedingung ist die zeitliche Erstreckung der Stimulus-Präsentation; längere „Szenen" liefern mehr Information als „Schnappschüsse". Ein lächelndes Gesicht nach einem „grimassierenden" liefert einen anderen Hinweis, vielleicht auf „Erleichterung", als dasselbe Lächeln, wenn es nach einem ausdruckslosen Gesicht folgt, woraus dann etwa „freudige Überraschung" erschlossen werden kann.

(5) Ist die verwendete Stichprobe von Mimiken tatsächlich repräsentativ für die Emotion, die darin zur Erscheinung kommen soll? Es ist bekannt, daß verschiedene Individuen dieselbe Emotion, z. B. Haß oder Ekel, auf zum Teil recht verschiedene Weise ausdrücken. So muß also auf eine größere Anzahl von Individuen zurückgegriffen werden, wenn ein geeignetes Reizmaterial für solche Experimente hergestellt werden soll.

Überblickt man diese methodischen Fragen summarisch, so laufen sie allesamt darauf hinaus, daß die Erschließung von Zuständen des Partners wie Emotionen oder auch Intentionen oder aktuelle Einstellungen *nicht* an einem *einzelnen* (isolierten) Hinweisreiz festgemacht wird, sondern von dessen Einbettung in die gesamte, über die Zeit sich erstreckende Reizsituation ausgeht – auch wenn ein Wahrnehmender meint, „nur" am leichten Zucken eines Mundwinkels seines Partners dessen beginnende Verstimmung oder Verärgerung abgelesen zu haben. Dasselbe Element, aus einem Film isoliert dargeboten, wäre für ihn nahezu bedeutungslos bzw. würde nur mit extremer Unsicherheit beurteilt werden können. Auch dieser nutzt Kontextinformation; er steht ja mit seinem Partner selbst in einem aktuellen Interaktionszusammenhang und hat die in seinem Gedächtnis gespeicherten Kontexterfahrungen zur Verfügung.

3.3.3. Die Erschließung „personaler Gegenstandsbedeutungen"

Als wir im vorangegangenen Abschnitt das Problem der Hinweisreize in der interpersonellen Wahrnehmung erörterten, gerieten wir mitten in die Diskussion über die von jenen abgeleiteten Erschließungsprozesse, die wir nunmehr etwas genauer untersuchen wollen. Das ist natürlich verständlich: Von Partnern oder anderen Personen ausgehende „Reize" wirken eben nur dann als „Hinweise", wenn von ihnen aus tieferliegende Dispositionen *erschlossen* werden; ohne diesen Zusammenhang würden sie zu den „Situationsafferenzen" (Anochin 1967) rechnen, die zwar in die Gesamtwahrnehmung einer Verhaltenssituation eingehen, aber sozusagen im Hintergrund bleiben und keine eigenständige Bedeutung haben. Nur aus Gründen einer übersichtlicheren Darstellung behandeln wir hier diese beiden Sachverhalte relativ voneinander getrennt.

Fassen wir aber zuerst noch einmal die wesentlichen Einsichten zusammen, die wir über die Natur von Hinweisreizen in der Partnerwahrnehmung gewonnen haben:

Es werden solche „Reize" als Hinweisreize genutzt, die den bevorzugten (bzw. bevorzugt beachteten) Eigenschaften oder Zuständen am anderen entsprechen. Das sind demzufolge Qualitäten, die im jeweiligen Interaktionszusammenhang, in dem A zu B steht, für A bedeutsam sind. Wegen der „Natur" dieser Qualitäten, die wir allgemein (nach Heider) als „dispositionale Qualitäten" charakterisierten, sind Hinweisreize nur selten statische Merkmale des anderen, sondern vor allem dessen funktionale, dynamische Beschaffenheiten. Das bedeutet, anders ausgedrückt, daß als Hinweisreiz in der Regel eine Vielzahl von Informationen aus einem zeitlich und/oder räumlich ausgedehnten Kontext genutzt wird. Der Perzipient wendet dabei erworbene Korrespondenzregeln an, nach denen er bei der Erschließung dispositionaler Qualitäten verfährt.

An dieser Stelle möchten wir noch einmal darauf hinweisen, daß die eben favorisierte Kontextbestimmtheit dieser spezifischen Informationen, die wir mit „Hinweis" bezeichnen, nicht nur dafür gilt, sondern ein ganz allgemeines Merkmal in organismischen Wahrnehmungsleistungen ist. Das geht schon aus dem Umstand hervor, daß die organismischen Informationsverarbeitungsprozesse immer als notwendige, bedingende und bedingte Glieder in die höchstkomplexe Wechselwirkung zwischen Organismus und Umwelt eingeschlossen sind, und zwar als Regulatoren des Verhaltens. Somit steht jedem Organismus in einer beliebigen Lebenssituation immer eine sehr große Anzahl von Ereigniszusammenhängen gegenüber, die er in einen lebensdienlichen Zusammenhang mit seiner Aktivität zu bringen hat; er ist also gezwungen, die für ihn notwendige Information auch in ihrem natürlichen Zusammenhang aufzunehmen oder, wenn ihm das nicht gelingt, einen Kontext darüber zu stiften, damit er sein Verhalten einigermaßen systemdienlich und umweltangepaßt gestalten kann. Im Falle einer subjektiven Stiftung eines Zusammenhangs wird es natürlich darauf ankommen, daß sich dieser nicht allzuweit von der Realität entfernt.

Die Erschließungsprozesse oder *Inferenzen,* die wir im folgenden näher besichtigen wollen, dienen in letzter Instanz der *Rekonstruktion* der für das Verhalten relevanten objektiven Zusammenhänge innerhalb der Umwelt und – vor allem – zwischen dem Menschen und seiner sozialen, interpersonellen Umwelt.

3.3.3.1. Zur Charakteristik von Inferenzprozessen

3.3.3.1.1. Einige Vorbemerkungen zu verwendeten Begriffen

Wir haben in den vorangegangenen Abschnittten für den zur Diskussion stehenden kognitiven Prozeß die Termini „Erschließung", als Verb „erschließen", oder „Inferenz" (wofür im Deutschen kein Verb existiert) gebraucht. Das ist im Grunde nichts anderes als das, was in der formalen Logik „Schlußfolgerung", „schlußfolgern" (oder einfacher „folgern") und „Konklusion" genannt wird. Wir halten es jedoch für zweckmäßig, zwischen dem Sachverhalt, der mit „Konklusion" bezeichnet wird, und dem, den wir hier mit „Inferenz" oder „Erschließung" bezeichnen, relativ zu unterscheiden. Die kognitiven Prozesse (des „Erschließens" von Bedeutungen) verlaufen in der Regel nicht in den strengen Formen der formal-logischen Syllogismen, und demzufolge sollte „Schlußfolgerung" oder „Konklusion" für diese reserviert bleiben.

Natürlich dürfen wir keinen absoluten Unterschied unterstellen. Die Syllogismen der Logik wurden ja nicht aus der Luft gegriffen, auch wenn sie manchem als sehr künstlich erscheinen mögen. Zwar sind sie weitgehende Formalisierungen mit normativem Charakter, aber eben Formalisierungen der „natürlichen" kognitiven Prozesse, ihnen sozusagen „abgelauscht". Der für uns wesentlichste Unterschied ist der Umstand, daß Inferenzen – in der Regel – nicht diskursiv entfaltet werden, also verkürzt und implizit ablaufen, während strenge Schlußfolgerungen – wieder in der Regel – explizit und diskursiv vollzogen werden. Wertheimer (1920) hat den Unterschieden zwischen formalen Schlußfolgerungen und „Schlußprozessen im produktiven Denken" eine außerordentlich interessante Abhandlung gewidmet, in der er die spezifischen Unterschiede zwischen beiden herausarbeitete.

Gegen einen absoluten Unterschied zwischen „Inferenzen" und „Konklusionen" spricht auch der Umstand, daß implizite und explizite Abläufe dieser kognitiven Prozesse ineinander übergehen können; implizite Inferenzprozesse und -resultate können nachträglich bewußt werden, explizit gezogene Schlüsse können „verinnerlicht" werden und dann automatisch, nichtdiskursiv, ablaufen.

Die Ähnlichkeit zwischen (mehr impliziten) Inferenzen und (mehr expliziten) Schlüssen kann auch aus dem bekannten Modell des klinischen Diagnostizierens von Sarbin, Taft und Bailey (1960) ersehen werden, das die Autoren „syllogistisches Inferenzmodell" nennen. Es kann auch – über seinen eigentlichen Gegenstand hinaus – Anregungen für eine detailliertere Erfassung der Partnerwahrnehmung liefern. Es handelt sich um ein deskriptives Modell, in dem sechs Elemente des Prozesses erfaßt werden; wir referieren es gleich mit Beispielen aus der nichtklinischen Personenwahrnehmung:

(1) Das interne System der Postulate des Urteilers und dessen implizite oder explizite Prämissen (Mannschaftssport erfordert kooperative Haltung; Menschen mit kooperativen Haltungen haben in der Regel viele Freunde).

(2) Ein syllogistischer Obersatz, von dem System der Postulate abgeleitet (Menschen, die Mannschaftssport gern haben, neigen zu kooperativen Haltungen).

(3) Beobachtung eines Ereignisses (Untersatz), das dem Obersatz genügt (Peter spielt Handball).

(4) Generalisierung des Ereignisses, seine Verwandlung in ein Beispiel einer allgemeinen Klasse (Handball ist ein Mannschaftssport).

(5) Inferenzergebnis oder Schlußfolgerung (Peter ist wahrscheinlich kooperativ).

(6) Voraussage (Peter hat wahrscheinlich viele Freunde).

In dieser Deskription von Inferenzprozessen werden die kognitiven Operationen weitgehend mit Begriffen der formalen Logik bezeichnet. Es ist gar nicht so schwierig, sie in unserer bisher verwendeten Beschreibungsweise darzustellen: Das „System der Postulate" ist das im Gedächtnis gespeicherte und selektiv aus ihm abrufbare interne kognitive System, das solchen Erschließungen zugrunde liegt; es handelt sich um das, was wir vorläufig als „implizite" (oder auch naive) Persönlichkeits- und/oder Verhaltenstheorie bezeichnet haben. Die Obersätze und die Untersätze des Syllogismus bilden dann die daraus ableitbaren Hypothesen, die nach unseren Voraussetzungen jedem konkreten Wahrnehmungsakt zugrunde liegen; wir werden diesen Sachverhalt dann noch näher erörtern.

3.3.3.1.2. „Theorien" und „Hypothesen" in Erschließungsprozessen

Wieder in scheinbar paradoxer Weise müssen wir, um die Erschließungsprozesse differenzierter zu kennzeichnen, von einem „anderen Ende" her anfangen, nämlich von den „Theorien" und „Hypothesen", die der Wahrnehmende verwendet, wenn er von den sensorisch zugänglichen Hinweisreizen ausgehend die dispositionalen Qualitäten bzw. personalen Gegenstandsbedeutungen erschließt. Das soll zunächst an einem einfachen Beispiel veranschaulicht werden, das aus einem wirklichen Ereignis rekonstruiert wurde:

Ein Ehepaar zieht mit einem eben adoptierten zweijährigen Mädchen in eine andere Stadt, läßt aber die neuen Hausgenossen im Glauben, es handle sich um ein eigenes Kind. Bei Begegnungen werden, wie das so üblich ist, Aussagen über die Ähnlichkeit des Kindes mit den Eltern und sogar mit den häufiger anwesenden Eltern der Adoptivmutter getroffen. Ein Urteiler meint, das Kind sei „dem Vater wie aus dem Gesicht geschnitten", ein anderer dagegen sieht nur eine deutliche Ähnlichkeit mit der Mutter, und zwar nicht nur in morphologischen Merkmalen, sondern auch in funktionalen, wieder andere Hausgenossen behaupten überzeugt, das Kind habe diese oder jene Merkmale von Großmutter oder Großvater geerbt.

Zwischen den Urteilenden bestand also im großen und ganzen eine nur sehr geringe bzw. gar keine Übereinstimmung in diesem Urteilsbereich – was natürlich zu erwarten war.

Wie aber kann dieser Wahrnehmungseindruck (und daß es ein solcher ist und keine bloße höfliche Anmerkung, das sei unterstellt) erklärt werden?

Offensichtlich lassen sich solche Perzipienten von der wahrscheinlich sehr allgemeinen Neigung (Bruner und Tagiuri 1954) leiten, in solchen Situationen eine Verwandtenähnlichkeit zu sehen. Sie gehen also mit einer entsprechenden Erwartung (oder Einstellung) an eine solche Wahrnehmungsaufgabe heran: Wenn dieses Mädchen das Kind ihrer Eltern ist, dann muß also auch eine entsprechende Verwandtenähnlichkeit zu bemerken sein! Hinter dieser Erwartung aber steht ein allgemeinerer „theoretischer Satz" oder ein Postulat, dem zufolge Blutsverwandte einander (zumindest morphologisch) ähnlich sein müssen. Weil aber die Wahrnehmung morphologischer und besonders der funktionalen Merkmale recht unbestimmt ist, kann eine solche Erwartung, wenn sie nur stark genug ist, auch dann im Wahrnehmungsprozeß „durchschlagen", wenn objektiv gar keine Ähnlichkeiten – außer vielleicht ganz allgemeinen – vorliegen.

Mit diesem Beispiel haben wir einige Momente einer Theorie der Wahrnehmung erwähnt, die recht solide ausgearbeitet ist und – nach unserer Meinung – auch für die interpersonelle Wahrnehmung nützlich werden kann. Sie ist in der deutschen Literatur als „Hypothesentheorie der sozialen Wahrnehmung" (Irle 1975; Lilli 1975, 1978 u. a.) bekannt. Sie wurde in ihren Grundlagen von Bruner (1951, 1957) und Postman (1951) entwickelt; der zentrale Begriff der Hypothese heißt dort „perceptual set" = „Wahrnehmungseinstellung" oder „cognitive predisposition" = „kognitive Prädisposition". Wir werden den Hypothesenbegriff trotz möglicher Einwände von seiten der Philosophie beibehalten und den Grund dafür später entwickeln.

Um unsere Gedanken zur Benutzung dieser Theorie für unser Problem zu fundieren, muß sie aber erst einmal – als Exkurs – referiert werden, und zwar noch ohne direkten Bezug zur interpersonellen Wahrnehmung und Urteilsbildung.

3.3.3.1.3. Exkurs in die Hypothesentheorie der sozialen Wahrnehmung

Beginnen wir mit einem Beispiel, das die Denkweise dieser Theorie charakterisieren soll. Wir entnehmen es einer Abhandlung von Lilli (1978).

Jemand löst ein Puzzle-Spiel. Der Spieler stellt immer dann eine Hypothese auf, wenn er ein Teilchen wählt. Die Hypothese lautet: Wie muß die

Stelle im Gesamtbild in bezug auf Form und Textur aussehen, damit ich dieses Teilchen richtig einfügen kann? Trifft er die Stelle, dann war seine Hypothese richtig, wurde sie „verifiziert". Findet er sie nicht, dann ist sie „falsifiziert"; er muß nun eine andere Hypothese bilden und prüfen, ob das Teil an eine andere Stelle. paßt. Woodworth (1947) nannte diese Prozedur – im Kontrast zum „trial and error" – „trial and check" (Versuch und Prüfung). Wenn der Puzzle-Spieler zu einem weiteren Teil übergeht, dann wird er vielleicht durch die Wahrscheinlichkeit beeinflußt, daß die Information, die er durch das vorangegangene Teilchen erhalten hat, allgemein die gewählte Hypothese unterstützt oder nicht unterstützt hat. Wählt ein Spieler eine Hypothese, so kann das durch frühere Erfahrungen mit demselben oder einem sehr ähnlichen Teil mitbedingt sein. Hatte er viele bestätigende Erfahrungen damit, so kann es auch sein, daß er an der gerade jetzt nicht zu bestätigenden Hypothese festhält. Weiter kann die Konzipierung einer Hypothese auch aus dem Zusammenhang des bisher gelegten Puzzles beeinflußt werden. Wenn andere Leute dem Spieler zuschauen und Vorschläge machen, so können diese den Spieler bezüglich seiner Hypothese bestätigen oder auch widerlegen.

Wenn nun die Endphase der Lösung erreicht wird, dann kann angenommen werden, daß der Spieler jetzt in der Wahl seiner Hypothesen sicherer wird, da durch die Einschränkung in der Anzahl von Alternativhypothesen die aktuelle gestärkt wird. Zusammenfassend und allgemein läßt sich sagen, daß Wahl, Bestätigung oder Ablehnung von Einzelhypothesen durch den gesamten Prozeß der Hypothesenbildung und -prüfung und durch den gegenseitigen Zusammenhang der Hypothesen beeinflußt werden können.

Lilli macht zu Recht darauf aufmerksam, daß es zum normalen Wahrnehmungsvorgang (nach der Theorie von Bruner) Unterschiede gibt: (1) Der Spieler hat beim Puzzle die für seine Hypothesen bedeutsamen Informationen extern zur Verfügung, der Wahrnehmende muß sich auf die intern, d. h. im Gedächtnis gespeicherten Informationen stützen. Deshalb können hier fehlerhafte, nicht mit der Realität übereinstimmende (nichtveridikale) Hypothesen unter Umständen ebenso verifiziert werden wie veridikale. (2) In der Wahrnehmung verläuft die Prüfung von Hypothesen sehr viel schneller als beim Lösen eines Puzzles.

Wie aus unseren Erörterungen und dem Beispiel von Lilli leicht geschlossen werden kann, ist diese Wahrnehmungstheorie eine *kognitive* Theorie. Es könnte gegen sie eingewendet werden, daß sie den Einfluß motivationaler Faktoren auf das Wahrnehmungsresultat nicht berücksichtige. Sehr viele Untersuchungen haben schließlich gezeigt, daß solche motivationalen Faktoren wie der Zustand organischer Bedürfnisse (Levine, Chein und Murphy

1942), wie Werthaltungen (Postman, Bruner und McGinnies 1948) und Wertbesetzungen der Wahrnehmungsobjekte (die bekannten Experimente über die Größenschätzung von Münzen von Bruner und Goodman 1947) und andere die Wahrnehmung kodeterminieren können, und zwar als nichtsensorische Einflüsse (vgl. auch die Zusammenfassung bei F. H. Allport 1955).

In der Hypothesentheorie sind es primär nicht Bedürfnisse, Werthaltungen und andere motivationale Zustände des Perzipienten, die Wahrnehmungen determinieren, sondern es sind die Erwartungen, Einstellungen oder Hypothesen (Erwartungshypothesen). Aber jene motivationalen Zustände werden in dieser Theorie als *Dimensionen* der kognitiven Hypothesen selbst angesehen: Sie determinieren nicht den Wahrnehmungsprozeß und sein Resultat direkt, sondern die den perzeptiven Prozessen zugrunde liegenden Hypothesen oder Wahrnehmungseinstellungen, indem sie mitbestimmen, welche Hypothese gewählt oder aktiviert wird, wie stark sie ist und sich demzufolge gegenüber alternativen Hypothesen durchsetzt, welchen Widerstand sie Falsifikationen entgegensetzt und wie leicht sie verifiziert werden kann. Diese Sichtweise beseitigt eine Reihe von Widersprüchen, die den dynamischen Wahrnehmungstheorien anhängen – worauf wir hier aber nicht näher eingehen können. Im Abschnitt 3.3.4.3.4. werden wir – in einem etwas anderen Zusammenhang – noch einmal darauf zurückkommen.

Nun kurz zu den Kernsätzen der Theorie; wir halten uns hier wieder an die vorzügliche und klare Zusammenfassung von Lilli (1978).

(1) Die fundierenden Annahmen:

(1.1.) Ein Wahrnehmungsprozeß beginnt nicht erst mit der Eingabe von Außenweltinformation, sondern mit der Aktivierung einer Erwartung bzw. Hypothese, in der Annahmen über das Auftreten von Informationen enthalten sind. Die Hypothese bestimmt, welche Beschaffenheiten der Information bevorzugt aufgenommen werden.

(1.2.) Die Wahrnehmung läuft in einem dreiphasigen Zyklus ab, der bis zur endgültigen Bestätigung wiederholt wird: (a) die Bereitstellung der Hypothese, (b) die Aufnahme von Information über das distale Objekt und (c) die Bestätigung oder Widerlegung der Hypothese.

(2) Die allgemeinen Annahmen der Theorie, die sogenannten Kovariationstheoreme:

(2.1.) Je stärker eine Hypothese ist, desto größer ist die Wahrscheinlichkeit, daß sie aktiviert wird.

(2.2.) Je stärker eine Hypothese ist, desto weniger an unterstützender Information wird zur Bestätigung benötigt.

(2.3.) Je stärker eine Hypothese ist, desto mehr an widersprechender Information wird zu ihrer Falsifikation benötigt.

(3) Die speziellen Annahmen über die Determinanten der Hypothesenstärke:

(3.1.) Je öfter eine Hypothese bekräftigt wird, desto stärker ist sie.

(3.2.) Je größer die Menge der alternativen Hypothesen in einer Wahrnehmungssituation ist, desto mehr an Information ist notwendig, damit eine davon bestätigt wird.

(3.3.) Je stärker eine Hypothese durch motivationale Faktoren gestützt wird, desto weniger Information wird zu ihrer Bestätigung benötigt und desto mehr Information wird zu ihrer Falsifikation gebraucht.

(3.4.) Je fester eine Hypothese in ein umfassenderes kognitives System eingebettet ist, desto weniger an Information wird zu ihrer Bestätigung und desto mehr zu ihrer Widerlegung benötigt.

(3.5.) Je stärker eine Hypothese kognitiv unterstützt wird, desto mehr an widersprechender Information ist nötig, um sie zu falsifizieren.

(3.6.) Je geringer die Menge der unterstützenden Information, die überhaupt erhältlich ist, desto mehr tendiert die Wahrnehmung dazu, von einer dominierenden Hypothese bestimmt zu werden.

(3.7.) Wenn in einer Situation nicht genügend passende Information verfügbar ist, dann kann auch die Übereinstimmung der Mitglieder einer Gruppe die Hypothese validieren.

Das ist also in knapper Fassung das Wichtigste aus der Hypothesentheorie der sozialen Wahrnehmung. Wenn auch keines ihrer Theoreme vor anderen bevorzugt werden darf, so möchten wir angesichts unseres Themas doch die Aufmerksamkeit auf die unter (3) angeführten Annahmen zur Hypothesenstärke lenken. In diesen sind – in der gewählten Formulierung noch etwas verdeckt – Hinweise darauf enthalten, in welchem Ausmaß die bei einem Perzipienten vorhandene implizite Theorie die in einer Situation aktivierte Hypothese beeinflußt; es sei noch einmal an das zu Anfang dieses Abschnitts beschriebene Beispiel der Verwandtenähnlichkeit erinnert. Es ist aber noch etwas mehr herauslesbar: Wie wir an einigen Stellen bereits angemerkt haben und wie das auch der Alltagserfahrung entnommen werden kann, steht zumeist „hinter" einer solchen „Theorie über die Realität", so naiv sie auch sein mag, eine Wertvorstellung oder ein subjektives Wertsystem, das mit der Bedeutsamkeit des Sachverhalts der Wirklichkeit für den Perzipienten, über den er die Theorie gebildet hat, zusammenhängt. Die „Dinge der Welt" können uns ja mehr oder weniger berühren oder betreffen, und je mehr sie für unser Leben und Verhalten bedeutsam und wertvoll sind, um so stärker wird die darüber gebildete Theorie mit Wertvorstellungen verknüpft sein. So haben frühere Untersuchungen über Einstellungsänderungen, z. B. von v. Cranach, Irle und Vetter (1965) am Falle des sogenannten „Bumerang-Effekts" gezeigt, daß die damit bezeichnete Einstellungsänderung entgegen der Beeinflussungsrichtung dann aufzutreten pflegt, wenn die betreffende soziale Einstellung in einem übergreifenden individuellen Wert- oder Überzeugungssystem *verankert* ist. In der Sprache der Hypothesentheorie heißt das aber nichts anderes als: Wenn ein Mensch in einer Beeinflussungssituation mit Sätzen über Einstellungen konfrontiert wird, dann werden die Wahrnehmung und die Verarbeitung der Aussagen bzw. Ereignisse von der *Stärke* seiner aktivierten Hypothese diesen gegenüber bedingt, die im Falle einer sehr festen Verankerung in einem Wertsystem die vorgelegte konträre Hypothese falsifiziert, wobei sich die ursprüngliche unter Umständen noch weiter verfestigen kann und extremisiert wird.

Ein wahrscheinlich sehr entscheidender Faktor der Hypothesenstärke ist demnach die Verankerung des der Hypothese entsprechenden theoretischen Satzes in einem übergreifenden Wertsystem des informationsverarbeitenden Individuums. An späterer Stelle werden wir darauf noch einmal zurückkommen (s. Abschn. 3.5.).

3.3.3.1.4. Die Hypothesentheorie in der Personenwahrnehmung

Wahrscheinlich gibt es für uns Menschen kaum etwas Wichtigeres und Bedeutsameres als unsere soziale, gesellschaftliche Welt – und darin diejenige, die von unseren Mitmenschen gebildet wird. Das läßt vermuten, daß für die Theorien, die diese soziale Welt betreffen, eine starke Verankerung in unserem subjektiven Wertsystem gegeben sein dürfte. Das sei bedacht, wenn wir im folgenden versuchen, die abstrakten Sätze der Hypothesentheorie der sozialen Wahrnehmung auf die interpersonelle Wahrnehmung zu übertragen.

Zu (1.1.): In wahrscheinlich höherem Grade als die Wahrnehmung anderer Objekte beginnt die interpersonelle Wahrnehmung mit einer Erwartung bzw. Hypothese. Diese bestimmt dann, was an der eintreffenden Information ausgewählt wird, wie die aufgenommenen Informationen sodann organisiert oder integriert werden, welche Momente am internen Abbild akzentuiert, bewertet und endlich fixiert werden.

Die empirischen Befunde, die wir in den Abschnitten 3.1.2. und 3.1.3. dargestellt haben, könnten an dieser Stelle ebenfalls als partieller Beleg für diese Aussage dienen. Wir erinnern z. B. an die graduelle Urteilsverschiebung, die im Experiment von Kopsch und Werner (1980) je nach den Interaktionsanforderungen gefunden werden konnte. Das ließe sich auch in folgender Weise ausdrücken: Die Instruktion an die Vp, mit der Zielperson gerade *diese* Aufgabe gemeinsam auszuführen, und die Akzeptierung wie auch dann die Bewältigung der Aufgabe führen dazu, daß in der Vp bestimmte Hypothesen über den (vorher unbekannten) Partner aktiviert werden, die dann die Aufnahme und Verarbeitung der Informationen aus dem Verhalten von B kodeterminieren. Es kann dann angenommen werden, daß die in diesem Prozeß – iterativ – bestätigten Hypothesen jene Momente am Endurteil sind, die in diesem hervortreten (was im freien Urteil besonders gut zu ersehen war – allerdings nur deskriptiv, da diese nicht quantitativ zwischen den Vpn verglichen werden können).

In einer Untersuchung von Kelley (1948) wurde zwei Gruppen von Schulklassen ein neuer Lehrer angekündigt, der in Wirklichkeit ein und dieselbe Person war. In der einen Gruppe wurde er als „warmherzig", in der anderen als „kühl" avisiert. Aus den späteren Urteilen der Schüler ging hervor, daß das Verhalten des Lehrers ganz in der Richtung der damit aktivierten dominierenden Hypothese wahrgenommen und interpretiert worden war.

Es gibt sicherlich mehrere Möglichkeiten, *wie* eine wahrnehmungsleitende Hypothese entsteht: Entweder als über eine Instruktion vermittelte „Vorinformation", wie in dem Experiment von Kelley, oder aus der voraufgegangenen Sequenz der wahrgenommenen Ereignisse (wenn A einen B beobachtet, der eine Serie von Aufgaben gut löst, dann kann sich nach einigen Aufgaben, die B richtig bewältigt hat, bei A die Hypothese ausbilden, daß B auch die weiteren Aufgaben der Serie richtig lösen wird).

Eine Hypothese kann auch aus einer Intention zu einer bestimmten Handlung entstehen. Es ist auch der Fall nicht auszuschließen, daß sich eine Hypothese im Anschluß an eine in der Situation enthaltene Information ausbildet, die mehr oder weniger zufällig aufgenommen wird, so daß der perzeptive Prozeß nicht mit einer Hypothese beginnt. Ein Bahnreisender, der zu dem gerade einsteigenden und sich ihm gegenüber plazierenden Mitreisenden blickt, kann unter Umständen durch die Art, wie jener sich verhält, zum Beispiel weil er ihm „offen" und „freundlich" beim Gruß in die Augen blickt, zu der Hypothese veranlaßt werden, jener sei „zugänglich" oder „aufgeschlossen" und demzufolge geeignet, als Partner für eine die Langeweile vertreibende Konversation zu dienen. Natürlich könnte ein Vertreter der Hypothesentheorie dazu einwenden, daß bei dem Reisenden *vorher* schon eine Bereitschaft oder Neigung zur Konversation gegeben sein müsse, also auch eine Art allgemeiner Hypothese, nach der dann die eintreffende Information als „Offenheit" wahrgenommen werde.

Eine solche Interpretation legt den Gedanken nahe, zwischen mehr allgemeinen Erwartungen (Hypothesen, Einstellungen) und mehr speziellen und aktuellen zu unterscheiden oder genauer: die in einer konkreten Wahrnehmungssituation wirkende Hypothese als Aktivierung aus dem generalisierten Fond der *„Wahrnehmungsbereitschaften"* (Lilli 1978) zu interpretieren.

Ein Streit darüber, ob „Reiz" oder „Hypothese" das Primäre für den Wahrnehmungsprozeß sei, gliche allerdings dem berühmten Henne-Ei-Problem; keine Wahrnehmung eines Menschen beginnt beim Stande Null, sondern jede beruht immer auch auf vorausgegangenen Ereignissen im Bewußtsein des Perzipienten; andererseits aber gibt es keinen Wahrnehmungsprozeß, der nicht von eingehenden „Reizen" in Gang gesetzt wird – außer in pathologischen Fällen, z. B. bei Halluzinationen. Da aber, speziell für die *soziale* Wahrnehmung, die Beteiligung des Kontextes (welcher Art auch immer) *konstitutiv* ist, kann diese Basisannahme auch für die interpersonelle Wahrnehmung aufrechterhalten werden.

Zu (1.2.): Auch die Annahme, die Wahrnehmung sei ein iterativer Prozeß, dessen einzelner Durchlauf aus drei Phasen bestünde, kann zweifellos auch für die interpersonelle Wahrnehmung bestätigt werden. Wir haben diesen Umstand, allerdings noch nicht spezifiziert, mehrfach³ gefunden und z. B. im Schema der Abb. 3 dargestellt („Eingangs-Ausgangs-Verschränkung" in der Interaktion). Das „Hin und Her" eines Interaktionsprozesses kann geradezu mit diesem Paradigma erfaßt werden; die Hypothese, die A über B zufolge seiner Verhaltensintention bereitstellt, läßt ihn die von B gelieferten Informationen (in den Hinweisreizen) in einer wahrscheinlich hypothesenkonformen Weise aufnehmen und zentral verwerten, was sein Bild – das Bild von A über B – vorläufig konstituiert. Damit wird gleichsam die Hypothese geprüft und bestätigt oder auch widerlegt – was zum Neubeginn dieses Zyklus führt. So formt sich allmählich ein wenigstens vorläufig valides „Bild vom anderen".

Die Aussage von der „allmählichen Formung" des Partnerbildes bezieht sich auf das zumeist über eine längere Zeit hin erstreckte Kennenlernen eines anderen, zu dem man in eine bestimmte Beziehung eingetreten ist. Jedermann weiß, welche Wandlungen im „Bild vom anderen", d. h., wieviel Prüfungen und Verwerfungen von Hypothesen dabei eintreten können, je nachdem welche situativen und aktionalen Bedingungen vorkommen, die das Verhalten des anderen überhaupt und ihm gegenüber beeinflussen können. Die Verhaltensmöglichkeiten einer Individualität sind ja nahezu unerschöpflich, und das um so mehr, je entwickelter und ausgeprägter die Persönlichkeit des anderen ist. Somit ist die Erkenntnis über einen anderen nie fertig, und es kann nur subjektiv der Glaube eintreten, jetzt habe man den anderen „in seiner wahren Natur" vollständig erkannt.

Natürlich hängt die „Tiefe des Eindringens" in den anderen von den Anforderungen ab, die von der Beziehung und den intendierten Interaktionen gestellt werden; beim zufälligen Gesprächspartner im Eisenbahnabteil beschränken wir uns zumeist auf eine relativ oberflächliche Kenntnis, in Bindungspartnerschaften dagegen scheint wohl eine wesentlich gründlichere Erkenntnis vonnöten zu sein.

Da wir Menschen aber, um rasch kooperations- und kommunikationsfähig zu sein, meist nicht so lange warten können, bis sich das „vollkommene" Bild des anderen in längerwährenden perzeptiven und kognitiven Prozessen gebildet hat, stellt unser informationsverarbeitendes System Mechanismen bereit, die eine möglichst rasche und vorläufig zureichende Abbildung gewährleisten, nämlich die Formung des „ersten Eindrucks", die in sehr kurzer Zeit erfolgt und deren Bildungsetappen zumeist ganz unbewußt bleiben. Ob nun aber an sehr kurze oder längerwährende Prozesse gedacht wird: Der gemeinte phasische und iterative Vorgang ist derselbe.

Zu (2.1.) bis (2.3.): Die drei Kovariationstheoreme der Theorie, die beschreiben, mit welchem Betrag an Information die Stärke einer Hypothese kovariiert, wenn sie bestätigt oder widerlegt werden soll, lassen sich am besten mit Beispielen aus der *stereotypen* Personenwahrnehmung veranschaulichen. Geht A von der sehr vereinfachenden Annahme aus, daß „dicke Leute immer gemütlich", „hagere dagegen ungemütlich" seien, dann könnte B (den er z. B. am Tisch im Ferienheim zufällig trifft), der „objektiv" gemütlich, aber hager ist, zunächst einmal als ungemütlich wahrgenommen werden, d. h., A interpretiert das beobachtete Verhalten anders, als es „in Wirklichkeit" ist. Das ist in einem solchen Falle gar nicht so schwer, da es wahrscheinlich kaum ein einfaches und ganz objektives Kriterium dafür geben wird, wann sich jemand „gemütlich" und wann „ungemütlich" verhält. Zeigt sich B bei der ersten Begegnung etwas zurückhaltend, dann wird A das sehr rasch als Bestätigung seiner Hypothese ansehen. B müßte dann eine sehr große Anzahl „gemütlicher" Verhaltensweisen produzieren, ehe sich A davon überzeugt, daß auch Hagere gemütlich sein können.

Am Rande verweisen wir dabei auf einen wohlbekannten Umstand der stereotypen Personenwahrnehmung, und zwar auf Vorurteile: B, der vielleicht merkt, daß ihn A anders einschätzt, als er sich selbst, was er aus dessen Verhalten ihm gegenüber erschließen kann, kann nun leicht in die Lage kommen, jene Verhaltensweisen, die A von ihm erwartet, auch zu manifestieren. Erfährt ein rothaariger B sein Leben lang, „Rothaarige seien intrigant", so kann es wohl dahin kommen, daß sich in ihm eine entsprechende Eigenschaft ausbildet, so daß solcherart das Vorurteil immer wieder bestätigt wird. Max Frisch hat diesen Mechanismus meisterhaft in seinem Bühnenstück „Andorra" gestaltet.

Die speziellen Sätze der Theorie, die die Determinanten der Hypothesenstärke beschreiben (in unserer Bezifferung (3.1.) bis (3.6.)) können recht einfach mit Hilfe des Beispiels aus der stereotypen Wahrnehmung auf unser Problem angewendet werden. Es darf jedoch nicht der Eindruck entstehen, die Theorie passe nur dazu, die Mechanismen sozialer Stereotype und Vorurteile zu erfassen; sie lassen sich daran nur am einfachsten demonstrieren. Es sei noch einmal auf den „Hintergrund" einer Hypothese und auf die Bedingungen für ihre Stärke verwiesen, den bzw. die wir in einer impliziten Theorie und im „Verankerungssystem", der individuellen Wertvorstellung, gefunden haben (s. unter Abschnitt 3.3.3.1.3.). Wir haben dabei unterstellt, daß Hypothesen, die unsere Wahrnehmung sozialer und interpersoneller Ereignisse betreffen, besonders stark im subjektiven Wertsystem verankert sein dürften; das würde auch erklären, daß zum Beispiel Stereotype und Vorurteile besonders stark mit dem phänomenalen Ausdruck von Wertbesetzungen, nämlich mit emotionalen Reaktionen, verknüpft sind. Das gilt selbstverständlich auch für nichtstereotype und vorurteilslose interpersonelle Wahrnehmungen.

Wir wollen aber an dieser Stelle auf eine weitere Explikation verzichten, da wir uns, im Abschnitt 3.3.4., damit weiter befassen werden.

Wir haben die Hypothesentheorie der sozialen Wahrnehmung in den allgemeinen Zusammenhang der Erschließung von personalen Gegenstandsbedeutungen eingeordnet und müssen uns nun fragen, was sie dafür zu leisten imstande ist und was nicht.

Zunächst wird diese Theorie einem Umstand der interpersonellen bzw. Partner-Wahrnehmung gerecht, den wir als *unabdingbar* angesehen haben, nämlich dem Umstand, daß die Wahrnehmung eines Partners und das Urteil über ihn *immer* auf Voraussetzungen *im* Perzipienten beruht und in den Kontext der interaktiven Tätigkeit eingebunden ist. Das tritt psychologisch eben als eine implizite Hypothese in Erscheinung, von der die Wahrnehmung des Partners kodeterminiert wird. Dabei ist es im Grunde gleichgültig, ob wir diese Prämisse des Wahrnehmungsvorgangs als Hypothese, als Wahrnehmungs-Einstellung oder als Erwartung bezeichnen. Was diese Theorie nicht leistet (auch gar nicht zu leisten beabsichtigt), ist für unser Thema zweierlei:

1. Sie erklärt zwar, *daß* ein Perzipient, um sich seinen Intentionen gemäß in seiner sozialen Welt zurechtzufinden, Hypothesen *benötigt*, aber nicht, *warum* ein konkreter Perzipient in einer bestimmten Situation gerade die und keine andere Hypothese bereitstellt.

2. Sie erklärt nicht die perzeptiven und kognitiven Operationen, die zu einer Bestätigung oder Verwerfung der bereitgestellten Hypothese, d. h. zu einem (impliziten oder expliziten) Urteil führen.

Natürlich ist der erste Einwand, als Frage formuliert, nicht allgemein, sondern nur für den Einzelfall zu beantworten; aber eine allgemeine Antwort ist zumindest für den Fall möglich, in dem wir auf einen Perzipienten oder eine Klasse von Urteilern treffen, deren Hypothesen und Erschließungsresultate konsistent sind: Hierfür muß nämlich das den Wahrnehmungen und Urteilen letztlich zugrunde liegende kognitive System, in letzter Instanz die individuelle *Weltanschauung* des Perzipienten, verantwortlich gemacht werden. Das ist hier wie im wissenschaftlichen Erkenntnisprozeß: Eine Hypothese hat allemal einen *theoretischen* Hintergrund, wird von einer Theorie abgeleitet. Das weiter vorn referierte Modell von Sarbin u. a. trägt diesem Umstand mit dem Begriff des „Systems der Postulate" Rechnung. Beim klinischen Psychodiagnostiker mag das eine wissenschaftliche Theorie sein, beim „naiven" Wahrnehmenden eine „naive" Theorie, etwa die von der „Gemütlichkeit der Dicken" oder über den allgemeinen Zusammenhang von Leibesfülle und Charakter. (Daß es sich in letzterem Falle um einen „Abkömmling" einer Art wissenschaftlicher Theorie, der Konstitutionstypologie von Kretschmer, handelt, sei nicht beachtet; „naiv" ist dieser theoretische Satz allemal.)

Die Hypothesentheorie trägt diesem Umstand nur indirekt Rechnung, im Zusammenhang mit der Determination der Hypothesenstärke (Sätze 3.4. und 3.5.). Das reicht allerdings für den konstitutiven Zusammenhang von Theorie und Hypothese nicht aus.

Im Abschnitt 3.3.4. werden wir, wie bereits angekündigt, dies näher diskutieren.

Um das „Defizit" zu beheben, das im zweiten Einwand markiert wurde, bietet sich eine theoretische Rahmenkonzeption an, die allgemein die Urteilen zugrunde liegenden Erschließungsprozesse zum Gegenstand hat und vor allem von Nisbett (Nisbett und Ross 1980) ausgearbeitet wurde. Wir verfahren wie oben und behandeln sie zunächst in einem Exkurs.

3.3.3.1.5. Exkurs in die Beschreibung von Erschließungsprozessen nach Nisbett und Ross (1980)

Als Ausgangspunkt ihrer Untersuchung über menschliche Erschließungsprozesse wählen die genannten Autoren eine weitverbreitete

Annahme, die seit längerer Zeit vertreten wird, wohl zuerst von Heider (1958), dann auch von Kelley (1967) und anderen. Dieser Annahme zufolge sollen die Erkenntnisprozesse des Alltags, d. h. die in das alltägliche Handeln der Menschen eingeschlossenen Perzeptionen und Kognitionen, analog zu denen des wissenschaftlichen Erkennens verlaufen. Der „Mann von der Straße" verwendet demnach im Prinzip dieselben Prozeduren und Operationen wie der Wissenschaftler, wenn er Ereignisse der Außenwelt erkennt und beurteilt; der Laie wird deshalb auch oft als „naiver Wissenschaftler" und – hinsichtlich der Erkenntnis anderer Menschen – als „naiver Psychologe" bezeichnet. Ein jüngst erschienenes Werk des belgischen Sozialpsychologen Leyens (1983), das sich mit „naiven Persönlichkeitstheorien" befaßt, trägt den Titel: „Sommes-nous tous des psychologues?" („Sind wir alle Psychologen?") und beginnt mit folgender amüsanter Anekdote:

„‚Psychologe? Das ist doch kein Beruf. Auch ich bin Psychologe‘, sagte ein Verkehrspolizist zu einem meiner Freunde. Seither ließ dieser in seinen Personalausweis eintragen: Doktor der Psychologie." (S. 5, übers. v. Verf.)

Eine weitere Annahme des in der Überschrift angeführten Buches ist die folgende: Die richtigen Urteile, zu denen unter bestimmten Bedingungen der intuitive, naive Wissenschaftler kommen kann, werden mit denselben Prozeduren erreicht, die auch zu fehlerhaften Erkenntnissen führen können. Die intuitiven Instrumente bestehen aus zwei Typen: (a) den „Wissensstrukturen", die es dem Individuum ermöglichen, die Daten aus der physikalischen und der sozialen Umwelt zu definieren und zu interpretieren, und (b) den „Urteilsheuristiken", die komplexe Erschließungsaufgaben auf zumeist einfachere Urteilsoperationen reduzieren.

Die „Wissensstrukturen", die den kognitiven Prozessen als Systeme schematisieren und abstrakten Wissens vorausgehen, sind, zumindest beim Erwachsenen, die „Filter", über die hinweg eine neu eintreffende Information verarbeitet wird. Sie identifizieren, etikettieren und kategorisieren Gegenstände und Ereignisse rasch und zumeist präzise. Sie bestimmen auch eine gewisse Menge von Erwartungen den auftretenden Objekten und Ereignissen gegenüber und enthalten ein Repertoire angemessener Reaktionen. Natürlich sind sie nicht unfehlbar; jedes Individuum muß irgendwann einmal den Preis für diese Art von „Erleichterung" in seiner

Informationsverarbeitung zahlen, wenn es gelegentlich inadäquate kognitive Strukturen und Heuristiken verwendet und somit Gegenstände und Ereignisse fehlbeurteilt. Aber ohne diese Gedächtnisstrukturen wäre unsere Kommunikation mit der natürlichen und gesellschaftlichen Wirklichkeit von Konfusion erfüllt.

Solche Strukturen werden unter anderem Theorien, Glaubenssätze, Systeme von Propositionen oder Postulaten und Schemata oder Netzwerke genannt. Wir werden später, in den Abschnitten 3.3.4. und 3.4., darauf zurückkommen.

Die vor allem von Tversky und Kahneman (1973, 1974, 1978) entwickelten und von Nisbett und Ross (1980) benutzten und weiter ausgebauten Arten der *Urteilsheuristik* sind mentale Werkzeuge, gewissermaßen „Faustregeln", mit denen der Laie eine Vielzahl von Erschließungsaufgaben löst. Es handelt sich um (a) die Repräsentativitätsheuristik, (b) die Verfügbarkeitsheuristik, (c) die Benutzung „kausaler Schemata" und (d) die Anker-Verwertung.

Sie sollen knapp vorgestellt werden, gewissermaßen als eine Auswahl aus den sicherlich noch zahlreicheren heuristischen Techniken, die im menschlichen Denken angewendet werden, aber noch nicht so gut bekannt und untersucht sind wie die genannten.

Die *Repräsentativitätsheuristik* veranlaßt den wahrnehmenden bzw. kognizierenden Menschen, manche der ihm abverlangten Erschließungsaufgaben auf wesentlich einfachere Ähnlichkeitsurteile zu reduzieren. Ein Beispiel von Nisbett und Ross mag das verdeutlichen. – Es wird ein Herr A als „schüchtern", „zartgliedrig" und als „gern Gedichte schreibend" vorgestellt. Ist A von Beruf Ingenieur oder Sinologe? – Die meisten Menschen vermuten, es handle sich um einen Sinologen. Wer so urteilt, zieht als Entscheidungsregel die Repräsentativitätsheuristik heran, nach der ihm die angeführten Eigenschaften für die Kategorie der „Sinologen" eher repräsentativ zu sein scheinen als für die Kategorie der Ingenieure. Ein im allgemeinen zutreffendes Urteil müßte aber die Verteilung von Sinologen und Ingenieuren in der entsprechenden Population berücksichtigen; da es sicher sehr viel mehr Ingenieure als Sinologen gibt, ist die Wahrscheinlichkeit, mit der die Beschreibung auf einen Ingenieur zutrifft, natürlich auch sehr viel größer als die, die für das Zutreffen auf einen Sinologen gilt. Das Urteil, Herr A sei wahrscheinlich ein Sinologe, kommt dadurch zustande, daß die Wahrscheinlichkeit, mit der diese Person einer bestimmten Kategorie angehört, nach den Eigenschaften beurteilt wird, von denen der Urteilende annimmt, daß sie eher dieser Kategorie zukommen. Andere Informationen, die die Wahrscheinlichkeit des Zutreffens mitbedingen, vor allem die Information über die zugrunde liegende statistische Häufigkeitsverteilung, werden dabei nicht berücksichtigt.

Diese Heuristik wird auch benutzt, wenn man beurteilen soll, mit welcher Wahrscheinlichkeit auf ein Ereignis (a) die Konsequenz (b) folgt oder wie hoch die Wahrscheinlichkeit ist, daß eine Wirkung (b) auf eine Ursache (a) zurückgeführt werden kann. Auch hier wird oft die Ähnlichkeit zwischen (a) und (b) zum Erschließen benutzt. „Große Ursachen, große Wirkungen" – das markiert diesen Umstand. Normalerweise trifft dies für einfache und auf der Oberfläche liegende Ursache-Wirkungs- oder Grund-Folge-Beziehungen zu: Ein großer Fuß hinterläßt eine große Spur im Sand, ein kleiner eine kleine. Die Vorstellung der Repräsentativität führt auch zu der wohlbekannten Annahme von Lotto-Spielern, daß eine Zahl, die über mehrere Monate hinweg nicht gezogen wurde, in nächster Zukunft bestimmt einmal auftreten muß; es wird hierbei angenommen, daß die Menge der gezogenen Zahlen (und oft auch ihre Sequenz) ständig für die Grundgesamtheit repräsentativ sein müsse. Dabei wird das „Gesetz der großen Zahlen" unrichtig angewendet bzw. berücksichtigt. Fehlurteile beruhen dann darauf, daß nur die Ähnlichkeitsbeziehung beachtet wird, andere Informationen aber vernachlässigt werden. Die Urteiler neigen also dazu, entweder die apriorische Wahrscheinlichkeit von Ereignissen zu vernachlässigen, meistens, weil sie diese gar nicht kennen, oder sie berücksichtigen die Größe der Stichprobe ungenügend, aus der das Urteilsobjekt stammt, oder – und das ist sehr häufig – sie nehmen bei nur zufällig eintretenden Ereignisfolgen eine zu hohe Regularität an. Wenn die Repräsentativitätsheuristik benutzt wird, um Voraussagen zu treffen, dann legt sie es dem Urteiler nahe, die ihm gegebene Information als möglichst repräsentativ für die Voraussage zu betrachten; viele Menschen berücksichtigen Extremwerte zu stark bei Voraussagen, da diese die für eine Kategorie repräsentativsten sind. Statistisch gesprochen wird dann das Regressionsproblem vernachlässigt.

Die *Verfügbarkeitsheuristik* wird verwendet, wenn Häufigkeiten, Wahrscheinlichkeiten und Verursachungsbeziehungen von Ereignissen wahrgenommen und beurteilt werden sollen. Dabei richten sich die Urteiler oft nach der Leichtigkeit, mit der sie ein Ereignis aus dem Gedächtnis abrufen oder mit der sie es sich vorstellen können. Mein Nachbar, nach der Häufigkeit der Regentage im letzten Monat befragt, überschätzte diese Frequenz erheblich; er hatte in diesem Monat seinen Urlaub an der See verbracht und sich über jeden Regenguß geärgert – deshalb fallen ihm die Regen-Ereignisse eher ein. Je „sinnfälliger" ein Ereignis ist, desto leichter wird es als häufig eintretend und als wahrscheinlicher als ein anderes beurteilt. Die Determinanten, die die Verfügbarkeit oder „Sinnfälligkeit" beeinflussen können, sind etwa die Vertrautheit mit dem Ereignis, die Anschaulichkeit, Vorstellbarkeit oder Lebhaftigkeit eines Ereignisses oder die Kürze der Zeit, die seit der letzten Wahrnehmung des Ereignisses bzw. seit der letzten Erinnerung daran vergangen ist. Ereignisse, die diese Merkmale haben, werden in ihrer Häufigkeit oder Wahrscheinlichkeit leichter überschätzt, Ereignisse dagegen, die man sich schlecht vorstellen kann, die lange Zeit zurückliegen oder abstrakter Natur sind, werden eher unterschätzt.

Außer diesen Arten der Urteilsheuristik werden bei Erschließungen auch noch gewisse *kausale Schemata* benutzt, die auf vergangenen Erfahrungen mit (zumeist praktischen) Ursache-Wirkungs-Beziehungen beruhen. Schon die älteren Untersuchungen von Michotte (1946) und die sich daran anschließenden Experimente von Heider und Simmel (1944) über „phänomenale Kausalität" bzw. die Wahrnehmung personaler Verursachung zeigten, daß wir Menschen geneigt sind, auch eine nur zufällige Sequenz von (nichtpersonalen) Ereignissen als Ursache-Wirkungs- oder Grund-Folge-Beziehung wahrzunehmen – sofern diese Sequenz bestimmten Anforderungen genügt, z. B. in der räumlichen und zeitlichen Anordnung der betreffenden Ereignisse. Wenn wir an einem heißen und schwülen Sommertag erwarten, daß bald ein Gewitter kommen könnte, so folgen wir hier auch einem „kausalen Schema", das aus der Erfahrung solcher Koinzidenzen entstanden ist; freilich enthält dieses Schema, wie viele der im Alltag benutzten, nur „ein Körnchen Wahrheit", da mit dieser Annahme eben nur ein Teil oder die Oberfläche des physikalisch-meteorologischen Konditionalzusammenhangs getroffen ist. Bei solchen Schema-Verwendungen besteht zudem, wie Tversky und Kahneman (1978) feststellten, die Tendenz, in der gewohnten Richtung des Schemas zu folgern, und das ist zumeist von der Ursache auf die Wirkung und weniger umgekehrt.

Wenn wir vorhin sagten, „wir Menschen" seien geneigt bzw. hätten die Tendenz, nach solchen Schemata zu urteilen, so muß das gleich relativiert werden. Wir nehmen keineswegs an, daß wir es hier mit „Neigungen", „Tendenzen" usw. zu tun haben, die generell allgemeinmenschlich und quasi angeboren seien – wie das eine allerdings spätere Interpretation des Kantschen Apriorismus nahelegen könnte. Ein Erklärungsansatz dafür, warum (manche, viele, vielleicht unter bestimmten Bedingungen alle) Menschen sich an dem Modell einer linearen Kausalität kognitiv orientieren, muß zweifellos historische wie gesellschaftliche Bedingungen berücksichtigen; das werden wir aber später, im Abschnitt 3.3.4., diskutieren.

Eine weitere Urteilsprozedur läßt sich mit „*Verankerung*" bezeichnen. Wenn einer Häufigkeits- bzw. Wahrscheinlichkeitsschätzung ein Ausgangswert oder „Anker" vorgegeben wird, so richten sich die meisten Urteiler nach diesem Ausgangswert. So ließen Tversky und Kahneman (1974) von Versuchspersonen, denen ein durch ein Glücksrad ermittelter Zufallswert vorgegeben wurde, raten, wieviel afrikanische Länder in der UNO seien; sie sollten angeben, ob die Anzahl niedriger oder höher als dieser Wert war. Dabei führten hohe Zahlenvorgaben zu hohen, niedrige dagegen zu niedrigeren Schätzungen.

Eine letzte Anmerkung innerhalb dieses Exkurses sei noch gestattet. Es wird einleuchten, daß die erwähnten Urteilsregeln, auch wenn sie zu falschen oder verzerrten Urteilen führen können, keineswegs irrational sind; sie sind vielmehr allgemein zweckmäßige Generalisierungen von in der Wirklichkeit selbst anzutreffenden Zusammenhängen, aber meist von der „Oberfläche der Erscheinungen". Für die Sicherung des Erkenntnisgewinns, der über den pragmatischen Bedarf des Alltags hinausgeht, müssen allerdings verfeinerte heuristische Schemata, also wissenschaftliche *Methoden,* eingesetzt werden.

Erkenntnismethoden des Alltags sowie der Wissenschaft aber sind nicht gefeit gegen Verzerrungstendenzen. So hatte schon Darwin gefordert, jeder Wissenschaftler möge sich besonders jene Daten notieren, die seiner Theorie zuwiderlaufen, da er sie sonst zu leicht vergäße. Bei Urteilsfehlern oder Verzerrungstendenzen erhebt sich allerdings die Frage nach den Kriterien für das Abweichen von einem veridikalen Urteil. Das ist für die alltägliche Erkenntnis der physikalischen Welt oft unproblematisch. Für die soziale Wirklichkeit ist das schon problematischer; sichere, „objektive" Kriterien sind nicht immer sofort erhältlich. Wenn zum Beispiel A einen B als „ehrlich" beurteilt, nachdem er die Daten der von ihm gesammelten Stichprobe aus dem Verhalten von B nach heuristischen Prozeduren bearbeitet hat, dann fragt es sich, ob dieses Urteil veridikal ist oder ob es von den in den Urteilsregeln enthaltenen Verzerrungstendenzen beeinflußt wurde. So kann es etwa geschehen, daß er die „Repräsentativitätsheuristik" anwendet und wie folgt verfährt: A weiß, daß B Kassierer bei einer Bank ist, und schließt auf die „Ehrlichkeit" von B, weil ihm diese Eigenschaft als repräsentativ für diese Berufskategorie erscheint. Oder – in Anwendung der Zugänglichkeitsheuristik – er hat gerade das „auffällige" Ereignis wahrgenommen, daß B eine gefundene Geldbörse dem Verlierer zurückgegeben hat.

Die Entscheidung darüber, welche Eigenschaft in einem gegebenen Falle vorliegt, ist schwierig; wer kann schon feste objektive Kriterien dafür angeben, wann ein Mensch „ehrlich", „gemütlich" oder „hartnäckig" ist oder ob der Umgang von B mit Geld als „Geiz" oder „Sparsamkeit" bezeichnet werden soll?

Soweit der knappe Exkurs in einige Elemente der Theorie von Erschließungsprozessen. Was läßt sich daraus für die Weiterführung unseres Themas entnehmen?

3.3.3.1.6. Wozu erschließen wir „Bedeutungen"?

Auf den ersten und später weiter zu behandelnden Eckpfeiler der Theorie, auf das Vorliegen und das Funktionieren von internen Wahrnehmungs- und Urteilsvoraussetzungen, haben wir mehrfach hingewiesen. Des weiteren scheint uns der Gedanke der Inferenz-Strategien sehr nützlich zu sein; es ist allerdings noch wenig direkt untersucht worden, wie diese in der Partnerwahrnehmung und -beurteilung ausfallen und funktionieren. Das wird ein Gegenstand weiterer Forschung sein müssen.

Einiges davon ist allemal schon bedeutsam genug, auch wenn es noch keine neue Erkenntnis erbringt:

So haben wir gesehen, daß die Erschließung dispositionaler Qualitäten (und das gilt sicher auch für die Partnerwahrnehmung) *nicht* (oder nur in Ausnahmefällen) von einer singulären Information ausgeht, sondern daß die Erschließung von Partner-Qualitäten – die ja ein „Hinausgehen über die gegebene Information" (Bruner) einschließen – auf die *Sammlung* von Verhaltensdaten angewiesen ist, sowohl synchronisch bzw. im räumlichen Kontext als auch diachronisch bzw. im zeitlichen Zusammenhang. Über diese Stichprobe müssen, so hatten wir bereits festgestellt, *Invarianzen* gebildet werden.

Es ist noch ein Weiteres, das bedeutsam ist. Sammlung und Ordnung von Verhaltensdaten und Bildung von Invarianzen schließen immer *Vergleichsprozesse* ein, die den Bereich der Zustände *eines* Objekts, also eines Individuums, überschreiten und die auf Klassen bzw. Kategorien von Wahrnehmungs- bzw. Urteilsobjekten (Personen) bezogen sind. Für die Personenwahrnehmung vor allem handelt es sich um „soziale Vergleichsprozesse" (Festinger 1954), aus denen sozusagen „Standards" für die Einordnung und Bewertung jedes Datums einer Verhaltensstichprobe gebildet werden. Ob aus einem Item oder aus wenigen Items einer Verhaltensstichprobe erschlossen wird, B sei „gemütlich", das hängt auch von dem Standard ab, der in der Population des Beurteilers über das vorliegt, was als „gemütlich" angesehen wird. Das ist also auch von sozialen Normen des Verhaltens abhängig. Diese legen fest, was als normgerechtes oder „normales" Verhalten und was als abweichendes oder abnormes gilt; damit werden gleichsam Skalen vorgegeben, die einem Urteiler als allgemeine Rahmenbedingung für Partnerurteile zur Verfügung stehen [1] – und über die, im Interesse eines möglichst reibungslosen Ablaufs zwischenmenschlicher Beziehungen und Interaktionen, eine gewisse individuelle Übereinstimmung bestehen muß.

Wie Daten gesammelt, gewichtet, verarbeitet, in das Gedächtnis eingetragen und – in verarbeiteter Form – abgerufen werden, das wird durch diese Konzeption recht gut erfaßt. Diese Denkweise als Ergänzung zur Hypothesentheorie zu nutzen erscheint für die weitere Erforschung der Partnerwahrnehmung zweckmäßig – ohne daß wir hier mit dem Anspruch aufzutreten gedenken, diese Theorien miteinander zu vereinigen. Die „wahren" Beschaffenheiten von Partnern zu erschließen bedeutet, daß wir damit in das interpersonelle Leben *Regelhaftigkeiten* einbringen bzw. die darin enthaltenen Regelhaftigkeiten rekonstruieren. Das tun wir, um Ereignisse in dieser Sphäre des Verhaltens auch voraussagen zu können. Regularitäten oder Gesetzmäßigkeiten unserer Wirklichkeit, auch der sozialen, bestehen allemal aus einem hochkomplexen Netzwerk von *Ursache-Wirkungs-Beziehungen.* Und genauso, wie wir uns in dem uns umgebenden Raum physikalischer Ereignisse nur dann sinnvoll orientieren können, wenn wir wenigstens einige der fundamentalen physikalischen Gesetze im Verhalten berücksichtigen – und das heißt auch, sie vordem realitätsgerecht wahrnehmen und erkennen –, genauso ist es erforderlich, daß wir die *Ursachen* des Verhaltens unserer Mitmenschen, besonders unserer Interaktionspartner, realitätsgerecht erkennen, um unser Verhalten danach einzurichten. Erschließung „personaler Gegenstandsbedeutungen" oder „dispositionaler Qualitäten" bedeutet eben nicht nur, daß dem anderen Eigenschaften wie „höflich", „ehrlich", „mißtrauisch" *zugeschrieben* werden, sondern daß wir sie deshalb aus den Hinweisreizen erschließen, weil wir – ob im Einzelfall zu Recht oder nicht – darin ihre zu berücksichtigenden Verhaltensursachen sehen, die es uns gestatten, künftiges Verhalten möglichst zuverlässig vorauszusagen.

Die Erschließung der Verhaltensursachen ist ein sehr breit bearbeitetes Gebiet der Sozialpsychologie, das unter dem Begriff der *Kausalattribution* bekannt wurde. Damit wird sich der nächste Abschnitt befassen.

3.3.3.2. Über Kausalattribution (Ursachenerschließung)

3.3.3.2.1. Begriffliche Vorbemerkungen

Mit dem Begriff der *Attribution* (oder Attribuierung) ist nach den Begründern der entsprechenden Theorie(n), von denen zuerst Heider (1958, 1977) zu nennen ist, immer jener kognitive Prozeß gemeint, durch den A die *Ursachen* des Verhaltens von B erschließt. Einfache Zuschreibungen von Eigenschaften, die keine implizite oder explizite Erklärung anstreben, sollten anders benannt werden; aus der diagnostischen Urteilsforschung ist dafür der Begriff der „Etikettierung" (labelling) bekannt. Da aber mittlerweile die terminologische Unsitte um sich gegriffen hat, jeden Zuschreibungsvorgang (Adjektiv zu Substantiv) als Attribution zu bezeichnen, empfiehlt es sich, gelegentlich Kausalattribution, wie in der Überschrift dieses Abschnittes, zu verwenden.

Die Verwendung von „Attribution" ist so weit verbreitet, daß wir uns – trotz einiger erkenntnistheoretischer Bedenken – ihr anschließen wollen. Die breite Verwendung ist nicht zuletzt auf die enorme Anzahl empirischer und theoretischer Studien, die darüber vorgenommen wurden, zurückzuführen. Zum Beispiel führen Kelley und Michela (1980) in einem Sammelreferat für die Jahre von 1970 bis 1979 über 900 Veröffentlichungen an, die sich mit Attribution befassen.

Unsere erkenntnistheoretischen Bedenken gehen auf die ursprüngliche Semantik dieses Begriffs und ihre Implikationen zurück. Wie im Attribut-Begriff der Linguistik bzw. Grammatik liegt darin ursprünglich (vom lat. „attribuere", „attributio" = „zuschreiben", „Zumessung", z. B. einer Steuer, abgeleitet) eine gewisse Beliebigkeitsrelation: Welches Merkmal diesem oder jenem Objekt zugewiesen wird, um es näher zu kennzeichnen, das kann als für das Subjekt dieser Prozedur relativ beliebig angesehen werden. Handelt es sich dabei um subjektive Zuschreibungsmaßstäbe, so kann leicht daraus auch so etwas wie subjektive Willkür entstehen, wie etwa der Feudalherr seinen „Tribut" (das ist dieselbe Wurzel, von lat. „tribus" – Stamm, Gemeinde u. ä.) willkürlich abfordern konnte. Daraus kann dann leicht eine Art „Subjektivismus" in der Erkenntnistheorie entstehen.

Wenn wir unterstellen, daß wir uns in unserer natürlichen und sozialen Welt verhaltensdienlich und lebensförderlich orientieren müssen, wenn wir nicht darin untergehen wollen, so sind wir aber – im Prinzip und letztlich – genötigt, die Ereignisstrukturen und -sequenzen dieser Welt kognitiv auf ihre *wirklichen,* d. h. real *wirkenden* Ursachen oder Bedingungen hin „abzuklopfen", sie vermittels unserer perzeptiven und kognitiven Tätigkeiten – so gut es geht und so weit es jeweils erforderlich ist – zu *rekonstruieren.*

Das heißt freilich nicht, daß wir nur einen „Abklatsch" der Realität erzeugen; das Wort „Rekonstruieren" enthält auch jenes für Subjekte des Handelns und des Erkennens charakteristische

„Konstruieren", das aber gegenüber der Realität letztlich immer Abbildcharakter hat und keine extreme subjektive Willkür zuläßt. Dort, wo dies vorliegt, wie etwa in psychotischen Wahnvorstellungen, wird das zu Recht und auch im Alltag als nicht normal gekennzeichnet.

Die „Einheit des Subjektiven und des Objektiven" (Rubinstein), die wir mit dem Begriff der Rekonstruktion meinen, schließt aber dann auch ein, daß es nichtveridikale Zuschreibungen von Verhaltensursachen geben kann, die trotzdem funktional valide sein können, zumindest für eine kürzere Zeit. Wenn die Mitarbeiter einer Abteilung ihrem neuen Abteilungsleiter zunächst Kompetenz für die Erfüllung seiner Leitungsaufgaben attribuieren, weil er vielleicht flüssig darüber zu reden versteht und weil sie vielleicht dafür noch keine validen Kriterien entwickelt haben, so kann sich das eine gewisse Zeit auf ihr Verhalten ihm gegenüber störungsfrei auswirken. Es fragt sich nur wie lange; das hängt in erster Linie davon ab, ob die negativen Effekte seiner Leitungstätigkeit sehr rasch erhältlich sind oder ob sie erst später in Erscheinung treten.

Somit werden wir den Attributionsbegriff in dem eben gekennzeichneten Sinne, als Rekonstruktion der „wirklichen" Ursachen für wahrgenommenes Verhalten eines Menschen, verwenden; gegen „subjektivistischen" Mißbrauch grenzen wir uns ein für allemal mit diesen Anmerkungen ab.

3.3.3.2.2. Tendenzen der Attributionsforschung

Dies kann nur sehr kurz gehalten werden; wir verweisen auf mehrere einschlägige ausführlichere Berichte: Jones, Kanouse, Kelley, Nisbett, Valins und Weiner (1972), Harvey, Ickes und Kidd (1976), Meyer und Schmalt (1978), Kelley und Michela (1980). Die Attributionsforschung hat sich sowohl innerhalb der Grundlagenforschung als auch in der angewandten Forschung entwickelt und für eine Vielzahl von theoretischen und praktischen Problemen der Sozialpsychologie ein vereinheitlichendes Erklärungsmuster bereitgestellt.

In der Grundlagenforschung kann man zwei Schwerpunkte unterscheiden (Kelley 1982): Die eine erfaßt den kognitiven Prozeß, der, beginnend bei der Wahrnehmung, zur Ursachenrekonstruktion führt, die andere wendet sich den Konsequenzen einer vorgenommenen Attribution für das davon kodeterminierte Verhalten zu. Wie Kelley (a. a. O.) betont, bedeutet diese Teilung nichts anderes, als daß der zirkuläre Attributionsprozeß, der innerhalb der sozialen Interaktion verläuft, sozusagen aufgeschnitten wird. Was die zur Attribution hinführenden Prozesse betrifft, so handelt es sich, wie man leicht sieht, um einen speziellen Fall von Inferenz. Dafür stehen einige Modelle zur Verfügung, die im nächsten Teil besprochen werden. Die (zahlenmäßig) wenigeren Untersuchungen, die die Folgen von Attribution für Verhalten betreffen, sind zumeist für die angewandten Probleme interessant und großenteils auch in diesen Gebieten durchgeführt worden. Anwendungen der Attributionstheorien finden sich in reicher Zahl in folgenden Problemgebieten: Leistungsmotivation (z. B. Weiner 1972, 1974), aggressives Verhalten (z. B. Epstein und Taylor 1967, Nickel 1974), Attributionen in Leistungssituationen (z. B. Weiner und Kukla 1970), beim Hilfeverhalten, bei Einstellungsänderungen, bei interpersoneller Attraktivität, bei Vorurteilen, Depression, Drogenmißbrauch, Konformität, Arbeislosigkeit, Sport, Werbung, Entscheidungsverhalten, Wahlverhalten u. a.

3.3.3.2.3. Modelle des Attributionsprozesses

Wir werden drei davon kurz besprechen, das von Heider (1958, dt. 1977), von Jones und Davis (1965) und das Modell Kelleys (1967, 1972, 1973).

(1) Heider, der den Begriff im Rahmen seiner „naiven Handlungsanalyse" eingeführt hat, bezieht ihn auf den kognitiven Prozeß, in dem wir „vorübergehende und veränderliche Verhaltensweisen und Ereignisse auf relativ unveränderliche und zugrunde liegende Bedingungen zurückführen" (1977, S. 99). Der naive Wahrnehmende unterscheidet bei seiner Analyse des Verhaltens eines anderen (und auch seines eigenen) zwei Faktorengruppen; sie sind an die bekannte (vereinfachende) Formel von Lewin (1936) angelehnt, derzufolge das Verhalten (V) eines Menschen eine Funktion der Eigenschaften der Person (P) und der intern repräsentierten Umwelt (U) sei:

$$V = f(P, U)$$

Das sind also die Personenvariablen und die Umweltvariablen, deren weitere Aufgliederung der folgenden Abbildung (modifiziert nach Shaver 1975) entnommen werden kann. Die Verknüpfung der jeweils mit Doppelpfeil verbundenen Variablen ist additiv oder subtraktiv, mit Ausnahme der zwischen „Fähigkeit" und „Motivation", die als multiplikativ verknüpft angesehen wird. Das letztere bedeutet nichts anderes, als daß keine Handlung zu-

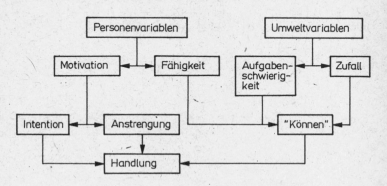

Abb. 12: Schema der Elemente im Attributionsmodell von Heider (nach Shaver 1975).

stande kommt, wenn eine der beiden Einflußgrößen gleich Null ist. Eine Handlung wird nur dann bewältigt („Können"), wenn die Fähigkeiten größer als die Aufgabenschwierigkeiten sind: Können = Fähigkeiten — (minus) Aufgabenschwierigkeiten.

Solcherart wird das Zustandekommen einer Handlung bzw. Leistung vorgestellt; der Beobachter zieht im Prinzip alle diese Variablen heran, um die Ursache für eine beobachtete Handlung zu eruieren. Wenn Peter, der noch nie eine Klassenarbeit in Mathematik gut geschafft hat, bei einer schwierigen Arbeit plötzlich eine „1" mit nach Hause bringt, ohne daß er dazu motiviert war und ohne daß er die Fähigkeiten dazu besitzt, dann kann es nur „Zufall" bzw. „Glück" gewesen sein (wenn ausgeschlossen ist, daß er nur abgeschrieben hat, denn dann war es ja nicht seine Leistung).

(2) Das von Jones und Davis (1965) publizierte Modell wird das „Modell der korrespondierenden Inferenzen" genannt. Es bezieht sich nur auf denjenigen Attributionsprozeß, der sich auf die Ermittlung der den Handlungen zugrunde liegenden Handlungsabsichten (Intentionen) und personalen Dispositionen richtet, schließt also eine externe Attribution („Glück"), wie im Heiderschen Modell vorgesehen, aus. Das Paradigma über das solcherart eingegrenzte Verhältnis von Handlungen und Dispositionen, das die Autoren „from acts to dispositions" (von Handlungen zu Dispositionen) nennen, zeigt die Abb. 13. Der Beobachter nimmt zunächst die Effekte einer Handlung wahr, unter denen

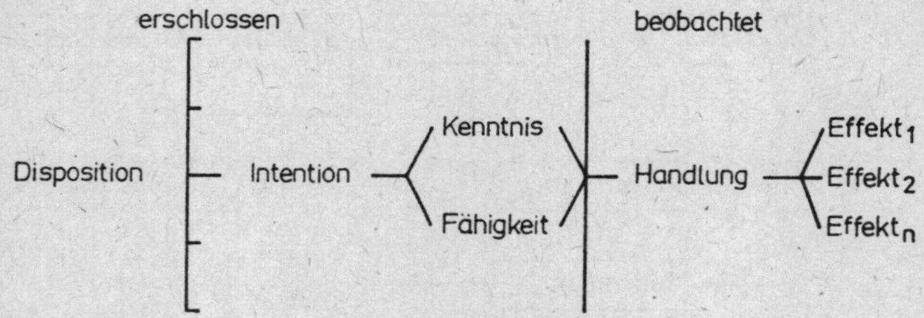

Abb. 13: Das Erschließungsmodell „von Handlungen zu Dispositionen" (nach Jones und Davis 1965).

wahrscheinlich diejenigen dominieren dürften, die ihn selbst betreffen, falls er Partner des Handelnden ist, verbindet diese Wahrnehmungen zur Handlungswahrnehmung und -interpretation und schließt nun daraus auf die Intentionen des Akteurs, indem er ihn daraufhin „abklopft", ob dieser das Wissen um den Zusammenhang zwischen einer Intention und den davon verursachten Verhaltensfolgen haben konnte und ob jener auch dazu fähig war, eine solche Handlung auszuführen. Aus der solcherart erschlossenen Intention wird, wenn „Wissen" und „Fähigkeiten" des Akteurs vorausgesetzt werden können, dann auf die Disposition (Eigenschaft z. B.) geschlossen. So wird niemand einem zweijährigen Kind, das ein Holzauto an den Kopf der Mutter schlägt und sie verletzt, Aggressivität als Disposition, quasi als Charaktereigenschaft attribuieren, weil ihm gar keine Absicht, diesen Effekt zu erzielen, unterstellt werden kann.

Aus diesem Schema wurde die Theorie der korrespondierenden Inferenzen entwickelt, in der die Frage beantwortet werden soll, welche Faktoren für die Stärke oder Güte der Entsprechung (Korrespondenz) zwischen beobachteten Handlungseffekten und den erschlossenen Verhaltensursachen bestimmend sind. Das ist nichts anderes als die Frage nach der Zuverlässigkeit oder Veridikalität der Erschließung eines Handlungsmotivs. Der Begriff der Korrespondenz wird als eine informationstheoretische Größe verstanden, da er den Informationsgewinn beschreibt, den ein Beobachter aus einer Handlung von B über die Person B gewinnen kann.

Der Beobachter geht nun, nach den Annahmen dieser Theorie, wie folgt vor:

Zuerst muß er feststellen, ob die wahrgenommenen Effekte einer Handlung überhaupt für eine Erschließung bedeutsam sein können. Das ermittelt er dadurch, daß er in seinem Gedächtnis nach den Effekten analoger Handlungen bei anderen Personen sucht und feststellt, welche Effekte mit denen anderer Menschen (oder desselben bei verschiedenen Handlungen) *nicht* gemeinsam sind, also anders gesagt, gerade *diese* Handlung von anderen Handlungen unterscheiden. Je größer die Distinktheit, desto größer der Informationsgewinn. Wenn ich weiß, daß alle Leute zwischen 12 und 14 Uhr zu essen pflegen, dann muß ich B, den ich um 13.15 Uhr beim Mittagessen antreffe, nicht unterstellen, diese seine Handlung sei von der Motivation des Hungers verursacht. Wenn ich unter den Effekten einer Handlung auch die Tatsache vermerke, daß der Handelnde, sofern er in einer sozialen Situation handelt, dabei *spricht,* so bin ich nicht genötigt, daraus „Redseligkeit" zu erschließen, weil alle Leute schließlich dabei zu sprechen pflegen. Spricht aber jemand immer dann, wenn andere schweigen, dann ist dieser Schluß oder ein anderer naheliegend. Anders gesagt: Die Nicht-Gemeinsamkeit oder Distinktheit festzustellen bedeutet zu ermitteln, ob ein wahrgenommener Effekt für eine Handlung charakteristisch oder repräsentativ ist.

Der zweite Schritt bei der Effektanalyse, also der Auswahl der nicht-gemeinsamen, distinkten und informationshaltigen Effekte, besteht darin, den Grad der sozialen Erwünschtheit zu schätzen, den ein Effekt – im Vergleich mit der geltenden Norm – besitzt. Wenn es in meiner Bezugsgruppe als sozial erwünscht gilt, bei Begegnungen den Hut zu ziehen und einen entsprechenden Gruß zu sagen, dann gelten solche Effekte der Handlung als trivial, sie enthalten keine Information über den Grüßenden. Tut das jemand in einer Bezugsgruppe, in der so etwas nicht üblich ist, so könnte dieser vielleicht als „sehr höflich" bewertet werden, dort, wo das etwa sozial unerwünscht sein sollte, könnte jener vielleicht als „affig" oder als „überheblich" beurteilt werden.

Die Entsprechung von beobachteten Handlungen mit den erschlossenen Dispositionen ist demnach eine (inverse) Funktion von zwei Variablen, nämlich (a) der Anzahl nicht-gemeinsamer Effekte und (b) der geschätzten Erwünschtheit dieser Effekte. Die folgende Tabelle stellt das in einer Übersicht dar.

Tab. 15: Erwünschtheit und Anzahl nicht-gemeinsamer Handlungseffekte als Determinanten der Korrespondenz (nach Meyer und Schmalt 1978)

		Erwünschtheit von Effekten (Erwartete Valenz von Effekten)	
		hoch	niedrig
Anzahl nicht-gemein-samer Effekte	hoch	triviale Mehrdeutigkeit	interessante Mehrdeutigkeit
	niedrig	triviale Klarheit	hohe Korrespondenz

Stroebe (1980) hat diesen Ansatz etwas erweitert und ihn dadurch von gewissen Widersprüchen befreit: „Die Korrespondenz einer Schlußfolgerung ist um so größer, (1) je geringer die Zahl der nicht-gemeinsamen positiven Effekte, (2) je geringer die Erwünschtheit dieser positiven Effekte ist, (3) je größer die Zahl der nicht-gemeinsamen negativen Effekte ist und (4) je unerwünschter diese negativen Effekte sind" (S. 95).

(3) Das Modell von Kelley gründet sich ebenso wie das von Jones und Davis auf die fundamentalen Überlegungen Heiders, ist aber nicht unerheblich davon unterschieden. Kelleys Modell, das er selbst gelegentlich als „varianzanalytisches Modell" bezeichnet hat, ist von vornherein umfassender angelegt.

Es bezieht sich, wie das Heidersche Modell, außer auf die Suche nach internen auch auf die nach externen Ursachen für einen beobachteten Verhaltenseffekt und rechnet mit drei Klassen von Variablen, deren Kovariation vom Urteiler in Rechnung gestellt wird:

(a) *Entitäten,* d. h. Umweltgegebenheiten oder Personen, auf die das Verhalten des Akteurs gerichtet ist;

(b) *Personen,* die mit den Entitäten im Zusammenhang stehen, z. B. diejenigen, die mit dem Akteur vergleichbar sind;

(c) die *Zeitpunkte* oder auch „Modalitäten" von Leistungen, an denen beim Akteur ein vergleichbares Verhalten vorgelegen hat.

Ein Beispiel mag das verdeutlichen.

Peter hat in der gestern geschriebenen Mathematikarbeit eine „5" erhalten. Es wird gefragt, auf welche Ursachen dieser Effekt des Verhaltens von Peter zurückgeführt werden kann. Gehen wir noch einmal kurz zurück zu den vier Faktoren, die nach Heider für einen Verhaltensausgang ursächlich verantwortlich sein können (vgl. Abb. 12): Fähigkeit, Anstrengung, Aufgabenschwierigkeit und Zufall. Wird ein Verhaltenseffekt einem der beiden „in" der Person liegenden Faktoren zur Last gelegt, so ist das eine „internale Attribuierung", wird einer von den beiden letzten als Ursache angesehen, dann heißt das „externale Attribuierung". Man kann intuitiv leicht sehen, wie man herausfindet, welcher der Faktoren hauptsächlich zuständig war: Peters Fähigkeit dann, wenn er immer schlechte Zensuren in Mathematikarbeiten bringt; Peters Anstrengung, wenn er bessere Zensuren bringt, falls er sich anstrengt; die Aufgabenschwierigkeit, wenn in diesem Falle die ganze Klasse schlechtere Leistungen als üblich erhalten hat; der Zufall, wenn es keine Konsistenz dieses Effekts über die Zeit, über die Personen und über die Entitäten (Aufgaben) hinweg gibt.

Solche Überlegungen (des naiven Beurteilers) können als durchaus analog zum Prinzip der Varianzanalyse, genauer der Kovarianzanalyse in der analytischen Statistik, gesehen werden. Deshalb hat Kelley unterstellt, der Urteiler gehe ähnlich wie in dieser statistischen Prozedur vor, allerdings nicht systematisch, nur unvollständig und mit Unbestimmtheiten in der Behandlung der Daten. Das Prinzip besteht darin: Das Verhalten von B (Peter) muß mehrfach, über die Zeit hinweg, beobachtet worden sein; es müssen gewissermaßen Meßwertreihen über diese unabhängigen Variablen (a) bis (c) vorliegen. Der Effekt, in unserem Beispiel die Mathematikzensur, wird dann auf *den* Faktor zurückgeführt, mit dem er über die Zeit hinweg *kovariiert*. Liegt nun bei dieser Analyse vor:

Peter hatte immer in allen Fächern, nicht nur in Mathematik, schlechte Leistungen (Entitäten);

das war schon immer so (Zeitpunkte), gleich, ob mündlich oder schriftlich (Modalitäten), und

die Klasse hat in dieser Arbeit wesentlich besser abgeschnitten (Personen) – dann muß internal attribuiert werden:

Peter ist entweder dumm oder faul.

Ergibt sich aber:

Peter hat nur in Mathematik, nicht aber in anderen Fächern schlechte Leistungen;

früher hatte er auch nur in Mathematik – schriftlich und mündlich – schlechtere Noten als in anderen Fächern, und die meisten Schüler schneiden in Mathematik auch schlechter ab – dann kann external attribuiert werden: Offensichtlich werden im Mathematik-Unterricht zu hohe Anforderungen gestellt.

Dieses vereinfachende, da nur illustrierende Beispiel kann zu verschiedenen möglichen Einwänden ob der Richtigkeit gerade dieser letztgenannten Interpretation führen. Intuitiv kann man sagen, daß die (aus didaktischen Gründen vereinfachten) Daten, die zur Erklärung des Ereignisses herangezogen wurden, wahrscheinlich noch ungenügend waren bzw. ungenügend ausgewertet wurden: Man möchte zum Beispiel auch noch wissen, welcherart das Verhältnis der gesamten Klasse gerade zu diesem Mathematiklehrer ist, da es unter Umständen möglich ist, daß bei einem extrem unbeliebten Lehrer – auch bei nicht zu hohen Anforderungen – die meisten Schüler schlechte Leistungen erbringen können. Solche und ähnliche Einwände markieren eine auch in der Literatur immer wieder erhobene Kritik am Modell Kelleys, nämlich darüber, ob die verwendeten Variablen tatsächlich vollständig sind, ob das benutzte kovarianzanalytische Prinzip den damit zu beschreibenden (oder gar zu erklärenden) kognitiven Prozessen der Ursachenerschließung wirklich angemessen ist oder ob andere Beurteiler solcher Ereignisse nicht nach anderen Prinzipien die ihnen verfügbaren Daten behandeln. Die Heuristiken, die wir vorhin angeführt haben, verweisen z. B. darauf, daß viele Menschen offensichtlich solche komplexen Urteilsanforderungen auf einfachere kognitive Strategien reduzieren – und damit auch in den allermeisten ihrer Alltagsprobleme recht gut damit fahren.

Für das Modell von Kelley ergibt sich noch die Frage, welche Merkmale der Effekte, also der Variablen, die ein Urteiler wie vorausgesetzt mehrfach beobachten muß, dabei beachtet werden

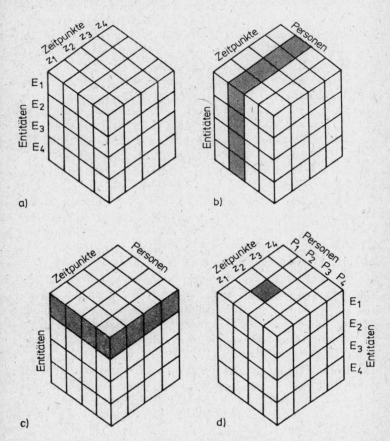

Abb. 14: Das Attributionsmodell von Kelley (1973); (a) das Modell allgemein (ANOVA), (b) Person-Attribution, (c) Entitäts-Attribution, (d) Zeitpunkt-Modalitäts-Attribution.

müssen. Hierfür setzt der Autor plausibel voraus, daß drei solcher Merkmale der Verhaltenseffekte unterschieden werden müssen, deren Ausprägung entweder „hoch" oder „niedrig" sein kann. Das sind (a) die Übereinstimmung der Effekte aus dem Vergleich über die Personen, (b) die Unterscheidbarkeit, die sich aus dem Vergleich über die Entitäten ergibt, und (c) die Konsistenz der Effekte, die sich aus dem Vergleich über die Zeitpunkte ergibt.

Was aber tut ein „Ursachenerschließer", wenn ihm keine kompletten Reihen von „Meßwerten" über die drei Variablen verfügbar sind? Es ist anzunehmen, daß dieser Fall recht häufig ist. Im Extremfall bedeutet diese Annahme, daß A nur einmal Gelegenheit hatte, das Verhalten von B zu beobachten. Dabei geht es, das sei nochmals hervorgehoben, nicht einfach um eine Beobachtung des Verhaltens überhaupt, wie das in Untersuchungen öfter praktiziert wurde (z. B. Kukosyan 1982), sondern um die Beobachtung eines Verhaltenseffektes, die beim Beobachter ein Bedürfnis danach hervorruft, eine Erklärung dafür zu finden. Kelley meint dazu, daß in solchen Fällen der Beobachter aus der *Konfiguration* der in dieser singulären Situation gegebenen Faktoren die Verhaltensursache erschließt. Dabei verwendet er – je nach dem vorliegenden Fall – ein bestimmtes *kausales Schema* (Kelley 1972), das er als Verallgemeinerung früherer, für eine bestimmte Klasse von Fällen relevanter Erfahrungen in sich ausgebildet hat. Wir führen an dieser Stelle nur zwei dieser möglichen Schemata als Beispiele an, (a) das Schema der „multiplen hinreichenden Ursachen", dem zufolge ein Ereignis bereits dann auftreten kann, wenn nur *eine* der möglichen Ursachen in der Situation gegeben ist, und (b) das Schema der „multiplen notwendigen Ursachen", für das alle der relevanten Bedingungen bzw. Ursachen anwesend sein müssen, damit der bewußte Effekt eintritt. Abbildung 15 zeigt dies in einer Übersicht.

Das Kausalschema der „multiplen hinreichenden Ursachen" wird nach Kelley dann angewendet, wenn gewöhnliche Ereignisse vorliegen, das der „multiplen notwendigen Ursachen" dann, wenn extrem abweichende und ungewöhnliche Ereignisse vorliegen. Eine Untersuchung von Kun und Weiner (1973) über die Ursachenattribution von Leistungsergebnissen erbrachte das folgende Ergebnis: Für einen Erfolg bei leichten Aufgaben (gewöhnliches Ereignis) wird das Vorliegen von Begabung *oder* Anstrengung

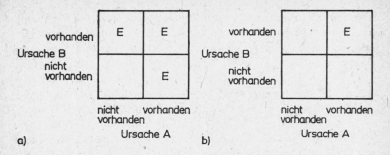

Abb. 15: Kausalschemata für „multiple hinreichende Ursachen" (a) und „multiple notwendige Ursachen" (b) nach Kelley 1972; $E =$ Effekt.

als hinreichend angesehen, für einen Erfolg bei sehr schweren Aufgaben (ungewöhnliches Ereignis) werden von den Urteilern Begabung *und* Anstrengung unterstellt.

Damit sind wir am Ende unserer Diskussion einiger ausgewählter Probleme aus dem breiten Feld der menschlichen Erschließungsprozesse angelangt. Eine besondere – und mehrfach angedeutete – Frage scheint uns für unseren speziellen Zusammenhang der interpersonellen Wahrnehmung und Urteilsbildung jedoch übriggeblieben zu sein, die nach der Richtung des Urteils, das ein A über das Verhalten seines Partners (B) und dessen Gründe oder Ursachen fällt. Es ist aus dem Alltag wohlbekannt, daß ein und dasselbe Verhalten, z. B. eines Bettnässers, von verschiedenen Beobachtern, z. B. der Kindergärtnerin, der Mutter, dem Großvater usw., recht unterschiedlich in bezug auf die Verhaltensursachen beurteilt werden kann. Man sagt in solchen Fällen oft, jeder Urteilende bringe eben *seine* Perspektive in das Urteil ein. Aber was bedeutet dies, sieht man einmal genauer hin?

Wir können annehmen, daß diese Differenzen, die ja auch zwischen verschiedenen psychologischen Theorien, z. B. über die Ursachen des Bettnässens, bestehen können, aus einem weiteren „Hintergrund" resultieren, den ein Urteiler kognitiv in eine solche Anforderung einbringt. Dieser weitere Hintergrund ist, ganz allgemein gesagt, die Welt- und Lebensanschauung eines Individuums, die im konkreten Falle als eine implizite „Theorie" auftritt (vgl. dazu nochmals Abschn. 3.3.3.1.4.). Damit werden wir uns nun im folgenden Abschnitt dieses Kapitels etwas näher befassen.

3.3.4. Kognitive Strukturen als Grundlage der interpersonellen Wahrnehmung und Urteilsbildung

Im folgenden Abschnitt soll das bereits mehrfach aufgetauchte *Kernproblem* der interpersonellen Wahrnehmung und Urteilsbildung näher erörtert werden. Es geht um die Funktion und Wirkung derjenigen Gedächtnisstrukturen, die als interne Bedingungen für eine wirklichkeitsangemessene und handlungsrelevante Partnerwahrnehmung anzusehen sind. Wie wir schon mehrfach anmerkten, kann es keinen Informationsverarbeitungsprozeß, der in dem gekennzeichneten Sinne „ökologisch valide" ist, geben, der nicht auf gewissen „Vor-Informationen" aufbaut, seien diese phylogenetisch entstanden und im Erbgut verankert oder seien sie in der Ontogenese angeeignet. Die aktuell in ein informationsverarbeitendes System eingehenden Informationen über die Handlungssituation in der Außenwelt werden, wie das Rubinstein ausgedrückt hat, im System, d. h. über die darin enthaltenen inneren Systembedingungen „gebrochen". Erst diese „Brechung", d. h. die mehr oder minder komplexe innere Verarbeitung im Subjekt, kann dessen Verhalten realitätsgerecht lenken und kontrollieren; außer bei den einfachsten unbedingten Reflexen wird kein äußerer Reiz direkt in die motorische Reaktion überführt.

Gerade die äußerst komplexen perzeptiven und kognitiven Prozesse, durch die eine Partnerwahrnehmung – und überhaupt die Kognition sozialer Ereignisse – realisiert wird, setzen in höherem Maße komplexe Strategien der Informationsintegration voraus, die zum perzeptiven und/oder kognitiven Urteil führen; wie wir gesehen haben, stehen „hinter" diesen Prozeduren wieder allgemeinere *Wissensbestände,* z. B. theoretische Sätze, Systeme von Propositionen oder Postulaten, die es dem Perzipienten ermöglichen, entsprechende „Hypothesen" zu generieren, die entsprechende Heuristik auszuwählen, damit dieser die ihm gestellte Verhaltensaufgabe auch lösen kann.

Genau mit diesem „Hintergrund" werden wir uns im folgenden

befassen. Es ist anzumerken, daß es nicht möglich ist, die Mechanismen, die wir mit den Begriffen der „Inferenz" oder „Erschließung" im Abschnitt 3.3.3. untersucht haben, von ihren Voraussetzungen säuberlich zu trennen; wir werden also immer wieder einmal darauf zurückkommen müssen. Ferner sollte hier schon gesagt werden, daß wir die Aufgabe, eine bündige und relativ geschlossene Theorie dieser internen kognitiven Strukturen vorzulegen, für gegenwärtig noch nicht lösbar halten. Obwohl sich die kognitiv orientierte Psychologie und Sozialpsychologie schon seit mehr als zwei Jahrzehnten, frühere Vorläufer einmal abgerechnet, mit diesen Problemen befaßt, ist zur Zeit eine Synthese der aus sehr verschiedenen theoretischen Zusammenhängen stammenden Erkenntnisse noch nicht in Sicht.

3.3.4.1. Eine notwendige Erweiterung unseres Ansatzes

Unser Bericht über die Erschließungsprozesse, wie sie in der einschlägigen Literatur beschrieben werden, könnte den Eindruck erweckt haben, daß diese kognitiven Prozesse und die hinter ihnen stehenden Gedächtnisstrukturen so etwas wie „allgemeinmenschliche Mechanismen" seien, die über die ganze Menschheit hinweg und in allen historischen Epochen anzutreffen wären. Diese überspitzte Formulierung dürfte aber ganz sicher so nicht zutreffen; schon die verwendeten Experimentalaufgaben verweisen darauf, daß ihre Lösung von *spezifischen* sozialen, gesellschaftlichen und kulturellen Bedingungen abhängt. Es ist anzunehmen, daß unser nun zu untersuchender Sachverhalt *historisch* wie *gesellschaftlich variabel* und *relativ* ist.

Sieht man genauer hin, so geht es um das Problem, ob diese internen Bedingungen *Universalien* sind oder ob sie ausschließlich als *sozialspezifisch* geprägt angenommen werden müssen. Natürlich ist, wie überall in der Psychologie, wenn es um Gesetze geht, eine solcherart formulierte Disjunktion lösungshinderlich; man sollte besser nach dem *Verhältnis* von sozialspezifischen und universellen Regularitäten im menschlichen Verhalten fragen, also dabei die Dialektik des Allgemeinen und des Besonderen und Einzelnen im Auge behalten. Das können wir allerdings hier nicht in der an sich notwendigen Ausführlichkeit tun; dieses Problem ist bis heute noch mit allzuviel Unbestimmtheit versehen. Deshalb nur einige Anmerkungen.

Dafür scheint es erforderlich zu sein, zunächst einmal eine an sich selbstverständliche, jedoch nicht immer beachtete Unterscheidung einzuführen, die zwischen dem *Inhalt* einer Information und dem *Prozeß* ihrer Verarbeitung. Die grundlegenden Prozeßbeschaffenheiten und -mechanismen sind zweifellos diejenigen, die in den anatomisch-histologischen Strukturen der Sinnesorgane und des Gehirns und deren Funktionen begründet sind. Diese sind phylogenetisch fixierte Anpassungen an die grundlegenden Invarianzen der physikalischen Welt. Inhalte des menschlichen Wissens sind aber durch diese Besonderheiten keineswegs präjudiziert; denn diese sind verarbeitete Außenweltinformation. Es muß daher angenommen werden, daß wir Universalien kaum in den Inhalten, z. B. einer Proposition, finden werden, sondern lediglich in den Beschaffenheiten der Verarbeitungsprozesse. Inhalt und Prozeß (oder Form) sind allerdings kaum säuberlich voneinander zu trennen, und deshalb ist dieses Problem ganz besonders kompliziert. Das soll an zwei Beispielen verdeutlicht werden.

(1) Erschließungsprozeduren, so hatten wir mehrfach festgestellt, werden oft von „kausalen Schemata" kontrolliert, die zum Beispiel auch dann funktional wirksam sein können, wenn objektiv gar keine Ursache-Wirkungs- oder Grund-Folge-Beziehungen, sondern nur zufällige Ereignissequenzen vorliegen. Das trifft natürlich nicht so sehr auf die „verdeckten" Kausalitätsbeziehungen zu, sondern eher auf die perzeptiv zugänglichen, sozusagen oberflächlichen Wenn-Dann-Beziehungen. Es scheint nun plausibel zu sein, daß ein großer Teil des in der alltäglichen Praxis angeeigneten Wissens der Menschen über Erschließungen mittels diverser kognitiver „kausaler Schemata" gebildet wird. Nimmt man den Begriff der Kausalität nicht im strengsten philosophischen oder physikalischen Sinne, dann könnte man wohl von einer sehr allgemeinen oder universellen „Tendenz" der (aller) Menschen sprechen, zwei Ereignisse, die räumlich und/oder zeitlich koinzidieren, *kausal* zu *verknüpfen*. Duncker (1935) nahm das auf Grund der frühen Experimente von Michotte (1946) über „wahrnehmbare Kausalität", aber auch auf Grund eigener Überlegungen zu Kausalverknüpfungen beim Problemlösen an. Ein von ihm angeführ-

tes Alltagsereignis soll das verdeutlichen: Beim abendlichen Nachhausekommen schlug der Windzug die Haustür mit lautem Krach zu, und gleichzeitig bzw. in minimalem Abstand danach ging die Treppenbeleuchtung an, die – *zufällig* – jemand in einem oberen Stockwerk eingeschaltet hatte. Er habe sich, so Duncker, in diesem Falle des zwingenden Eindrucks einer Ursache-Wirkungs-Beziehung zwischen dem Türenschlagen und dem Aufflammen des Lichts nicht erwehren können. Die raumzeitliche Koinzidenz der beiden Ereignisse war für ihn die Bedingung für die Entstehung dieses zwingenden Kausaleindrucks (S. 79).

Wer zufällig einmal eine solche unmittelbare und zwingende Impression von Kausalität erlebt hat, wird sicher geneigt sein anzunehmen, daß hier ein kausales Schema am Werke ist, das auf eine sehr ursprüngliche Weise in den perzeptiven Leistungen des Menschen (aber auch der Tiere, zumindest der höheren) enthalten ist. Freilich sollte man dabei unberücksichtigt lassen, welcher Art das benutzte kausale Schema ist; Unterschiede im Komplexitätsniveau solcher Schemata sind sicher nicht auszuschließen.

In der älteren Ethnologie und Ethnopsychologie wurde des öfteren versucht, eine Zusammenhangsstiftung dieser Art als Anwendung eines völlig andersartigen Denkmodells zu interpretieren, etwa mit den Begriffen des „prälogischen", „magischen" oder „mystischen" Denkens (Levy-Bruhl 1926, 1927, 1930). Magische Beziehungen aber, die z. B. den verschiedenen Formen des Regen- oder Jagdzaubers bei Naturvölkern unterstellt werden, können nach heutiger Sicht auch als die Stiftung eines Kausalzusammenhanges, in diesen Fällen durch eine eigene, symbolische Aktion, angesehen werden; *nur* – und das ist entscheidend – die dahinter stehende „Theorie" ist von anderer *inhaltlicher* Beschaffenheit. Naturvölkern deshalb ein prälogisches oder gar „alogisches" Denken zu unterstellen, weil das hinter dem Denken stehende Wissenssystem von magischer oder „abergläubischer" Art ist, ist deshalb unangemessen; der Inhalt der Theorie und die davon abgeleiteten Prämissen bzw. Hypothesen, die sich auf Naturereignisse beziehen, sind wohl andersartig, indessen *nicht* die formalen Erschließungsprozeduren, wenn man den funktionalen Kern aller möglichen und denkbaren kausalen Schemata allein in Betracht zieht.

Ist also die perzeptive und kognitive Ermittlung oder die aktionale Stiftung eines Zusammenhangs von Ereignissen nach einem kausalen Schema eine Universalie?

Nimmt man den Begriff des „kausalen Schemas" in dieser allgemeinsten Form, dann muß diese Frage bejaht werden. Letztlich ist es für jegliches menschliche Handeln, dessen Beginn wir ja mit der einfachsten Werkzeugbenutzung ansetzen müssen, ganz *unabdingbar*, daß mindestens die allereinfachsten kausalen Beziehungen berücksichtigt, und das heißt auch dabei erkannt werden. Allerdings muß deshalb nicht unbedingt angenommen werden, das Schema der Kausalität sei „angeboren"; es kann auch einfacher mit der Annahme erklärt werden, daß das Handeln der Menschen von jenem Stadium der Ontogenese an, in dem der manipulierende Umgang mit der Dingwelt beginnt, immer auf solche einfachen, auf der Oberfläche der Wirklichkeit liegenden Ereignisstrukturen vom Typ der „Wenn-Dann-Beziehungen" notwendig angewiesen ist (vgl. dazu Clauß und Hiebsch 1958, S. 176 ff.). Diese Art von Beziehungserfassung und -interpretation setzt sich in der Alltagspraxis der Menschen, wenigstens bei den einfachen Handlungszusammenhängen, fort und kann dann auch auf andere und komplexere Ereignisstrukturen übertragen werden. Von da an wird es aber bereits fraglich, ob noch von einer Universalie gesprochen werden kann; denn dann dürften sich epochale und sozialspezifische Einflüsse auf das Wahrnehmen und Denken in höherem Ausmaß bemerkbar machen.

Nun ist der Zusammenhang zwischen dem Allgemeinen und dem Besonderen auf diesem besonderen Felde noch viel zu wenig untersucht; die Evidenz, die wir für diese unsere Annahme vorlegen können, stammt entweder aus den mehr anekdotischen Berichten von Forschungsreisenden, Ethnologen oder Missionaren oder aus den Experimenten der neueren Denkpsychologie. Deren Ergebnisse aber wurden zumeist in Populationen aus den sogenannten zivilisierten Ländern gefunden. Gerade für diese Populationen kann man aber folgendes annehmen: Wenn dort bei solchen Denkanforderungen zumeist ein vereinfachtes und auch oft ein übervereinfachtes Schema einer *linearen* Kausalität ermittelt wurde, dann können wir unterstellen, daß ein solches Schema dem Weltbild der klassischen Physik mitverpflichtet ist, das in den Jahrhunderten seit der Antike bis zu Newton ausgebildet wurde und *in die subjektive Weltanschauung der* Menschen eingegangen ist, die unter dem Einflusse dieses Weltbildes aufgewachsen sind. Das aber erlaubt es nicht, so allgemein die Benutzung eines kausalen Schemas für einfache Denkanforderungen als eine Universalie anzusehen.

Wenn nun aber bereits hier, wo es um Abbildungen physikalischer Konstanten geht, Universalien im Sinne von „kausalen Schemata" nicht so ohne weiteres unterstellt werden können, so werden wir dies bei der sozialen und historischen Variabilität der „Menschenbilder", von denen sich in letzter Instanz Perzipienten in ihren Urteilen über andere Menschen leiten lassen, um so weniger annehmen dürfen. Wenn also die in der betreffenden Literatur (Heider, Kelley, Nisbett und Ross, Tversky und Kahneman u. a.) enthaltenen Aussagen über den „naiven Wissenschaftler" bzw. den „naiven Psychologen" als Äußerungen über allgemeinmenschliche Beschaffenheiten von Perzeption und Kognition zu verstehen sein sollten, und das wird darin oft nahegelegt, dann sollten wir dem gegenüber unsere Zweifel anmelden. Wenn der „Mann von der Straße" in der Regel die Häufigkeitsverteilung eines zu beurteilenden Ereignisses nicht genügend in Rechnung stellt, dann sollte sicher daran gedacht werden, inwieweit es schon „üblich" geworden ist, statistische Parameter in das Alltagsdenken einzubeziehen. Wäre es nicht vielleicht denkbar, daß in einigen Jahrzehnten oder Jahrhunderten solche Urteilsschemata im „Alltag" und implizit angewendet werden, die heute noch explizite Prozeduren des wissenschaftlichen Denkens und der wissenschaftlichen Arbeitsweise sind?

Man mag dazu auch den folgenden Umstand bedenken. In den interessanten Untersuchungen von Tversky und Kahneman wurden Urteilsaufgaben verwendet, die in dieser Weise im Alltag nur sehr selten sein dürften. So wurden z. B. Vpn gefragt, ob im Englischen der Buchstabe „r" häufiger an der ersten oder an der dritten Stelle der Wörter anzutreffen sei. Da „r" an erster Stelle natürlich auffälliger ist als an der dritten und Auffälligkeit (salience) einer der Umstände ist, denen zufolge ein Urteiler zur „Zugänglichkeitsheuristik" greift, antworten fast alle Vpn mit „an erster Stelle"; in Wirklichkeit ist „r" an dritter Stelle viel häufiger. Nur der, der sich professionell mit Sprachstatistik befaßt, dürfte bei einer solchen Denkanforderung die korrekte Antwort erschließen können. Anders gesagt: Nur dann, wenn eine solche Erschließungsaufgabe für den Lösenden relevant ist und wenn er bereits über gewisse Erfahrungen mit der betreffenden Aufgabenklasse sammeln konnte, kann er eine korrekte Lösung ermitteln. Gegen diese Art von Denkanforderungen könnte man ähnliche Einwände vorbringen wie gegen die der älteren Denkpsychologie, sie hätte zu „lebensfremde" Aufgaben verwendet oder, wie das Benary (1923) in einer Kritik zu den bekannten denkpsychologischen Untersuchungen von Selz (1913, 1922) ausdrückte, „Dressurstücke europäischer Logik" benutzt, um die allgemeinen Gesetze des Denkens zu finden. Wenn also sehr zeitgebundene Anforderungen zur Untersuchung informationsverarbeitender Prozesse in dazu noch sehr speziellen Populationen geprüft werden, dann ist es natürlich sehr schwierig herauszufinden, was an den ermittelten Regularitäten allgemein und was daran epochal bestimmt ist.

(2) Unser zweites Beispiel liegt unserem Thema, der Personenwahrnehmung, näher, auch wenn es hier um die Anwendung einer Art kausalen Schemas geht. Es handelt sich um die Attribuierung von Verhaltensursachen, die der *Beobachter* eines Verhaltensaktes vornimmt. Hier besteht, wie das Ross (1977) und Ross und Anderson (1980) feststellten, eine Tendenz, das Verhalten eines Akteurs ausschließlich auf seine Disposition zurückzuführen und andere Determinanten des Verhaltens, vor allem die der Handlungssituation, nicht zu beachten. Ross nannte dies den „fundamentalen Irrtum bei der Attribution".

Nebenbei bemerkt: Wie die interessanten Experimente von Jones und Nisbett (1972) belegen, gilt diese Tendenz in erster Linie für beobachtetes Verhalten. Wenn der Urteilende sein eigenes Verhalten kausal interpretiert, dann neigt er dazu, dieses eher auf situationale als auf dispositionale Faktoren zurückzuführen.

Schon diese Differenz zeigt, daß ein und derselbe Urteiler wohl in der Lage ist, auch situationale Faktoren bei Verhaltensinterpretationen ins Kalkül zu ziehen. Woher aber stammt die allgemeine Neigung, bei Wahrnehmung fremden Verhaltens diese Faktoren zu vernachlässigen und jene zu favorisieren? Wenn wir dazu noch in Rechnung stellen, daß viele Menschen bei solchen Urteilen die Dispositionen des anderen oft als *angeborene* Besonderheiten unterstellen, dann wird daraus ein *nativistisches* Postulat, das dem Menschenbild der Klassengesellschaften, besonders der kapitalistischen Gesellschaftsformation, verpflichtet ist (vgl. dazu Hiebsch 1961, 1966). Wir können also annehmen, daß die Erschließung einer Disposition, dazu noch einer angeborenen, als Verhaltensursache beim anderen auf einen dementsprechenden theoretischen Satz der „naiven Persönlichkeitstheorie" des Attribuierenden zurückgeht, hinter der – und das ist eine Erweiterung unseres bisherigen Ansatzes – so etwas wie eine Metatheorie zu stehen scheint, die im zugespitzten Falle als „Nativismus" bezeichnet werden könnte, wenigstens aber als „Dispositionalismus" (Ross). Das aber ist sicher keine Universalie, sondern das Ergebnis von Einwirkungen, die solche Beurteiler während ihrer Sozialisation erfahren haben.

Somit können wir zunächst festhalten: Was wir aus einer aktuell vorliegenden Information erschließen, in welcher Richtung wir über die gegebene Information hinausgehen und wie das Urteil, z. B. über die Verhaltensursachen der anderen, ausfällt – das ist, natürlich in letzter Instanz, in unserer individuellen Weltanschauung und in unserem *„Menschenbild"* begründet. Weltanschauungen und Menschenbilder aber sind von beträchtlicher gesellschaftlicher und kultureller Variabilität, wenn sie auch allgemeinere Züge enthalten. Demzufolge müssen wir auch mit einer analogen Variabilität der kognitiven Strukturen rechnen, die unsere Wahrnehmungen und Kognitionen der sozialen Wirklichkeit kodeterminieren. Das gilt, wie schon eingangs angedeutet, in erster Linie für deren Inhalte; die im Substrat verankerten grundlegenden Mechanismen der Informationsverarbeitung dürften wesentlich mehr an allgemeineren Zügen haben.

Eine weitere Überlegung zur *Herkunft* dieser kognitiven Strukturen oder naiven Theorien, wie sie zum Beispiel vom „Menschenbild" (als Metatheorie) bestimmt werden, soll diesen Umstand verdeutlichen. Implizite Theorien werden zweifellos aus sehr vielen und aus vielerlei Quellen gespeist, mit denen wir unser ganzes Leben lang konfrontiert werden. Da ist zunächst die eigene Erfahrung im Umgang mit anderen Menschen zu nennen. In diese gehen aber sofort die überaus vielen Vorbilder oder Modelle ein, die uns zugänglich werden, indem wir das Verhalten anderer Menschen nur wahrnehmen bzw. beobachten. Das, was im alltäglichen Umgang darüber an Meinungen, Auffassungen, Glaubenssätzen usw. geäußert wird und was seinerseits wieder sehr verschiedenartigen Quellen entstammt, wird in das Gefüge des individuellen Erfahrungsschatzes selektiv eingegliedert. Von einem bestimmten Zeitpunkt unseres Lebens an werden wir in systematischer Weise darüber informiert: in der Schule und später in anderen Bildungsinstitutionen. Wir nehmen Anteil an der Literatur in ihren verschiedenen Formen, lesen Bücher, sehen Bühnenwerke, Filme usw., aus denen wir Bausteine für die persönliche Lebens- und Weltanschauung entnehmen und in uns individualisieren. All das und noch viel mehr „verschmilzt" in uns zu einem oft gar nicht vereinzelbaren Komplex, der als Ganzes wirkt, über dessen Bestandteile und deren Herkunft wir oft genug nicht mehr präzise Rechenschaft geben können. Dieses individualisierte Welt- und Menschenbild ist oft fast unbemerkt „da" und wirkt über die angedeuteten Vermittlungen in unserem erkennenden und praktischen Verhalten.

Dieser Hintergrund unseres geistigen und praktischen Lebens ist aber, wie wir wissen, kein neutrales Kompendium, also keine bloße Sammlung von Wissen, es enthält, wie wir an anderer Stelle festgestellt hatten, auch *Bewertungen,* die wiederum auf ein subjektives *Wertsystem* zurückgeführt werden können. Wenn man das von uns verwendete Bild nicht scheut, so könnte man nun sagen: „Hinter" unserem Wissen um die Welt, das „hinter" unseren Prozessen der Weltaneignung steht, steht wiederum das individuelle Wertsystem, das in hohem Grade unsere Zuwendung zur Wirklichkeit kodeterminiert. Dies zu betonen ist vor allem deshalb wichtig, weil es von diesem internen Wertsystem abhängt, welche Stärke unsere allgemeinen Wahrnehmungsbereitschaften sowie die aktuellen Wahrnehmungserwartungen oder -hypothesen haben und wie sie sich demzufolge in der Verarbeitung von Information über den anderen durchzusetzen in der Lage sind.

Ohne diesen für eine Theorie der interpersonellen Wahrnehmung und überhaupt der sozialen Wahrnehmung sehr wichtigen Gesichtspunkt jetzt weiter zu verfolgen, werden wir uns jedoch vornehmen, ihn in den weiteren Erörterungen zu den wahrnehmungsleitenden Gedächtnisstrukturen im Auge zu behalten und immer mitzudenken (vgl. dazu auch Abschn. 3.5.).

3.3.4.2. Aspekte von wahrnehmungsleitenden Gedächtnisstrukturen

Der Gedanke der die perzeptiven und kognitiven Leistungen kodeterminierenden internen Systembedingungen ist in der Psychologie natürlich nicht neu und nicht erst von der kognitiven Psychologie der letzten Jahrzehnte entdeckt worden. So finden wir bereits bei Wundt (1898) den von Leibniz eingeführten Begriff der „Apperzeption", besonders den der „apperzeptiven Synthese" für ähnliche integrierende Funktionen. In der Gestaltpsychologie waren es Wertheimer (1912) und andere, die den Begriff des „Bezugssystems", zunächst für Wahrnehmungsprozesse, einführten; in seiner neueren Fassung (z. B. Witte 1952, 1975, Helson 1948) wird er zur Beschreibung analoger Funktionen verwendet (vgl. dazu auch Abschn. 3.4. dieses Buches). G. E. Müller (1923) verwendete bereits in ähnlicher Weise den Begriff des „Schemas", wie das gegenwärtig, im Anschluß an Piaget (1936), üblich ist.

Bevor wir einige in der Literatur angewendete Vorstellungen beschreiben, soll zunächst versucht werden, das Gemeinte in eine allgemeinere Form zu bringen.

Innere Systembedingungen der Verarbeitung sozialer Information, wie wir sie in unserem Zusammenhang meinen, sind *Gedächtnisstrukturen.* Sie sind als Folge von Lernprozessen zu verstehen. Das heißt aber nicht, daß sie in *der* Form, in der sie dann funktional in der Informationsverarbeitung wirksam sind, angeeignet sein müssen; es handelt sich vielmehr um Ergebnisse vielfacher Transformationen, die nach Aufnahme der Informationen aus der Außenwelt im Verlaufe der Zeit geschehen. Gedächtnissysteme bzw. -strukturen bestehen aus zwei Bestandteilen: (a) den *Elementen* (oder „Kognitionen", oft auch einfach „Items" genannt) und (b) den *Relationen* zwischen den Elementen, die unterschiedlicher Beschaffenheit sein können: z. B. Verknüpfungen bzw. Assoziationen, Über- und Unterordnungsbeziehungen, Ähnlichkeiten. Man kann sie deshalb auch als „Netzwerke" oder auch als „Graphen" veranschaulichen, wobei die Elemente die „Knoten" und die Relationen die „Kanten" darstellen. Es ist ferner für diese Strukturen eine hierarchische Ordnung anzunehmen, deren untere Ebene mehr aus speziellen und deren obere aus allgemeineren Elementen und Relationen bestehen.

Ein anderes theoretisches Modell für die Repräsentation von Items im Gedächtnis ist die Vorstellung eines Raumes, der durch *n* Dimensionen aufgespannt ist; jede Dimension kann man als eine Skala verstehen, die entweder als metrisch besetzt oder einfacher als durch Kategorien gekennzeichnet vorstellbar ist (vgl. dazu Abschn. 3.4.).

Wichtig für unsere Überlegungen ist die Beschaffenheit der „Elemente". Sie kann vielfältig sein, je nach dem, was ein Perzipient als *„eine"* Information einträgt. Aber an jedem Gedächtniselement lassen sich prinzipiell *drei* Aspekte unterscheiden:

(a) der *semantische* Aspekt (durch ihn ist charakterisiert, welche Nachricht über welche Beschaffenheit der Außenwelt eingetragen ist),

(b) der *syntaktische* Aspekt (er charakterisiert, welche Relationen an diesem Item festgemacht sind, und das heißt auch, *wie* der Prozeß organisiert sein kann, der mit Hilfe dieser Struktur bei der aktuellen Verarbeitung realisiert wird) und

(c) der *pragmatische* Aspekt (er sagt aus, wie das Subjekt das Item bezüglich der Verhaltensfolgen bewertet).

Die Benutzung der semiotischen Termini (Semantik, Syntaktik, Pragmatik) ist nicht zufällig; denn es kann begründet vermutet werden, daß die menschlichen Gedächtnisstrukturen analog zum inneren System der Sprache aufgebaut (und von diesem kodeterminiert) sind.

Wir haben diese allgemeinste Charakteristik vor die Besprechung der einzelnen Konzeptionen gesetzt, weil wir annehmen, daß sich mit den drei letztgenannten Aspekten gewisse produktive Gliederungen der an sich recht heterogenen theoretischen Ansätze vornehmen lassen – gewissermaßen als ein erster Schritt zu einer theoretischen Vereinheitlichung, die zu erreichen wir uns hier allerdings noch nicht vornehmen wollen. Zweifellos wird es dazu vonnöten sein, die Befunde der modernen Gedächtnisforschung (z. B. Klix 1977; Hoffmann 1982) zu Rate zu ziehen.

3.3.4.3. Konzeptionen zu wahrnehmungsleitenden Gedächtnisstrukturen

Wir haben schon festgestellt, daß die aus der einschlägigen Literatur erhältlichen Annahmen zu unserem Thema theoretisch heterogen sind und terminologisch sehr verschieden bezeichnet werden sowie zu unterschiedlichen Beschreibungs- oder Erklärungsabsichten entwickelt wurden. Jedoch lassen sich in erster Näherung *zwei* Klassen oder Arten unterscheiden:

(a) Konzeptionen, die sich auf den *Inhalt* der Information beziehen; wir werden sie hier, unbeschadet anderer Benutzungsmöglichkeiten, zusammenfassend als (subjektive, implizite, jedoch explizierbare, naive) *Theorien* bezeichnen;

(b) Konzeptionen, die mehr die relationalen, formalen bzw. intern formalisierten *Prozeduren* oder *Prozesse* beschreiben, die innerhalb von Theorien ablaufen bzw. bei aktueller Informationsverarbeitung die theoriengeleitete Bearbeitung bedingen; wir werden sie hier, wieder unbeschadet anderer Verwendung, als *Schemata* bezeichnen.

Eine disjunktive Einordnung ist allerdings nicht möglich: Die mit den anzuführenden Begriffen gemeinten Sachverhalte unter (a) können in solche unter (b) übergehen et vice versa. Ungeachtet dessen werden wir aber die Darstellung trennen, einfach, um die Übersicht besser wahren zu können.

3.3.4.3.1. Implizite Theorien

Unter einer „Theorie" versteht man allgemein eine systematisch geordnete Menge von Aussagen bzw. Aussagesätzen über einen Bereich der objektiven Realität oder des Bewußtseins. Die wichtigsten Aussagen dabei sind die über die Regularitäten oder Gesetzmäßigkeiten des Objektbereiches. Selbstverständlich gibt es in jeder Theorie auch Aussagen, die sich auf singuläre empirische Sachverhalte beziehen. Im allgemeinen gehört eine Theorie zu einer Wissenschaft; die wissenschaftliche Erkenntnis findet ihren höchsten Ausdruck in einer Theorie. Eine solche hat erklärende wie auch prognostische Funktionen; sie muß etwas erklären können wie auch Voraussagen auf Ereignisse zulassen. Theorie läßt sich im Verhältnis zu „Praxis" auffassen, nämlich als – letztinstanzliches – Ergebnis von Praxis und als, mit dieser in kreisförmiger Wechselwirkung stehend, Anleitung zu aktiver Weiterentwicklung der Praxis. Theorie läßt sich auch, philosophisch gesprochen, im Verhältnis zu „Methode" auffassen, wobei Methode ein System von Regeln ist, das partiell aus Objektaussagen abgeleitet ist, und für Erkenntnistätigkeit gilt. Theorie läßt sich auch im Verhältnis zu „Hypothese" auffassen, wobei Hypothesen als noch nicht bestätigte Aussagen im Verhältnis zu den bestätigten der Theorie angesehen werden können; die letzte Unterscheidung ist allerdings sehr relativ, denn auch bestätigte Aussagen einer Theorie sind zumeist vorläufig bzw. haben Reste des Hypothetischen – das verlangt schon die Dialektik von relativer und absoluter Wahrheit.

Subjektive Theorien, die sich die Menschen unter dem Eindruck ihrer individuellen Praxis und Erfahrung auf der Basis gelernten und gehörten Wissens bilden, haben natürlich nur partiell die Beschaffenheit wissenschaftlicher Theorien. Wir plädieren aber in unserem Zusammenhang sehr dafür, den Theoriecharakter dieser internen Strukturen im Auge zu behalten. Trotz aller Differenzen, die sie zu den objektivierten, expliziten Theorien einer Wissenschaft – in Inhalt und Menge der Aussagen, in ihrer Systematik, im Grad ihrer Bestätigung – aufweisen, können sie als funktional analog angesehen werden: Sie verhelfen dem Individuum dazu, die es „betreffenden" Ereignisse der natürlichen und gesellschaftlichen Wirklichkeit zu verstehen, zu erklären, Ereignisse aktiv herbeizuführen oder sie vorauszusehen.

Das gilt wenigstens in dem Umfang, in dem ein Individuum je nach seiner Lebenslage ein Bedürfnis nach Erklärung und Voraussage hat, also je nach den Anforderungen seiner Tätigkeit.

Dafür finden sich in der Literatur der kognitiven Sozialpsychologie mehrere Begriffe:

Der Begriff der *Theorie* selbst, z. B. als „naive Persönlichkeitstheorie" (Bruner und Tagiuri 1954) oder als „naive Verhaltenstheorie" (Heider 1958, 1977), dort auch als „naive Handlungsanalyse" bezeichnet. Mit dem Begriff der „naiven Persönlichkeitstheorie" verbinden aber diese oben genannten Autoren eine engere Bedeutung: Damit ist jenes Assoziationssystem gemeint, das zwischen Persönlichkeitseigenschaften etabliert ist und das es erlaubt, aus einer bekannten Eigenschaft eines Menschen, z. B. „dick", eine damit stark assoziierte oder hoch korrelierende, z. B. „gemütlich", zu erschließen. Der Begriff der Persönlichkeit wird hier also in *dem* Sinne verwendet wie in der älteren Psychologie, nämlich als ein Modell der Eigenschaftsstruktur einer Individualität.

Ohne die sicherlich zweckmäßige Fassung dieses Begriffs negieren zu wollen, scheint es doch möglich zu sein, ihn auch erweitert zu verwenden. Subjektive Aussagensysteme oder auch Postulate, z. B. über Determinanten von Persönlichkeitsentwicklungen, deren Resultate in naiven Personenurteilen allemal auffindbar sind, sollten auch dazu gerechnet werden können, genauso wie auch diejenigen internen „Theorien", die festlegen, wann mir jemand sympathisch oder unsympathisch ist, welchen Grad von Verantwortlichkeit ich jemandem für sein Tun unter welchen Bedingungen zuschreiben darf, wann mir jemand und weshalb attraktiv erscheint, wie ein „guter Lehrer" oder der „vernünftige Nachbar" sein soll – usw. usf. Freilich hat solch eine Erweiterung auch Risiken; sie können nur behoben werden, wenn die relativ selbständigen Teilsysteme genauer untersucht werden. Das aber ist eine Aufgabe, die bisher kaum angegangen wurde.

Indessen wurde von einer anderen Forschungsrichtung her (und zunächst ohne Beziehung zu unserem Gegenstand, der Bildung von Urteilen über die gesellschaftliche und soziale Realität, speziell zum Partner) ein anderes Konzept entwickelt, nämlich in der Schule von Moscovici in Paris. Hier wurden die Traditionen der französischen Soziologie, vor allem Durkheims (1898), wieder aufgegriffen und damit der bei diesem zentrale Begriff der „kollektiven Repräsentationen" umgewandelt zu „sozialen *Repräsentationen*" (vgl. dazu Herzlich 1975). Während Durkheims „représentations collectives" Vorstellungen sind, die einem transsubjektiven Kollektiv (einer ethnischen Gruppe in ihrer „Gruppenseele") zukommen sollen, ist mit dem reaktivierten Begriff bei Moscovici, wie aus seiner vorzüglichen Untersuchung über das „Bild" der Psychoanalyse in der Öffentlichkeit (1961) ersehen werden kann, die modale Abbildung bzw. Rekonstruktion eines Theoriengebäudes (oder anderer objektivierter Wissensbestände) in einer speziellen Population gemeint. Da diese Konzeption trotz ihrer sozialpsychologischen Implikationen, wie sie besonders bei Codol (1969, 1970) erkenntlich werden, allerdings einen mehr soziologischen Charakter hat, sei es mit dieser Anmerkung belassen.

Implizite Theorien, speziell Persönlichkeitstheorien, lassen sich wahrscheinlich auch so erfassen wie andere kognitive Strukturen, z. B. als Netzwerke oder als *n*-dimensionaler Raum, der mit Hilfe verschiedener methodischer und statistischer Verfahren empirisch ermittelt werden kann (multidimensionale Skalierung, Faktorenanalyse, Clusteranalyse u. ä.). Im letzteren Falle müssen seine Dimensionen auf irgendeine Weise aus der Datenmenge herausgehoben werden. In der psychologischen Literatur gibt es viele Versuche, die Dimensionen zu bestimmen, die der Personen- oder Partnerbeurteilung zugrunde liegen. Manche stützen sich auf die von Osgood, Suci und Tannenbaum (1957) ermittelten Dimensionen von Bedeutungsstrukturen: Valenz, Potenz und Aktivität, wie z. B. Bach und Feldes (1975), die diese drei Dimensionen der Beurteilung interpersoneller Beziehungen zugrunde legten.

Allerdings erscheint uns der Anspruch der Autoren nicht hinreichend belegt, daß das auf der Basis dieser drei Dimensionen konstruierte Instrument (Polaritätenprofil) zur Beurteilung aller möglichen sozialen Sachverhalte, also auch für interpersonelle Beziehungen in Leistungsgruppen (also Partnerurteile) anwendbar sei und daß es prinzipiell das Spektrum aller möglichen Beurteilungskriterien abdecken soll. Soziale Beziehungen existieren niemals „an sich", sondern immer im Kontext bestimmter Interaktionsbedingungen wie z. B. Aufgabe und Ziel der Gruppentätigkeit; somit können wir vermuten, daß Anzahl, Inhalt und Gewicht derartiger Dimensionen je nach den Bedingungen variieren können (vgl. dazu auch Kluck 1976). Darüber hinaus fehlen Kriterien zur Beurteilung von Leistung und Leistungsmotivation, die jedoch für die Partnerbeurteilung in Leistungsgruppen als besonders bedeutsam unterstellt werden können.

Von diesem Mangel ausgehend, erhoben wir bei 65 Arbeitern und 93 Studenten in einer freien Befragung Kriterien, nach denen sie Partnerbeurteilungen vornehmen. Diese Kriterien wurden nach den üblichen Prozeduren hinsichtlich ihrer Bedeutsamkeit für Partnerurteile bei analogen Stichproben eingeschätzt. Die Korrelationen zeigten, daß die Bewertung der Bedeutsamkeit der Beurteilungskriterien bei beiden Stichproben weitgehend übereinstimmten. Nun wurden auf der Basis dieser Kriterien adjektivische Polaritäten gebildet, und dieses Polaritätenprofil wurde wieder zwei Stichproben (Arbeiter, Studenten) und zur Einschätzung von 30 Personentypen (z. B. „Arbeitstier", „Blindgänger", „Außenseiter" usw.) vorgelegt. Die gefundenen Daten wurden einer Faktorenanalyse unterzogen (Hauptfaktormethode mit Varimax-Rotation); in der Stichprobe der Arbeiter fanden wir 4 und in der der Studenten 3 Faktoren: (1) Bei den Arbeitern: „persönliche Wertschätzung", „kollektive Zuwendung", „Leistungsfähigkeit und -bereitschaft", „fachliches Durchsetzungsvermögen"; (2) Bei den Studenten: „fachliche Leistungsfähigkeit und -motivation", „persönliche Wertschätzung", „Leistungsfähigkeit im Zusammenhang kollektiver Zuwendung".

Obwohl also diese beiden Populationen prinzipiell ähnliche Kriterien der Partnerbeurteilung für wesentlich halten, werden diese aber populationsspezifisch unterschiedlich verstanden und angewendet – was zweifellos mit dem verschiedenen Tätigkeitskontext der Stichproben – Arbeit in der materiellen Produktion versus Studieren – zusammenhängen dürfte.

Ähnlich wie in der eben angedeuteten Untersuchung (Edeler und Edeler

1983) konnten mittels faktorenanalytischer Prozeduren unterschiedliche Strukturkomponenten der Personenbeurteilung (a) beim Vergleich zwischen jüngeren und älteren Hochschulangehörigen, (b) bei verschiedenen Beurteilungsaufgaben (Partner- versus Personenbeurteilung) und (c) bei unterschiedlichen sozialen Kontexten, in denen die zu beurteilende Person steht, gefunden werden (Löschner 1984).

Es zeigt sich also, daß die Ermittlung subjektiver, impliziter „Theorien", die Urteilen über die anderen zugrunde liegen, sehr differenzierte Populationscharakteristika, aber sicher auch individuelle, in Rechnung stellen muß; diese Aufgabe ist bis jetzt kaum in Angriff genommen worden.

Nach diesem kleinen Einblick in die Anfänge solcher Untersuchungen setzen wir den Gedankengang fort. Außer dem Begriff der „impliziten Persönlichkeitstheorie", der zweifellos noch weiterer Bearbeitung bedarf, findet sich in der Literatur ein allerdings auch noch wenig entwickelter Begriff, der von Nisbett und Ross (1980) eingeführt wurde. Das ist der Begriff der „Persona" (Plur. Personae); die Autoren verstehen darunter „kognitive Strukturen, die Persönlichkeitscharakteristika und typische Verhaltensweisen von Grundcharakteren repräsentieren" (S. 35, übers. v. Verf.). Der aus dem alten Rom stammende Begriff der „persona" wurde dort, zweifellos zu Recht, in seiner theatralischen Bedeutung verwendet, nämlich als „dramatis personae", also die Personen – und das heißt hier: die typischen Charaktere – im Drama: der Hanswurst, der jugendliche Liebhaber, der Intrigant etc. Das sind also eigentlich Stereotype (auf die wir noch zu sprechen kommen). In der Weltliteratur, und nicht nur in der dramatischen, gibt es eine Fülle von Persona-Beschreibungen, angefangen bei den „Ethnischen Charakteren" von Theophrastos (372 bis 287 v. u. Z.) über die „Charakterbilder" von La Bruyère (1645 bis 1696) bis zu einigen der neueren Beschreibungen kategorialer Typen in der Psychologie (Typologie, Charakterkunde).

Die Quellen, aus denen sich „personae" speisen, sind vielfältig: eigene Erfahrung, das, was wir von anderen unserer Gruppe hören oder aus dem Verhalten der anderen ableiten, Literatur, Theater, Massenmedien, Anleihen aus dem Tierreich usw. Sogar Anleihen aus der Psychologie sind mehr und mehr zu beobachten. Die „personae" bilden jedenfalls eine Wissensstruktur, die, im Falle ihrer Aktivierung, Urteile über den anderen und unser Verhalten ihm gegenüber beeinflussen kann.

Da wir diesen Sachverhalt im nächsten Abschnitt unter dem Stichwort „Kategorisierung" und „Stereotypisierung" am passenderen Orte behandeln wollen, sei es mit dieser knappen Erwähnung getan. Dort werden wir auch auf den Begriff des „Prototyps" stoßen, der neuerdings, als „Personen-Prototyp", auch auf diesem Felde aufgetaucht ist (Cantor & Mischel 1979).

3.3.4.3.2. Implizite Schemata

Wie erwähnt, wollen wir unter dem Begriff des Schemas die mehr formalen Strukturen verstehen, die über die Elemente des Gedächtnisses gebildet und über spezifische Verarbeitungsprozesse generalisiert werden; sie sind damit die Bedingungen für den Ablauf der aktuellen Informationsverarbeitung. Sie wurden in der bisherigen kognitiven Sozialpsychologie eingehend untersucht, da man sich – verständlicherweise – mehr für das Wie der Verarbeitung interessierte. Wir werden die verwendeten Begriffe kurz erläutern und nur bei denen etwas verweilen, die direkt auf die Personenwahrnehmung bezogen sind. Eine Gliederung könnte darin bestehen, die mehr auf die *Erkenntnis* bezogenen von den mehr auf das *Handeln* gerichteten Schemata zu unterscheiden.

(1) Zu den *erkenntnisbezogenen* Schemata gehört der Begriff des „Bezugssystems", der, wie einleitend vermerkt, in der Gestalttheorie entwickelt und später, in der „inneren Psychophysik", ausgebaut wurde („frame of reference" bei Helson 1948).

Als sehr allgemeines Schema dieser Art, das auch zur Erklärung der Organisation von Informationen angewendet wurde, kann der Begriff des *„Netzwerks"* (assoziatives Netzwerkmodell) genannt werden (Anderson und Bower 1973, Collins und Loftus 1975, Wyer und Carlston 1979 u. a.; zur Verwendung dieses Schemas bei der Erklärung der Personenorganisation im Gedächtnis vgl. Ostrom, Pryor, Lingle und Geva 1979). Die Knoten in einem solchen Netzwerk werden durch die verschiedenen Personenmerkmale gebildet, zu denen der Wahrnehmende Zugang hatte. Der zentrale Knoten ist dann die betreffende Individualität, über die ein Eindruck gebildet werden soll; er wird oft durch ihren Namen repräsentiert, in den ein allgemeiner und globaler Eindruck integriert ist. Gewisse Kontextbedingungen, z. B. die Zugehörigkeit dieser Person zu einer sozialen Gruppe wie Alter, Geschlecht, Beruf, ethnische Zugehörigkeit, Klassenzugehörigkeit usw. bedingen diesen ersten globalen Eindruck mit. Mit dem Individualitätsknoten sind dann die für diese Person relevanten Knoten assoziiert, die dafür charakteristische Informationen enthalten. Liegen eine bestimmte Handlungsabsicht und eine damit übereinstimmende Wahrnehmungsaufgabe vor, dann werden Teile dieses Netzwerks zu einer Gruppe oder einem Cluster zusammengefaßt, und dieses Cluster heißt dann ein *Thema*. Die Aktivierung eines „Themas" bedeutet, daß alle jene Knotenpunkte miterregt werden, die über kurze Bahnen bzw. starke Assoziationen damit verknüpft sind.

Der Begriff des Themas, also einer aktuell gebildeten Einheit von Gedächtniselementen, die auf die Erfassung der sozialen Welt der Menschen gerichtet ist, ist verwandt mit einer Reihe anderer Begriffe, mit denen die Art und Weise erfaßt werden soll, wie die Menschen ihr internes Abbildsystem organisieren, z. B. mit dem Begriff des „Attributs" (Zajonc 1968), der „Kategorie" (Bruner 1957), des „Konstrukts" in der Persönlichkeitstheorie (Kelly 1955), der „Dimension" (Osgood, Suci und Tannenbaum 1957) oder auch des „Stereotyps", über die später noch einiges gesagt werden soll.

Das mit diesen Begriffen Gemeinte mag das folgende Beispiel zeigen: A hat die Absicht, am Abend in ein Restaurant zum Essen zu gehen, möchte aber einen Begleiter dafür haben. Unter diesem Aspekt fällt ihm sein Nachbar B ein, über den er nun dieses spezielle Cluster oder Thema bildet. Knoten, die zu diesem mit einer kurzen Bahn verknüpft sind, werden aktiviert: etwa das Merkmal „gutes Benehmen", oder „Vorliebe zum Besuch guter Restaurants und zu gutem Essen" oder „witziger Gesprächspartner". Würde A jetzt aufgefordert, seinen Nachbarn frei zu beschreiben, d. h. zu sagen, was ihm zu B (als Partner im Restaurant) so gerade einfällt, dann würde er in erster Linie solche themenrelevanten Merkmale äußern. Wenn es sich um eine andere Interaktionsaufgabe handelt, z. B. mit B eine Hochgebirgswanderung zu unternehmen, dann würde der frei erinnerte Eindruck anders ausfallen, da dann andere Personenmerkmale bzw. Merkmalsknoten aktiviert werden.

Benutzt man den Themenbegriff in dieser Weise, dann drückt

er mehr die aktuelle Gedächtnisorganisation aus, während bei den anderen oben genannten Begriffen mehr eine habituelle kognitive Organisation hinsichtlich der Wahrnehmung des anderen gemeint ist. Unser Beispiel läßt gut erkennen, daß die aktuelle Bildung eines „Themas" von der Handlungsabsicht bzw. der Motivation des Wahrnehmenden abhängen dürfte; unsere Untersuchungsergebnisse, die im Abschnitt 3.1.2. referiert wurden, ließen sich mit Hilfe dieser Vorstellung in ein theoretisches Modell integrieren. Dazu müßten aber erst noch spezielle Untersuchungen zur Gedächtnisorganisation durchgeführt werden.

Gelegentlich wird auch in diesem Zusammenhang der *Modellbegriff* benutzt. Schewarjow z. B. (1967) bezeichnet die Wahrnehmung als ein „dynamisches Modell der Wirklichkeit". Das ist aus zweierlei Gründen berechtigt: „Dynamisch" ist das Wahrnehmungsbild insofern, als es keine feste Größe ist, sondern abhängig von Wahrnehmungsbedingungen und -aufgaben variiert, ein „Modell" deshalb, weil Prozesse der Analyse und Synthese, der Abstraktion und Verallgemeinerung in die Abbildentstehung eingeschlossen sind, deren Resultat in der Rekonstruktion des Zusammenhangs *wesentlicher* Merkmale des Objekts besteht. Das entspricht etwa dem modernen Modellbegriff, wie er am schärfsten in der Kybernetik ausgeprägt ist. Personen- und Partner-Wahrnehmungen sind natürlich auch keine bloßen Spiegelungen des anderen, sondern Rekonstruktionen wesentlicher Zusammenhänge, sozusagen „Modelle".

Ähnlich wie der Modellbegriff wird auch für die Personenwahrnehmung der Begriff des *Konzepts* verwendet. Nach Reschke (1981) verfügt jeder Mensch über eine Vielzahl von „Umweltkonzepten", zu denen auch die über die soziale Umwelt und über die anderen Menschen gehören. Konzepte können sich dann auf einzelne Personen beziehen, aber auch über Klassen oder Typen entwickelt werden. Sie sind strukturiert und lassen sich, z. B. unter Verwendung von Methoden der multidimensionalen Skalierung, auf einen n-dimensionalen Raum abbilden, in dem die einzelnen Items oder Merkmale des jeweiligen Konzepts in Gruppen oder Clustern angeordnet sind. Die Vorstellung einer hierarchisch organisierten Struktur liegt nahe. Empirische Untersuchungen zu Umweltkonzepten sind zumeist aus dem Erkenntnisbedürfnis heraus durchgeführt worden, die kognitive Repräsentation der Realität durch den Menschen strukturell aufzuklären, ähnlich, wie das in der gegenwärtigen Gedächtnis- und Denkpsychologie gemacht wird. *Wie* Konzepte gebildet werden und *wie* sie in informationsverarbeitenden Prozessen funktionieren, ist bisher weniger erforscht worden. Es kann aber als sicher angenommen werden, daß sie analoge Funktionen wie andere kognitive Strukturen erfüllen, nämlich die neueinlaufenden Informationen zu integrieren bzw. zu organisieren.

Eine weitere Bezeichnung für ein erkenntnisbezogenes Schema ist der bereits öfter erwähnte Begriff der *Kategorie* sowie der dazugehörige Prozeß des *Kategorisierens* (für uns besonders *soziales* Kategorisieren: Tajfel 1975, 1978, 1981, 1982, Tajfel und Wilkes 1963 u. a.). Es handelt sich dabei um das schon erwähnte grundlegende Merkmal aller informationsverarbeitenden Prozesse (vgl. dazu Abschn. 3.3.1.1.), das wir mit den Begriffen der Strukturbildung bzw. Strukturierung und Klassenbildung bzw. Klassifikation bezeichnet haben. Wie wir feststellten, ist diese Form der Reduzierung der Informationsfülle eine strenge Notwendigkeit sowohl für einzelne Organismen als auch für Gruppen von Individuen, die im Zusammenhang mit ihrem Überleben steht. Ohne einen solchen Zusammenfassungsprozeß könnte weder auf Ereignisse der Außenwelt adäquat reagiert noch zielgerecht gehandelt werden. Dieser Prozeß ist also ein Werkzeug bei der Systematisierung der Außenwelt zum Zwecke des angemessenen Verhaltens. Vereinfachungen sind dabei, wie wir bereits sagten, unabwendlich. Dabei sind zwei Aspekte zu unterscheiden, ein „induktiver" und ein „deduktiver" Aspekt. Der erste Aspekt besteht darin, daß eine neue Information einer schon vorhandenen Kategorie auf Grund eines Merkmals oder einiger ihrer Merkmale zugeordnet wird und daß dabei gewisse andere, in dem jeweiligen Zusammenhang weniger bedeutsame Merkmale unberücksichtigt bleiben. Der „deduktive" Aspekt des Kategorisierens besteht darin, daß der Perzipient die bekannte Zugehörigkeit der neuen Information zu einer Kategorie benutzt, um der neuen Information dann Merkmale zuzuschreiben, die zu der Kategorie gehören, auch wenn das neue Item diese Merkmale gar nicht enthält. Das Kategorisieren führt also dazu, daß einer Wahrnehmung (oder Kognition) gewisse Merkmale hinzugefügt werden können, die ihr vielleicht nicht zukommen, oder daß Merkmale vernachlässigt werden, die sie tatsächlich hat, die aber in der gegebenen Situation nicht so von Bedeutung sind. Man kann leicht sehen, daß diese Veränderung der Wahrnehmung eines Ereignisses gegenüber seiner objektiven Merkmalsstruktur besonders dort leicht möglich ist, wo die Ereignismerkmale perzeptiv unbestimmt sind, was bekanntlich für die soziale Wahrnehmung zumeist zutrifft. Deshalb unterliegt auch das *soziale* Kategorisieren, also das gegenüber sozialen Ereignissen bzw. das in einer sozialen Gruppe stattfindende, sehr stark dem Einfluß von Festlegungen, sozialen Übereinstimmungen, Definitionen oder „Bestimmungsleistungen" (Gruppenleistungen vom Typ des Bestimmens, Sherif 1935, Hofstätter 1957).

Ein Ergebnis einer solchen Kategorisierungsprozedur ist, daß die Angehörigen einer Kategorie als einander ähnlicher wahrgenommen werden und daß die Angehörigen zweier verschiedener Kategorien auch dann als unähnlicher beurteilt werden, wenn sie objektiv einander ähnlich sind. Das bedeutet also, daß die Differenz zwischen den Exemplaren *einer* Kategorie verkleinert, die zwischen den Exemplaren zweier Kategorien (die natürlich in irgendeiner Weise vergleichbar bzw. benachbart sein müssen) vergrößert werden.

In einem klassischen Experiment könnte das sehr eindrucksvoll nachgewiesen werden (Tajfel und Wilkes 1963). Die Vpn dieses Experiments wurden veranlaßt, die Längen von Linien absolut zu schätzen (in Zoll). Jede der acht verwendeten Linien, deren Größe monoton um einen bestimmten Betrag in der Serie anstieg, wurde den Vpn in zufälliger Folge mehrfach dargeboten und der Mittelwert der Schätzungen je Vp und Linie berechnet. Dies geschah unter drei Versuchsbedingungen: unter der ersten erhielten die vier kleineren Linien den Buchstaben „A" zugeordnet und die vier größeren den Buchstaben „B" (systematische Kategorisierung). Unter der zweiten Bedingung wurden „A" und „B" regellos zugeordnet (unsystematische Kategorisierung), und unter der dritten Bedingung gab es *keine* Zuordnung (ohne Kategorisierung).

Die Ergebnisse waren eindeutig: Nur unter der ersten Bedingung, unter der also systematisch kategorisiert wurde, gab es den vorhin beschriebenen Effekt: Die Differenz der Schätzungen zwischen den Kategorien (Interklassen-Differenz) war signifikant vergrößert, die Differenz innerhalb der Kategorien (Intraklassen-

Differenz) war tendenziell verringert. In späteren Untersuchungen (z. B. Lilli 1970, Marchand 1970) konnten diese Befunde noch präzisiert werden. Lilli und Lehner (1971, S. 289) haben der Theorie von Tajfel die folgende Form gegeben:

„1. Wird einer physikalisch definierten Stimulusserie eine Klassifikation beigegeben und besteht zwischen Klassifikation und Stimulusserie ein direkter und konsistenter Zusammenhang, dann werden die Stimuli nach der Klassifikation beurteilt.

2. Besteht dieser Zusammenhang nicht, dann hat die Klassifikation keinen Einfluß auf die beurteilten Beziehungen, die zwischen den Stimuli der Serie bestehen.

3. Ist keine Klassifikation vorhanden, dann werden die Stimuli nach ihrer physikalischen Größe beurteilt.

4. Wenn der Zusammenhang zwischen Klassifikation und Stimulusserie direkt und konsistent verläuft, dann führt dies zu einem Anwachsen der Differenzen zwischen den Klassen und zu einer Abnahme der Differenzen innerhalb der Klassen.

5. Die genannten Effekte treten um so stärker auf, je mehr die Klassifikation betont wird.

6. Die wahrgenommenen Unterschiede (Differenz zwischen den Klassen) und Ähnlichkeiten (Differenz innerhalb der Klassen) verstärken sich bei zunehmender Erfahrung mit Stimuli und Klassifikation.

7. Mit zunehmender Komplexität des Stimulusmaterials nimmt die Differenz zwischen den Klassen zu und die Differenz innerhalb der Klassen ab."

Die Punkte 5 bis 7 dieser Zusammenfassung beziehen sich auf hier nicht beschriebene Experimente; besonders der letzte ist für das soziale Kategorisieren bedeutsam, weil dieses ja immer mit sehr komplexem „Stimulusmaterial" operiert. Wir müssen natürlich bedenken, daß die in diesen Experimenten zu schätzenden Merkmale metrischer bzw. figuraler Natur waren, während bei der kategorialen Beurteilung von sozialen Objekten andere Qualitäten („Bedeutungen") beurteilt werden müssen. Dennoch sind solche Experimente bedeutungsvoll: Wenn der Einfluß einer solchen einfachen Kategorisierung („A" oder „B") auf metrische Merkmale (Größen) so deutlich ausgeprägt ist, dann muß das für die zur Rede stehenden „Qualitäten höherer Ordnung", die physikalisch nicht so einfach faßbar sind, um so mehr gelten – und dies trifft genau auf unser Problem, die Wahrnehmung und Beurteilung von *Personen*, zu.

Wendet man die Theorie des sozialen Kategorisierens auf Personen an, dann führen diese Differenzen-Abschwächungen und -Verstärkungen zur „stereotypen Wahrnehmung" (Lilli und Lehner 1971) und zum Begriff des *Stereotyps,* also einer zumeist zu stark vereinfachenden Vorstellung von Gruppen anderer Menschen; im Zusammenhang mit dem Persona-Begriff wurde dies bereits erwähnt. Urteilsschemata, die von Stereotypen abgeleitet werden, wirken oft als *Vorurteile* („*der* Sachse ist umtriebig", „*der* Mecklenburger ist stur", „*der* Berliner hat eine große Klappe" und so fort). Die Tatsache, daß der Begriff des Vorurteils meist im Zusammenhang mit der *Abwertung* von Angehörigen anderer Gruppen (z. B. Rassen, Klassen, Nationen) untersucht wurde, hat die Auffassung geprägt, Vorurteile (bzw. Stereotype) seien prinzipiell *abwertend* und führten zu einer verzerrten Wahrnehmung. Diese Konsequenz ist zwar sehr häufig zu beobachten, sie ist aber nicht zwangsläufig. Vorurteile haben neben ihrer Funktion, durch Abwertung der Fremdgruppe die Eigengruppe, darunter sich selbst, aufzuwerten, auch eine entscheidungserleichternde Funktion, und ihr abwertender Charakter ist nicht obligatorisch. Um die negativen Konnotationen des Stereotyp-Begriffs zu vermeiden, führen Nisbett und Ross (1980) den Begriff der „Persona" als einen demgegenüber mehr neutralen Begriff ein. In ähnlicher Weise wird der von Cantor und Mischel (1979) eingeführte Begriff des „Personen-Prototyps" aufgefaßt, der aber mehr eine Art von kategorialer Typologie ist, die im Prinzip nach analogen Methoden ermittelt wird wie die älteren Typologien, die aus der deutschen Psychologie der ersten Hälfte dieses Jahrhunderts bekannt sind, wobei aber als Basis der Typenfindung und -formulierung mehr die Alltagsauffassungen derjenigen Menschen gewählt werden, die diesen Prototyp zur Klassifikation der anderen benutzen.

(2) Die *handlungsbezogenen* kognitiven Systeme sind solche Schemata, in die der Perzipient selbst als Akteur oder als Beobachter (und Interpret) einbezogen ist. Hier sollte wohl an erster Stelle der Begriff des *Plans* erwähnt werden, den Miller, Galanter und Pribram (1960, 1973) in die psychologische Handlungstheorie eingeführt haben. Gelegentlich wird dafür der Strategiebegriff verwendet. Pläne sind mentale Einheiten, die zwischen dem Abbild der Handlungssituation und der Handlung selbst vermitteln; frü-

her wurde dafür oft der Begriff des „Handlungsentwurfs" verwendet. In weiterentwickelter Form wurde dieser Begriff vor allem zur Erfassung der Struktur und der Regulation der gegenständlichen Tätigkeit (Hacker 1978, Volpert 1976), aber auch des sozialen Handelns (v. Cranach, Kalbermatten, Indermühle und Gugler 1980) verwendet. Ein sehr ähnlicher Begriff, der aber unmittelbar auf soziales Verhalten bezogen ist, wurde von Abelson (1976, auch Schank und Abelson 1977) eingeführt, und zwar unter der Bezeichnung „script". Das läßt sich am besten mit „Drehbuch" übersetzen; um die damit verbundenen Konnotationen aber zu vermeiden, werden wir ihn als „Skript" übernehmen. Skripte werden von Abelson als „kohärente, vom Individuum erwartete Ereignissequenzen, in die es entweder als Teilnehmer oder als Beobachter eingeschlossen ist", definiert. Sie werden in einem lebenslangen Erfahrungsprozeß angeeignet, entweder durch unmittelbare Erfahrung oder vermittelt über verschiedene Medien. Sie können stark individualisiert oder auf eine kleine Gruppe bezogen sein (wie etwa familienspezifische Rituale beim Zubettbringen der Kinder), sie können aber auch von einer größeren sozialen Einheit geteilt und manchmal auch zu einer Normative des sozialen Verhaltens werden.

Nach Abelson ist ein bestimmtes Skript aus einer Reihe von „Vignetten" zusammengesetzt. Darunter versteht er eine sprachliche oder auch nichtsprachliche (anschauliche) Repräsentation eines Ereignisses, die oft einen Handelnden, sein Verhalten, den Gegenstand des Verhaltens und den Situationszusammenhang der Handlung enthält. Es ist sozusagen ein „Bild mit Unterschrift" (Abelson), in das aber vielerlei eingegangen sein kann: eine sinnliche, aus verschiedenen Modalitäten zusammengesetzte Vorstellung mit den möglicherweise damit verknüpften affektiven oder emotionalen Reaktionen und auch mit sprachlichen Mustern gekoppelt. Eine Kombination von solchen „Vignetten" erzählt gewissermaßen eine Geschichte. Als Beispiel mag das auch von Abelson angeführte „Restaurant-Besuch-Skript" angeführt werden, das aus den folgenden „Vignetten" in dieser Sequenz besteht:

(a) Eintritt in das Restaurant, (b) Garderobe abgeben, (c) Tisch wählen (oder auch: warten, bis man „plaziert" wird), (d) Platz nehmen, (e) Speise- und Weinkarte studieren, (f) Bestellung aufgeben, (g) Essen (diese Vignette kann sich wieder in mehrere subordinierte aufspalten), (h) Rechnung begleichen – und so weiter.

Skripte können von sehr konkreter (oder „episodischer") Natur sein und sich auf eine spezifische Erfahrung beziehen, die man gemacht hat. Sie können aber auch abstrakt sein und sich auf einem kategorialen Niveau abspielen; im letzteren Falle sind sie prototypisch und bilden den Rahmen für die Aktivierung oder Neuentstehung konkreter Skripte, die dem Beurteiler zur Verfügung stehen, wenn er in eine entsprechende soziale Handlung eintritt oder sie beobachtet. Da der Zusammenhang der Vignetten eines Skripts analog zu Kausalbeziehungen angenommen wird, denen zufolge jedes vorangegangene Ereignis das nachfolgende ermöglicht, nach sich zieht oder erzeugt, erlauben es aktivierte Skripte dem Handelnden oder Beobachter, nachfolgende Ereignisse zu erwarten oder vorauszusagen; dadurch wird der Mensch in die Lage versetzt, als Teilnehmer ein koordiniertes Handeln zu produzieren oder, als Beobachter, die wahrgenommene soziale Handlung sachgerecht zu interpretieren. Da nun in jedem Falle Menschen als Subjekte solcher Handlungen eingeschlossen sind, ergibt sich der Umstand, daß Skripte auch Anweisungen für die Wahrnehmung der anderen und seiner selbst und für eine valide Urteilsbildung enthalten müssen. Dies wurde aber in der Skript-Theorie unseres Wissens noch nicht explizit untersucht.

Die Bedeutung von Skripten für das interpersonelle Leben liegt in der Leichtigkeit und Geschwindigkeit, mit der sie soziale Ereignisse (oder Berichte darüber) verständlich und vorhersagbar machen und ein angemessenes Verhalten ermöglichen. Es werden deshalb oft auch Vergleiche mit Computerprogrammen angestellt (Nisbett und Ross 1980), und neuerdings hat der Skript-Begriff – der ja eine Spezifikation dessen ist, was wir allgemein ein „Programm" nennen – auch Eingang in die Theorie der künstlichen Intelligenz gefunden (Schank und Abelson 1977).

3.3.4.3.3. Gemeinsame Merkmale kognitiver Strukturen

Aus unserer knappen Übersicht der kognitiven Strukturen, wie sie unter verschiedenen Aspekten in der gegenwärtigen, vorwiegend kognitiv orientierten Sozialpsychologie beschrieben und untersucht wurden, lassen sich trotz der mehrmals beklagten Heterogenität auch gemeinsame Merkmale und Funktionen dieser psychischen Regulationseinheiten herausschälen. Ohne jetzt nochmals ins Detail zu gehen und Unterschiede diskutierend abzuwägen, seien nun diese Gemeinsamkeiten so genannt, wie sie uns plausibel erscheinen und wie sie den in den vorangegangenen Abschnitten entwickelten Grundgedanken entsprechen.

(1) Eine der Funktionen besteht offensichtlich darin, die Fülle und *Vielfalt* der *Informationen* zu *bewältigen,* mit denen der Mensch in seiner Auseinandersetzung mit seiner sozialen Welt täglich und stündlich konfrontiert ist. Das geschieht unter anderem durch *Selektion.* Wie wir bei der Besprechung der Hypothesentheorie der sozialen Wahrnehmung (vgl. Abschn. 3.3.3.1.3.) schon festgestellt haben, kann die jeweilige, durch die aktuelle Information evozierte kognitive Struktur, als „Theorie" wie als „Schema", *den* Ausschnitt der sozialen Wirklichkeit beeinflussen, der aufgenommen, dann zu Perzeptionen und Kognitionen verarbeitet und in Verhaltensentscheidungen überführt wird. Die (in der Wahrnehmungstheorie wohlbekannte) Selektivität hat in unserem Zusammenhang eine Besonderheit: Der Anteil der den internen Strukturen entstammenden, im Gedächtnis eingetragenen Informationen am Perzeptum bzw. Urteil kann sehr viel größer sein als der aus der aktuellen Stimulation.

Wenn ein Perzipient mit einer „Wahrnehmungsaufgabe" einer entsprechenden Stimulus-Situation konfrontiert wird, dann wird eine dieser Situation bzw. Aufgabe entsprechende implizite Theorie mitsamt dem adäquaten Verarbeitungsschema aktiviert, und es werden sodann die kognitiven Operationen (heuristische Techniken, „Faustregeln" usw.) abgerufen – und *das* ist der Hintergrund, auf den die aktuelle Information, z. B. über einen Zufallsreisegefährten, trifft. Hat ein Perzipient nun ein starkes Vertrauen in die Veridikalität seiner Theorie, zum Beispiel dadurch, daß sie besonders stark in seinem subjektiven Wertsystem verankert ist, dann ist die aktuell gebildete Wahrnehmungshypothese auch entsprechend stark; in diesem Falle genügen unter Umständen nur ganz wenige Informationen, damit sie bestätigt wird (und das heißt, damit ein internes Wahrnehmungsurteil entsteht). Die außerdem in der Situation enthaltenen Informationen über den anderen aufzunehmen, kann der Perzipient verzichten. Er wird auch nicht auf die aktive Suche nach weiteren Informationen gehen, da ihm sein Urteil, wegen des Vertrauens in „seine" Theorie und die dadurch bedingte Hypothesenstärke, als bündig und abgeschlossen, als einfach evident und keiner weiteren Prüfung bedürftig erscheint.

Es dürfte plausibel sein, daß in der Tendenz zur Informationsselektion eine Reihe von Möglichkeiten für Fehler, Irrtümer, „kurzschlüssige" Urteile und für Verzerrungen wurzeln. Extreme Ausprägungen dieser Tendenzen, die ja „an sich" ganz normal sind, finden wir etwa bei Psychotikern, bei denen es Fälle gibt, in denen die externe Information beim Zustandekommen von Vorstellungen, aber auch Wahrnehmungen (Halluzinationen) nur zufällig oder überhaupt nicht mitwirkt.

Ein weiterer Mechanismus der „Bändigung der Reizmengen" besteht darin, daß in die aufgenommenen und aus dem Gedächtnis abgerufenen Informationen *Ordnung* hineingebracht wird. (Das betrifft also mehr den zentralen Teil der Informationsverarbeitung, während Selektivität sich mehr auf die Eingabe-Seite bezieht.) Das geschieht dadurch, daß die Items gruppiert, strukturiert, klassifiziert oder kategorisiert werden und daß zwischen den solcherart kategorisierten Items Relationen gestiftet werden. Das „Stiften von Ordnung" ist also immer auf Klassen bezogen; für unseren Fall auf Klassen von sozialen Situationen, Interaktionen, Personen und interaktiven Tätigkeiten. Die (zentrale) implizite Theorie bzw. das damit korrelierende Schema gibt vor, nach welchen Prinzipien und Kriterien geordnet wird: Die „Ordnungstendenzen" prägen sich gleichsam den Items auf, mit all den Folgen, die wir unter dem Stichwort „Kategorisieren" erwähnten (Veränderungen der Intraklassen- und Interklassen-Differenzen u. a. m.).

Wiederum liegt auf der Hand, daß die „an sich" ökologisch validen Ordnungstendenzen auch Quellen für Verzerrungen und Urteilsfehler sein können. Das ist wie bei all diesen internen Gebilden: Sie sind, da sie das Leben und gar das Überleben der Menschen zu sichern haben, auf Veridikalität hin angelegt, aber dieselbe Anlage kann auch zu nichtveridikalen Urteilen und Verhaltensentscheidungen führen.

Eng damit verknüpft ist die Funktion der *Bewertung,* die in die solcherart geordnete innere Mannigfaltigkeit Bedeutsamkeiten einbringt und Akzente und damit feste Rahmenbedingungen für Urteil und Verhaltensentscheidung setzt. Die evaluative Funktion der kognitiven Strukturen ist bereits in den Entstehungsbedingungen der Gedächtniseintragungen fundiert, in denen immer der semantische Aspekt mit dem pragmatischen und bewertenden zu einer Einheit zusammengeschlossen ist.

Das Stiften von Ordnungen und das Einbringen von Akzenten (Akzentuierungen) und Bedeutsamkeiten gehen normalerweise in die Richtung veridikaler *Rekonstruktion* der in der sozialen Realität vorliegenden „objektiven" Ordnungen und Gesetze – was freilich, in gewissem Gegensatz zur Bedeutungserschließung aus der physikalischen Welt, gar nicht so einfach ist, nicht einmal, wie bei der physikalischen Realität, „auf der Oberfläche der Erscheinungen". So sind etwa die Beziehungen zwischen Persönlichkeitsmerkmalen, also der Inhalt der „impliziten Persönlichkeitstheorie", nie umkehrbar eindeutige Relationen, Eins-zu-Eins-Zuordnungen, sondern zufallsdurchsetzte Beziehungen mit einer Wahrscheinlichkeit, die immer kleiner als eins ist. Für Zusammenhänge oder Korrespondenzen zwischen Verhaltensabsichten und -konsequenzen (Effekte) gilt ohne Zweifel dasselbe. Deshalb sind unsere subjektiven Ordnungen und Bedeutsamkeiten immer nur Approximationen an die „objektiven", und es ist durchaus möglich und kommt oft genug vor, daß sie sich von der Realität sehr weit entfernen – was am Beispiel des Psychotikers wieder deutlich werden kann.

(2) Außer der eben genannten Funktion, die wir scherzhaft als „Bändigung" der Informationsfülle bezeichnet haben, ist den meisten der von uns berichteten Annahmen gemeinsam, daß in ihnen auch *Regeln* oder *Anweisungen* für die Informationsverarbeitung *und* für die Art und Weise, wie daraus Verhaltensentscheidungen abgeleitet werden, unterstellt werden – auch wenn gerade diese Funktion bisher noch recht wenig untersucht wurde.

(3) Schließlich sind einige der Konzeptionen explizit darauf gerichtet, zu erklären, *wie* die internen kognitiven Strukturen – z. B. als Pläne, Programme, Skripte – das Verhalten *kontrollieren.*

Die soziale Wahrnehmung, und dabei besonders die interpersonelle Wahrnehmung und Urteilsbildung, setzt also eine Vielzahl von sehr komplexen internen Bedingungen (und deshalb auch eine relativ lange Periode des Wahrnehmungslernens) voraus, die wir hier unter kognitiven Aspekten zu beschreiben versucht haben. Es könnte an dieser Stelle die Frage auftauchen, wo denn in unseren Erörterungen *jene* psychischen Leistungen geblieben sind, die als Motivation, Bedürfnis oder *Gefühl* bezeichnet werden. Um Mißverständnissen vorzubeugen, sollten wir wenigstens kurz darauf eingehen.

3.3.4.3.4. Exkurs: Wo bleiben die Gefühle in der kognitiven Sozialpsychologie?

Diese etwas provokatorisch gestellte Frage entspricht einer Kontroverse, die seit dem Auftreten der modernen kognitiven Psychologie existiert. Der Kern der Debatte besteht darin: Viele Kritiker werfen der kognitiven Psychologie vor, sie betrachte den Menschen als bloßen Automaten zur Informationsverarbeitung und das dieser Konzeption unterliegende Menschenbild sehe nicht vor, daß Menschen, außer daß sie Informationen aus der Umwelt aufnehmen und verarbeiten, auch erleben, leiden, hoffen, vor etwas Angst haben, sich angezogen oder abgestoßen fühlen, kurz, daß sie Affekte, Gefühle oder Emotionen haben, die – und das ist das Entscheidende – viel stärker als Kognitionen ihr Verhalten beeinflussen. Wird dieser für unser Alltagsbewußtsein sehr plausiblen Annahme zudem noch ein triebtheoretischer Ansatz unterstellt, dem zufolge die emotionalen Reaktionen und die damit verknüpften Motivationen von internen „Trieben" (Libido, Thanatos, Selbstverwirklichung, Machtausübung usw.) kontrolliert werden, dann resultiert daraus ein Bild des menschlichen Lebens, in dem der Mensch ausschließlich durch intern verursachte Affekte beherrscht und „umhergetrieben" wird.

Diese Konsequenz, als Gegenposition formuliert, markiert die andere Seite der Kontroverse, auch wenn sie nicht so zugespitzt formuliert werden sollte.

Wenn aus unseren Darlegungen bisher der Eindruck entstanden sein sollte, wir verträten hier einen entschiedenen „kognitivistischen" Ansatz, so müssen wir unsere Position noch einmal präzisieren.

Wir könnten uns die Antwort auf das eingangs erwähnte Argument leicht machen und sagen: Da wir uns mit dem Thema der interpersonellen Perzeption und Kognition befassen, liegt es in der Natur der Sache, eben nur die dafür relevanten Informationsverarbeitungsprozesse zu untersuchen und alle anderen Themen, auch das der dynamischen Grundlagen des Verhaltens, mit „gewisser Brutalität" wegzulassen. Das kann natürlich nicht als zureichende Antwort gelten; schließlich zielt Wissenschaft darauf ab, Erscheinungen zu erklären, und interpersonelles Verhalten ohne Rücksicht auf

Motive und Affekte usw. zu erklären, das geht wohl nicht an – wie der Alltag lehrt.

Daß menschliches Verhalten, auch das soziale, motiviert ist und daß sich die Verhaltensdynamik auch in der Form von Emotionen und Affekten äußert, das ist eine unbestreitbare Tatsache; wir haben sie bisher immer, zumeist implizit, berücksichtigt, zum Beispiel als wir von den „emotionalen" bzw. motivationalen Dimensionen sprachen, die unter anderem eine Wahrnehmungseinstellung ausmachen, oder als von dem Umstand die Rede war, daß die kognitiven Klassifikationsleistungen in hohem Maße von den jeweiligen Handlungsabsichten (-motivationen) determiniert seien usw.

An dieser Stelle müssen wir aber eine leider oft nicht beachtete Unterscheidung einführen, um unseren Standpunkt plausibel zu machen. Die Ebene der Beschreibung, die wir hier gewählt haben, ist die funktionale Ebene, d. h., wir versuchen, das zu untersuchende höchstkomplexe System so zu erfassen, wie es funktioniert.

Es ist eine andere Beschreibungsebene denkbar und realisierbar, die wir die Ebene der phänomenalen Erfassung nennen wollen; hier geht man von den subjektiven Erlebnisformen aus – also von der „Erscheinung" der Funktion im erlebenden Menschen. Beide Ebenen fein säuberlich voneinander zu trennen ist freilich nicht möglich, da die Grundlage für eine funktionale Deskription immer die phänomenale des Subjekts ist, das funktional zu beschreiben beabsichtigt. Man kann eine Kognition, die wir aus dem Verhalten des Beobachteten erschließen, ja nur dann verstehen, wenn wir auf Grund des eigenen Erlebens überhaupt einen Zugang zu der Relation zwischen Kognition und Verhalten haben. Beide Ebenen beziehen sich aber nicht auf verschiedene Phänomene, sondern auf ein und dasselbe; sie markieren sozusagen nur Aspekte der Untersuchung.

Wenn nun aber angenommen wird, es handele sich um zwei (oder mehr) voneinander getrennte und selbständige „Instanzen", deren Interaktion das Verhalten reguliert, dann werden die beiden verschiedenen Betrachtungsebenen vermengt und zu quasi selbständigen Entitäten der Psyche befördert. Die Konzeption, der zufolge „Kognition" und „Affekt" zwei getrennte Systeme im Subjekt seien, hat zwar eine lange Tradition in der psychologischen Wissenschaft; sie reicht (selbstverständlich!) bis Aristoteles zurück und findet sich in verschiedensten Varianten bis in unsere Gegenwart. Sie muß aber dennoch mit der nun einmal in der Wissenschaft notwendigen Skepsis betrachtet werden. Soweit wir sehen, gibt es keine empirischen Beweise dafür, daß es sich dabei wirklich um getrennte und selbständige Systeme handelt. Daß innerhalb des in der Psychologie zu untersuchenden internen psychophysiologischen Regulationssystems Unterscheidungen nach Subsystemen gemacht werden können und – oft aus untersuchungstechnischen und didaktischen Gründen – auch müssen, bleibt davon unberührt. Derlei

Unterscheidungen vorzunehmen, kann aus sehr verschiedenen Gründen zweckmäßig sein, und es sind deren viele denkbar. Man darf dabei nur nicht vergessen, daß unser Phänomen ein Prozeß ist, an dem zwar viele Prozeßkomponenten oder -eigenschaften unterscheidbar sind, die aber keinesfalls zu Entitäten, Instanzen, „internen Agenten" oder gar „Substanzen" befördert werden dürfen.

Wenn wir also unterstellen, daß das interpersonelle Verhalten von A gegenüber B, wie es in einer bestimmten Situation auftritt und beobachtet werden kann, von „Liebe bestimmt und geleitet" sei, dann meinen wir im Grunde damit nicht, daß die irgendwie zustande gekommene „Liebe", gedacht also als eine besondere Erscheinung des internen Vermögens „Affekt", unmittelbar das Verhalten kontrolliere; wir meinen vielmehr, daß die besondere Weise der kognitiven Organisation bei A, zum Beispiel, welche Informationen er ausliest und wie er sie intern skaliert, von seinem gegebenen (globalen) Zustand, den er eben als das „Gefühl der Liebe" mitzuteilen gelernt hat, abhängt – und diese kognitive Organisation ist es dann, die sein Verhalten zu B reguliert. Außerdem ist zu bedenken, daß dieser „Zustand" selbst etwas ist, das A als Information zugänglich ist (z. B. auch über die Propriorezeption vermittelt) und ebenso wie die anderen Bedingungen der Situation zwischen A und B kognitiv repräsentiert sein muß (wenn auch nur selten voll bewußt).

Der Aspekt der Verhaltensdynamik wird also in unserer theoretischen Konzeption durchaus beachtet; er nimmt nur, wegen des Themas unserer Untersuchung, eine etwas untergeordnete Rolle ein, da er nicht ihr eigentlicher Gegenstand ist.

Damit soll die „Verarbeitung sozialer oder interpersoneller Information", wie wir den Abschnitt 3.3. dieses Kapitels überschrieben haben, in der mehr beschreibenden Darlegung abgeschlossen werden. Wir haben versucht, den „Weg", den ein objektives Merkmal des anderen zurücklegen muß, zu erfassen, bis es als von mir *erkanntes* Merkmal in mir auftritt und meinem Erleben unmittelbar gegeben zu sein scheint. Wie wir gesehen haben, treten dabei sehr viele Informationen in Beziehung zueinander, solche, die der aktuellen Situation entstammen, mit solchen, die früher aufgenommen wurden und die nun als interne Strukturen die Verarbeitung bis hin zum impliziten oder expliziten Urteil bedingen. *Wie* aber die zueinander in Beziehung tretenden Informationen zum Urteil zusammengefaßt werden, das wurde noch nicht dargestellt. Es handelt sich um die Informationsintegration, die wir bisher nur als gegeben unterstellt (z. B. unter Abschn. 3.3.1.2.), jedoch noch nicht genauer untersucht haben. Damit nun wird sich der nächste Abschnitt dieses Kapitels befassen.

3.4. Prozesse der dimensionalen Beurteilung von Personen [3)]

3.4.1. Die Bedeutung dimensionaler Urteile

Wir haben in den vorangegangenen Abschnitten wiederholt darauf hingewiesen, daß im Verlauf der Wahrnehmung und Beurteilung anderer Menschen diesen *Eigenschaften* zugeschrieben werden. Auf Grund von Verhaltensbeobachtungen oder/und Mitteilungen von Dritten wird ein Mensch z. B. als „sehr fleißig" oder „mittelmäßig freigebig" bezeichnet.

Diese Bezeichnungen sind nicht im Sinne der Persönlichkeitspsychologie als Eigenschaften zu verstehen, sondern sie werden im naiven Verständnis als Charakteristika angesehen, die einer Person eigen sind. In dieser eher phänomenalen Bedeutung soll hier von „Eigenschaften" gesprochen werden.

In den meisten Fällen können diese Eigenschaften Abstufungen zeigen, denen zufolge wir sie in eine lineare Ordnung bringen können. So sprechen wir etwa von „sehr faulen", „faulen", „weder faulen noch fleißigen", „fleißigen" und „sehr fleißigen" Menschen. Die Möglichkeit, diese Abstufungen in eine solche Ordnung zu bringen, weist darauf hin, daß die Eigenschaft „Fleiß" *eindimensional* ist. Anders ausgedrückt: Die relevanten Informationen über die Person werden im Prozeß der Verarbeitung auf eine eindimensionale Variable abgebildet, der die Bedeutung „Fleiß" zukommt. Die Zuordnung der Person zu einem Wert oder zu einem Bereich auf dieser Dimension bestimmt das Urteil über das Ausmaß des Fleißes, das wir der Person zubilligen.

Genauso wie für die Eigenschaft „Fleiß" kann man auch für

---

3 Dieser Abschnitt wurde von P. Petzold verfaßt.

die meisten der Eigenschaften solche eindimensionalen internen Repräsentationen annehmen. Wir müssen allerdings darauf hinweisen, daß in solche komplexen Urteile, wie sie über Personen abgegeben werden, zumeist verschiedene Aspekte eingehen. Das können wir auch so ausdrücken: In komplexen Eigenschaften (wie etwa bei „Fleiß") sind elementare Eigenschaften in irgendeiner Weise zusammengefaßt. Diese Zusammenfassung wird durch einen Verdichtungsvorgang vermittelt, der oft als *Informationsintegration* bezeichnet wird (vgl. dazu Abschn. 3.4.3.). Aber wie komplex eine Eigenschaft auch sein mag, wieviel elementare Eigenschaften in ihr enthalten sein mögen: Auf *der* Verarbeitungsstufe, auf der dann schließlich die Entscheidung über das Urteil gefällt wird, handelt es sich um eindimensionale Größen. Das wird eben dadurch nahegelegt, daß wir in der Lage sind, Ausprägungsgrade von Eigenschaften im Urteil anzugeben und diese Abstufungen linear zu ordnen. Da es im Urteil über andere zumeist um eine Zuordnung von Eigenschaftsausprägungen zu diesen geht, werden wir in diesem Abschnitt darauf näher eingehen. Bevor wir aber die dabei ablaufenden psychischen Prozesse im einzelnen untersuchen, sei zunächst eine besonders bedeutsame Art dimensionaler Urteile hervorgehoben.

Wie wir im Abschnitt 3.3.4.3.2. schon erörtert haben, werden in der Personenbeurteilung öfter den Personen *Kategorien* zugeordnet. Das trifft auch für dimensionale Beurteilungen zu. Unter Alltagsbedingungen verwenden wir nicht beliebig viele Werte einer Eigenschaftsdimension, indem wir etwa alle möglichen reellen Zahlen aus einem Bereich zur Kennzeichnung von Personen nutzen. Wir beschränken uns vielmehr auf eine relativ kleine Anzahl von Kategorien, in die Personen eingeteilt werden können: „sehr faul" – „faul" – „weder faul noch fleißig" – „fleißig" – „sehr fleißig". Diese Beschränkung auf eine geringere Anzahl von Kategorien ist nicht allein durch begrenzte Informationsverarbeitungsleistungen bedingt; das kategorisierende Erfassen ist, wie wir bereits festgestellt haben, ein Wesensmerkmal menschlicher Informationsverarbeitungsprozesse, das zweckmäßig und lebensdienlich ist. Urteile sind Bestandteile von Tätigkeiten, Interaktionen, und tragen zur Wahl situationsangemessener Entscheidungen bzw. Verhaltensweisen bei. Da unter den Bedingungen realer Tätigkeiten nur eine begrenzte Anzahl von Maßnahmen verfügbar ist, müssen diesen Maßnahmen jeweils Klassen von Werten auf der Eigenschaftsdimension zugeordnet werden. Das bedeutet, daß die Beurteilung auf eine Kategorisierung von Eigenschaftsausprägungen hinausläuft. Damit wird die umfassende Bedeutung von kategorialen Urteilen entlang einer Eigenschaftsdimension deutlich.

Nun soll gefragt werden, welche Prozesse solchen kategorialen Urteilen zugrunde liegen.

3.4.2. Verarbeitungsstufen bei kategorialen Urteilen

Wenn wir die Prozesse aufklären wollen, durch die die kategoriale Beurteilung von Personen vermittelt wird, sind zwei Fragen zu beantworten:

(1) In welche Komponenten kann der Urteilsprozeß zerlegt werden?

(2) Welche Eigenschaften haben die einzelnen Komponenten?

Zur ersten Frage kann angenommen werden, daß im Urteilsprozeß *zwei* Verarbeitungsstufen vorliegen: *Abbildung* und *Entscheidung.*

Auf der ersten Stufe werden die vorliegenden Informationen auf eine interne Variable abgebildet. Erfährt ein Urteilender beispielsweise, daß eine andere Person mehrere Tage intensiv an der Lösung einer Aufgabe gearbeitet hat, so wird dieser Information ein Wert auf der Dimension „Fleiß" zugeordnet. Auf der zweiten Stufe fällt dann die Entscheidung über das Urteil auf Grund des Wertes der internen Variablen. Das bedeutet bei kategorialen Urteilen, daß der andere je nach dem Ergebnis der Abbildung in eine Kategorie einzuordnen ist. So kann etwa der Wert auf der Dimension „Fleiß" in die Kategorie „sehr fleißig" fallen.

Wie aber kann die Zerlegung des Urteilsprozesses in die beiden Komponenten „Abbilden" und „Entscheiden" begründet werden? Für solche komplexen Eigenschaften, wie sie bei Urteilen über den anderen meistens vorliegen, ist ein Beweis dafür nicht ohne weiteres zu erbringen. Dazu müssen wir auf die Beurteilung einfacherer Eigenschaften, wie z. B. die Intensität von Reizen, zurückgehen. Ein Beispiel dafür ist die Einschätzung der Lautheit von Tönen, die in ihrer Schallenergie variieren. Für die Beurteilung solcher Reizintensitäten lassen sich nun eine Reihe von Belegen nennen, die dafür sprechen, daß der Urteilsprozeß in die beiden genannten Komponenten zerlegt werden kann (Geißler und Petzold 1979, Sydow und Petzold 1981).

Diese Belege können hier nicht ausgeführt werden, und wir müssen auf die angegebene Literatur verweisen. Die Tatsache jedoch, daß es möglich ist, zwischen komplexen Eigenschaften und Reizintensitäten intermodal zu vergleichen, und ferner, daß in beiden Urteilstypen entsprechende Gesetzmäßigkeiten auftreten, liegt es nahe, auch für die Beurteilung komplexer Eigenschaften die Verarbeitungsstufen „Abbilden" und „Entscheiden" anzunehmen. So haben wir hinreichenden Grund, im weiteren von der Existenz dieser beiden Komponenten auszugehen. Die Zerlegung ist in Abb. 16 veranschaulicht.

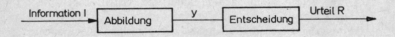

Abb. 16: Schema der Zerlegung des Urteilsprozesses.

Wenn wir uns nun der zweiten Frage, der nach den Eigenschaften der Komponenten, zuwenden, so soll es uns vor allem um den Entscheidungsvorgang bei kategorialen Urteilen gehen. Wie entscheidet ein Urteilender, in welche Kategorie ein bestimmter Wert der internen Variablen fällt?

Die Ergebnisse der Bezugssystemforschung (Witte 1975, Parducci 1965, Petzold 1977) zeigen, daß zunächst der vorliegende Wert der internen Variablen Y in den Bereich aller in einer gegebenen Situation möglichen Werte auf dieser Dimension eingeordnet wird. Dazu wird Y mit den Rändern bzw. den extremen Werten des Bereichs verglichen. Wenn wir den unteren Rand als Kleinpol K und den oberen Rand des Bereichs als Großpol G (Witte 1975) bezeichnen, so kann ein solcher Vergleich durch die Bildung von Differenzen $Y - K$ bzw. $G - Y$ erfolgen. Weiterhin werden die Differenzen auf die Breite des Bereichs bezogen, so daß schließlich die Größen

$$X_1 = \frac{Y - K}{G - K}$$

bzw. $\quad X_2 = \dfrac{G - Y}{G - K}$

entstehen, die dann das Urteil bestimmen.

Die sich zwischen o und 1 erstreckenden Bereiche der Größen X_1 bzw. X_2 werden nun durch Kategoriengrenzen in Gebiete eingeteilt, denen jeweils einzelne Kategorien zugeordnet sind. Abbildung 17 veranschaulicht diese Einteilung. Anders gesagt: Es werden die vorliegenden Werte der Größen X_1 bzw. X_2 mit den

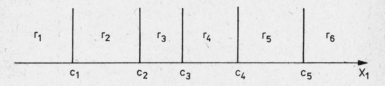

Abb. 17: Schema der Kategoriengrenzen.

Kategoriengrenzen verglichen. Dieser Vergleich ergibt dann schließlich die Kategorie, in die die Ausprägung der zu beurteilenden Eigenschaft fällt. Gilt beispielsweise

$$c_3 < X_1 \leq c_4,$$

nimmt also X_1 irgendeinen Wert in diesem Bereich an, so wird die Kategorie r_4 gewählt.

Zur ersten Verarbeitungsstufe, der Abbildung, sei nur so viel angemerkt: Es kann nicht davon ausgegangen werden, daß eine bestimmte Information stets auf den gleichen Wert der internen Variablen abgebildet wird, und deshalb müssen wir den Abbildungsvorgang vielmehr als einen Zufallsprozeß auffassen; das bedeutet, daß einer Information kein bestimmter Wert auf der internen Variablen zukommt, sondern eine Wahrscheinlichkeitsverteilung entlang der entsprechenden Dimension. Dieser Zufallscharakter der Abbildung wird durch den Umstand nahegelegt, daß der Urteilende bei mehrmaliger Vorlage einer Information im allgemeinen nicht immer die erfragte Eigenschaft gleich einschätzt, sondern unterschiedliche Kategorien wählt. So kann also für eine bestimmte Information nicht mit Sicherheit vorausgesagt werden, welche Kategorie der Urteiler angeben wird. Wir können nur Wahrscheinlichkeiten angeben, mit denen er die Information in die einzelne Kategorie einordnet. Diese Unbestimmtheit bei der Wahl der Kategorien macht es deutlich, daß der Urteilsprozeß zufällige Größen enthalten muß. Das betrifft sowohl den Abbildungs-, aber auch den Entscheidungsprozeß; so ist es nicht auszuschließen, daß auch die Kategoriengrenzen zufälligen Schwankungen unterliegen.

Das eben skizzierte Modell des kategorialen Urteilens entlang von Eigenschaftsdimensionen bedarf eigentlich der genaueren mathematischen Ausarbeitung und der experimentellen Prüfung. Wir müssen hier darauf verzichten, das ausführlich zu schildern, und verweisen nur auf die Literatur (z. B. Petzold 1976). Unsere kurze Skizze des Urteilsprozesses dürfte jedoch ausreichen, um die Ergebnisse, die im folgenden genannt werden, einzuordnen und dabei das Modell in der einen und der anderen Hinsicht zu ergänzen und zu präzisieren.

3.4.3. Informationsintegration

3.4.3.1. Prinzipien der Informationsintegration

Im vorangegangenen Abschnitt waren wir davon ausgegangen, daß lediglich *eine* Information dem Urteil zugrunde liegt. In den weitaus meisten Fällen liegen aber *mehrere* relevante Informationen vor, die zu einem Gesamturteil zusammengefaßt werden müssen. So können zum Beispiel bei der Einschätzung des Fleißes einer Person außer der Mitteilung, diese habe mehrere Tage lang intensiv an der Lösung einer Aufgabe gearbeitet, dem Beurteiler auch Kenntnisse über die Person aus der gemeinsamen Beteiligung an einem Arbeitseinsatz zur Verfügung stehen. Aus allen diesen Informationen muß er sich ein Urteil über die Eigenschaft „Fleiß" bilden.

Wie werden nun mehrere Informationen zu einem Urteil zusammengefaßt?

Nach dem Modell der Informationsintegration von Anderson (1981) werden in der Verarbeitungsstufe „Abbildung" den einzelnen Informationen Werte auf der entsprechenden Eigenschaftsdimension zugeordnet. Für *jede* der Informationen I_1, I_2, ..., I_n findet also unabhängig voneinander der Vorgang der Abbildung statt, in dessen Ergebnis die Werte $Y(I_1)$, $Y(I_2)$, ..., $Y(I_n)$ auf der Eigenschaftsdimension entstehen. In einer nächsten Stufe müssen diese Werte zu *einer* Größe zusammengefaßt werden, die dann dem Entscheidunsgprozeß zugrunde liegt. Dieser Vorgang der Informationsintegration kann durch eine Kompositionsregel beschrieben werden, die die Abhängigkeit der zusammengefaßten bzw. „integrierten" Größe $Y(I_1, I_2, ..., I_n)$ von den einzelnen Werten wiedergibt:

$$Y(I_1, I_2, ..., I_n) = f\left[Y(I_1), Y(I_2), ..., Y(I_n)\right]. \tag{1}$$

Wenn also mehrere Informationen vorliegen, müssen wir den Urteilsprozeß um eine Komponente, die Informationsintegration, erweitern, wie das in Abb. 18 skizziert ist.

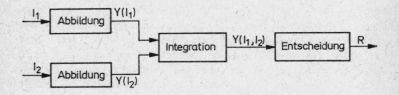

Abb. 18: Schema des erweiterten Urteilsprozesses.

Nach Anderson (1981) kann die Informationsintegration durch einfache arithmetische Funktionen beschrieben werden, wobei häufig ein gewichtetes arithmetisches Mittel angewendet zu werden scheint. Beschränkt man sich auf nur *zwei* Informationen, hat die Kompositionsregel dann die folgende Form:

$$Y(I_1, I_2) = \frac{w_1 Y(I_1) + w_2 Y(I_2)}{w_1 + w_2}. \tag{2}$$

w_1 und w_2 sind Gewichtsfaktoren, mit denen die einzelnen Informationen in das Mittel eingehen. Wenn wir verkürzend schreiben $Y(I_1, I_2) = Y_{12}$, $Y(I_1) = Y_1$ und $Y(I_2) = Y_2$, so kann die Beziehung (2) dargestellt werden durch

$$Y_{12} = \frac{w_1}{w_1 + w_2} \cdot Y_1 + \frac{w_2}{w_1 + w_2} \cdot Y_2. \tag{3}$$

Hieraus wird ersichtlich, daß die Faktoren, die den Einfluß der einzelnen Informationen auf das Gesamturteil ausdrücken, nicht allein vom Gewichtsfaktor w_1 bzw. w_2 der betreffenden Information, sondern über die Quotientenbildung

$$\frac{w_1}{w_1 + w_2} \quad \text{und} \quad \frac{w_2}{w_1 + w_2}$$

auch von der jeweiligen anderen Information abhängen. Damit ist eine wesentliche Eigenschaft des Prozesses der Informationsintegration wiedergegeben.

Die angegebene Kompositionsregel verknüpft interne Größen, die nicht beobachtbar sind. Wenn man überprüfen will, ob ein solches gewichtetes arithmetisches Mittel der Informationsintegration tatsächlich zugrunde liegt, und sollen – falls dies zutrifft – Aussagen über die Gewichtsfaktoren gewonnen werden, so müssen aus der Kompositionsregel Beziehungen zwischen den Beurteilungen der entsprechenden Informationen gewonnen werden. Diese entstehen aus gewissen Annahmen über den Entscheidungsprozeß und könnten aus dem im Abschnitt 3.4.2. geschilderten Modell abgeleitet werden. Meist aber wird angenommen, daß die Urteile R linear von der internen Größe Y abhängen, daß also die Beziehung

$$R = AY + B \tag{4}$$

gilt. Damit können wir von den Urteilen direkt auf die Verknüpfung der internen Variablen schließen.

Um zufällige Urteilsfehler zu reduzieren, erhebt man von den Vpn mehrfach Urteile über eine bestimmte Information bzw. eine Kombination von Informationen und bildet daraus das Mittel. Die Größen R sind demzufolge als mittlere Urteile zu verstehen. Ist nun R_1 das mittlere Urteil bei Vorliegen der Information I_1, R_2 bei I_2 und R_{12} bei Darbietung der Informationen I_1 und I_2, so ergibt sich aus (3) und (4)

$$R_{12} = \frac{w_1}{w_1 + w_2} R_1 + \frac{w_2}{w_1 + w_2} R_2. \tag{5}$$

Die Beurteilung über eine Kombination von Informationen ergibt sich also als gewichtetes arithmetisches Mittel der Urteile über die Einzelinformationen.

3.4.3.2. Serielle Informationsintegration

Im einfachsten Falle gilt $w_1 = w_2$, und dann ist das Kombinationsurteil das einfache arithmetische Mittel der Einzelurteile:

$$R_{12} = \frac{R_1 + R_2}{2}. \tag{6}$$

Dieses Ergebnis erhält man in experimentellen Untersuchungen zur Informationsintegration aber äußerst selten, so daß wir annehmen müssen, daß die Gewichtsfaktoren voneinander abweichen. Abweichende Gewichtsfaktoren können nun verschiedene Ursachen haben:

Zuerst müssen wir berücksichtigen, daß in den meisten Fällen die Informationen den Beurteiler zeitlich nacheinander erreichen. Zum Zeitpunkt der Beurteilung ist für die einzelnen Informationen unterschiedlich viel Zeit seit ihrem Eintreffen vergangen, und dies kann sich auf die Gewichtsfaktoren auswirken.

Um diese Zeitabhängigkeit zu untersuchen, werden die Informationen seriell in bestimmten Abständen dargeboten. Nach Abschluß der Serie sollen die Vpn ein Urteil über die erfragte Eigenschaft abgeben. Dafür wird häufig das experimentelle Paradigma von Asch (1946) verwendet; bei diesem nennt man den Vpn Adjektive (z. B. verantwortlich, kritisch, intolerant, warmherzig, intelligent), die eine Person charakterisieren sollen, und verlangt danach ein Urteil darüber, wie sympathisch die ihnen solcherart vorgestellte Person sei. Bei einer solchen Aufgabe fand Anderson (1965) die Tendenz, daß der Gewichtsfaktor zum Ende der Serie hin abfällt. Diese Bevorzugung der ersten Informationen (primacy effect) ist möglicherweise durch die geringer werdende Aufmerksamkeit im Verlauf der Serie zu erklären.

Häufig wird aber auch die umgekehrte Tendenz, die Bevorzugung der letzten Items der Serie, gefunden (recency effect). Wenn man die Änderung einer Einstellung zu einer Person dadurch untersucht, daß man den Vpn sukzessive kleine Begebenheiten vorliest, die diese Person betreffen, so stellt man eine Zunahme des Gewichtsfaktors für die letzten Informationen fest (Anderson und Farkas 1973). Das ist wahrscheinlich dadurch bedingt, daß die letzten Informationen leichter aus dem Gedächtnis abgerufen werden können als die ersten.

Zuweilen überwiegt die eine, zuweilen aber auch die andere Tendenz. Wovon es letztlich abhängt, welcher der beiden Effekte wirkt, kann noch nicht mit Bestimmtheit gesagt werden. Möglicherweise sind dafür die Anforderungen bedeutsam, die die jeweilige Aufgabe an das Gedächtnis stellt.

3.4.3.3. Negativitäts- und Extremitätseffekt

Die eben skizzierte Abhängigkeit der Gewichtsfaktoren bezieht sich allein auf die Position eines Items in der Informationssequenz, nicht aber auf die Art der Information.

Bei Beschränkung auf zwei Informationen kann dann geschrieben werden:

$$R_{12} = aR_1 + bR_2, \qquad a + b = 1,$$

wobei der Faktor a sich auf die erste und b sich auf die zweite Information bezieht. Wenn diese Unabhängigkeit des Gewichtsfaktors von der Art der Information vorausgesetzt wird, dann kann die Gültigkeit des gewichteten arithmetischen Mittels als Kompositionsregel geprüft werden, und dann kann man mit einer geeigneten Methodik die Gewichtsfaktoren bestimmen (Anderson 1981, Sydow und Petzold 1981).

Die Unabhängigkeit der Gewichtsfaktoren von der Art der Information trifft jedoch im allgemeinen nicht zu. So hat eine Reihe von Untersuchungen gezeigt, daß Informationen mit geringeren Werten auf der Urteilsdimension, das sind also solche, die im negativen Bereich der erfragten Eigenschaft liegen, einen höheren Gewichtsfaktor erhalten können als Informationen mit größeren Werten. Werden zum Beispiel in Untersuchungen zur Eindrucksbildung fiktive Personen durch eine Menge von Adjektiven gegeben, die hinsichtlich der „Sympathie" beurteilt werden sollen, dann überwiegen im Urteil *solche* Adjektive, die eine negative Eigenschaft dieser Person bezeichnen (z. B. Van der Pligt und Eiser 1980, Wyer 1970).

Eine Erklärung dieses Negativitätseffektes wurde von Jones und Davis (1965) vorgeschlagen. Sie geht davon aus, daß negatives, also von einem Standard stärker abweichendes Verhalten mehr Information als positives Verhalten enthält. Dabei wird unterstellt, daß, wenn sich eine Person positiv verhält, es für einen Beobachter nicht eindeutig ist, ob solches Verhalten ein Ausdruck für die Eigenschaften bzw. Dispositionen der Person oder ob es nur Anpassung an geltende soziale Normen ist. Negatives Verhalten aber sei eine Abweichung von diesen Normen und vermag deshalb mehr über diese Person auszusagen. Das wird als Ursache für den größeren Einfluß negativer Informationen bei der Informationsintegration angesehen (vgl. dazu auch Abschn. 3.3.3.2.3. und Tab. 15).

Außer diesem Negativitätseffekt kann noch eine andere Tendenz beobachtet werden. Informationen, die *extreme* Werte, seien sie positiv oder negativ, auf der Urteilsdimension einnehmen, gehen mit größeren Gewichtsfaktoren in die Informationsintegration ein als solche mit mittleren Werten. Dieser Extremitätseffekt konnte z. B. von Warr und Jackson (1977) und auch von Wyer (1970) gezeigt werden.

Um diese beiden Effekte zu verdeutlichen, wollen wir nun eingehender eine Untersuchung schildern. In dieser wurde allerdings eine Urteilsaufgabe gewählt, die außerhalb der Personenwahrnehmung liegt; das kann aber dennoch dazu beitragen, diese Phänomene der sozialen Urteilsbildung in ihrer allgemeinen Gültigkeit zu demonstrieren (Trostmann 1980).

Die Vpn mußten in dieser Untersuchung die Güte von Arbeitsplätzen beurteilen, die durch einen oder zwei Sätze beschrieben waren; zum Beispiel:

„Der Werktätige hat einige Freiheitsgrade, die Abfolge seiner Arbeitshandlung selbst zu wählen."

„Während der Arbeitstätigkeit hat der Werktätige keine Gelegenheit, mit anderen zu kooperieren."

Insgesamt 16 solcher Sätze und daraus gebildete Paare wurden den Vpn vorgelegt, die daraufhin ihr Urteil auf einer graphischen Schätzskala abgaben. Die Sätze waren so ausgewählt worden, daß sie nach den Ergebnissen eines Vorversuchs den gesamten Bereich der Schätzskala (0 bis 100) überdeckten, daß also negative, mittelmäßige und positive Beschreibungen gleichermaßen vorkamen.

Wenn die Gewichtsfaktoren, die in die Informationsintegration eingehen, *nicht* von Art und Inhalt der Information abhängen, so sollte hier wegen der simultanen Darbietung der Sätze zumindest näherungsweise Gleichheit vorliegen, so daß die Beziehung

$$R_{12} = \frac{R_1 + R_2}{2}$$

gilt. Um mögliche Abhängigkeiten vom Inhalt der Information zu erfassen, wurde die Abweichung D dieser Beziehung vom arithmetischen Mittel untersucht, also die Größe

$$D = R_{12} - \frac{R_1 + R_2}{2}$$

Diese Abweichung wurde für zwei Typen von Satzpaaren ermittelt:

Typ I: Eine Beschreibung erhielt bei Darbietung allein Urteile in der Nähe des unteren Randes der Schätzskala (0 bis 20), die andere in der Mitte (40 bis 60).

Typ II: Wieder liegt ein Satz bei Einzeldarbietung in der Mitte (40 bis 60), der andere jedoch am oberen Rande der Schätzskala (80 bis 100).

Falls bei einer solchen Aufgabe ein Extremitätseffekt auftreten sollte, so müßte gelten

$$D_I < 0,$$

da die extremere Beschreibung am unteren Ende der Skala liegt und deshalb das Ergebnis der Integration kleiner als das arithmetische Mittel sein sollte. Für den zweiten Typ von Paaren (II) liegt die extremere Beschreibung aber im oberen Teil der Skala, und daher sollte

$$D_{II} > 0$$

erwartet werden. Falls nun zusätzlich der Negativitätseffekt wirken sollte und demzufolge bei beiden Typen eine Abweichung vom arithmetischen Mittel in negativer Richtung auftritt, so sollte sich diese Überlagerung für Typ I in derselben Richtung wie der Extremitätseffekt und für den Typ II in der entgegengesetzten Richtung auswirken. Daraus folgt die Ungleichung

$|D_I| > |D_{II}|$.

Im Ergebnis dieses Experiments wurden – gemittelt über alle Satzpaare und alle Vpn – die folgenden Werte erhalten:

$D_I = -13,9$
$D_{II} = +4,2$

Diese Ergebnisse entsprechen den Voraussagen und bestätigen die Wirksamkeit von Extremitäts- *und* Negativitätseffekten bei einer solchen Urteilsanforderung. Es muß dann aber gefragt werden, ob diese beiden Effekte tatsächlich durch die von der Art der Information abhängigen Gewichtsfaktoren erklärt werden können.

Um diese Frage zu klären, müssen wir differenziertere Aussagen über die Abweichung D vom arithmetischen Mittel aus der Beziehung (2) ableiten und prüfen. Dazu ist es angebracht, eine Erweiterung einzuführen: Neben den dargebotenen Informationen kann auch noch ein allgemeiner Eindruck, der über die Menge der Urteilsobjekte vorliegt, das Urteil beeinflussen. Dieser Anfangseindruck wird mit den für das zu beurteilende Objekt spezifischen Informationen integriert. Wenn nun X_0 der Wert auf der Urteilsdimension ist, der dem Anfangseindruck entspricht, und w_0 der dazugehörige Gewichtsfaktor, so muß die Beziehung (2) erweitert werden durch

$$X_{12} = \frac{w_1 X_1 + w_2 X_2 + w_0 X_0}{w_1 + w_2 + w_0}. \tag{7}$$

Wird diese Gleichung nach der Beziehung (4) in beobachtbare Urteile überführt und die Abweichung D berechnet, so ergibt sich

$$D = \frac{(w_1 - w_2)}{w_1 + w_2 + w_0} (R_1 - R_2)$$
$$+ \frac{w_0}{w_1 + w_2 + w_0} \left[\frac{R_1 + R_2}{2} - R_0 \right], \tag{8}$$

wobei R_0 das Urteil bei Vorhandensein des Anfangseindrucks allein, also ohne spezifische Information, ist. Aus dem Ausdruck (8) können zwei Voraussagen abgeleitet werden:

(1) Für einen bestimmten Mittelwert der Urteile R_1 und R_2 ist der zweite Summand näherungsweise konstant. Wenn wegen des Negativitätseffekts angenommen wird, daß der Gewichtsfak-

tor für Informationen mit kleinerem R größer ist, so sollte der erste Summand stets negativ sein und damit die Abweichung D mit zunehmender Differenz $R_1 - R_2$ $(R_1 > R_2)$ abnehmen. In Abbildung 19 ist für einige Mittelwerte $R_1 + R_2/2$ die Abhängigkeit der Abweichung D in Abhängigkeit von der Differenz $R_1 - R_2$ aufgetragen. Es ist ersichtlich, daß diese Vorhersage bestätigt wird:

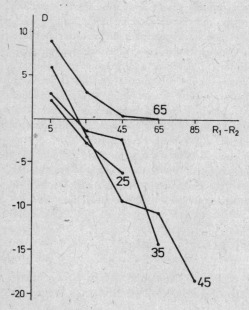

Abb. 19: Erläuterungen im Text.

Für bestimmte Mittelwerte $R_1 + R_2/2$ ist D eine fallende Funktion der Differenz $R_1 - R_2$.

(2) Wenn die Differenz $R_1 - R_2$ sehr klein ist, so wird die Abweichung D näherungsweise vom Mittelwert $R_1 + R_2/2$ bestimmt. Deshalb sollte in diesem Falle D mit anwachsendem $R_1 + R_2/2$ zunehmen. In Abbildung 20 ist D als Funktion von $R_1 + R_2/2$ für die kleinste Differenz $R_1 - R_2 = 5$ aufgetragen. Der monoton wachsende Verlauf der Kurve stimmt ebenfalls mit der Voraussage überein.

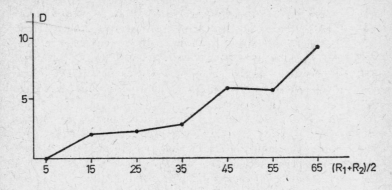

Abb. 20: Erläuterungen im Text.

3.4.3.4. Ein normatives Modell der Informationsintegration

Wenn auch die geschilderten experimentellen Ergebnisse durchaus mit der Kompositionsregel des gewichteten arithmetischen Mittels vereinbar sind, so ist doch Behutsamkeit angebracht. Da dabei Gewichtsfaktoren angenommen werden müssen, die von der Art der Information abhängen, kann man bei geeigneter Wahl dieser Faktoren nahezu alle experimentellen Ergebnisse durch die Beziehung (7) erklären. Das bedeutet, daß eine Falsifizierung und damit eine bündige experimentelle Prüfung dieser Beziehung kaum möglich ist. Wenn wir der Kompositionsregel (7) dennoch gegenüber alternativen Beschreibungen des Integrationsprozesses den Vorzug geben wollen, so müssen wir dafür eine theoretische Begründung finden. Diese sollte uns verstehen lassen, warum die Informationsintegration unter bestimmten Bedingungen einem gewichteten arithmetischen Mittel folgt. Ferner sollte sie eine *inhaltliche* Bestimmung der Gewichtsfaktoren enthalten. Ein möglicher Zugang dazu, der von Petzold (1983) entwickelt wurde, soll nun skizziert werden.

In früheren Experimenten hatte man vor allem untersucht, wie der Prozeß der Informationsintegration *so* beschrieben werden kann, daß die experimentellen Daten befriedigend wiedergegeben werden. Dabei blieb es jedoch offen, *warum* die Integration so und nicht anders verläuft. Damit wird aber von einem wesentlichen Aspekt der Widerspiegelung abgesehen. Denn nach dem Tätigkeitsprinzip der materialistischen Psychologie (Leontjev 1979) wird der die Widerspiegelung der Wirklichkeit vermittelnde Prozeß *so* organisiert, daß damit eine effektive Bewältigung der vom Subjekt übernommenen Aufgabe gewährleistet wird. Diese von der Aufgabenerfüllung geleitete Organisation sollte nun in zweierlei Weise spezifiziert werden:

(1) In welcher Weise erfolgt dabei die Anpassung an das mit der Aufgabe gestellte *Ziel* der Tätigkeit? Das ist die Frage nach der subjektiven Abbildung des Ziels und nach dem dabei wirkenden Optimierungskriterium.

(2) Wie und in welchem Grade wird das Ziel unter den Bedingungen der Aufgabenerfüllung erreicht? Damit entsteht das Problem, mit welcher Strategie, abhängig von den Bedingungen, angestrebt wird, das Optimalitätskriterium zu erreichen.

Werden diese allgemeineren Fragen für den Prozeß der Informationsintegration gestellt, so müssen wir den deskriptiven Weg durch einen *normativen* ergänzen. Wir können hoffen, daß eine normative Betrachtungsweise einen theoretischen Zugang eröffnet, der die experimentell gefundenen Ergebnisse besser verstehen und einordnen läßt. Dieser Weg soll nun dadurch versucht werden, daß ein Optimierungskriterium für Urteile bei nicht eindeutig bestimmender Information erörtert wird, um daraus Ableitungen für die Informationsintegration zu ziehen.

Betrachten wir noch einmal das vorhin eingeführte Beispiel, in dem der „Fleiß" einer Person auf Grund der Mitteilung beurteilt werden sollte, die Person habe mehrere Tage intensiv an der Lösung einer Aufgabe gearbeitet. Falls das Ausmaß des „Fleißes" durch diese eine Verhaltensbeschreibung eindeutig bestimmt wäre, wenn also auf Grund dieser Verhaltensweise nur ein bestimmter und kein anderer Wert der Variablen „Fleiß" ermöglicht würde, so könnte eine zweite Verhaltensweise dafür keine zusätzliche Information liefern, und eine Integration von zwei Informationen zu einem Gesamturteil wäre dann überflüssig. In Wirklichkeit läßt jedoch die Beobachtung *eines* Verhaltensaktes noch einen Spielraum für mögliche Werte des „Fleißes" zu: Einem Verhaltensakt ist also nicht *ein* bestimmter Wert, sondern ein ganzer Bereich von „Fleiß" zugeordnet. Hier kann eine zweite Verhaltensweise zusätzliche Information erbringen. Wenn diese beiden Informationen integriert werden, dann erwarten wir eine Bereichseinschränkung und damit ein genaueres Urteil.

Es gilt also allgemein, daß eine Information den Wert der zu beurteilenden Eigenschaft nicht vollständig bestimmt. Den einzelnen Informationen entsprechen also keine Punkte, sondern Bereiche auf der Verhaltensdimension. Dieser Sachverhalt läßt sich präziser ausdrücken, wenn wir der Information I eine Wahrscheinlichkeitsdichtefunktion $g(y/I)$ zuordnen. Diese Wahrscheinlichkeitsdichte $g(y/I)$ ist ein Maß dafür, wie groß die Wahrscheinlichkeit ist, daß einem Sachverhalt, über den die Information I vorliegt, ein Wert der zu beurteilenden Eigenschaft in der Umgebung von y zukommt. Genauer gilt:

$$P\left\{a \leq y < b\right\} = \int_{a}^{b} g(y/I)\, dy. \tag{9}$$

Wenn nun ein Urteiler veranlaßt wird, sich für einen Wert auf der Urteilsdimension zu entscheiden: Welches Prinzip sollte er seiner Wahl zugrunde legen? Ein Kriterium dafür wird durch die statistische Entscheidungstheorie nahegelegt.

y sei der nicht bekannte wahre Wert der zu beurteilenden Eigenschaft, $\hat{y}$ der geschätzte Wert auf Grund der Information I. Wenn der geschätzte Wert vom wahren abweicht, so entsteht ein Schaden für den Urteiler; möglicherweise fällt er eine unzweckmäßige Entscheidung über den beurteilten Sachverhalt. Dieser Schaden sollte durch eine Schadensfunktion $s(y, \hat{y})$ beschrieben werden können.

Wählt nun der Urteiler einen Wert $\hat{y}$ bei Vorliegen der Information I, so ist der Schaden nicht genau angebbar, da ja der wahre Wert y unbekannt ist. Steht jedoch die zu I gehörende Dichtefunktion $g(y/I)$ zur Verfügung, so läßt sich der Erwartungswert r des Schadens bei der Wahl von y bestimmen:

$$r(\hat{y}/I) = \int s(y, \hat{y})\, g(y/I)\, dy. \tag{10}$$

Diese als Risiko bezeichnete Größe sagt aus, wie groß der mittlere Schaden ist, wenn bei Darbietung der Information I der Wert $\hat{y}$ gewählt wird. Es ist nun sinnvoll, zu fordern, daß das Risiko möglichst klein ausfällt. Als Optimierungskriterium scheint hier also das Minimum des Risikos angemessen. Es sollte in diesem Zusammenhang geprüft werden, wie der Prozeß der Informationsintegration gestaltet sein müßte, falls er diesem Optimierungskriterium gehorcht.

Soll das Optimierungskriterium des minimalen Risikos zur Bestimmung des optimalen Schätzwertes y_0 angewendet werden, so muß die Schadensfunktion $s(y, \hat{y})$ spezifiziert werden. Es ist nun naheliegend anzunehmen, daß s mit wachsendem Abstand zwischen y und $\hat{y}$ zunimmt, s also eine Funktion von $|y - \hat{y}|$ ist. In diesem Falle läßt sich für eine Reihe von Verteilungen (z. B. Normalverteilung, Rechteckverteilung, Betaverteilung) zeigen, daß der optimale Schätzwert y_0 dem Mittelwert m der Verteilung entspricht:

$$y_0 = m.$$

Auf den Beweis dieser Aussage muß hier verzichtet werden.

Soll nun abgeleitet werden, wie der Prozeß der Informationsintegration ablaufen müßte, falls das Optimierungskriterium des minimalen Risikos gültig ist, so ist in folgenden Schritten vorzugehen:

(1) Sind $g(y/I_1)$ und $g(y/I_2)$ die zu I_1 und I_2 gehörenden Dichtefunktionen mit den Mittelwerten m_1 und m_2, so erhält man bei der Darbietung der einzelnen Informationen nach (4) die mittleren Urteile:

$$R_1 = Am_1 + B \text{ und} \tag{11}$$
$$R_2 = Am_2 + B . \tag{12}$$

(2) Das mittlere Urteil R bei Darbietung beider Informationen I_1 und I_2 entspricht

$$R_{12} = Am_{12} + B, \tag{13}$$

wobei m_{12} der Mittelwert der Dichtefunktion $g(y/I_1, I_2)$ ist.

(3) Um die Abhängigkeit des Urteils R von R_1 und R_2 zu bestimmen, muß die Beziehung zwischen m_{12}, m_1 und m_2 berechnet werden. Dazu muß die Wahrscheinlichkeitsdichte $g(y/I_1, I_2)$ als Funktion von $g(y/I_1)$ und $g(y/I_2)$ dargestellt werden. Nach dem Bayesschen Satz gilt:

$$g(y/I_1, I_2) = \frac{P(I_1, I_2/y)}{P(I_1/I_2)} \, g(y). \tag{14}$$

Es wird angenommen, daß I_1 und I_2 voneinander unabhängig sind, falls der Wert der Eigenschaft y vorliegt. Also gilt:

$$P(I_1, I_2/y) = P(I_1/y)\, P(I_2/y). \qquad (15)$$

Die Beziehung (15) in (14) eingesetzt und die erneute Anwendung des Bayesschen Satzes ergibt:

$$g(y/I_1, I_2) = \frac{P(I_1)\, P(I_2)}{P(I_1, I_2)}\; \frac{g(y/I_1)\, g(y/I_2)}{g(y)}. \qquad (16)$$

$g(y)$ ist die Wahrscheinlichkeitsdichte von y bei völligem Fehlen von Information. In diesem Falle gibt es keinen Grund, irgendeinen Bereich auf der Urteilsdimension als wahrscheinlicher als andere Bereiche zu betrachten. $g(y)$ wird also der Gleichverteilung im Gesamtbereich entsprechen

$$g(y) = c.$$

(4) Es wird angenommen, daß die Wahrscheinlichkeitsdichten zumindest näherungsweise durch Normalverteilungen beschreibbar sind. Dann ergibt sich

$$m_{12} = \frac{\sigma_2{}^2\, m_1 + \sigma_1{}^2\, m_2}{\sigma_1{}^2 + \sigma_2{}^2}$$

Dieses Ergebnis entspricht gerade dem gewichteten arithmetischen Mittel als Kompositionsregel.

Damit haben wir aus dem Optimierungskriterium des minimalen Risikos eine theoretische Begründung für das gewichtete arithmetische Mittel gewonnen. Ferner haben auch die Gewichtsfaktoren eine inhaltliche Bedeutung erhalten. Sie werden nach der Beziehung

$$W = \frac{1}{\sigma^2} \qquad (17)$$

durch die Standardabweichung der zur betreffenden Information gehörigen Verteilung bestimmt. Je geringer der „Spielraum möglicher Werte" von X bei Vorliegen der Information ist, mit um so größerem Gewicht geht diese Information in die Integration mit anderen Informationen ein.

Das bedeutet, daß die Gewichtsfaktoren von der Sicherheit des

Urteils über die einzeln dargebotenen Informationen abhängig sein sollen. Das haben wir in einer Arbeit von Tietz (1983) zur Eindrucksbildung geprüft.

Die Vpn erhielten Verhaltensbeschreibungen und hatten zu beurteilen, in welchem Ausmaß die geschilderte Person die Eigenschaft „Takt" besitzt. Dazu standen elf Kategorien zur Verfügung, die von „sehr taktlos" bis „sehr taktvoll" reichen.

Mit Rücksicht auf den Umstand, daß eine einzige Verhaltensbeschreibung nicht ausreicht, um mit völliger Sicherheit den Takt einer Person einzuschätzen, wurden die Vpn nicht gezwungen, sich auf die Wahl einer Kategorie zu beschränken; sie sollten vielmehr alle ihnen möglich erscheinenden Kategorien nennen und angeben, mit welcher Wahrscheinlichkeit die geschilderte Person in die einzelnen Kategorien ihrer Auffassung nach eingeordnet werden könne. Somit erhielten wir zu jeder Verhaltensbeschreibung eine Wahrscheinlichkeitsverteilung von Kategorien. Diese Verteilung wurde genutzt, um jeweils Mittelwert und Standardabweichung zu berechnen, so daß am Ende alle Verhaltensbeschreibungen durch ihre Mittelwerte und Standardabweichungen charakterisiert waren.

Im zweiten Teil des Experiments sollte die Hypothese geprüft werden, daß die solcherart ermittelten Standardabweichungen der zu den einzelnen Items gehörigen Verteilungen die Gewichtsfaktoren bei der Informationsintegration bestimmen. Dazu mußten die Vpn zu den einzelnen Verhaltensbeschreibungen bzw. zu Paaren von solchen eine Kategorie in üblicher Weise benennen. Die Verhaltensbeschreibungen wurden für jede Vp so ausgewählt, daß sie einen zweifaktoriellen Versuchsplan mit den Variablen „Mittelwert" und „Standardabweichung" in der folgenden Form bildeten (s. Tab. 16):

Tab. 16: Versuchsplan Tietz (1983)

		Mittelwert		
		niedrig	mittel	hoch
Standard-abweichung	niedrig	I	II	III
	hoch	IV	V	VI

Beurteilt werden mußten die einzelnen Items aller sechs Felder und Kombinationen von zwei Items aus verschiedenen Feldern.

Wenn die Gewichtsfaktoren allein durch die Standardabweichung bestimmt werden, so sollten bei Paaren mit gleicher Standardabweichung die Urteile wenigstens näherungsweise dem arithmetischen Mittel der Einzelurteile entsprechen; denn für $\sigma_1 = \sigma_2$ ergibt sich aus (17) $w_1 = w_2$. Diese Vorhersage $D = 0$ gilt z. B. für die Paare I/III und IV/VI. Bei ungleichen Standardabweichungen sollte das Urteil über das Paar zum Urteil über die Verhaltensbeschreibung mit kleinerer Standardabweichung hin verschoben sein. Also muß für die Paare I/VI: $D < 0$ und für die Paare IV/III: $D > 0$ erwartet werden. Tabelle 17 zeigt die Ergebnisse, gemittelt über alle Vpn und Itempaare.

Tab. 17: Ergebnisse des Experiments von Tietz (1983)

Paare	D
I/III	−.65
IV/VI	−.44
I/VI	−.68
IV/III	−.08

Aus dieser Tabelle kann leicht ersehen werden:

(1) In jedem Falle werden negative Werte für die Differenz D erhalten, auch für die Paare, für die $D = 0$ bzw. $D > 0$ vorausgesagt worden war. Daraus können wir schließen, daß der Negativitätseffekt *nicht* durch die unterschiedliche Unsicherheit über einzelne Items zustande kommt, sondern eine andere Ursache haben muß. Die Interpretation von Jones und Davis (1965) ist damit fragwürdig.

(2) Für Paare aus IV/III war $D > 0$ erwartet worden. Das trifft zwar nicht zu, aber der Wert von D ist für diese Paare nach dem Kruskal-Wallis-Test signifikant größer ($\alpha = 1\%$) als für die Paare I/III. Das zeigt, daß die Standardabweichung in der Tat die Gewichtsfaktoren in der erwarteten Richtung beeinflußt.

Wir können zusammenfassend feststellen, daß die von uns vorgelegte normative Theorie der Informationsintegration einen Teil der Ergebnisse klären kann, aber offensichtlich einer Erweiterung bedarf, um auch den überlagerten Negativitätseffekt verstehen zu können, der offenbar von anderen Einflüssen als der Standardabweichung der Urteilsverteilung abhängt.

3.4.3.5. Weitere Probleme und andere Zugänge zur Informationsintegration

Die Fragen, die wir bisher behandelt haben, umfassen natürlich nicht *alle* Probleme, die die Informationsintegration betreffen. Das kann auch auf diesem knappen Raum gar nicht geleistet werden; dazu bedarf es gesonderter und umfangreicherer Darstellungen, wie sie z. B. von Anderson (1981) und Wyer und Carlston (1979) vorgelegt worden sind. Wir wollen jedoch einige der Fragen herausgreifen und kurz erörtern.

(1) Wir sind bisher davon ausgegangen, daß *alle* zur Verfügung stehenden Informationen in ein Urteil integriert werden. Was geschieht aber, wenn dem Urteiler widersprüchliche Informationen gegeben sind? Ein solcher Widerspruch kann sich auf zwei Aspekte beziehen: (a) Semantische Inkonsistenz liegt dann vor, wenn zwei Informationen inhaltlich unvereinbar sind. Das ist beispielsweise der Fall, wenn eine Person einmal ein Verhalten zeigt, das auf große Freigebigkeit schließen läßt, sich ein anderes Mal aber als äußerst geizig erweist (bzw. so bezeichnet wird). (b) Bewertungsinkonsistenz ist gegeben, wenn eine Information eine ausgeprägt negative Abbildung auf der Urteilsdimension erfährt, während die andere Information stark positiv bewertet wird. Solche Inkonsistenz liegt vor, wenn eine Person zugleich als „freigebig" und als „brutal" charakterisiert wird und wenn zu beurteilen ist, wie sympathisch einem diese Person ist.

Wie geht nun der Urteilsprozeß bei solchen Inkonsistenzen vor sich? Erfolgt auch dort eine Informationsintegration, etwa durch die Bildung eines gewichteten arithmetischen Mittels? Die Ergebnisse von Experimenten dazu sind nicht eindeutig. Anderson (1981) verweist auf Resultate, die zeigen, daß solche Inkonsistenzen bei der Informationsintegration weitgehend toleriert werden. Es gibt jedoch auch Befunde, daß eine inkonsistente Information nicht berücksichtigt wird. Wie Rosch (1977) nachweisen konnte, wird eine positive Information, die von mehreren negativen abweicht, eher ausgeschieden als eine negative unter mehreren positiven Informationen.

Es muß geklärt werden, welche Regeln der Informationsverarbeitung bei inkonsistenten Informationen im einzelnen zugrunde liegen.

(2) Bisher haben wir nur vom arithmetischen Mittel als Kompositionsregel gesprochen. Wenn auch viele empirische Befunde und theoretische Überlegungen für eine ausgezeichnete Rolle dieser Regel sprechen, so sind doch auch andere denkbar. Bisher wurden zum Beispiel Addition und Subtraktion diskutiert. Oftmals stellt man die Addition der Mittelbildung gegenüber. In beiden Fällen ist die Kompositionsregel aber eine lineare Funktion. Während jedoch bei der Mittelbildung durch die Beziehung (2)

$$Y(I_1, I_2) = \frac{w_1 Y(I_1) + w_2 Y(I_2)}{w_1 + w_2}$$

gesichert ist, daß der integrierte Wert zwischen den Einzelwerten liegt, also (falls $Y(I_1) < Y(I_2)$) auch

$$Y(I_1) < Y(I_1, I_2) < Y(I_2) \qquad (18)$$

gilt, so trifft das für die Addition nicht zu. Denn dann hat die Kompositionsregel die Form

$$Y(I_1, I_2) = w_1 Y(I_1) + w_2 Y(I_2). \qquad (19)$$

Es kann durchaus sein, daß

$$Y(I_1) < Y(I_2) < Y(I_1, I_2) \qquad (20)$$

zutrifft. Das wird durch das Beispiel

$w_1 = 0{,}8$; $w_2 = 0{,}6$; $Y(I_1) = 10$; $Y(I_2) = 12$
$Y(I_1, I_2) = 15{,}2$

verdeutlicht. Im Falle der Addition sind also Urteile auf Grund von zwei Informationen zu erwarten, die größer als das größte Einzelurteil sind. Dieses Ergebnis wird in der Tat zuweilen gefunden und als Beleg für das Wirken der Addition als Kompositionsregel angesehen. Es läßt sich jedoch zeigen, daß dieser Schluß nicht zwingend ist: Wird nämlich nach der Beziehung (7) angenommen, daß ein Anfangseindruck in das Urteil einbezogen wird, so kann man finden, daß Ergebnisse der Form (20) auch beim gewichteten arithmetischen Mittel als Kompositionsregel auftreten können. Das kommt besonders dann vor, wenn die Werte $Y(I_1)$ und $Y(I_2)$ nahe beieinander liegen. Gerade das hat Rosch (1977) gefunden, und das unterstützt den Umstand, die Mittelbildung als weitgehend angewendete Kompositionsregel beizubehalten.

Was nun die Multiplikation betrifft, so ist es durchaus möglich, daß in manchen Fällen eine solche Art der Informationsintegration genutzt wird. Arbeiten von Cliff (1959) legen z. B. nahe, daß – im Falle sprachlich gegebener Information – Adverbien bei ihrer Verknüpfung mit Adjektiven die Rolle von Multiplikatoren übernehmen. Dabei bleibt aber ein Problem bestehen: Die Unterscheidung zwischen Multiplikation und dem gewichteten arithmetischen Mittel ist mit geeignet gewählten Abhängigkeiten der Gewichtsfaktoren experimentell sehr schwierig.

(3) Alle in diesem Abschnitt erörterten Fragen der Informationsintegration gingen von dem in Abb. 18 dargestellten Grundmodell aus, das einen dreistufigen Urteilsprozeß unterstellte. Insbesondere wurde dabei vorausgesetzt, daß die Stufen „Abbildung" und „Integration" wohlunterschieden sind, daß also bei der Informationsintegration neben den Gewichtsfaktoren allein die Werte auf der Urteilsdimension bestimmend sind.

Es gibt aber experimentelle Befunde, die diese grundsätzliche Annahme in Zweifel ziehen. Wenn nämlich die Urteile über zwei Paare von Informationen (I_1, I_2) und (I_3, I_4) voneinander abweichen, obwohl die Einzelurteile bezüglich I_1 und I_3 sowie I_2 und I_4 übereinstimmen und zudem noch kein Grund für Unterschiede in den Gewichtsfaktoren vorliegt, so steht das nicht im Einklang mit dem Modell der Abb. 18. Das weist vielmehr auf sogenannte *konfigurale Effekte* hin. Damit ist gemeint, daß die Konfiguration der Informationen als Ganzes auf die Urteilsdimension abgebildet wird. Solche Vorstellungen, die unter anderem von Wyer und Carlston (1979) entwickelt wurden, knüpfen an die Hypothese an, nach der sich die Bedeutung von Informationen in Abhängigkeit von den begleitenden Informationen ändern kann. Diese Hypothese wurde – für diesen Zusammenhang – zuerst von Asch (1946) formuliert; sie geht auf Annahmen der Gestalttheorie zurück.

Es muß weiteren Untersuchungen vorbehalten bleiben, zu prüfen, ob und unter welchen Bedingungen derartige konfigurale Effekte wirken, die uns zwingen, von der in Abb. 18 veranschaulichten Grundannahme abzugehen.

3.4.4. Kontexteffekte bei dimensionalen Beurteilungen

3.4.4.1. Charakterisierung von Kontexteffekten

Wir haben in den vorangegangenen Abschnitten betrachtet, wie Eigenschaften von Personen auf Grund von Informationen über diese beurteilt werden. Wir sind dabei im wesentlichen davon ausgegangen, daß sich das Urteil allein auf die aktuell gegebenen Informationen über das Individuum stützt. In Wirklichkeit aber hängt eine solche Einschätzung auch noch von einer Menge anderer Faktoren ab. So wirken nicht nur die für das Individuum spezifischen Informationen, sondern auch solche über dessen Zugehörigkeit zu einer Kategorie wie z. B. Alter, Geschlecht oder Beruf. Außerdem ist auch noch die Interaktion von Beurteiler und Beurteilten, die Art ihrer gemeinsamen Tätigkeit, von Bedeutung, wie wir das an verschiedenen Stellen dieses Buches schon festgestellt hatten. Alle diese und noch weitere Einflüsse bilden einen *Kontext,* in dessen Rahmen eine Person beurteilt wird.

Im allgemeinen lassen sich zwei Typen von Kontexteffekten unterscheiden: *intradimensionale* und *interdimensionale*. Intradimensionale Kontexteffekte sind solche, die sich in irgendeiner Weise auf die zu beurteilende Eigenschaft selbst beziehen. Ein Beispiel dafür ist die in der Bezugssystemforschung eingehend untersuchte Erscheinung, daß ein Urteil nicht nur vom gegenwärtig einzuschätzenden Reiz, sondern auch von anderen gleichzeitig oder vorher dargebotenen Reizen abhängt. Bei kategorialen Urteilen erwies sich der Bereich der vorkommenden Eigenschaftsausprägung als eine wesentliche Kontextbedingung.

In interdimensionalen Kontexteffekten wirkt die Ausprägung einer anderen Eigenschaft auf die Beurteilung der eigentlich einzuschätzenden Eigenschaft ein. Ein bekanntes Beispiel ist das Phänomen der Größenakzentuierung, das von Bruner und Goodman (1947) beschrieben wurde. Hier besteht eine Tendenz, die Größe von Münzen im Vergleich zu wertneutralen Pappscheiben zu über-schätzen. Dieser Unterschied in der Einschätzung der Größe von Münzen und Pappscheiben kommt offenbar dadurch zustande, daß eine periphere Dimension, der Wert der Münzen, die Beur-teilung der fokalen Dimension, der Größe, die eigentlich allein zu beurteilen ist, beeinflußt.

Ein wesentliches Charakteristikum interdimensionaler Kontext-effekte wird an diesem Beispiel deutlich: Je größer eine Münze ist, um so höher ist auch ihr Wert. (Dies gilt mit Ausnahmen für die meisten Münzsysteme.) Die beiden Variablen „Größe" und „Wert" kovariieren also. Eine solche Kovariation von fokaler und peripherer Dimension hat sich als Voraussetzung für das Auftre-ten interdimensionaler Kontexteffekte erwiesen.

3.4.4.2. Intradimensionale Kontexteffekte

3.4.4.2.1. Einfluß des Bereichs vorkommender Eigenschaftsausprägung

In psychophysikalischen Beurteilungen, so bei der Einschätzung von Lautheiten oder Helligkeiten, übt der in einem Experiment verwendete Bereich der Reizvariablen einen deutlichen Einfluß auf die Einschätzung eines bestimmten Reizes aus. Befindet sich beispielsweise ein Reiz einmal im oberen Teil des Bereichs, ein anderes Mal im unteren, so wird er im ersteren Fall in eine höhere Kategorie eingeordnet als im zweiten Fall.

Es erhebt sich die Frage, ob bei der Eigenschaftsbeurteilung von Personen ebenfalls eine solche Einwirkung des Bereichs vor-kommender Eigenschaftsausprägungen auftritt. Das zu prüfen war das Anliegen eines Experiments, das von Reimann (1982) durchgeführt wurde.

Die Vpn hatten auf einer 11stufigen Ratingskala einzuschätzen, wie sympathisch ihnen Personen waren, die durch ein Adjektiv oder ein Adjektivpaar gekennzeichnet wurden. Die Urteile wur-den unter drei verschiedenen Bedingungen abgegeben. In der Vollbereichsbedingung wurden Adjektive dargeboten, welche die Sympathie-Dimension von extrem negativ bis extrem positiv über-deckten. In der negativen Teilbereichsbedingung fehlten ausge-

prägt positive Adjektive, in der positiven Teilbereichsbedingung
wurden ausgeprägt negative Adjektive ausgeschieden. Auf der
Grundlage von Vorversuchen wählten wir die Personenbeschreibungen so, daß die Sympathie-Urteile über den verwendeten Bereich etwa gleichverteilt waren. Einige Adjektive, die zum mittleren Teil der Sympathie-Skala gehören, traten in allen drei Bedingungen auf. In Tab. 18 sind die über die Versuchspersonengruppe gemittelten Urteile angegeben. Nach dem Friedman-Test
($\alpha = 5$ %) sind keine Unterschiede zwischen den Bedingungen
nachweisbar.

Tab. 18: Ergebnisse des Experiments von Reimann (1982)

Adjektiv	Negativer Teilbereich	Vollbereich	Positiver Teilbereich
Gelassen	8,3	8,4	6,9
Schweigsam	7,3	7,8	7,0
Impulsiv	7,0	6,5	6,7
Zweifelnd	6,6	6,2	5,5
Gehemmt	5,3	5,5	5,4
Unbeholfen	5,8	5,2	5,7
Mittel	6,7	6,6	6,2

Wenn auch eine leichte, nichtsignifikante Tendenz bemerkbar ist,
so erweist sich doch der Einfluß des Bereichs im Vergleich zu den
deutlichen Unterschieden bei psychophysikalischen Beurteilungen
als geringfügig. Diese näherungsweise vorhandene Invarianz der
Urteile gegenüber dem Bereich erinnert an die mnemisch stabilisierten Bezugssysteme nach Witte (1975). Bei der Beurteilung
von Objekten aus Kategorien, mit denen der Beurteiler eine umfangreiche Erfahrung besitzt, sind keine Einflüsse des im Experiment genutzten Bereichs nachzuweisen. So ist es bei der Schätzung
der Länge von Bleistiften gleichgültig, welcher Bereich von Längen im Experiment vorgelegt wird. Möglicherweise gilt das, was
für die Beurteilung der physikalischen Eigenschaften von Objekten aus wohlumschriebenen Kategorien zutrifft, für die Eigenschaftsbeurteilung von Personen generell.

Es bleibt zu fragen, ob die kategorialen Beurteilungen von physikalischen Objekteigenschaften, die sehr deutlich bereichsabhängig sind, und die Beurteilung der Sympathie von Personen, die nahezu invariant gegenüber der Veränderung des Bereichs ist, auf unterschiedlichen Urteilsprozessen beruhen. Es kann angenommen werden, daß der im Abschnitt 3.4.2. geschilderte Urteilsprozeß in beiden Fällen vorliegt. Dort wurde von dem durch den Großpol G und den Kleinpol K aufgespannten Bereich gesprochen. Es bleibt offen, was für ein Bereich im Urteilsprozeß wirksam ist: der durch die im Experiment vorgelegten Reize gebildete Bereich (K_e, G_e) oder der durch alle denkbaren Reize konstituierte Gesamtbereich (K_a, G_a). Es gibt Hinweise darauf, daß im allgemeinen *beide* Reizbereiche im Urteilsprozeß in der Weise berücksichtigt werden, daß eine Informationsintegration zu kombinierten Polen stattfindet. Wenn zumindest näherungsweise eine lineare Kompositionsregel zur Anwendung kommt, so gilt

$$K = aK_e + bK_a$$
$$G = aG_e + bG_a. \tag{21}$$

Wenn b sehr klein ist, so wird der wirksame Bereich nahezu durch den experimentellen Bereich gebildet, wie dies in psychophysikalischen Beurteilungen oft anzutreffen ist. Nimmt jedoch a einen sehr kleinen Wert an, so ist der Gesamtbereich bestimmend, wie dies im geschilderten Experiment zur Personenbeurteilung gefunden wurde.

Daß tatsächlich eine solche Integration von zwei Bereichsgrenzen in eine Größe erfolgt, mit der dann die interne Repräsentation der Reize verglichen wird, legen die Ergebnisse zur Formierung von Partialsystemen (Witte 1975) nahe, auf die hier nicht weiter eingegangen werden kann.

3.4.4.2.2. Der Einfluß von Stereotypen in Eigenschaftsbeurteilungen

Die Beurteilung von Eigenschaften einer Person wird auch durch ihre Zugehörigkeit zu einer Gruppe von Menschen, beispielsweise durch ihr Geschlecht, beeinflußt. Der Beurteilende hat eine Vorstellung über Eigenschaften, wie sie in dieser Gruppe mehr oder weniger ausgeprägt auftreten. Die Hypothese über den Zusammenhang zwischen Gruppenzugehörigkeit und der Ausprägung einer Eigenschaft beeinflußt die Beurteilung der betreffenden Eigenschaft eines Individuums aus dieser Gruppe. Es besteht dabei eine Tendenz, die Einschätzung des Individuums an die Hypothese über die Gruppe anzugleichen. Wenn beispielsweise die Hypothese besteht, daß Frauen eher gefühlsmäßig reagieren als Männer, so wird bei ein und demselben Verhalten eine Frau gefühlvoller eingeschätzt als ein Mann. Dieses Phänomen wird als Stereotypisierung bezeichnet. Stereotype sind also Hypothesen über die Verknüpfung der Ausprägung von Eigenschaften und der Zugehörigkeit zu einer Kategorie (Lilli 1982, Hamilton 1981).

Die Wirkung von Stereotypen aber, wie wir das schon einmal festgestellt haben, bedeutet keineswegs nur eine unerwünschte oder unzweckmäßige Urteilsverzerrung; sie erlaubt es vielmehr auch, daß ein Urteiler aus der Kenntnis der Gruppen- oder Klassenzugehörigkeit eines Urteilsobjekts, sozusagen als eine zusätzliche Information, die Unsicherheit seines Urteils reduzieren kann (Petzold 1982). Das funktioniert natürlich nur unter der Voraussetzung, daß die Hypothese über den Zusammenhang zwischen der Gruppenzugehörigkeit des zu beurteilenden Objekts und der Ausprägung einer Eigenschaft die objektiv gegebenen Beziehungen wenigstens der Tendenz nach richtig widerspiegelt.

Wird nun gefragt, in welcher Weise Stereotype im Urteilsprozeß wirksam werden, so ist zu klären, (1) wie die Hypothese über den Zusammenhang von Gruppenzugehörigkeit des zu beurteilenden Objekts und Eigenschaft im Gedächtnis repräsentiert ist und (2) wie diese aus dem Gedächtnis abgerufene Information gemeinsam mit den für das Individuum spezifischen Informationen in das Urteil integriert wird.

Es kann angenommen werden, daß die Hypothese über die „mittlere" Ausprägung einer Eigenschaft in einer Gruppe G_j ($j = 1, 2, \ldots, n$) durch einen diese Ausprägung kennzeichnenden Wert Y_j^* auf der Urteilsdimension im Gedächtnis repräsentiert ist. Gehört ein Individuum P_i der Gruppe G_j an, so entsteht das Urteil durch die Zusammenfassung der Größe Y_i, welche die spezifischen Informationen über das Individuum auf der Urteilsdimension abbildet, und des Wertes Y_j^*, der die Gruppe kennzeichnet. Wird dafür wiederum ein gewichtetes arithmetisches Mittel angenommen, so entsteht

$$Y_{ij}* = \frac{w_i Y_i + w_j Y_{ij}*}{w_i + w_j}.$$

(22)

$Y_{ij}*$ ist der Wert, auf den das Individuum P_i als Angehöriger der Gruppe G_j abgebildet wird.

Ein Beleg dafür, daß ein solcher Prozeß der Informationsintegration der Wirkung von Stereotypen zugrunde liegt, wurde von Petzold (1983) erbracht. Nach diesem Modell übt das im Gedächtnis gespeicherte Stereotyp die gleiche Funktion aus wie die für das Individuum spezifische Information. Wenn dies so ist, dann müßten die für die Integration von Einzelinformationen über das Individuum gefundenen Regelhaftigkeiten ebenso für die Einbeziehung des Stereotyps gelten. Beispielsweise sollte der Extremitätseffekt nachweisbar sein. Dieser Frage gingen wir in einer Nachauswertung einer Untersuchung von Trostmann (1980) nach.

Das Experiment bestand aus zwei Teilen. Der erste Teil entsprach der im Abschnitt 3.4.3.3. geschilderten Untersuchung zur Beurteilung der Güte von Arbeitsplätzen. Zu Beginn des zweiten Versuchsteils sollten Stereotype über zwei Betriebe bezüglich ihrer Arbeitsplatzgestaltung erzeugt werden. Den Vpn wurden Berichte von Betriebsbegehungen vorgelesen. Der erste Bericht stellte einen sehr guten Stand der Arbeitsplatzgestaltung fest; im zweiten Bericht wurden verschiedene Mängel kritisiert.

Nun wurden die gleichen Beschreibungen von Arbeitsplätzen wie im ersten Versuchsteil zur Beurteilung vorgelegt. Jedoch wurde grüne Schriftfarbe verwendet, wenn sich der Arbeitsplatz im „guten" Betrieb befand, rote Farbe dann, wenn der Arbeitsplatz im „schlechten" Betrieb stand. 20 Beschreibungen, denen im ersten Versuchsteil Urteile aus dem oberen Drittel der Skala zugeordnet waren, erschienen nur in grüner Schrift. 20 Beschreibungen aus dem unteren Drittel der Urteilsskala waren nur in roter Schrift gehalten, um die Ausbildung von Stereotypen zu bekräftigen. 20 Beschreibungen aus dem mittleren Urteilsbereich wurden sowohl in grüner als auch in roter Schrift dargeboten, um den Einfluß der Stereotypisierung erfassen zu können. Im ersten und im zweiten Teil des Experiments nahmen dieselben Vpn teil, so daß (a) Urteile ohne Stereotyp, (b) Urteile mit dem Stereotyp „Guter Betrieb" und (c) Urteile mit dem Stereotyp „Schlechter Betrieb" miteinander verglichen werden konnten.

Unter Berücksichtigung von Gleichung (4) ergibt sich aus der Beziehung (22)

$$R_{ij}^* = A \frac{w_i Y_i + w_j Y_j^*}{w_i + w_j} + B, \qquad (23)$$

wobei R_{ij}^* hier die Beurteilungen von Arbeitsplatzbeschreibungen i im Betrieb j sind. Für die Urteile ohne Stereotyp, die im ersten Versuchsteil erhalten wurden, gilt analog dazu

$$R_i = A Y_i + B. \qquad (24)$$

Aus diesen beiden Gleichungen kann man eine Beziehung zwischen R_{ij}^* und R_i herleiten:

$$R_{ij}^* = \frac{w_i}{w_i + w_j} R_i + \frac{w_j}{w_i + w_j} (A Y_j^* + B). \qquad (25)$$

Falls die Gewichtsfaktoren nicht von der Art der Information abhängen, jedoch die für das Individuum spezifische Information und die Information über die Kategorie mit unterschiedlichem Gewicht in das Urteil eingehen, so entsteht aus (25)

$$R_{ij}^* = a R_i + (1 - a) (A Y_j^* + B). \qquad (26)$$

Diese Beziehung bedeutet: Werden die Urteile mit Wirken des Stereotyps über den Urteilen derselben Beschreibungen ohne Einfluß des Stereotyps aufgetragen, so sollte sich eine Gerade ergeben, deren Anstieg nicht von der Art des Stereotyps abhängt.

Um diese Hypothese zu prüfen, wurden die mittleren Urteile R_{i1}^* auf die Beschreibungen in roter Schrift und die mittleren Urteile R_{i2}^* auf die Beschreibungen in grüner Schrift gegen die mittleren Urteile R_i des ersten Versuchsteils für die einzelnen Vpn aufgetragen. Es waren keine auffälligen Abweichungen von Geraden bemerkbar, so daß die Geradenparameter durch lineare Regression berechnet wurden. Der Vergleich der Steigungen für die beiden Stereotype, untersucht für einzelne Vpn, ergab keinen signifikanten Unterschied ($\alpha = 5\%$) nach dem Wilcoxon-Test. Dieses Ergebnis ist eine Bestätigung der Hypothese, die diese Invarianz der Steigungen vorhersagt.

Um zu prüfen, ob der vermutete Extremitätseffekt auftritt, war zu untersuchen, ob geringfügige, aber systematische Abweichungen von den zunächst als Näherung verwendeten Geraden auftreten.

Die Art der zu erwartenden Abweichungen leitet sich aus folgender Überlegung ab: Für extreme Informationen, also für Werte von Y_i, die in der Nähe des Bereichsrandes liegen, sollte der Gewichtsfaktor w_i größer als für mittlere Informationen sein. Aus Beziehung (25) folgt dann, daß die Steigung der Kurve von der Mitte zu den Rändern des Urteilsbereichs hin zunehmen sollte. Anders ausgedrückt: In der Nähe des unteren Randes ist eine konkave, in der Nähe des oberen Randes eine konvexe Kurve zu erwarten. Bei der Prüfung dieser Hypothese beschränkten wir uns auf solche Vpn, bei denen der Einfluß der Stereotypisierung besonders deutlich war, bei denen nämlich ein Unterschied in den Beurteilungen derselben Beschreibungen in roter und grüner Schrift nach dem Wilcoxon-Test mit $\alpha = 1\%$ nachgewiesen werden konnte. Diese Einschränkung erfolgte deshalb, weil bei solchen Vpn mögliche Abweichungen von der Geraden ausgeprägter hervortreten sollten.

Die Prüfung auf systematische Abweichungen geschah in folgender Weise: Für die Kurven $R_{ij}* = f(R_i)$ wurde der Bereich der vorkommenden R_i in drei gleichbreite Teilbereiche aufgeteilt. Für jeden Teilbereich wurde die mittlere Abweichung der $R_{ij}*$ von den aus der Regressionsgeraden berechneten Werten bestimmt.

$$\Delta_{ij} = (R_{ij})* \text{ berechnet} - (R_{ij})* \text{ empirisch.}$$

Existiert *keine* systematische Abweichung von der Regressionsgeraden, so sollte bei Betrachtung mehrerer Vpn kein Trend in der Rangordnung von Δ über die drei Teilbereiche nachweisbar sein. Tritt jedoch eine konkave Kurve auf, so ist für den mittleren Teilbereich eine Tendenz zu negativen Werten für Δ zu erwarten, während für die beiden äußeren Teilbereiche positive Werte für Δ entstehen sollten. Dies ist der schematischen Darstellung in Abb. 21 zu entnehmen. Bei konvexen Kurven kehrt sich dieser Trend um. Nun ergeben sich für den mittleren Teilbereich ein positiver Wert von Δ und für die äußeren Teilbereiche negative Werte.

In Tab. 19 sind die mittleren Abweichungen für das Stereotyp des „schlechten" Betriebes und für das des „guten" Betriebes für die analysierten Vpn angegeben.

Während für den „schlechten" Betrieb die Abweichungen im Sinne einer konkaven Kurve nach dem Friedman-Test mit $\alpha = 1\%$

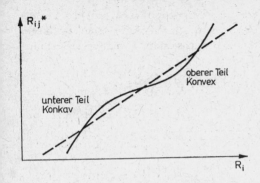

Abb. 21: Erläuterungen im Text.

Tab. 19: Ergebnisse des Experiments von Trostmann (1980)
(Angaben in Prozent)

Teil-bereich	Beschreibungen in roter Schrift			Beschreibungen in grüner Schrift		
	unterer	mittlerer	oberer	unterer	mittlerer	oberer
Vp 1	+ 1,0	− 3,5	− 1,0	− 1,0	− 4,2	+ 2,1
Vp 8	+ 0,2	− 1,8	+ 2,9	− 0,9	+ 0,1	− 0,5
Vp 18	+ 1,3	− 1,0	+ 3,4	− 1,5	+ 1,7	+ 0,9
Vp 24	− 1,2	+ 0,3	+ 1,2	+ 0,2	+ 1,6	− 1,0
Vp 25	+ 0,5	− 2,6	+ 1,4	− 2,4	+ 2,8	− 0,3
Durch-schnitt	+ 0,4	− 1,7	+ 1,6	− 1,1	+ 0,4	+ 0,2

signifikant sind, ist für den „guten" Betrieb wohl eine Tendenz
zur konvexen Kurve deutlich, sie ist aber nicht signifikant.

Die gefundenen Abweichungen sind also mit der genannten
Hypothese im Einklang und weisen auf die Existenz eines Extre-
mitätseffekts bei der Wirkung von Stereotypen hin. Insgesamt er-
härten die Ergebnisse des geschilderten Experiments das Modell,
das die Wirksamkeit von Stereotypen als Informationsintegration
der Gedächtnisrepräsentation von Kategorien auf der Urteilsdimension versteht. Diese Wirkung von Stereotypen ist in die
Klasse intradimensionaler Kontexteffekte einzuordnen, da es um

die Integration von Werten auf derselben Dimension geht. Die genannten Ergebnisse werden durch eine noch nicht abgeschlossene Untersuchung zur Wirkung von Geschlechtsstereotypen bestätigt.

3.4.4.2.3. Mechanismen intraserieller Kontexteffekte

Die genannten Fälle intradimensionaler Kontexteffekte sind durch die Integration einer Kontextgröße in eine Variable des Urteilsprozesses zu verstehen. Sie unterscheiden sich jedoch in der Art der Variablen.

Beim Einfluß eines *Stereotyps* erfolgt die Integration zusammen mit der Abbildung der zu beurteilenden Information auf eine interne Variable, die dann der Entscheidung über die zu wählende Kategorie zugrunde liegt. Nach Abb. 18 ist es also die zweite Stufe, die Informations*integration,* in der die Kontextgröße wirksam wird.

Beim Einfluß *zweier Bereiche,* die kombinierte Groß- und Kleinpole entstehen lassen, erfolgt die Integration der Kontextgröße in einen internen Standard, mit dem die Werte der Urteilsdimension zu vergleichen sind. Hier ist somit der Eingriffspunkt der Kontextgröße die dritte Stufe des Urteilsprozesses, die *Entscheidung.*

Dies führt zu einer Verallgemeinerung des im Abschnitt 3.4.2. angegebenen Modells von Entscheidungsprozessen. Nur in besonderen Fällen dienen allein Großpol *G* und Kleinpol *K eines* Bereichs als Vergleichspunkte. Im allgemeinen gibt es einen zusammengesetzten oberen Standard *g* und einen unteren Standard *k,* in denen Kontextgrößen enthalten sind. Für den hier betrachteten Einfluß zweier Bereiche gilt

$$k = aK_e + bK_a$$
$$g = aG_e + bG_e.$$

Diese beiden Mechanismen der Wirkung von Kontextinformation beschränken sich nicht auf die genannten Beispiele, sondern scheinen generell geeignet zu sein, intradimensionale Kontexteffekte zu erklären.

3.4.4.3. Interdimensionale Kontexteffekte

Interdimensionale Kontexteffekte scheinen von ganz anderer Natur zu sein als intradimensionale, denn hier handelt es sich um eine Wechselwirkung zwischen verschiedenen Dimensionen. Eine Reihe experimenteller Ergebnisse legt jedoch nahe, daß die beiden bei intradimensionalen Kontexteffekten gefundenen Mechanismen den interdimensionalen ebenfalls zugrunde liegen. Um dies nachzuweisen, müssen die Eigenschaften dieser Effekte eingehender untersucht werden.

Interdimensionale Kontexteffekte treten durch zwei Phänomene in Erscheinung:

(a) Verschiebung des Gesamtmittels aller Urteile; werden die Urteile bezüglich der gleichen Menge von Objekten oder Personen unter verschiedenen Kontextbedingungen verglichen, so ergeben sich unterschiedliche Gesamtmittel aller Urteile.

(b) Veränderung der Urteilspolarisierung; in Abhängigkeit von den Kontextbedingungen ist die Differenz zwischen dem negativsten und dem positivsten Urteil unterschiedlich. Damit wird ein unterschiedlich breiter Bereich von Urteilen genutzt, die Polarisierung der Urteile verändert sich.

Diese beiden Phänomene sollen nun an Hand einiger Beispiele demonstriert werden. Dabei sei hervorgehoben, daß die einzelnen Beispiele bisher voneinander isoliert betrachtet und nicht als Einzelfälle einer Klasse von Effekten verstanden worden sind.

(1) *Größenakzentuierung.* Wie bereits erwähnt, fanden Bruner und Goodman (1947), daß die Größe von Münzen anders eingeschätzt wird als die von gleichgroßen Pappscheiben. In diesen und nachfolgenden Untersuchungen erhielt man zwei Ergebnisse: Das Gesamtmittel der Größenschätzungen für Münzen ist höher als für die Scheiben. Dieses als *absolute* Größenakzentuierung bezeichnete Resultat entspricht einer Verschiebung des Gesamtmittels unter dem Einfluß der peripheren Dimension, dem Wert der beurteilten Objekte, also dem ersten der genannten Phänomene.

Des weiteren wurde öfter gefunden, daß die Urteilsdifferenz zwischen dem kleinsten und dem größten Objekt für Münzen größer ist als für Pappscheiben. Diese *relative* Größenakzentuierung ist gleichbedeutend mit einer Veränderung der Urteilspolarisierung unter der Einwirkung der peripheren Dimension.

(2) Der Einfluß der *Einstellung* auf die Beurteilung von Aussagen über den Einstellungsgegenstand. Werden Aussagen über einen bestimmten Gegenstand (z. B. Schwangerschaftsabbruch oder Leistungssport) Personen mit der Aufforderung vorgelegt, die Positivität der Aussage zu beurteilen, dann ergeben sich Abweichungen in Abhängigkeit von der Einstellung des Beurteilers gegenüber dem Gegenstand. Obwohl der Beurteiler nicht seine Einstellung zum Ausdruck bringen, sondern lediglich einschätzen soll, wie positiv die Aussage in bezug auf den Gegenstand ist, treten charakteristische Unterschiede auf. Personen mit einer Pro-Einstellung geben unter bestimmten Bedingungen negativere Urteile ab als Personen mit einer Anti-Einstellung. Dieses als Kontrast bezeichnete Ergebnis (Sherif und Hovland 1961) entspricht einer Verschiebung des Gesamtmittels der Urteile durch den Einfluß der Einstellung. Des weiteren wird beobachtet, daß Personen mit einer Pro-Einstellung eine größere Urteilspolarisierung aufweisen als Personen mit Anti-Einstellung (Eiser und Stroebe 1972).

Wiederum treten also die beiden Phänomene auf, die wir auch hier auf die Wirkung einer peripheren Dimension zurückführen können. Neben der Positivität als fokale Dimension, die beurteilt werden soll, tritt die Akzeptierbarkeit der Aussagen als periphere Dimension auf. Da die Akzeptierbarkeit der Aussagen von der Einstellung des Beurteilers abhängt, wirkt die Einstellung über die periphere Dimension „Akzeptierbarkeit" auf das Urteil ein und erzeugt die beiden Phänomene interdimensionaler Kontexteffekte.

(3) Der Einfluß des *Berufs* bei der Personenbeurteilung. Wird eine Person nicht allein durch Adjektive charakterisiert, sondern ist auch deren Beruf angegeben, so wirkt die Verantwortung, die mit dem Beruf verknüpft ist, als eine Kontextvariable. Buxbaum (1977) konnte zeigen, daß die Urteilspolarisierung bei Berufen mit höherer Verantwortung größer ist. Das bedeutet, daß Personen mit einem Beruf von hoher Verantwortung positiver eingeschätzt werden, wenn positive Adjektive dargeboten werden, und negativer im Falle negativer Adjektive – im Vergleich zu Berufen von geringerer Verantwortung.

Außerdem konnte ein Kontrasteffekt nachgewiesen werden. Das Gesamtmittel der Urteile für verschiedene Adjektive ist bei

Berufen mit hoher Verantwortung geringer als bei solchen mit weniger hoher Verantwortung (Petzold 1984). Auch hier können die beiden Phänomene mit dem Einfluß einer peripheren Dimension verknüpft werden. In Abhängigkeit von der Art des Berufs sind die durch Adjektive geschilderten Personen unterschiedlich akzeptierbar. Diese Akzeptierbarkeit wirkt auf die Beurteilung der fokalen Dimension, die Sympathie, ein.

Es ist sicher deutlich geworden, daß die drei genannten Beispiele, die bislang voneinander getrennt diskutiert wurden, zu der gleichen Klasse von Phänomenen gehören. Nun ist zu fragen, ob sie auch durch die gleichen Mechanismen hervorgebracht werden und welche Mechanismen das sind. Dazu müssen die Phänomene der einzelnen Beispiele eingehender analysiert werden. Wie dies erfolgen kann, soll exemplarisch für den letzten Fall, zumindest in einigen Aspekten, dargestellt werden.

Wenn nach Mechanismen interdimensionaler Kontexteffekte gefragt wird, so ist es für deren Aufklärung nützlich, möglichst viele Eigenschaften dieser Effekte zu kennen. Insbesondere ist es aufschlußreich, von welchen Bedingungen das Ausmaß der beiden Phänomene, Verschiebung des Gesamtmittels und Veränderung der Polarisierung von Urteilen, abhängt. Wir beschränken uns hier auf *einen* möglichen Einflußfaktor und fragen, ob das Ausmaß der Phänomene von dem Wert der fokalen Urteilsdimension abhängt, auf den die Information abgebildet wird. Im Falle des Einflusses von Berufen auf die Eindrucksbildung heißt das zu untersuchen, ob die Angabe des Berufs bei relativ unsympathischen Menschen anders wirkt als bei relativ sympathischen Personen.

Dieser Frage gingen wir in einer Nachauswertung einer Untersuchung von Geißenhöhner (1982) nach. In dieser Arbeit wurden Personen durch die Angabe von Adjektiven charakterisiert, und sie mußten hinsichtlich der Sympathie auf einer 11stufigen Ratingskala beurteilt werden. Neben den Adjektiven gaben wir in einigen Versuchsgruppen den Beruf der Person an, wobei zwei Kategorien von Berufen auftraten, (a) solche, die in einem Vorversuch mit hoher Verantwortlichkeit, und (b) solche, die mit geringerer Verantwortlichkeit beurteilt wurden. Es lagen also für dieselben Adjektive drei Kontextbedingungen vor: (a) ohne Angabe des Berufs, (b) mit einem Beruf hoher Verantwortung verknüpft und (c) mit einem Beruf geringerer Verantwortung kombiniert. Wenn

R das mittlere Urteil ohne Angabe des Berufs, R_+ bei einem Beruf hoher Verantwortung und R_- bei einem Beruf geringerer Verantwortung bedeutet, so können in Auswertung der Versuchsergebnisse die Funktionen

$R_+ = f_+(R)$ und
$R_- = f_-(R)$

untersucht werden. Wenn wir diese Funktionen durch die linearen Funktionen

$R_+ = a_+ R + b_+$
$R_- = a_- R + b_-$

approximieren, können wir durch lineare Regressionsanalysen die Geradenparameter bestimmen. Das geschah getrennt für den unteren und den oberen Bereich der Urteile R. In Tab. 20 sind die Ergebnisse angegeben.

Tab. 20: Ergebnisse der nachträglichen Auswertung der Untersuchung Geissenhöhner (1982)

	Berufe höherer Verantwortung		Berufe geringerer Verantwortung	
	a_+	b_+	a_-	b_-
Oberer Teil des Bereichs	1.15	−1.58	.79	−2.74
Unterer Teil des Bereichs	1.00	− .33	1.08	− .63

Wir können dieser Tabelle zweierlei entnehmen:

(1) Der Anstieg a ist ein Maß für die Polarisierung der Urteile: Je größer a ist, um so größer ist auch die Polarisierung. Im oberen Bereich der Sympathie-Urteile ist die Polarisierung bei Berufen höherer Verantwortung deutlich größer als bei Berufen geringerer Verantwortung. Im unteren Bereich kehrt sich die Relation um, der Unterschied ist dann jedoch geringer.

(2) Das mittlere Urteil kann aus den Geradenparametern für die Teilbereiche berechnet werden. Dabei ergibt sich (Tab. 21):

	Berufe höherer Verantwortung	Berufe geringerer Verantwortung
Oberer Teil	3.24	3.99
Unterer Teil	7.07	7.10

Bei der Verschiebung des mittleren Urteils liegen andere Beziehungen vor. Hier ist der Einfluß der Kontextbedingung im unteren Teil größer als im oberen Teil.

Insgesamt ergab sich also, daß der Einfluß der Kontextbedingung tatsächlich vom Wert der fokalen Urteilsdimension abhängt, auf der die zu beurteilende Information abgebildet wird.

Dieses Ergebnis und andere, hier nicht erwähnte Analyseschritte führen uns zur Auffassung, daß das im Abschnitt 3.4.2. skizzierte Modell kategorialer Urteile auch bei der Eindrucksbildung, speziell bei der Einschätzung von Eigenschaften unter dem Einfluß der Information über den Beruf der Person anwendbar ist. Insbesondere der Befund, daß die Einwirkung der Information über den Beruf im unteren und oberen Teil der Urteilsskala voneinander abweicht, findet eine Entsprechung in dem zweistufigen Urteilsprozeß, in dem für untere und obere Urteile unterschiedliche Teilprozesse stattfinden.

Es bleibt zu fragen, wie der Einfluß des Berufs als Kontextgröße auf die Eindrucksbildung zu erklären ist. Es kann gezeigt werden (Petzold 1984), daß prinzipiell die gleichen Mechanismen wirken, die bei intraseriellen Kontexteffekten geschildert worden sind, nämlich:

(1) Integration der Kontextvariable und der zu beurteilenden Variable; als periphere Variable tritt hier die Akzeptierbarkeit der Person auf. Diese hängt vom Wert der fokalen Variablen „Sympathie" ab, und es kann angenommen werden, daß die Akzeptierbarkeit mit der Sympathie monoton anwächst. Die Akzeptierbarkeit hängt aber auch vom Beruf ab. Eine Person mit einem sehr verantwortungsvollen Beruf und mittlerem Sympathiewert wird weniger akzeptiert als eine Person mit dem gleichen Wert der Sympathie und einem Beruf von geringerer Verantwortung. Kontextfreie Sympathie als zu beurteilende Variable und Ak-

zeptierbarkeit als Kontextvariable werden also in eine Variable integriert, die dann dem Urteil zugrunde liegt.

(2) Integration einer Kontextgröße in interne Standards; wird die Akzeptierbarkeit als Funktion der Sympathie betrachtet, so gibt es ein Gebiet negativer Akzeptierbarkeit, das der Ablehnung der Person (Abb. 22) entspricht. Das Gebiet positiver Akzeptierbarkeit bedeutet Zustimmung zu dieser Person. Beide Gebiete sind durch einen Neutralpunkt getrennt, an dem die Akzeptierbarkeit den Wert o annimmt. Dieser Neutralpunkt wird in interne Standards integriert. Genauer gesagt: Für die unteren Urteile geht er in den oberen Standard ein, für die oberen Urteile in den unteren Standard.

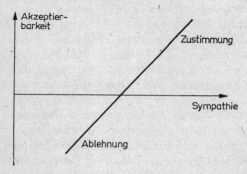

Abb. 22: Erläuterungen im Text.

Es ist hervorzuheben, daß beim Einfluß des Berufs in der Eindrucksbildung beide Mechanismen wirksam sind.

Die anderen Beispiele für interdimensionale Kontexteffekte sollen hier nicht eingehender behandelt werden. Die Übereinstimmung in den Grundphänomenen – Verschiebung des Gesamtmittels der Urteile und Veränderung der Polarisierung – legt jedoch nahe, daß in interdimensionalen Kontexteffekten diese beiden Mechanismen generell zugrunde liegen.

3.4.4.4. Einwirkung von Wertsystemen
          in der Personenbeurteilung

Personenbeurteilungen als Beispiele sozialer Urteilsbildung zeichnen sich dadurch aus, daß die Urteilsobjekte nicht nur hinsichtlich der erfragten Eigenschaften beurteilt werden, sondern daß sie eine generelle Bewertung erfahren, daß sie also einen Stellenwert in übergeordneten Wertsystemen einnehmen. Diese generelle Bewertung beeinflußt die Einschätzung spezieller Eigenschaften.

Es fragt sich nun, wie diese Einflußnahme vonstatten geht. Bei Eigenschaftsbeurteilungen kann die Bewertung als eine Kontextgröße angesehen werden. Dann wird das Phänomen der Einordnung in Wertsysteme auf interdimensionale Kontexteffekte zurückgeführt. Die im vorigen Abschnitt geschilderten Ergebnisse sprechen für diese Interpretation.

Es ist allerdings damit zu rechnen, daß im allgemeinen mehrere Kontextvariablen auftreten, daß also die genannten Integrationsprozesse sich auf mehr als zwei Größen beziehen.

3.5. Versuch einer Zusammenfassung und Modellerweiterung

In diesem letzten und sehr kurzen Abschnitt unseres Hauptkapitels wollen wir versuchen, die gewonnenen Erkenntnisse zusammenzufassen und einige davon als mögliche Erweiterungen und Präzisierungen des im Abschnitt 3.3.1.3. dargestellten „Modells der Partner- und Personenwahrnehmung" einzubringen. Es sei gleich angemerkt, daß es nicht darum gehen kann, eine Synthese der verschiedenen Theorien geringer bis mittlerer Reichweite anzustreben, die wir benutzt haben, um gewisse Bestandteile des gesamten Prozesses zu erfassen. Die Zeit für eine Vereinheitlichung der genannten (und natürlich auch anderer, nicht genannter) Theorien zu einer umfassenderen Theorie der sozialen Kognition – denn solch ein Anspruch müßte dann schon verwirklicht werden – ist sicher noch nicht reif; gegenwärtig kann wohl nicht mehr geleistet werden, als einige möglicherweise zu diesem Ziel führende Erkenntnisse zu skizzieren.

Wir haben uns vor allem mit denjenigen Erkenntnisprozessen des Menschen befaßt, die sein interpersonelles Verhalten regulieren. Oftmals aber mußten wir darauf aufmerksam machen, daß die damit gemeinte „interpersonelle Perzeption und Kognition", obwohl als relativ selbständige Erkenntnisleistung ausgewiesen, immer in den übergreifenden Zusammenhang *aller* internen (regulativen) Prozesse eingeordnet werden muß, über die der Mensch sein *Gesamtverhalten* in seiner Welt sowie seine Beziehung zu Natur und Gesellschaft reguliert. Da, wie wir gesehen haben (vgl. unser 2. Kap.), die „Welt des Menschen" im wesentlichen durch ihre „Gesellschaftlichkeit" gekennzeichnet ist, erweist es sich als Hauptleistung menschlicher Erkenntnisprozesse, diese Gesellschaftlichkeit, wie sie sich in der sozialen „Überformung" der Natur und in der Form der jeweiligen Gesellschaftsstruktur zeigt, *adäquat* widerzuspiegeln. „Adäquatheit" von Widerspiegelungsleistungen aber bedeutet in erster Linie, daß deren Resultate tauglich und zulänglich sind, ein angemessenes Verhalten – in seinen verschiedenen Erscheinungsweisen menschlicher Tätigkeiten – zu gewährleisten. Wir haben diesen Umstand mit mehreren Begriffen zu fassen versucht: mit dem der „Veridikalität", z. B. des „Bildes vom anderen", oder der „ökologischen Validität" von Kognitionen. Alle diese Begriffe beziehen sich, nimmt man sie erkenntnistheoretisch, auf den Begriff der *Wahrheit,* wie er im dialektischen Materialismus in seiner unauflöslichen Verflechtung mit dem Begriff der *Praxis* entwickelt wurde; von einer pragmatistischen Deutung dieser Beziehung haben wir uns indessen ein für allemal abgegrenzt (vgl. Abschn. 1.1.2.).

Ist diese unsere grundsätzliche Annahme richtig, dann müssen die menschlichen Perzeptionen und Kognitionen folgende Anforderungen erfüllen:

(1) In ihnen müssen – abhängig vom strukturellen Niveau und dem Komplexitätsgrad der jeweiligen Tätigkeit – jene wesentlichen, also gesetzmäßigen Zusammenhänge abgebildet werden, deren Berücksichtigung im jeweiligen Tätigkeitszusammenhang *unabdingbar* ist, wenn anders die intendierte Tätigkeit und ihr lebensbedeutsames Ziel nicht verfehlt werden sollen; es müssen also darin die relevanten Bereiche der objektiven Konditional- und Kausalzusammenhänge subjektiv reproduziert bzw. rekonstruiert werden.

(2) Die im jeweiligen Tätigkeitszusammenhang entstehenden Abbilder bzw. deren Elemente müssen mit Hilfe einer Bewertungsfunktion, welcher Art diese auch immer sei, gewichtet (oder eben bewertet) werden, damit (a) das jeweils objektiv Bedeutsame (z. B. das, was objektiv lebensförderlich oder -bedrohlich

ist), (b) ferner natürlich auch das subjektiv Bedeutsame (z. B. das, was der jeweiligen Handlungsabsicht des Subjekts entspricht) sowie (c) die existentiell wichtige „Verzahnung" des objektiv und subjektiv Bedeutsamen aus dem Ereigniszusammenhang entsprechend herausgehoben und dann im Verhalten berücksichtigt werde.

(3) Die tätigkeitsorientierten perzeptiven und/oder kognitiven Abbilder bzw. Widerspiegelungen müssen solcherart organisiert sein, daß sie auch als „Muster" für das Verhalten und seine Konsequenzen *für* den Erkennenden dienen können.

Diese von uns soeben als Anforderungen formulierten Merkmale menschlicher Erkenntnisprozesse sind in der Regel Beschaffenheiten, die sich nicht unmittelbar „auf der Oberfläche der Erscheinungen" in der natürlichen und (besonders) der sozialen Wirklichkeit finden lassen, sondern die durch komplizierte perzeptive und kognitive Prozeduren *erschlossen* werden müssen; aus diesem Grunde haben wir in unserer Darstellung diesen Prozeduren – den Erschließungsprozessen und ihren internen Voraussetzungen – besondere Aufmerksamkeit gewidmet. Es handelte sich also im wesentlichen um die beiden letzten Transformationen, T_4 und (besonders) T_5 unseres Modells, dargestellt im Abschnitt 3.3.1.3. und in Abb. 8. Die versprochene Modellerweiterung wird sich deshalb besonders auf diese Transformationen, speziell auf T_5, beziehen müssen; die dafür notwendigen Voraussetzungen haben wir an verschiedenen Stellen in den Abschnitten 3.3.2. und 3.3.4. genannt.

Es muß, der Vollständigkeit halber, hier noch erwähnt werden, daß die Erschließung der genannten „verdeckten" Beschaffenheiten der natürlichen und sozialen Welt nur mit Hilfe der im Gedächtnis gespeicherten „Modelle" dieser Wirklichkeit ermöglicht werden kann; die Widerspiegelung des Wesentlichen, des Bedeutsam-Wertvollen und des Handlungsrelevanten bezieht sich allemal auf *Klassen* von wirklichen Erscheinungen und Prozessen, aus denen die genannten drei Aspekte von Abbildern der Wirklichkeit vermittels komplexer und lebenszeitlich oft sehr weit erstreckter Abstraktionsprozesse „herausgefiltert" werden müssen. Zur Verdeutlichung seien diese drei Aspekte noch einmal genannt: (1) der informationelle, (2) der evaluative und (3) der pragmatische Aspekt menschlicher Widerspiegelungsleistungen – bezogen (vor allem) auf die gesellschaftliche objektive Realität.

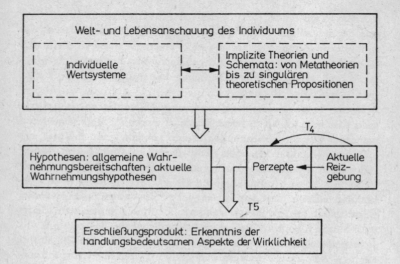

Abb. 23: Schema der Bedingungen für soziale Wahrnehmung und Kognition.

Unsere Abb. 23 soll die daraus folgende Erweiterung unseres Modells zur Transformation T_5 in etwa veranschaulichen. Dabei werden wir auf die explizite Darstellung des pragmatischen Aspekts verzichten; unser Modell sollte ja kein Handlungsmodell, sondern eines der (interpersonellen) Perzeption und Kognition sein. Der pragmatische Aspekt sei aber immer mitgedacht.

„An der Spitze" der internen Bedingungen für realitäts- und handlungsangemessene Perzeptionen und Kognitionen steht nach unserer Auffassung die *„individuelle Welt- und Lebensanschauung"* des agierenden Menschen, von welcher Art und von welchem Komplexitätsgrad sie auch immer sein mag. Diese enthält zwei sicherlich eng miteinander vernetzte, jedoch theoretisch unterscheidbare Bereiche, (a) das interne Wertsystem des Individuums, z. B. seine Präferenzen und Bevorzugungen, die es sich im Laufe seines Lebens aus verschiedenen Quellen, vor allem aber in Auswertung seiner eigenen Verhaltenskonsequenzen angeeignet hat, und (b) das System seiner impliziten Theorien und Schemata (so wie wir diese Begriffe im Absch. 3.3.4.3. eingeführt haben).

Beide Teilsysteme des Systems der subjektiven Weltanschauung kann man sich hierarchisch aufgebaut vorstellen, das zweite zum Beispiel bei „Metatheorien" allgemeinster Art „an der Spitze" beginnend bis hin zu singulären theoretischen Propositionen (Behauptungen) oder Annahmen, die „unten" in der Hierarchie zu lokalisieren wären.

Es dürfte notwendig sein, noch einmal auf die enge Verflechtung dieser Teilsysteme aufmerksam zu machen, die in einer graphischen Veranschaulichung verlorengehen mag. Es handelt sich hier im Prinzip um dasselbe, das wir im Abschnitt 3.4. als multiplikative Verknüpfung einer gegebenen Information I_1 mit einer Gewichtszahl w_1 (I_1 mal w_1) eingeführt haben, wenn es auch möglich sein könnte, daß die Regeln der Verknüpfung hochkomplexer Informationen mit ihren subjektiven Evaluationen nicht in dieser einfachen algebraischen Form darstellbar sind.

In einer gegebenen Handlungssituation wird, das ist unsere weitere Annahme, ein dafür relevanter Bereich des impliziten Theoriensystems mit dem dazugehörigen Wertsystem aktiviert, dessen Einfluß auf den herangezogenen theoretischen Satz sich in einer besonderen Akzentsetzung erweist, die – so scheint es uns – erlebnismäßig durch ihre besondere *emotionale* Tönung auffallen mag. Diese aktivierten kognitiven Strukturen mit ihren besonderen, vom mitaktivierten Wertsystem bedingten emotionalen Besetzungen führen dann zur Generierung einer impliziten Hypothese; wahrscheinlich über die Aktivierung einer mehr allgemeinen „Wahrnehmungsbereitschaft"; die somit in die aktuelle Hypothese eingeflossene Bewertung determiniert dann unter anderem auch die Stärke dieser Wahrnehmungshypothese, z. B. ihren Falsifikationswiderstand bzw. ihre Verifikationsneigung. Damit ist der aktuelle Zustand des perzeptiven Systems erreicht, die Wahrnehmungseinstellung bzw. kognitive Prädisposition (Bruner), auf den die aktuelle Reizgebung bzw. das von dieser determinierte bloße Perzeptum der jeweiligen Beschaffenheit aus der Handlungssituation trifft. Das Resultat dieser „Konfrontation" ist das Inferenzprodukt; der Perzipient erschließt aus dem Perzeptum, vor allem aus den darin enthaltenen Hinweisreizen, mit Hilfe des ihm verfügbaren und aktivierten Bezugsrahmens die für sein Verhalten in dieser Situation bedeutsamen Aspekte der Außenwelt; er gestaltet damit sein individuelles, sozusagen ganz persönliches Abbild der Wirklichkeit so, daß er angemessen in dieser zu handeln vermag.

Dieser Ansatz für eine Erweiterung des theoretischen Modells der sozialen Kognition (denn in dieser Verallgemeinerung ist es über unser unmittelbares Anliegen hinaus gefaßt) enthält als sein Kernstück das normativ-regulative Element des subjektiven Wertsystems innerhalb der individuellen Weltanschauung erkennender Subjekte. Das ist ein zwar „in der Luft liegender", in der Forschung zur sozialen Kognition jedoch bisher kaum berücksichtigter Gedanke, zu dem natürlich auch kaum empirische Evidenz auffindbar ist. Lediglich in der Psychologie sozialer Einstellungen und ihrer Veränderungen finden sich, z. B. in der Erklärung des „Bumerang-Effekts", gewisse empirische Belege dafür (vgl. dazu das bereits angeführte Beispiel aus von Cranach, Irle und Vetter 1965), in dem ausdrücklich die „Verankerung" einer sozialen Einstellung in einem übergreifenden Wertsystem für das Phänomen dieses Effekts verantwortlich gemacht wird.

Der Kenner der Theorieentwicklung aber könnte an dieser Stelle einen Einwand erheben: War es nicht so, daß gerade *dieser* Umstand das in den vierziger Jahren durch Bruner und andere kreierte „New Look" der Wahrnehmungsforschung bestimmte? Bezeugen die bereits klassischen Münzgrößen-Schätzungsexperimente denn nicht, daß die Zuschreibung eines *Wertes* zu einem Wahrnehmungsobjekt zu der bekannten Überschätzung der wertbesetzten Objekte führte? (Der Titel des Berichts über jenes Experiment hieß ja: Value and need as organizing factors in perception – Wert und Bedürfnis als *organisierende* Faktoren der Wahrnehmung!)

Wenigstens kurz sollten wir uns nun damit auseinandersetzen, um den Unterschied der früheren Annahmen zur sozialen Wahrnehmung zu unserem Modell zu skizzieren. Oberflächlich gesehen hat unser Kritiker recht: Diese Konzeption der sozialen Wahrnehmung räumte solchen dynamischen Faktoren wie Motivation, Bedürfnis, Wertbesetzung usw. einen großen Einfluß auf die Widerspiegelung der Wirklichkeit ein – ganz im Kontrast zu früheren Konzeptionen der auf die Psychophysik zurückgehenden Wahrnehmungstheorien. Sie faßte diese Einflüsse aber als „organisierende" Faktoren, d. h. als Determinanten des Wahrnehmungsabbildes selbst: Nicht die Wirklichkeit da draußen, sondern das in-

terne System der Bedürfnisse und Triebe der Menschen konstituiert ihr Bewußtsein, ihr internes Modell der Außenwelt.

Eine konsequente Fortführung dieses Ansatzes könnte zu einer
„psychodynamischen" Konzeption des menschlichen Verhaltens
und der darin eingeschlossenen Erkenntnisprozesse führen, der
zufolge Erkennen und Handeln *nur* Instrumente der Triebbefrie-
digung wären. Der kritische Punkt in der „New Look"–Konzeption, in der allerdings die zuletzt genannte Folgerung nicht explizit gezogen wird, ist der Begriff der „organisierenden Faktoren";
er ist, wenn wir recht sehen, in Analogie zu den Gestaltfaktoren
der gestaltpsychologischen Wahrnehmungslehre gefaßt, die, als relativ unabhängig von den äußeren Reizgebungen verstanden, die
Organisation des Wahrnehmungsfeldes bedingen sollten, und
zwar als autochthone Instanzen des zentralnervösen Substrats. Allerdings wird dieser Begriff bei Bruner u. a. nicht explizit so gefaßt, sondern in einer Weise, die mehrere Deutungen des entsprechenden Wirkungsmechanismus offen läßt. So weit wir sehen, ist
ein solcher *direkter* organisierender Einfluß von Wert, Bedürfnis,
Trieb usw. auf die Wahrnehmung *nicht* belegbar: Das Wahrnehmen des Menschen ist in erster Linie *Abbildung* der Wirklichkeit
und nicht Erfüllung subjektiver Wünsche und Bedürfnisse. Aus
diesem Grunde werden wir eine Auffassung bevorzugen, wie sie
in unserem Modell angedeutet ist: Die wertende und bewertende
Beziehung des wahrnehmenden Menschen zu seiner Wirklichkeit,
sein subjektives Wertsystem, bildet neben und mit seinen implizit-
theoretischen Beziehungen zu derselben Realität, seinem *„Wissen"*
also, *eine* der Dimensionen, durch die eine implizite Hypothese
– als „kognitive Prädisposition" – charakterisiert werden kann.
Die Stärke einer Hypothese ist hauptsächlich durch den Grad ihrer Verankerung sowohl im Wissens- oder Theorie-System als
auch im Wertsystem begründet – und von der Konfrontation der
Hypothese mit der aktuellen Reizgebung bzw. dem Perzeptum
wird die Organisation der konkreten Wahrnehmung bestimmt.

Unsere abschließenden Anmerkungen zum übergreifenden theoretischen Modell, das wir in den Ausführungen des 3. Kapitels zu
entwickeln versucht haben, sind vergleichsweise karg ausgefallen.
Neben dem immer vorhandenen subjektiven Unvermögen, dieses

besser zu erfassen, ist der Stand der Forschung aber der Hauptgrund dafür. Es ist auf diesem Felde der sozialpsychologischen
Forschung noch sehr viel zu tun, und unser Beitrag mußte relativ
bescheiden ausfallen.

Unter anderen Aspekten aber werden wir unsere Diskussion
zur interpersonellen Wahrnehmung und Urteilsbildung nun fortsetzen. Zur Rede steht nunmehr die Wandlung der auf den anderen bezogenen Perzeption und Kognition, wenn an sie Anforderungen gestellt werden, die das Eingebundensein des Urteils in
das Verhalten zu verlassen zwingen und die aus dem impliziten
Urteil eine explizite *Beurteilung* als *eigenständige* Erkenntnis-
handlung machen. Deren vielfältigen Vorfragen und Fragen ist
das letzte Kapitel gewidmet.

4. KAPITEL

Vom impliziten Urteil zur expliziten Beurteilung[4]

4.1. Zur Einführung

In den vorangegangenen Kapiteln standen allgemeine Gesetzmäßigkeiten der Aufnahme und Verarbeitung von personaler Information im Mittelpunkt. Nebenher aber, besonders in manchen
Beispielen, klangen auch schon spezielle Fragestellungen an, auf
die wir nun die Aufmerksamkeit lenken wollen. Grob gegliedert
handelt es sich um *vier* Fragen, die allerdings mit den Grundla-
genfragen und auch untereinander vielfältig verflochten sind:

(1) Welche Persönlichkeitsmerkmale des Wahrnehmenden bzw.
Urteilenden beeinflussen die interpersonelle Wahrnehmung und
Urteilsbildung in welcher Weise?

(2) Welche Merkmale des Wahrgenommenen sind wie zugänglich?

(3) Welchen Einfluß haben bestimmte Situationen und soziale
Beziehungen auf das interpersonelle Urteil jedes Beteiligten?

(4) Was ändert sich an der kognitiven Organisation des Urteilsprozesses, wenn Anforderungen vorliegen, durch die die Urteilsbildung zur Haupthandlung, zur *Beurteilung* (wie wir dafür
sagen wollen) wird?

Die letzte dieser Fragen mündet in die fachmethodische Spezifizierung der angewandten Psychologie, in unserem Falle in die
Psychodiagnostik. Freilich wollen wir hier weder die Theorie noch
die Praxis der Psychodiagnostik behandeln. Aber einzelne Hinweise daraus werden uns nützlich sein, wie auch – umgekehrt –
manches, was wir hier unbedingt erörtern müssen, in den „Vor-
raum", ja sogar zu den Elementen der Psychodiagnostik gehört.
Auch auf die Psychotherapie soll nicht eingegangen werden, obgleich in einer ihrer Konzeptionen, der von Rogers (1973) ent-

---

[4] Dieses Kapitel verfaßte H. R. Böttcher.

wickelten, ein Hauptelement darin besteht, den Patienten genau wahrzunehmen, seine Gefühlswelt zu überblicken und ihm Hintergrundmomente seines Erlebens in einer treffenden Verbalisierung zurückzugeben.

Wir werden uns den Zugang zu den Erörterungen dieses Kapitels durch ein Schema erleichtern, obwohl dieses der Verflochtenheit der Probleme natürlich etwas Gewalt antut. Abbildung 24 enthält in der oberen Zeile Prozeßstufen aus der Psychologie der Personenbeurteilung: „Zuwendung zur Informationsquelle" soll zusammenfassen, daß mehreres zum Zustandekommen von Per-

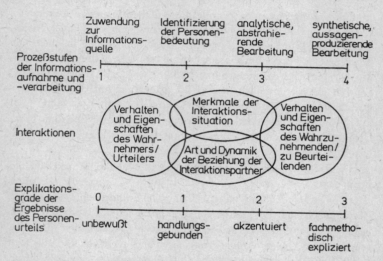

Abb. 24: Die Bestimmtheit der interpersonellen Wahrnehmung und der Explikationsgrad der Prozesse und Ergebnisse.

zeptionen des anderen und Kognitionen über den anderen nötig ist – ein Offensein, eine Empfangsbereitschaft, eine Einstellung auf den Sender der „Reize", zumindest ein solches „Kräfteverhältnis" zwischen der Wirklichkeitsausstrahlung von A und B, daß die möglicherweise vorhandene Wahrnehmungsabwehr von B durchbrochen werden kann. In der älteren allgemeinen Psychologie hat man dieses Zustandekommen der Wahrnehmung meist „Empfindung" genannt. „Identifizierung oder Rekonstruktion der Personenbedeutung" hingegen meint schon Wahrnehmen im eigentlichen Sinne. Wie in unserem Buch an verschiedenen Stellen ausgeführt, schließt dieses identifizierende Wahrnehmen die Mitwirkung des Gedächtnisses, das spontane Erschließen, die Strukturbildung, die Kodierung, das „Erkennen als ..." ein. Auch die weiteren angeführten beiden Prozeßstufen des Denkens – die mehr zerlegend-vergleichende (analytische) und die mehr integrierende (synthetische), den Sprachbesitz im Sinne von Urteils*aussagen* mobilisierende – wurden schon erläutert, einschließlich der Rückkopplungsschleifen, denn beim Analysieren und Synthetisieren macht die Prüfung der nunmehr – wenn nicht schon beim Identifizieren – gebildeten Hypothesen oft eine Abänderung der Zuwendung, eine verbesserte Erreichbarkeit für den anderen, womöglich die aktive und gezielte, den anderen fragende oder provozierende Informationssuche erforderlich.

In diesem Kapitel werden wir uns mit den Prozeßstufen des Personenurteils nicht mehr ausführlich befassen, aber mit der Interaktion zwischen urteilender und zu beurteilender Person sowie mit den Graden der Explikation dieser Kognition von der beinahe noch unbewußten Wahrnehmung bis zur ausformulierten Beurteilung (vgl. die beiden Kreise und die beiden Ellipsen sowie die untere Zeile der Abb. 24).

Zur maximalen Explikation der Urteile über Personen – Explikationsgrad 3 – kommt es gewöhnlich erst dann, wenn der Psychologe besonders eindringliche Urteile über nicht leicht zu beurteilende Zuammenhänge im anderen – und auch zwischen anderen – bilden, nutzen und mitteilen soll, wie in psychologischer Beratung und Psychotherapie, oder wenn er Urteile auf der Grundlage planmäßiger Informationsgewinnung schriftlich fassen und verbindlich zur Verfügung stellen soll, wie in der Begutachtung. Aber Urteile *und* Beurteilungen über Personen werden auch ohne den Psychologen in großer Zahl und Vielfalt gebildet, angefangen von der Frage unter Freunden: „Was hältst Du von dem?" (einem Dritten) oder „von denen?" (einer bestimmten oder auch unbestimmten Gruppierung anderer), bis hin zur Schülerbeurteilung, verfaßt von Lehrern, zur politischen Beurteilung, formuliert von Funktionären politischer Organisationen, und Mitarbeiterbeurteilungen, zusammengestellt teils von gleichgestellten Kollegen, teils von übergeordneten Leitern, z. B. bei Delegierung, Auszeichnung oder Betriebswechsel. Das alles sei hier mit dem Ausdruck

„akzentuiertes Urteil über Personen" (Explikationsgrad 2) zusammengefaßt, weil es zwar noch nicht psychologisch-methodisch erfolgt, aber doch das Ergebnis der Meinungsbildung über den (die) anderen aus dem Fluß der Handlungsabläufe heraushebt und, um eben dies leisten zu können, die Tätigkeit „Urteilsbildung" oder „Beurteilung" bewußt herbei- sowie durchführt. Dabei haben wir den Explikationsgrad 1 beinahe schon mitgeschildert; hier ist das Kognizieren des (der) anderen ein mehr oder weniger deutlich mitgeleisteter Bestandteil eines komplexeren, in seiner Zielstellung andersartigen Handelns. Die Personenbeurteilung bleibt hier implizit und handlungsgebunden. Sie ist zwar handlungslenkend und interaktionsregulierend außerordentlich wichtig, aber doch in einer abhängigen, eingeordneten, mehr impliziten Form. Schließlich wird auf die unabsichtliche und ganz unbemerkte Erfassung von Personenbedeutungen einzugehen sein, sogar auf das unbeachtete Mitverwenden ihrer Urteilsergebnisse. Dafür stehe das Kennwort „unbewußt". Es ist hier nicht hauptsächlich im Sinne Freuds gemeint (d. h. nicht als verdrängt-unbewußt), obgleich es ohne Zweifel auch solches gleichsam widerwillig-unterirdisches Zustandekommen und solches heimliches, oft geleugnetes Mitspielen von Personenanmutungen und sogar von prägnanten Personeneindrücken gibt. Wir meinen vielmehr, und viele experimentelle Ergebnisse sprechen dafür, daß in uns während jeder Begegnung auch ein Anteil nichtintendierter und sogar in den Resultaten möglicherweise unbewußt bleibender Urteile sozusagen wie ein „Saum des Bewußteren" mitgewebt wird. Da hierbei die kognitiven Strukturierungen des Wahrnehmungsmaterials vollständig eingebettet bleiben, sei diese Stufe mit dem Explikationsgrad 0 bezeichnet.

In diesen Dingen hat die Forschung noch viel zu klären, zum Beispiel, ob wir uns in der Begegnung mit anderen Personen nur auf einer diese Srtufen befinden können oder etwa gleichzeitig mehrstufig (hier besser: mehrschichtig) „arbeiten" und die Ergebnisse kombinieren. Darauf werden wir zurückkommen.

Vorweg sei auf eine scheinbare Lücke dieses Schemas hingewiesen. Jeder nimmt sich in irgendeinem Maße selber wahr, einerlei, ob er allein oder mit anderen zusammen ist (wenngleich unter beiden Bedingungen anders). Seine „Urteilsbildung über den Urteiler" läuft ständig mit, sei es unbewußt oder handlungsgebunden, sei es als voll bewußte, die sprachliche Form erlangende Frage und Antwort: „Was geht mit mir vor? Was tue ich eigentlich? Was will ich wirklich? Wer bin ich?"

Psychodiagnostisch untersuchen kann er sich aber nicht. In unserem Schema gehörten die Selbstwahrnehmung und -beurteilung in die beiden Kreise. Selbstwahrnehmung und -beurteilung sind Bestandteile des Verhaltens des Wahrnehmenden *und* des Wahrgenommenen. Das „Interagieren mit sich selbst" hat natürlich wieder verschiedene Formen, die uns aber keineswegs ganz unbekannt sind. Denn schon aus dem Alltag wissen wir, daß man so oder so mit sich umgehen kann, und damit ist nicht nur Motivationales gemeint, z. B. Sich-Anspornen, Sich-gut-Zureden, sondern auch Kognitives, etwa Selbsttäuschung und Selbsterkennung.

Vielleicht bereitet im Zusammenhang mit Abb. 24 noch dies einige Schwierigkeiten: Die Vermittlung zwischen den Personen A und B (es können selbstverständlich auch mehrere A und mehrere B sein), ist mit zwei Ellipsen angezeigt: „Situation" und „Beziehung". Diese Differenzierung ist erstens erforderlich, weil es Aktuelles und Überaktuelles gibt (Beziehung als *fixierte* Einstellung zum anderen und als möglicherweise stabile Relation der Einstellung beider), zweitens, weil es Äußeres und Inneres gibt (in „Situation" sind stets die materiellen Umstände mitgedacht, auch wenn ihre Bedeutung vom Wahrnehmenden interpretierend mitbestimmt wird, in „Beziehung" wird davon mehr oder weniger abstrahiert zugunsten des Einstellungszueinanders). Allerdings sind Situation und Beziehung *nicht* eindeutig trennbar, deshalb sind im Schema die beiden Vermittlungsglieder sich überschneidend dargestellt.

Wir wollen uns nun dem Inhalt der Kreise des Schemas in Abb. 24 widmen und dabei bereits einige Sachverhalte der Zeile „Explikationsgrade" mitberücksichtigen.

Das wird vor allem unter dem Interaktionsgesichtspunkt möglich sein. Denn ob und in welchem Maße das Beurteilungsgeschehen aus seiner handlungsgebundenen Form herausgelöst und als eigenständige Anforderung akzentuiert (womöglich als eine solche Aufgabe, die nur mit psychologischen Methoden gut zu bewältigen ist), expliziert und organisiert wird, hängt mit der zweckhaften Gestaltung von Interaktionssituationen zusammen, bzw. es führt solche herbei. Daher können einige Problemverflechtungen schon in diesen Abschnitten berücksichtigt werden. Einige Aspekte der unteren Zeile werden allerdings noch für den Schlußabschnitt übrigbleiben.

Beginnen wir mit dem rechten Kreis, der den Wahrgenommenen betrifft:

Warum mit diesem? Wir folgen dem dialektisch-materialistischen Prinzip, daß dem Sein (hier: dem Seienden) der Primat vor dem Bewußtsein (hier: vor dessen Widerspiegelung) gebührt. Zwar *„ist"* auch das Widerspiegeln, aber es bedarf dessen, was widergespiegelt werden kann. Allerdings geht es uns hier nicht um ein philosophisches Postulat als solches, sondern um die Vorteile für den Erkenntnisgewinn, die mit dessen bewußter Berücksichtigung verbunden sind. Sie bestehen vor allem darin, daß das *Was* der sozialen Wahrnehmung nicht über den (dann oft formalen) Besonderheiten des *Wie* zu kurz kommt. Wahrnehmung, so gesehen, dient der Anpassung an die Wirklichkeit; mit ihr reagieren wir auf das Erscheinen des Wirklichen in Ereignisform, rechnen mit dem Hervorgebrachtsein des Gegenstands durch den Beurteilenden *und* den Beurteiler und bedenken, daß das Hervorgebrachtwordensein etwas mit dem situativen und Handlungskontext der Beteiligten und insofern auch mit ihrer (Ab-)Stimmung zu tun hat.

4.2. Persönlichkeit, Verhalten und Beziehungen des anderen zu seiner Umwelt als Angebote für Urteil und Beurteilung

4.2.1. Der Hinweiswert personaler Reize

Wir wollen uns nun dem zuwenden, *was* der zu Beurteilende dem Beurteilenden als *Reiz* liefert. Dies ist eine Vorfrage der viel wichtigeren, was diese Reize *bedeuten.* Daher wollen wir bei ihr nicht lange verweilen, doch ganz übergangen sei sie auch nicht (vgl. dazu auch Abschn. 3.3.2.2.).

Auf die „Was-gibt-es-überhaupt-Frage" wird gewöhnlich mit Klassifikationsversuchen geantwortet. Die folgende Klassifikation ist nicht die einzig mögliche, zumal sie etliche Überschneidungen enthält, aber sie reicht für unseren Zweck, vor allem, wenn sie durch Subklassifikationsstichwörter erläutert wird. Es gibt:

(a) Erscheinungsmerkmale des körperlichen Seins:

(a1) Konstitutionsmerkmale (leptomorpher, pyknomorpher, athletischer, grazil-asthenischer Körperbau, Dysplasien),

(a2) Attraktivitätsmerkmale (Gesichtsschönheit/-häßlichkeit, ausgeprägte Geschlechtsmerkmale, Bewegungsharmonie/-dysharmonie),

(a3) Zustandsmerkmale (z. B. Frische versus Müdigkeit, Gespanntheit vs. Gelöstheit, Wahrnehmungsoffenheit vs. -abgewandtheit, -verschlossenheit),

(a4) Befindensmerkmale (z. B. Übergewicht versus Untergewicht, Gesundheits- und Krankheitsmerkmale, Wohlbefindens- oder Erschöpfungszeichen).

(b) Motorische Erscheinungsformen des Handelns:

(b1) Arbeitshandlungen (z. B. Kraft, Geschwindigkeit, Zügigkeit, Sicherheit, Objektangemessenheit sowie deren Gegenteile),

(b2) Spielhandlungen (z. B. Bastelspiele, Fiktionsspiele, Kampfspiele),

(b3) Sensumotorische Interaktion mit anderen Personen.

(c) Äußerungen der Klasse „Ausdruck":

(c1) mimischer und gestischer Ausdruck (Botschaften),

(c2) lautlicher Ausdruck, auch sprachbegleitende stimmliche Merkmale (z. B. Klangfarbe, Lautstärke) und sprecherische Merkmale (z. B. Flüssigkeit),

(c3) vegetativer Ausdruck (z. B. Erröten).

(d) Äußerungen der Klasse „Sprechen":

(d1) Fragen und Antworten,

(d2) Darlegungen (z. B. Mitteilung, Erzählung, Bericht, Vortrag),

(d3) Teilnahme am Austausch von Gedanken (Erörterung, Diskussion),

(d4) Sprech-Ersatz (Notiz, schriftlicher Hinweis, Brief, Aufsatz u. a.).

(e) Ergebnisse von Handlungen:

(e1) Arbeitsergebnisse (materielle Produkte, Werke),

(e2) Testergebnisse (in Leistungs-, Selbstbeschreibungs-, Selbstentfaltungstests),

(e3) Gestaltungen (gestaltetes Zimmer, bildnerische Produkte, szenische Darstellungen),

(e4) Selbstdarbietung durch das Tragen von Kleidung, Schmuck u. a.,

(e5) Mitteilungsergebnisse (Brief).

(f) Unbeabsichtigte Verhaltensspuren (Fuß- und Fingerabdrücke, Handschriftmerkmale, Art des Hinterlassens von Dingen, Düfte u. a.).

(g) Technische Aufzeichnungen fast aller von (a) bis (f) aufgezählten Merkmale (z. B. über Tonband, Videoband, Foto, auch Elektrokardiogramm, Enzephalogramm, apparative Sprechanalyse).

(h) Reaktion eines Dritten auf den zu Beurteilenden.

(i) Verbale Äußerungen Dritter über den zu Beurteilenden. Hier haben wir es, noch mehr als unter (h), mit ganz indirekten Informationen zu tun, die in jedem Falle durch die Wahrnehmungs- und Denkprozesse des Mitteilers ausgewählt, komprimiert, akzentuiert und interpretiert worden sind; jedoch haben solche indirekten Informationen gleichwohl großen Einfluß auf die Urteilsbildung über Personen, sogar, wenn sie angeblich „nicht geglaubt" werden (weil „ein Fünkchen Wahrheit schon daran sein wird").

Unbezweifelbar ist, daß Wahrnehmende bzw. Urteilende aus allen Reizarten etwas erkennen, d. h. mehr oder weniger Bedeutsames herauslesen können, ob zu Recht oder nicht.

Aber die für die Psychologie der personalen Kognition wichtige Frage, was *bestimmte Reize bedeuten* (*was* durch *was* übermittelt wird, *was woraus* erschlossen werden kann), ist leider kaum verbindlich zu beantworten, und zwar aus verschiedenen Gründen. Der *erste* Grund liegt in der Informations*vielfalt,* die im jeweiligen Gebiet übermittelt werden kann. Alle Gefühle und Gefühlsnuancen können als Ausdruck erscheinen. Alle Gedanken können sprachlich mitgeteilt werden. Die Vielfalt der Handlungen ist kaum abzusehen. Der *zweite* Grund liegt in der *Austauschbarkeit* der Kanäle. Soll z. B. eine Mitteilung nicht hörbar sein, kann man versuchen, sie mimisch-gestisch oder schriftlich zu geben. *Drittens* kommt es meist auf die *Kombination* mehrerer Reizarten, genauer: auf die *Konfiguration* in einer Äußerungsgestalt an, z. B. erfassen wir in der Regel die Kopfhaltung, den Augen- und den Mundausdruck eines anderen nicht getrennt, sondern als Ganzes und in ihrem Verhältnis, weil die ausdrucksartige Äußerung eine solche ganze *ist* – was allerdings Widersprüche in ihr nicht ausschließt. Solche Widersprüche gibt es auch zwischen verbaler Mitteilung und dem gleichzeitig nichtverbal Mitgeteilten. *Viertens* hängt die Bedeutung davon ab, *an welcher Stelle* eines längeren Äußerungs- oder Interaktionsprozesses sie erfolgt, z. B. meint schon der Volksmund, daß es Verschiedenes bedeutet, ob man (und wer) zuerst oder zuletzt lacht. *Fünftens* ist die „Produktion" von Reizen für die Wahrnehmung und das Urteil allemal in irgendeinen *situativen Kontext* eingebettet, der ihren Sinn modifiziert. Ein Lächeln kann während einer Beerdigung wohl kaum dasselbe bedeuten wie in fröhlicher Runde, auch wenn beide fotografiert nicht zu unterscheiden wären.

So nimmt es nicht wunder, daß die psychologische Forschung in immer speziellere Probleme dieses Feldes vorgedrungen ist. Das Werk von Lersch (1932) über den Gesichtsausdruck war allen Teilbereichen des Gesichtsausdrucks gewidmet. Ein ebenso umfangreiches, experimentell aber viel besser gestütztes Buch von Argyle und Cook (1976) ist nur noch dem Blick, allerdings nun auch dem gegenseitigen Anblicken, dem Blickkontakt (mutual gaze), gewidmet. Als ein Beispiel für diese Art von differenzierter Forschung wollen wir einen sehr knappen Überblick über dieses interessante Werk geben.

Einleitend skizzieren die Autoren die neuere Geschichte der Blickforschung und heben hervor, daß Blicke sowohl nach Kanalgesichtspunkten (offen oder geschlossen) als auch nach Signalaspekten (Handlungskontext, Ausdrucksbedeutung, Kodierung/Dekodierung) untersucht werden können. Dann schildern sie Ergebnisse der Blickforschung an Tieren sowie in der Entwicklung von Säuglingen, beziehen humanphysiologische und psychophysiologische Ergebnisse ein und berichten über kulturvergleichende Untersuchungen; denn unterschiedliche Sozialisationsstrategien führen auch zu unterschiedlichem Blickverhalten, wobei Umgangssitten, z. B. das Auf-dem-Rükken-Tragen der Kleinkinder, und Rollenvorschriften (wer wem wann in die Augen sehen darf) zusammenwirken. – Das 2. Kapitel ist der Registrierung und Messung des Blickverhaltens gewidmet, während im 3. dann der Blick als eines der Signale für interpersonelle Einstellungen und Gefühle analysiert wird, und zwar hinsichtlich des Mögens, der Distanz, der Feindseligkeit, der Dominanz, des Schamgefühls, der Verlegenheit und des Kummers. Dabei scheint sich das Modell des „Vertrautheitsgleichgewichts", von Argyle und Dean (1965) für die Erklärung der sogenannten Like-Look-Relation (Beziehung „Einander-anschauen und -mögen") entworfen, zu bewähren, vor allem, seit die dyadische Interaktion auch auf ihre Rückkoppelungen hin untersucht wird. Im 4. Kapitel verschiebt sich die Darstellung auf die Wahrnehmung des Blickverhaltens des anderen und auf deren Interpretation, z. B. als Aufmerksamkeit des anderen, als freundliche Bewertung, als Dominanz und Bedrohung, als Äußerung dieser oder jener Eigenschaft. Im nächsten Kapitel werden vielfältige Untersuchungen zu komplexeren Fragen referiert: Blick und Blickkontakt werden als Teile einer Abfolge von Interaktionen betrachtet, erst von zwei, dann von mehreren Personen, dann unter verschiedenen Situationsbedingungen, z. B. in der Öffentlichkeit oder in der privaten Sphäre. – Das 6. Kapitel führt den Gedankengang differential-diagnostisch weiter, z. B. können extreme Blickabwehr und -abwendung ein Zeichen für Schizophrenie – als Autismus – sein. Das Blickverhalten wurde auch bei Depressiven und Neurotikern untersucht, ferner bei Extraversion versus Introversion, bei Dominanz versus

Abhängigkeit, auf verschiedenen Altersstufen und geschlechtervergleichend. Die Erklärung individueller Differenzen, so die Autoren, müsse immer berücksichtigen, daß dieses Verhalten (wie auch Verhalten insgesamt) das Ergebnis der Wechselwirkung von Person und Situation sei: Auch gesellige Personen zeigen wenig Blickkontakt in Wettstreit-Situationen. Die gleiche Blickhäufigkeit und -dauer kann sehr unterschiedlich motiviert sein: Der Dominante kontrolliert, der Abhängige sucht mehr Information, der Kontaktbedürftige den geeigneten Partner. – In einem weiteren Kapitel steht die Nicht-Sichtbarkeit des Partners zur Diskussion, wie sie z. B. beim Telefonieren gegeben ist. Ist der Partner nicht sichtbar, steigt der Fragenanteil, sinken die Anzahl und der zeitliche Anteil an Unterbrechungen, werden die sprachlichen Äußerungen auch kürzer, d. h., das Fehlen visueller Information wird kompensiert, andere nichtverbale Zeichen übernehmen die Funktion des Blickkontakts für die Regulation der Interaktion. Für Verhandeln und Problemlösen, Attraktion, Meinungsbildung über den anderen sind allerdings andere Bedingungen gegeben.

Das letzte Kapitel bietet Schlußfolgerungen: Das Fehlen der Blickproblematik in den meisten Untersuchungen und Theorien des sozialen Verhaltens der Menschen wird kritisiert, vor allem wie der Blick nicht nur der Wahrnehmung des Partners dient, sondern zugleich auch ein bedeutsames nichtverbales Signal ist und eine besondere, nämlich interaktionskoordinierende und kommunikationsregulierende Rolle spielt. – Die Vielfalt der mit Blick und Blickkontakt zusammenhängende Probleme ist also groß; dabei wird die Verbindung zur Diagnostik sogar noch ausgeklammert.

Das Vordringen in spezielle Äußerungsfelder, das hier für die Gesichtsausdrucksforschung geschildert wurde, ist aber auch für die Psychodiagnostik wichtig. Die Psychodiagnostik hat sich in bestimmten der aufgezählten Reizklassen sozusagen methodenkreativ angesiedelt. Man denke daran, wie oft sich Klienten des Psychologen in Fragebögen äußern sollen, wieviel Aufmerksamkeit Psychologen Kinderzeichnungen, Handschriften, Bildnereien Schizophrener oder der spielerischen Gestaltung einer Szene, einer „Welt", entgegenbringen. Motorische Abläufe lassen sich mit Apparaturen festhalten. Sprechausdruck wird mittels Tonbandanalysen erfaßt. Immer handelt es sich darum, der Reizvielfalt, die der Klient liefert (und zwar auf gezielte „Provokation" hin mehr oder weniger freiwillig zur Verfügung stellt), Hinweisinformationen über ihn als Persönlichkeit abzugewinnen.

Dabei tauchen einige allgemeine Fragen auf, die erörtert seien, ohne in die Besonderheiten der Psychodiagnostik einzusteigen.

Wie schon angedeutet, nehmen Perzipienten die ihnen gebotene Information nicht nach den oben skizzierten Klassen auf. Allenfalls tun es methodisch beobachtende Psychologen, z. B. in ihrer Ausbildung. „Normalerweise" erfaßt man *Gestalten*", die aus Komponenten mehrerer Äußerungsklassen bestehen. Das führt zu der dem Laien gleichgültigen, für die Wissenschaft aber recht wichtigen Frage, ob der Sich-Äußernde schon „Gestalten" bietet oder ob erst der Wahrnehmende gestaltbildend auffaßt. Gehört das gestaltartige Konfiguriertsein zu den personalen Reizen selbst (wird es vom Sich-Äußernden objektiv hervorgebracht), oder beruht es auf konstruktiven Leistungen des Wahrnehmenden? Für beides gibt es Argumente. Salber (1981) plädiert für die Objektivität von Äußerungsgestalten: Psychisches Sein sei stets sinnhaft organisiert, und so realisiere es sich gleichsam gestalt-konstruktiv. Gegen diese Position möge nicht eingewandt werden, daß das Psychische kein starres Sein, sondern ein veränderliches Sein, ein Werden, ist; denn das objektive Sein von Gestalt schließt Veränderung nicht aus, im Gegenteil, was wir dem Wahrnehmenden anbieten, ist ein Gestaltwandel, der schnell oder langsam, kontinuierlich oder diskontinuierlich verläuft. Zum objektiven Sein von Äußerungsgestalten gehört ferner, daß der Wahrzunehmende durch seine bewußte Verhaltensproduktion und -steuerung selber seine Erscheinungsweise gestaltet. Er kann dies sogar zugeben und selbst interpretieren. Andererseits ist kaum bestreitbar, daß der Wahrnehmende aus dem ihm Gebotenen „etwas macht", etwas heraus- oder hineinsieht, etwas heraus- oder hineinhört. Offenbar ist er auf die Erfassung der objektiven sozialen Realität bereits angelegt bzw. dafür ausgestattet. Zudem hat er Auffassungsmodalitäten erlernt, und aktuell gestaltet er zwangsläufig dadurch mit, daß er keine Beobachtungsmaschine (kein Videorecorder), sondern ein Subjekt mit Einstellungen und Verhaltensintentionen ist. „Gestalt" entsteht also sowohl auf der Seite des Objekts wie auf der des Subjekts. Die wirklichen Forschungsprobleme fangen sogar nun erst an: nämlich herauszufinden, wie „Gestaltdarbietung" durch den Sich-Äußernden und „Abbildungsgestaltung durch den Perzipienten" zusammenwirken, und das manchmal mühelos übereinstimmend, manchmal mit Spannungen und Interferenzerscheinungen, bis hin zu klinisch-psychologisch relevanter Verzerrung und zur Unverständlichkeit. Der Fehler kann auf der Seite des Objekts liegen, z. B. wenn einer sagt, daß er traurig sei, dabei aber weder traurig klingt noch traurig aussieht. Die zu erwartende Ausdrucksgestalt kommt nicht zustande, wesentliche Komponenten fehlen. Oder die Inkonsistenz ist sogar noch größer, wenn unerwartete Komponenten auftreten, etwa indem der, der sich traurig nennt, lächelt. Aber vielleicht liegt der Fehler doch beim Wahrnehmenden, weil dieser, da er etwas von Traurigkeit hörte, herabhängende Mundwinkel erwartete. Jedoch redet der andere vielleicht schon von eben bewältigter Traurigkeit, und zu dieser mag das Lächeln als humorige Überwindung durchaus passen. Freilich hätte er dann nicht bloß „Traurigkeit" sagen sollen. Ein andermal sind sich Darbieter und Auffasser völlig einig, obgleich die Äußerungsgestalt nicht ganz stimmt; so nehmen wir zum Beispiel in einer Komödie unwirklich übertriebenen Ausdruck gern hin, der uns sowohl im Alltag als auch in einer Tragödie stören würde. Wenn wir zum Beispiel nicht wüßten und bejahten, daß die Schauspieler auf der Bühne etwas in einer bestimmten Weise darstellen, würden wir manche „Verhaltensgestalt" als unecht erleben, die wir als dem Spielgeschehen dienend gern akzeptieren.

Eine andere allgemeine Frage ist die nach der *Informationsmenge,* die abgegeben wird, und folglich auch die Frage nach der Teilmenge, die davon aufgefaßt, und zwar richtig aufgefaßt wird. Eine streng wissenschaftliche Behandlung dieser Frage ist methodisch sehr schwierig. Deshalb wollen wir uns hier auf das beschränken, was jeder aus seiner Erfahrung bestätigen kann. Das Äußerungsangebot (in einer Zeitspanne) kann karg oder reichhaltig sein, je nachdem, ob man ruhig, still, gefaßt, beherrscht oder unruhig, aufgeregt, emotional bewegt, ungesteuert ist. Auch die Einstellungen zum Wahrnehmenden der Äußerung sind sehr bedeutsam: Man kann sich zu ihm offen oder verschlossen verhalten. Sogar das Verhältnis zu sich selbst hat Einfluß: Der Disziplinierte erwartet von sich, daß er seine Äußerungsmenge unter Kontrolle hat, sei es, um konstant gleich viel oder um in keiner Situation zu viel oder zu wenig zu äußern. Hingegen wird der, der Gefühlsunmittelbarkeit verwirklichen möchte, es seinen momentanen Stimmungen überlassen, wieviel er anderen von sich darbietet. Natürlich kann man nicht nichts ausdrücken! Der sprachlich und mimisch-gestisch Schweigende äußert immerhin sein Schweigen, was je nach Situation recht Verschiedenes bedeuten kann. Höchstens, wenn sich A der Wahrnehmbarkeit durch B ganz entzogen hat, sinkt seine Äußerungsmenge gegenüber B auf Null. Am anderen Ende der Skala rangieren Äußerungsausbrüche, etwa nach längerwährender Verschlossenheit, Übersteuerung, Verdrängung, Verlogenheit. In kürzester Zeit wird so viel gesagt, stimmlich, mimisch-gestisch und handelnd geäußert, daß kein Perzipient mitkommen kann. Im Alltag ereignen sich aber solche Mitteilungsstürme gewöhnlich nicht so, daß der eine Äußerungen überproduziert und der andere sie gelassen wahrnimmt, im Gegenteil. Da der Affekt des einen den Affekt des anderen anregt, ist es ziemlich wahrscheinlich, daß beide mitteilungserregt sind. Jeder von beiden bietet viel, z. B. in einem heftigen Streit, und hört und sieht zu wenig, wenngleich viel mehr als sonst. Untersuchungen, wieviel einerseits der nahe, *beteiligte* Wahrnehmende, andererseits der distanzierte *unbeteiligte* Beobachter überhaupt auffassen kann, sind wieder methodisch sehr schwierig durchzuführen. Doch Psychologen können aus ihrer Forschungspraxis ein einfaches, überzeugendes Beispiel dafür mitteilen, wieviel überhaupt erfaßbar ist. Werten sie Ton- oder gar Videobänder mit Hilfe langwierig vorbereiteter Kategoriensysteme aus, so stellen sie regelmäßig fest, daß das Aufgezeichnete manches enthält, was sie in der Echtsituation nicht, zumindest nicht explizit und differenziert, wahrgenommen hatten. Unterbrechen sie das Wiedervorspiel, fahren sie mehrmals zurück und nehmen sie die fragliche Stelle wiederholt zur Kenntnis, so entdecken sie noch manches mehr, was ihnen bei der ersten und im natürlichen Tempo ablaufenden Wiedergabe entgangen ist. Also liegt die wirkliche Darbietungsmenge in der freien, schnell ablaufenden Interaktion normalerweise erheblich über der Menge des Wahrgenommenen. Freilich betrifft dieses Auffassungsdefizit nicht nur den, der einen anderen wahrnimmt. Auch der Sich-Äußernde sagt und drückt stets mehr aus, als er selbst weiß oder gar unter Kontrolle hat, was nicht heißt, daß er nicht manches, was er gern ausgedrückt hätte, nicht oder anders ausgedrückt hat, als er glaubt und wünscht. Dennoch bedarf es hier noch des Hinweises, daß die meisten Personen normalerweise ihre Äußerungsmenge zu kontrollieren bemüht sind, teils von ihren Einstellungen her, z. B. daß es gut sei, mitteilsam zu sein, oder daß es gefährlich sei, sich vertrauensselig anderen auszuliefern, teils von der aktuellen Situation her, die manchmal Zurückhaltung gebietet, manchmal ein Aus-sich-Herausgehen näherlegt. Außer Zweckmäßigkeitserwägungen spielen auch kulturelle Normen mit, d. h., wer wann zu wem viel oder wenig äußern darf oder soll.

Mitunter wird der zu Beurteilende bewußt und thematisch gezielt angeregt, seine Äußerungsmenge zu steigern. Jeder kennt das aus dem Alltag als Aufforderung zum Reden, auch als Ausfragen. Eine verschärfte Form ist das Verhör. Im „wohlverstandenen Interesse des Betroffenen" veranlassen Ärzte und psychodiagnostische Untersucher diesen, frei oder mittels methodischer Prozeduren, über bestimmte Erlebensbereiche und Verhaltensweisen mehr und wesentlichere Informationen zu liefern, als er es von sich aus zu tun bereit und fähig wäre. Über Schweigegebote und Redeverbote brauchen wir nichts hinzuzufügen; jeder kennt sie.

Eine weitere dieser allgemeinen Fragen bezieht sich auf die *Repräsentanzfunktion.* Im Bereich des Ausdrucks bedeutet sie das Verhältnis von Ausdrucksgeschehen zu Ausgedrücktem, im Bereiche der Verbaläußerungen das Verhältnis von Gesagtem zu Gemeintem. Bezieht man die Interaktion mit dem Äußerungsempfänger ein, geht es um Echtheit versus Unechtheit, Wahrhaftigkeit versus Lüge, Oberflächlichkeit versus Wesentlichkeit. Wir wollen uns hier nicht die Mühe machen, diese und andere Aspekte des Repräsentanzproblems sorgfältig voneinander zu unterscheiden; dies würde uns sogleich in komplizierte Operationalisierungsfragen verwickeln. Am leichtesten ist Repräsentativität im Sinne von Häufigkeit versus Seltenheit zu verstehen. Auch der fast immer Ernste kann gelegentlich lustig sein. Im Zusammenwirken von Persönlichkeitseigenschaften und Situationsdynamiken ist zum Beispiel eine Situation der Geselligkeit unter Umständen stärker als die Persönlichkeitsstruktur. Aber diese Lustigkeit sagt dem Beobachter nur, daß der andere jetzt in einem heiteren, ausgelassenen Zustand ist, daß er überhaupt lustig sein kann und welche Nuancen in seinem Fall dazugehören. Da jener jedoch fast immer ernst ist, wären Äußerungen, die aus seiner dominierenden Grundstimmung herkommen, für ihn als Persönlichkeit repräsentativer.

Eine andere Seite des Repräsentanzproblems bemerkt man, wenn man sich vergegenwärtigt, daß wir uns von unseren Gefühlstendenzen her oder sogar ganz zielbewußt so oder so geben können. Wir können uns zeigen, wie wir sind oder zu sein glauben, und wir können es unterlassen. Wir können versuchen, als der oder jener zu erscheinen. Wir können durch Produktion, Gestaltung, Steuerung, Verstärkung, Abschwächung, Unterdrückung von Mitteilungen vorgeben zu sein, wie wir, wenigstens im Augenblick, eigentlich gar nicht sind, teils weil wir so sein und/oder zumindest erscheinen, auch werden möchten, wobei wir uns über Sein und Wunsch oft durchaus nicht immer im klaren sind, teils auch im Interesse der Täuschung des anderen. Somit hat der andere es schwer, über den „Hinweiswert der personalen Reize" (so wurde dieser Abschnitt überschrieben) zu einem verläßlichen Urteil zu kommen.

Schon vor vielen Jahren hat Goffman (1969) nachgewiesen, daß sich jeder im alltäglichen Leben irgendwie darstellt. Wie er sich anderen präsentiert, hängt zum guten Teil von der Rolle ab, die er gerade spielt, oder besser gesagt: von der Anforderung, der er genügen möchte, von den Zielen, die er anstrebt, von der Verantwortung, die er fühlt, von den Personen, mit denen er sich identifiziert. Oft hängt es aber auch ganz einfach vom Wunsch zu beeindrucken (vom Vertrauen auf die Wirksamkeit des „Sonntagsgesichts") ab.

Neuerdings hat man untersucht, mittels welcher Äußerungen, gegliedert nach Äußerungsfeldern, ähnlich der einleitend skizzierten Klassifikation, am ehesten Selbstdarstellung und somit auch Lüge möglich sei. Es scheint hierbei eine klare Rangfolge zu geben, die davon bestimmt wird, in welchem Maße zum einen Freiheitsgrade und Differenzierungsmöglichkeiten bestehen, zum anderen die Nebenäußerungen unter bewußter Kontrolle zu halten sind.

Die Rangfolge sieht so aus: Am meisten Darstellung (auch Lüge) ist in der *schriftlichen* Darlegung möglich. Liebesbriefwechsler wissen das, wenngleich sie daran leiden mögen, daß die Direktheit fehlt. Sie können einerseits geduldig ausformulieren, was sie fühlen oder denken, aber auch geschickt weglassen, was die Beziehung belasten würde. So können Briefe sowohl Bekenntnisse (Wahrheitsdokumente) sein als auch der von Wunsch und Leitbildern her geebnete Weg in den „Wahn zu zweit".

An zweiter Stelle rangiert der *Gesichtsausdruck*. In ihn kann man sehr viel hineinlegen, Wahres und Unwahres, und man kann aus ihm kontrolliert auch vieles herauslassen, also die Mitteilung durch Teilunterdrückung entstellen. Im Vergleich mit den anderen nichtverbalen Kanälen hat das Gesicht die größte „Sendekapazität" (Ekman und Friesen 1975). Es kann sehr viel Botschaft geben, aber dank seiner Steuerbarkeit auch vieles vortäuschen und verbergen. „Das Gesicht kann am besten lügen" (Goleman 1983).

Danach folgt die *mündliche* Darlegung. Zwar ermöglicht diese die ganze Breite der Wörter und so auch deren Falschheit, aber die begleitenden paralinguistischen Äußerungskomponenten hat man nicht so gut in der Gewalt. „Mehr als zwanzig Untersuchungen weisen nach, daß dem gesprochenen Wort, und dabei besonders dem Tonfall, die Schlüsselfunktion für das Erkennen von Lügen zukommt." In einem Versuch von Depaulo „sollten Menschen, die eine ihnen bekannte Person beschrieben, auf einem Videofilm beobachtet werden. War ihre Sympathie (oder Antipathie) echt oder unecht? Ein Viertel der Studenten erhielt den Hinweis, auf den Inhalt des Gesagten zu achten, ein Viertel sollte den Tonfall beachten, ein Viertel das Aussehen der Sprecher. Die übrigen konnten nach Gutdünken verfahren. Die besten Ergebnisse erzielten diejenigen, die genau auf den Tonfall geachtet hatten" (in Goleman 1983, S. 29 ff.).

Noch schlechter können wir unser unwillkürliches Bewegungsverhalten kontrollieren. Zwar können wir es vorsichtshalber einfrieren, aber die Starrheit verrät, daß wir nichts verraten wollen. „Jede Abweichung vom Üblichen, sei es Unter- oder Übertreibung, kann ein Hinweis auf Unehrlichkeit sein" (Depaulo). Eine Handbewegung, ein Sich-Vorbeugen oder -Zurücklehnen, ein Zukken, ein Zittern, die Bewegungsenergie und -geschwindigkeit sagen, was wir wirklich fühlen. Ihr Ausbleiben sagt, was wir nicht fühlen. Eigene Untersuchungen zum Körperkontaktverhalten der Erwachsenen gegenüber Kindern (Böttcher 1982) zeigten, wie wenig wir von dem wissen, was wir in diesen Dingen tun und unterlassen, obgleich gerade das Stattfinden und die Art von Körperkontakt für den, der ihn empfängt, außerordentlich viel in bezug auf den bedeutet, von dem er ihn empfängt, vor allem über dessen Beziehung zu ihm, dem Empfänger. Das heißt freilich nicht, daß es dem Empfänger leichtfiele, seine Erfahrung in Urteilsform zu bringen, bzw. daß er es leicht hätte zu wissen, aus welchen Quellen er die dabei verwendete Information bekam.

Als am verräterischsten erkannten Rosenthal und seine Mitarbeiter die *Kanaldiskrepanzen* (Rosenthal 1966). Es ist schwer, mehrere Formen der Kommunikation gleichzeitig zu kontrollieren: „Jemand der lügt, kann vielleicht sorgfältig formulieren und dabei lächeln, um überzeugender zu wirken" (vor allem wenn er sich auf das Lügen vorbereitet hat), „doch wenn er auch noch den Zorn in seiner Stimme unterdrücken soll, wird es schwierig. Diese Diskrepanz kann für einen aufmerksamen Beobachter ein entscheidender Hinweis sein. Diskrepanzen findet man auch bei anderen Kommunikationsformen, wie Ironie, Sarkasmus, Humor – doch sind sie beabsichtigt. Beim Lügen hingegen sind Diskrepanzen ungewollt und verräterisch" (Goleman 1983). Vielleicht haben sich Rosenthal und seine Mitarbeiter in diesem Zusammenhang etwas einseitig auf das Erkennen von Lügen gestürzt. Zwar lassen sie die moralische Frage offen, wie wahr Äußerungen sein sollten; zwar räumen sie (vor allem Depaulo) ein, daß die kleinen Lügnereien möglicherweise dem Funktionieren des geselligen Verkehrs dienen und es gar nicht ratsam ist, sich gegen jedes kleine Ausdrucksmogeln der anderen rigoristisch-aufdeckend durchzusetzen. So auch J. Hall (s. Goleman 1983): „Jede kleine Unwahrheit oder Lüge zu erkennen, ist im Umgang mit anderen unwichtig. Unser soziales Leben funktioniert, wenn wir kleine Lügen übersehen. Frauen sind in dieser Hinsicht klüger als Männer".

Aber es geht doch wohl gar nicht nur um Wahrhaftigkeit und Lüge. Oft ist der Sich-Äußernde selbst im Widerspruch, zum Beispiel, weil alles Mögliche tatsächlich widersprüchlich ist, mehrere Seiten hat, und „zwei Seelen wohnen, ach, in meiner Brust" (Goethe). So drückt Äußerungsdiskrepanz vielleicht nur Ambivalenz aus, und die ist dann nicht erlogen. Man hat diskrepante Informationen und Gefühle noch nicht zur Eindeutigkeit verarbeitet. In diesem Falle wäre sogar das äußerungskonsistente „So-tun-als-ob" die perfekte Lüge.

Hunderte von Untersuchungen des verbalen und nichtverbalen Ausdrucks-, des Handlungs- und Interaktionsgeschehens haben alle dieses klargemacht: daß wir Menschen reich als Darbieter psychosozialer Information sind oder es zumindest von unserer Ausstattung und dem gesellschaftlich-kulturellen Entwicklungsstand her sein können und daß es sehr oft auf winzige Nuancen ankommt. Natürlich muß eingeräumt werden, daß wir in diesen

Nuancen leicht Fehler machen und es also auf das Wohlwollen des Wahrnehmenden bzw. Beurteilenden ankommt, herauszulesen, was wir gewollt und gemeint haben.

Eines der schönsten Beispiele für den Ausdruckswert kleiner Unterschiede stammt aus Untersuchungen, in denen Abbildungen von Leonardo da Vincis „Mona Lisa", Schnorr von Carolsfelds „Verkündigung" und von Picassos „Liebenden" geringfügig verändert wurden (Frey u. a. 1981). Hält Mona Lisa den Kopf aufrecht wie auf dem Original, dann wirkt sie kühl, distanziert oder gar abweisend. Wird der Kopf per Fotomontage ein wenig seitlich geneigt, scheint sie liebevoll zu lächeln, obgleich das gesamte Gesicht völlig unverändert gelassen wurde. Neigt Maria ihren Kopf, wie auf dem Original, dem Engel zu, lauscht sie dessen Botschaft und nimmt sie an; aufgerichtet aber scheint sie ihn abzuweisen. Gleiches gilt für Picassos Mädchen, das vom Liebenden umfaßt und betrachtet wird. Allein die leichte seitliche Neigung des Kopfes entscheidet, ob sie Zu-„neigung" oder Ab-„neigung" äußert. Die eben geschilderten Auffassungsunterschiede wurden mit Hilfe eines semantischen Differentials gesichert. Hier sei noch etwas über die Urteilenden in Freys Versuchen gesagt:

Wurden die drei Bilder in der Version *ohne* Kopfneigung geboten, so nannten männliche (Schweizer) Studenten die abgebildeten Frauen unfreundlich, unsympathisch, fern, hart, arrogant, kalt, abgeneigt und unfroh, während weibliche Vpn – mit signifikantem Unterschied zu ihren männlichen Kommilitonen – darauf bestanden, daß eine Frau auch dann, wenn sie ihren Kopf aufrecht hält, eine liebenswürdige Person sein kann.

Bei der Erforschung des Lächelns muß man ebenfalls sehr auf die Nuancen achten (Ekman und Friesen 1975). Mittels Zeitlupenwiedergaben von Experimentalfilmen unterschieden diese Autoren 44 Nuancen des Lächelns. Nur drei gelten für sie als hinreichend aufgeklärt: das echte, das „aufgesetzte" und das „jämmerliche" Lächeln. Zu den Merkmalen, die den Sinn eines Lächelns präzisieren, zählen auch zeitliche, und zwar, wie schnell oder wie spät in einer Situation das Lächeln auftritt und wie kurz- oder langlebig es ist. Zum echten Lächeln gehört die Symmetrie der beiden Gesichtshälften, die bei den anderen Formen fehlt, wobei aber der „jämmerlich" Lächelnde nicht versucht, seine „gemischten" Gefühle geheimzuhalten, wie der unecht Lächelnde.

Eine für den Wahrnehmenden unangenehme Seite des Repräsentanzproblems besteht darin, daß er wirklichen Beschaffenheiten des zu Beurteilenden begegnet, die möglicherweise gar nichts repräsentieren bzw. bedeuten, für die er aber, oder lange vor ihm andere, auch damalige Wissenschaftler, Korrespondenzregeln (Repräsentanzannahmen) aufgestellt hat bzw. haben.

Als Beispiel möge ein Mann dienen, der nach bitterer Enttäuschung mit einer schönen und etwas üppigen Frau in der Ehe- und Sexualberatungsstelle erschien. Wie es sich dann nach und nach herausstellte, lief er mit dem illusionären Glauben durch die Welt, Frauen mit großen Brüsten seien sexuell williger und intensiver als solche mit kleinen. Aber sein geliebtes Busenweib erwies sich als arg verklemmt und orgasmusbehindert. Was war ihm passiert? Eine von einer schlichten, nur leider falschen Theorie erleichterte Projektion seiner Wünsche! Weil er sich an dem üppigen Frauentyp mehr erregte als an dem schlanken, hielt er eine Frau, die diesem Typ angehörte bzw. seine erträumten Interaktionen mit ihr, für viel erlebnisergiebiger, als es seines Erachtens die Interaktionen mit einer des anderen Typs je hätten sein können. Jedoch sagt Brustgröße nichts über Psycho-Sexualität, nicht einmal über die Leistung beim Stillen des Kindes, es sei denn, die Besitzerin der großen Brüste hätte sich diese Körperideologie selber zu eigen gemacht und verhielte sich mit Erfolg entsprechend dieser Selbstverpflichtung.

Solcher Wahrnehmungsglaube ist nicht nur wegen seines Wunschfundaments ziemlich hartnäckig, sondern auch, weil die gesellschaftlichen Bedingungen dafür sorgen, daß die korrektiv belehrende Rückmeldung aus der Wirklichkeit selten ist. Angedeutet wurde schon, daß am Ende des 18. Jahrhunderts sogenannte Phrenologen und Physiognomiker – natürlich eigentlich ganz ehrbare Vorläufer der modernen Hirn- und der Ausdrucksforschung – allerlei Unsinn in die Welt gebracht haben, der noch heute umhergeistert und sowohl die Besitzer als auch die Fremdbeurteiler bestimmter Körpermerkmale erheblich in die Irre schickt. Man denke daran, daß Personen mit engstehenden Augen böse seien (stechender Blick), solche mit besonderen Nasen sexuell pervers, solche mit einem ausgeprägten Hinterkopf musikalisch und was an Aberglauben bei der Personenbeurteilung noch alles existiert bis hin zum Geburtsdatum, dem Aufhänger der Astrologie.

In der Unterhaltung wird manches davon aus Spaß festgehalten, und Ängstliche verbergen hinter dem Spaß ihr Bedürfnis, ihre Unsicherheit in der Beurteilung von anderen – und vielleicht gleich dazu ihre Angst vor der Ungewißheit der Zukunft – zu reduzieren.

Dagegen haben die praktischen Psychologen stets die entgegengesetzte Tendenz, nämlich herauszufinden, was etwas tatsächlich bedeutet, und an diesem zu erkunden, was es im jeweiligen Fall genau bedeutet. In der Psychodiagnostik verwandeln sich die Repräsentanzprobleme in das Problem der *Validität,* d. h. in die Frage, welche Schlüsse von welchen „Reizen" auf welche nicht unmittelbar beobachtbaren Sachverhalte wie Zustände, Motive, Intentionen, Persönlichkeitseigenschaften *gültig* sind.

Kein Psychologe wird ein „schönes Gesicht" für einen validen Hinweis auf einen guten Charakter halten, wenn er sich in seiner professionalen Funktion unter Kontrolle hat. Als Alltagsmenschen und naive Urteiler neigen wir nämlich durchaus zu diesem Kurz- und Fehlschluß, wenn auch ein wenig Nachdenken lehren kann, daß „Schönheit" des Gesichts (auch der Ausdrucksbewegungen, d. h. „Anmut") eher etwas mit Jugend, mit Gesundheit, mit einer aktuell harmonischen, liebenswürdigen Stimmung, vielleicht auch mit der Absicht, sich nett darzubieten, zu tun hat. Das Problem ist keineswegs nur für Fachbeurteiler relevant, für diese vielleicht wegen der Dominanz einer bestimmten, z. B. klinisch-psychologischen, Fragestellung am wenigsten. Aber dem „Mann von der Straße" machen Schönheit und Häßlichkeit – wie unterschiedlich diese Merkmale zwischen den Individuen, zwischen den Kulturen und den historischen Epochen auch definiert werden mögen – durchaus in der Urteilsbildung zu schaffen. Schönheit verlockt nicht nur zur Zuwendung, sondern auch zur Produktion übersteigerter Erwartungen an die Schöne bzw. den Schönen. Wie bekommt das diesen?

Untersuchungen aus dem Gebiet der Attraktivität bzw. Attraktion haben dazu ergeben, daß Schöne es leichter haben als Durchschnittliche oder gar Häßliche. Das betraf jedoch nur den ihnen gewährten „Anfangskredit", der recht hoch zu sein pflegt. In länger dauernden Beziehungen bekamen sie nach und nach all jene Schwierigkeiten, die nun einmal die interpersonelle Koordination mit sich bringt, und die z. B. auf Kommunikationsmängeln, Unterschiedlichkeit der Ansprüche und Interessen, Verschiedenheit der Charaktere, Rivalität beruhen. Die Schönen erwiesen sich sogar als wesentlich schlechter gerüstet, mit den Enttäuschungsurteilen der anderen, die nun keine Bewunderung mehr lieferten, fertig zu werden. Zwar ist es ihnen dann möglich, auf andere Partner auszuweichen, die sich erneut beeindrucken lassen, aber das hilft ihnen nicht, diejenigen Realitäten zu erlernen, die die Nicht-Schönen schon lange erlernt haben. Wenn die Verarbeitung der erhaltenen unfreundlichen Urteile immer wieder vertagt wird, so verzögert das nützliche Reifungsprozesse. Übrigens stellten sich auch hier Geschlechtsdifferenzen heraus: Männliche Urteiler neigten gegenüber Frauen dazu, „schön" mit „gut" zu identifizieren, weibliche Probanden aber identifizierten in bezug auf Männer „schön" eher mit „tüchtig". Allerdings sind viele Frauen dadurch etwas realistischer, daß sie am Mann weniger an Schönheit beanspruchen als der Mann an der Frau. Jedenfalls findet man später unter denen, denen es die Natur leicht gemacht hatte, mehr Verbitterte als unter Nicht-Schönen.

4.2.2. Die in der Person des Beurteilten liegenden Anforderungen

Unserem Leser wird nicht entgangen sein, daß wir immer wieder – und besonders beim letztgenannten Umstand – auf Schwierigkeiten verweisen, die sowohl das Sein als auch die Verhaltensweisen dessen mit sich bringen, der wahrgenommen, beurteilt und verstanden werden soll. Daher mag es nunmehr ratsam sein, den im vorangegangenen Abschnitt benutzten Ausdruck „Angebot" gegen „Anforderung" auszutauschen, ohne daß wir jetzt schon „Aufforderung" oder gar „Auftrag" meinten.

Der mit den Wörtern „Anforderung", „Aufforderung" und „Auftrag" gemeinte Sachverhalt soll freilich nicht übertrieben werden. Im Alltag ereignet sich im Verhalten der anderen viel Einfaches, Alltägliches, Oberflächliches, das an den Perzipienten und Kognizierenden keine großen Anforderung stellt. Es kann sogar sein, daß der eine sich so durchschnittlich, üblich oder selbstverständlich verhält, daß er dem anderen, der vielleicht auf hindernisreiches Kennenlernen aus ist, langweilig erscheint. Wir verweisen hier noch einmal auf die im Abschnitt 3.3.3.2.3. berichtete Konzeption von Jones und Davis (1965), derzufolge es die „Distinktheit", also die Abweichung von einem Standard des beobachteten Verhaltens ist, die ein Mehr an Information für den Beobachter liefert.

Wir werden indessen hier die größeren Schwierigkeiten im

Auge behalten, schon um später an die zweckgerichteten Beurteilungen und an die Probleme in der Arbeit des Psychologen heranzukommen, so daß es durchaus Sinn hat, sich genauer auf *besondere* Anforderungen einzulassen. Diese wollen wir jetzt erörtern, wie sie auf der Seite des Objekts bestehen, also nicht nur auf der Seite des urteilenden Subjekts. Mangelhaftes Auffassen muß nicht in Schwächen des Auffassenden begründet sein – wir kommen auf diese zurück –, es kann durchaus in den Schwierigkeiten des aufzufassenden Gegenstands – der wahrzunehmenden Person, des an ihr zu beurteilenden Sachverhalts – liegen. Welche Schwierigkeiten des Gegenstands sind hier gemeint? Wir wollen diese in 12 Punkten zusammenfassen, wobei sich einiges, das wir bereits andeuteten, wiederholen wird.

(1) *Jeder ist einmalig.* Das bedeutet für den Perzipienten, daß der Wahrzunehmende wirklich ein anderer ist, man also immer eine existentielle Distanz zu ihm hat. Selbstverständlich hat jener mit allen Menschen vieles gemeinsam, auch mit dem Urteilenden, z. B. zumeist dessen Sprache, wenigstens in einem groben Sinne; jedoch bleibt auch bei bestem Verstehen ein Rest an Individualität. Dieser mag für viele Urteilszwecke irrelevant sein. Doch in der Verständigung, z. B. zwischen denen, die einander Freunde werden möchten, kommt es weniger darauf an, den anderen allgemein richtig zu klassifizieren, sondern sich an seine Einmaligkeit und noch dazu an die Einmaligkeit seiner gegenwärtigen inneren Situation und Verfassung maximal anzunähern. Das ist mit den bekannten Stereotypen der Personenbeschreibung natürlich nicht möglich.

(2) *Jeder ist komplex.* Das schließt freilich nicht aus, daß wir uns bei der Auffassung des anderen, auch bei unserer Selbstdarstellung für den Auffassenden, mancher Vereinfachungen bedienen. Nur sollte immer klar sein, daß der andere immer komplexer ist als das über ihn überhaupt gewinnbare Abbild. Im Alltag regieren leider Beurteilungsklischees bzw. Stereotype, und zwar wohl hauptsächlich aus ökonomischen Gründen. Sogar Fachleute kommen durch Berufsroutine in die Gefahr, eigentlich differenzierte diagnostische Begriffe klischeehaft zu verwenden. Dadurch geht Komplexität verloren, z. B. in der Weise, daß die Vielzahl der Motive, die eine Person für ihr Handeln hat, auf ein Motiv redu-

ziert wird (zur vereinfachenden Kausalattribution vgl. Köckeritz 1983).

(3) *Keiner kennt sich ganz.* Wenn wir uns selbst darstellen, sei es zwecks besseren Selbstverständnisses, sei es, um den anderen, der uns kennenlernen will oder soll, entgegenzukommen, reduzieren wir unsere wahre Komplexität ebenfalls mittels Vereinfachungen. Aber die Selbstschilderung kann ihrerseits sehr unzugänglich, sogar völlig irrig sein, z. B. bei der Angabe, warum man etwas tut.

(4) *Was geäußert wird, ist nur ein Teil des Ganzen.* Allerdings mag für den Handlungszusammenhang, sogar für die psychodiagnostische Urteilsbildung, ein Teil, ein Ausschnitt oder ein Aspekt zweckmäßig und also ausreichend sein. Jedoch wünscht der Wahrzunehmende, daß an ihm diejenigen „Teile" beachtet und richtig gesehen werden, die ihm als die guten, die wesentlichen oder die zwar unvollkommenen, aber durch Rat und Hilfe zu verändernden gelten, nicht die anderen, die er für zufällig mißlungen, bloß äußerlich, nicht zum Problem gehörig betrachtet. Urteiler haben aber eine große Neigung, den Teil fürs Ganze zu nehmen, insbesondere irgendwie prominente (auffällige, hervortretende, abweichende) „Teile". Sie betrachten sie als Stellvertreter für den ganzen anderen, ohne sich des Teil-Ganzes-Schlusses, der wohl angesichts von Personen höchst selten legitim ist, bewußt zu sein. Der Mensch als Selbstdarsteller und als Lieferant von Selbstbeschreibungen ist oft entsetzt, daß das, was er dem anderen sozusagen als ein Beispiel aus der Fülle gab, diesem fortan für alles gilt. Außerdem ist die Teil-Ganzes-Diskrepanz umgekehrt ebenso zu berücksichtigen: Angenommen, einer wird von einem anderen über lange Zeit, aus vielen Situationen und aus Nähe und Tiefe sehr gut gekannt, so daß er sagen kann, der andere kenne ihn ganz, so mag er doch nicht, daß dies seine Freiheit, neue „Teile" zu produzieren (andere Ansichten, neue Entschlüsse, Einstellungs- und Verhaltenswandel), ausschließen soll.

(5) *Psychisches Sein ist veränderlich,* ja nicht selten *flüchtig.* Sogar als richtig Erkanntes braucht nach kurzer Zeit nicht mehr wahr zu sein. Womöglich ist es gar nicht mehr existent. Aber Urteiler sind auf Konstanz, auf Verläßlichkeit und auf Reduzierung von Unge-

wißheit aus. Was sie am anderen kennen, schreiben sie fest, und viele interpersonelle Schwierigkeiten entstehen genau dadurch, daß einer an einer früher durchaus gültigen Personen- oder Beziehungsdefinition festhält, während der andere wünscht, daß er und die Beziehung in ihrer Verwandlung begriffen und neu definiert werden. Gewiß unterliegen nicht *alle* personalen Sachverhalte der raschen Veränderung. Ein Affekt „verpufft", eine Stimmung klingt ab, eine situative Einstellung verschwindet mit der Situation, aber Eigenschaften gibt es doch. Der Intelligente pflegt lange, wenn nicht sogar für immer, ein Intelligenter zu bleiben, selbst wenn er zwischendurch „Dummheiten macht". Der „Gefühlvolle" bleibt „gefühlvoll", selbst wenn er sich in einem bitteren Beziehungskonflikt sehr hart, „gefühllos", verhalten hat; bis er durchgängig verhärtet, muß ihm jahrelang sehr viel angetan worden sein. Das Wandlungstempo bzw. die Relation von Konstanz und Wandel ist für bestimmte psychische Bereiche unterschiedlich, eine Regelhaftigkeit, die aber den einzelnen in seinem einmaligen Leben nicht streng festlegt. Eher sollten wir uns vor voreiligen Konstanzannahmen hüten, d. h. die Wandelbarkeit nicht unterschätzen.

(6) *Der zu Beurteilende befindet sich* stets in einem aktuellen *psychischen Zustand*. Menschen können aber sehr viele, und zwar extrem unterschiedliche Zustände haben, auch Ausnahmezustände. Mitunter führen sie diese selber herbei, z. B. durch Alkohol, aber auch schon durch Überanstrengung, durch Sich-einem-Einfluß-Aussetzen, durch Schwangerschaft, durch Nichtbeachtung von Krankheiten. Urteiler, die den anderen nur in einem oder in einigen Zuständen kennen, haben aber gewöhnlich nicht die Fähigkeit, sich vorzustellen, wie der andere in einem ganz anderen Zustand sein könnte. Das Beispiel mag primitiv sein, hilft aber, sich das Gemeinte vorzustellen: Wer eine Persönlichkeit sieht, wie sie ihr Bestes vollbringt (und vielleicht noch dafür anerkannt wird und die Bewunderung anderer würdevoll entgegennimmt), kann sich nicht ausmalen, wie sich dieselbe verhält, wenn sie wenige Stunden später betrunken ist. Umgekehrt können wir uns, wenn wir einem Betrunkenen begegnen, kaum vorstellen, daß dieser im nüchternen Zustand ein ernst zu nehmender, zuverlässiger, taktvoller Mensch sein kann. Aber für alterierte Zustände bedarf es nicht

einmal der Hirnintoxikation durch Drogen. Alle Erregungsformen des Gefühls – also die Affekte Angst, Ärger, Zorn, Wut, Freude – können, wenn einigermaßen ausgeprägt, eine gewaltige Zustandsvariation hervorbringen. Wer den anderen nur als Wütenden erlebt hat, kennt ihn nicht als Sanften und umgekehrt.

(7) Jeder hat *Bekannte*, die *ausgelesene und subjektiv verarbeitete Informationen* über ihn abgeben. Mitunter kann sich der zu Beurteilende offenbaren, wie er will. Seine Zeitgenossen haben die Beurteiler längst mit „Bildern" über ihn versorgt, und letztere sind fortan unfähig, das, was sie direkt wahrnehmen, zu trennen von den Vor- und Nebenurteilen, zu denen sie durch Mitteilungen Dritter und durch ihre eigene Interpretation dieser Mitteilungen gekommen sind.

(8) Die *zu Beurteilenden* existieren in *interpersonellen Beziehungen*, gehören *Gruppen* an, haben in Gruppen *Rollen* und *Positionen*, haben auch zum Beurteiler eine bestimmte *Beziehung* (davon mehr im Abschn. 4.5.). Urteiler haben aber oft zwei gegenläufige Tendenzen, die für sich genommen gleichermaßen verzerrend wirken: Entweder nehmen sie den anderen zu sehr als „Individuum für sich" oder zu sehr als „Vertreter jener Gruppe" wahr. Der zu Beurteilende hat immer Mühe, sich weder als „ganz aus Eignem so" noch als bloßen „Repräsentanten einer sozialen Kategorie bzw. Gruppe" darzustellen. Versagen wird gern ihm allein zugeschrieben; an Verdiensten partizipieren mühelos andere. Sogar als Objekt der Psychodiagnostik kann es ihm passieren, entweder als extremer Einzelfall, der sozusagen Museumswert hat, oder als „Vertreter einer groben diagnostischen Klasse" (z. B. als Neurotiker, als Depressiver, als Schizophrener, als Hirngeschädigter) genommen zu werden. Da er das eine wie das andere, aber nicht das eine *oder* das andere ist, wird er sich beide Male verkannt fühlen.

(9) *Verhalten, Zustände* und *Eigenschaften* sind *schwer erklärbar*. Aber Beurteiler, sogar zu Beurteilende, haben oft ein außerordentlich großes Bedürfnis, psychisches Sein und Handeln zu erklären. Gewiß gibt es zahlreiche Urteilssituationen, in denen die leicht verfügbaren Erklärungsmuster ausreichen, selbst wenn dabei einige real wirksam gewesene Nebenfaktoren unter den Tisch

fallen. Doch die weiter oben gemachte, dort deskriptiv gemeinte Aussage, die personalen (und erst recht die interpersonellen) Dinge seien hochkomplex, gilt genauso auf der explanativen Ebene. Daher sind kurzschlüssige Teil- oder gar Pseudoerklärungen gefährlich, zumindest mißverständlich oder verletzend. Warum-Fragen liegen uns aber sehr nahe. In wichtigen Dingen, z. B. einem Berufsversagen, einer Partnerschaftsstörung, ist ihre hinreichende Beantwortung meist sehr schwierig. Zum Glück sind Warum-Beantwortungen für die anzustrebenden Veränderungen oft unnötig (Watzlawick u. a. 1969). Besser, man verzichtet auf das Erklären, als daß man eine falsche Erklärung gibt.

(10) *Mancher* (oder manches an einem Menschen) *ist wirklich ein Ausgefallener(s),* was heißen soll: Es gibt psychische Sachverhalte (personale, aber auch Beziehungssachverhalte), die in der Gesamtbevölkerung ziemlich selten vorkommen. Um sie überhaupt richtig wahrzunehmen, um sie angemessen zu verstehen, fehlt es den Beurteilern oft an Vorerfahrung, an Vergleichsmöglichkeiten, an den dem Sachverhalt angemessenen, gegenstandsspezifischen und wissenschaftlich gesicherten Kenntnissen. Das geht sogar Fachleuten so. Wie der Arzt die ganz seltenen Krankheiten auch ganz selten, wenn überhaupt je zu Gesicht bekommt (es sei denn, er arbeitet in einer hochspezialisierten Einrichtung, zu der die seltenen Erkrankungsfälle aus dem ganzen Lande hingeleitet werden), so gibt es auch Psychologen, die noch nie einen Fetischisten aus der Nähe und durch seine Selbstschilderungen kennengelernt haben oder einen extrem Zwangskranken, ein eindeutig sexuell-sadistisch-masochistisches Paar usw. Jedoch haben die Fachleute, sofern sie fleißige Leser gewesen und geblieben sind, ein Lehrbuchwissen und einen oft über die Fachzeitschriften erworbenen Kasuistik-Schatz, so daß sie, wenn ihnen der seltene Sachverhalt doch einmal begegnet, wenigstens aufhorchen und auch nicht schockiert und hilflos sind, während der Laie entweder blind vorbeigeht oder zwar das stark Abweichende bemerkt, aber es mit einer Panik- und Distanzierungsreaktion von sich weist, als sei der andere ansteckend ("aussätzig", d. h. ein Auszuschließender, der hinter die Abnormenschranke zu verbannen ist). Zwar gibt es außerdem noch das Fasziniertsein vom Absonderlichen, vor allem, wenn verheimlichte sexuelle Momente offenbar werden, je-

doch macht das den Wahrnehmenden keineswegs urteilskompetenter.

Der Verfasser wird nie vergessen, wie er als junger Diplompsychologe in der psychiatrischen Klinik seinem Oberarzt stolz von dem Vergewaltigungserlebnis berichtete, das ihm eine Patientin, dabei merkwürdig die Augen verdrehend, anvertraut hatte. Der erfahrene Psychiater, der die Patientin kannte, nickte beifällig und forderte auf, die Untersuchung fortzusetzen. Nach einigen solchen Explorationen handelte es sich dann schon um die sechste Vergewaltigungsgeschichte. Da meinte der Oberarzt, die Untersuchung könne nun beendet werden. Der junge Psychologe habe gelernt, was ein hysterischer Dämmerzustand ist, daß er diesen durch eindringliche Fragen und durch Verstehensbereitschaft begünstigt habe und daß es auf die beliebig vielen anderen Vergewaltigungsgeschichten, die die unberührte Patienten noch produzieren könne, wirklich nicht mehr ankomme. Immerhin war der armen krankhaft Gehemmten zu einigen Ersatzbefriedigungen verholfen worden. Das ist eben die hysterische Begabung; sie vermag nicht nur, sich das Reale sehr lebhaft, anschaulich und einfühlbar zu vergegenwärtigen, sie ist auch erfinderisch (wenngleich nicht wirklich schöpferisch, sondern schließlich monoton) im lügenhaften Beeindrucken.

(11) *Wesentliches kann sehr verdeckt sein.* Zum einen geht es dabei um die Zugänglichkeit – z. B. der Motive –, d. h., der eine verhält sich offen, mitteilsam, ausdrucksstark, der andere verschlossen, karg, verhalten. Zum anderen geht es um das, was unter humanistischen Gesichtspunkten als Oberfläche und Tiefe, auch als Echtheit, als Verläßlichkeit des Menschen beschrieben wird. Zum dritten ist dabei noch im Spiel, daß wesentliche psychische Zusammenhänge auch ihrem „Besitzer" verschleiert sein können. Sie können sogar unbewußt sein, entweder weil das Geschehen lange her und daher vergessen ist oder wegen Peinlichkeit zum Bewußtsein nicht zugelassen oder sogar aus Scham und Schuldgefühl wieder aus ihm verdrängt wird (Freud).

(12) *Menschen sind widersprüchlich.* Daher ist oft das eine wahr und dessen Gegenteil auch. Wenn sich zum Beispiel ein Mensch besonders mutig und aggressiv verhält, kann er dennoch voller

Angst sein. Bei allem Übertriebenen muß man gewärtig sein, daß die Medaille noch eine Kehrseite hat. Es wäre aber falsch, nun vom Kehrseitenphänomen zu sagen, dieses sei die eigentliche Wahrheit.

4.2.3. Mitwirkung des Beurteilten an der Abgrenzung des Beurteilungsgegenstandes

Bisher wurde unterstellt, es handle sich um Wahrnehmung und Urteilsbildung, gerichtet auf eine Person als Ganze und nur um diese. In diesem Abschnitt wird es um die Arten und Grade der Mitwirkung dieser zu beurteilenden Person an der Konstituierung des Beurteilungsgegenstandes gehen. Mit den Begriffen „Person" und „interpersonelle Beziehungen" zeigte sich schon, daß mit dem Einheitsgegenstand „zu beurteilende Person" nicht auszukommen ist. Sehr oft geht es nur um „etwas in oder an einer Person", z. B. ihre Stimmung, ihre Absicht, ihre Wertorientierung, ihre Lernfähigkeit, ihre technische Begabung, ihre Belastbarkeit bei der Arbeit, ihre Konfliktbewältigung, ihr politisches Profil, ihre Zukunftserwartungen. Solche Begrenzungen sind, sowohl bei der handlungseingebetteten als auch bei der als Auftrag herausgehobenen Urteilsbildung, eher häufiger als das Kennen- und Überschauenwollen des ganzen anderen. Sie entsprechen den praktischen Urteilsanlässen und auch eher der begrenzten Motivation des zu Beurteilenden, sich zu enthüllen, sich darzubieten, an der Urteilsbildung mitzuwirken. Vielleicht haben nur Liebende und Schriftsteller den Wunsch, sogar die Leidenschaft, sich ganz und gar einem anderen oder der ganzen Menschheit zu offenbaren.

Dieser Gegenstandseingrenzung ist aber gleichzeitig eine Gegenstandserweiterung zuzugesellen. Man geht die Straße entlang und begegnet zweien, die man kennt. Sind sie zwei einzelne, durch den Zufall und nur momentan zusammengekommen (Aggregation)? Oder gehören sie zusammen (Bindung)? Welche Beziehung hat A zu B, B zu A? Welches Beziehungsverhältnis haben sie zueinander, wenn man sich die beiden Partialbeziehungen zusammendenkt? Welche Schwierigkeiten hat ihre Beziehung? Welche Dynamik läuft zwischen ihnen ab? Wohin mag ihre Zweisamkeit noch führen? Wie stehen Dritte dazu? Rivalisieren und behindern oder begünstigen und fördern sie? Diese Fragen und manche anderen sind keineswegs Spitzfindigkeiten der Psychologen. Der Alltag eines jeden ist voll von solchen Beziehungsbeurteilungen; man könnte sie gar nicht unterlassen. Dem ist noch hinzuzufügen, daß wir auch Gruppen wahrnehmen, zu verstehen suchen, einschätzen, beurteilen, seien es Familien und Freizeitgruppen oder Arbeitsgruppen und politische Gruppen.

Dabei interessiert uns hier noch nicht, wie sich Urteiler in dieser Hinsicht verhalten, sondern zunächst nur, daß Paare und Gruppen jene Mitwirkung am Wahrgenommen- und Beurteiltwerden ebenfalls leisten. Auch sie können sich offen geben oder verschließen. Sie können sich einem Wunsch- und Leitbild gemäß darstellen. Sie können ihre Partnerschafts-, Familien- oder Kollektivideologie propagieren. Sie werben für sich oder schützen und distanzieren sich.

Dies geschieht aber oft nicht einhellig. Erinnert sei an ein Ehepaar, das sich im Freundeskreis zwiespältig verhält: Der eine Partner hält sich an das Übereinstimmende und versucht Harmonie vorzutäuschen, der andere durchkreuzt diesen Versuch mit Mitteilungen über Leid- und Spannungsfelder der Beziehung. Erwähnen sie ihre Eltern- und Schwiegerelternbeziehung oder nicht? Wird der Freund oder die Freundin aus der Betriebssituation zur Sprache gebracht oder nicht? Partner und Gruppen haben es in gewissem Maße in der Hand mitzubestimmen, wie groß der Gegenstandskreis ist, der dem urteilsbildenden anderen zur direkten oder indirekten Wahrnehmung gelangen kann.

4.3. Der Perzipient und sein Urteilsverhalten

4.3.1. Die Fähigkeit zur interpersonellen Perzeption und Kognition

Im vorangegangenen Abschnitt haben wir dargelegt, daß die zu beurteilende Person an den Urteiler Anforderungen stellt. Daher kann das Wahrnehmungs- und Urteilsresultat als eine Leistung angesehen werden und die personale Disposition, von der das Gelingen dieser Leistung abhängt, als eine *Fähigkeit*. Billigen wir im Alltag jemandem die Fähigkeit zur Erkenntnis von Personen, Beziehungen und überhaupt sozialen Ereignissen („soziale Kognition") in einem ausgeprägten und vielleicht überdurchschnittlichen Maße zu, so drücken wir das meist mit dem Begriff „Menschenkenntnis" aus, mitunter auch mit „Intuition", „Fähigkeit zum Verstehen", „Begabung für Persönliches", manchmal auch mit „Schläue".

In der Persönlichkeitspsychologie begegnen wir dem hier gemeinten Bündel von Fähigkeiten als einer Art von *Intelligenz*. Bekanntlich lassen sich die Teilfähigkeiten zum Vollbringen kognitiver Leistungen typisierend zusammenfassen, z. B. als praxische und praktische, technische, mathematische, künstlerische, organisatorische, theoretische Intelligenz. Die jetzt von uns angezielten Fähigkeiten werden bei solchem Herangehen oft, aber etwas unbestimmt, „soziale Intelligenz" genannt. Allport und Allport (1921, zit. bei Allport 1937) versuchten Anfang der zwanziger Jahre, die „soziale Intelligenz" von Versuchspersonen dadurch zu prüfen, daß sie ihnen Fotografien zu beurteilender Personen vorlegten. Allport (1937) hat die damaligen Untersuchungen zusammengefaßt; er gab acht Faktoren an, die die „soziale Intelligenz" beeinflussen: Erfahrung des Beurteilenden; Tendenz, sich in den anderen zu projizieren; Einsicht in die eigenen Schwächen; Differenziertheit des Denkens; ästhetische Haltung; und noch drei Faktoren, die durch das Verhältnis von Beurteiler und Beurteilten zustande kommen: Ähnlichkeit versus Unähnlichkeit; soziale Distanz; Unterschied in der Differenziertheit.

Diese Faktoren wirken nicht gleichsinnig.

Dies ist verständlich. Erfahrung erhöht die Urteilsleistung, zumindest in dem Bereich, in dem Erfahrungen gemacht worden sind. Hingegen sinkt die Leistung, wenn man sich projiziert, und sie dürfte auch dann sinken, wenn man die Urteilsschemata (z. B. eine Einteilung in typische Charaktere), die sich in einem Bereich bewähren, unmodifiziert in einen anderen überträgt, z. B. von Männern auf Frauen, von Arbeitssituationen auf Privatsituationen, vom Öffentlichkeitsverhalten auf das Intimverhalten.

Inzwischen wurden viele Untersuchungen, in denen der durchschnittliche Leistungsgrad vor allem von eindrucksbestimmten Urteilen, also solchen ohne intensiven Umgang mit dem Beurteilten, erhoben wurde. (Auf die Methodik solcher Untersuchungen sei hier nicht eingegangen.) Die Bilanz, die Merz (1963, S. 44) gezogen hat, ist aber nicht gerade ermutigend: „Die *Zuverlässigkeit von Eindrucksurteilen* ist, von Sonderfällen abgesehen, *gering*. Es wurden knapp mittlere Koeffizienten gefunden. Jedoch ergeben sich fast unter allen Umständen gewisse Übereinstimmungen zwischen verschiedenen Beurteilern, gleichgültig, wie unzureichend die zur Verfügung stehenden Informationen sein mögen." „Die *Validität von Eindrucksurteilen* ist verständlicherweise noch geringer, es wurden Koeffizienten zwischen etwa 0,00 und 0,50 gefunden. Auch bei deutlichen Übereinstimmungen zwischen verschiedenen Beurteilern kann die Validität gleich Null sein." „Die *Validität von Beurteilungen* steht nur in recht lockerem Zusammenhang mit verschiedenen Persönlichkeitsmerkmalen der Beurteiler. Auch der Zusammenhang zu anderen unabhängigen Variablen ist gering." „Der *Inhalt der Beurteilungen* ist enger an andere Bedingungen gebunden als an die Individualität des Beurteilten. Solche Bedingungen sind u. a. die Eigenart des Beurteilers, die Eigenart der sozialen Beziehung zwischen Beurteiler und Beurteiltem und allgemeine Faktoren, wie etwa Stereotype." „Das auffälligste *Einzelergebnis* besteht wohl darin, daß die Validität von Beurteilungen weitgehend unabhängig ist von Art und Umfang der Informationen, welche dem Beurteiler über den Beurteilten zur Verfügung stehen."

Man mag daher fragen, ob es überhaupt sinnvoll ist, mit einem solchen zusammenfassenden Dispositionskonstrukt „soziale Intelligenz" zu arbeiten. Auch Spearmans Einwand, daß es eigentlich nur *eine* Intelligenz gibt, die auf verschiedenen Feldern betätigt wird, gilt inzwischen als widerlegt, wenn auch wahr bleibt, daß die speziellen Intelligenzfaktoren Gemeinsamkeiten haben, die als allgemeiner Faktor heraushebbar sind. Man könnte fragen, ob „soziale Intelligenz" in Guilfords Modell, das zwar apriorisch, aber gut durchdacht ist (Würfel der 120 hypothetischen Faktoren), einen Platz oder eine Anzahl von Plätzen haben könnte. Letzteres könnte der Fall sein. Guilfords Modell ist konstruiert aus fünf kognitiven Hauptprozessen, sechs typischen Denkresultaten und vier Klassen von Denkinhalten: eine dieser Inhaltsklassen vereint die verhaltensbezogenen Inhalte. Also könnten 30 der 120 Faktoren für die soziale Intelligenz konstitutiv sein. Leider ist uns nicht bekannt, in welchem Maße zu den 60 Faktoren, die Guilford als empirisch bestätigt betrachtet, solche von diesen 30 gehören. Die größten Schwierigkeiten liegen bei der Meßbarkeit. Die zu beurteilenden Sachverhalte sind zwar als personale (das eigentlich treffende Wort „Personenverhalte" ist leider noch unüblich) objektiv-real, aber subjektgebunden und daher nicht ohne weiteres nachzumessen. An Ding- und symbolischem Material läßt sich leichter prüfen, welche Kognitionsanforderungen bestehen und welches Urteil richtig ist. Außerdem ist dieser Typ geistiger Leistungsfähigkeit wesentlich mehr von Emotionen, Motivationen, Bewertungseinstellungen, Situationen und den früheren sozialen Lernbedingungen abhängig als jede andere Intelligenzart. Klar erwiesen hat die Forschung, daß die meisten Menschen dazu neigen, ihre interpersonelle Kognition sehr zu überschätzen. Offenkundig ist auch, daß die guten „Menschenkenner" des Alltags dies nur dort sind, wo sie tätigkeitsakzentuiert auf bestimmte Urteilszwecke eingestellt sind und die dafür brauchbaren Fähigkeitskomponenten täglich üben. So kann ein erfahrener Kellner schnell und sicher erkennen, ob der Gast eine größere Zeche machen und reichlich Trinkgeld geben wird, aber jenseits dieses kleinen Urteilsterrains kann er „sozial dumm" sein.

Durchmustert man die hauptsächlichen Dimensionen der faktorenanalytischen Intelligenzforschung (bei Thurstone, Cattell, Pawlik, Jäger, Eysenck, s. Herrmann 1969), so findet man „soziale Intelligenz" als Faktor nicht, was allerdings völlig von der Dateneingabe, d. h. dem Prüfspektrum der verfügbaren Intelligenztests, und der Faktorenbenennung abhängen kann. Meilis vier Intelligenzfaktoren (Komplexität, Plastizität, Ganzheit, Flüssigkeit) lassen in ihren höheren Ausprägungsgraden soziointellektuelle Relevanz vermuten, was aber mit Meilis Analytischem Intelligenz-Test (AIT) nicht überprüfbar ist. Außerdem gibt es Hinweise, daß „soziale Intelligenz", was immer das sei, nicht gut mit anderen Intelligenzfaktoren korreliert (Bruner und Tagiuri 1954). „Soziale Intelligenz" wäre, wenn wirklich miterfaßt, wahrscheinlich erst auf der Ebene der Faktoren 2. Ordnung zu erwarten (vgl. Herrmann 1969), d. h., „soziale Intelligenz" hätte eine Anzahl Subfaktoren, auch solche, die nicht „soziale" sein müssen, wenn auch zu vermuten ist, daß in der Konfiguration dieser Subfaktoren dem genauen Wahrnehmen psychosozialen Materials, dem intuitiven Erfassen subjektiver Zusammenhänge, der Organisation gemeinsamer, zielgerichteter Materialsuche und der angemessenen sprachlichen Formulierung besondere Bedeutung zukommen dürften. Probst (1973), der zahlreichen Einzelkomponenten eines denkbaren Dachkonstruktums „soziale Intelligenz" nachgeforscht hat, fand zwischen diesen wenig Verbindungen. Er riet davon ab, an Allports Begriff festzuhalten.

Wie aber weiter? Wir werden im folgenden statt von „sozialer Intelligenz" pluralistisch von einer Anzahl sozial-kognitiver Fähigkeiten bzw. von sozial-kognitiver Intelligenz, wenn es um Leistungsgrade dieser Fähigkeiten geht, reden. Das erspart aber nicht die empirischen Anstrengungen, diese zu identifizieren, im Gegenteil, es vervielfältigt das Problem, es sei denn, man findet reduktive Strategien. Eine solche Strategie, die Merz (1963) und Kaminski (1963) empfehlen, lautet, man möge die Erforschung der interpersonellen Kognition in der Sozialpsychologie vorantreiben. Dies ist getan worden, wie Irles Bericht (1975) und die bisherigen Kapitel unseres Buches zeigen. Allerdings liefern Theorien der Aufnahme und Verarbeitung sozialer Information noch keine Angaben über Fähigkeitsunterschiede von Personen. Zwar hat man die Veridikalität der Personenbeurteilung, also immerhin eines Leistungssachverhalts, raffiniert untersucht hinsichtlich ihrer sozial-situativen Bedingungen, aber personale Dispositionen, die sozial-kognitive Konsequenzen hätten, wurden dabei nicht erfaßt.

Eine andere Strategie besteht darin, sich enger an (vor allem berufliche) Anforderungen zu halten (Schröder 1980). Da die Ausbildung der sozial-kognitiven Fähigkeiten – zumindest jenseits der Kindheit – von den Aufgaben, dem situativen Druck, dem Üben, der Verantwortlichkeit, der Weiterbildung abhängt, ist es wahrscheinlich, daß Erzieher, Lehrer, Leiter, Ärzte, Schwestern, Verkäufer usw. bestimmte sozial-kognitive Fähigkeiten besser ausbilden als die Angehörigen anderer Berufe. Auch die Ergebnisse von Untersuchungen aus der Forschungsgruppe um Bodalëv, auf die wir im 3. Kapitel eingegangen sind, verweisen darauf, daß, z. B. bei Wiedererkennungsleistungen, bestimmte Berufe anderen signifikant überlegen sind (Bodalëv und Ivanskaya 1982). Das bedeutet zugleich den Rat, die sozial-kognitiven Fähigkeiten nicht von anderen zu isolieren, z. B. von motivationalen Besonderheiten. Diese zusammen führen im jeweiligen gesellschaftlichen Tätigkeitsfeld zu einer erhöhten Beurteilungskompetenz.

Ist man nicht mehr wie Allport auf eine generelle Disposition aus, kann man leicht vier Gruppen von Momenten entdecken, die die konkreten sozial-kognitiven Tätigkeiten bestimmen und somit auch zu Strukturen der sozial-kognitiven Leistungen werden:

(a) die Urteilsgegenstände,

(b) die Urteilsaufgaben,

(c) die einsetzbaren geistigen Mittel und

(d) die Beziehungen zwischen Urteiler und Beurteiltem in bestimmten Situationen.

(a) bis (c) seien jetzt erläutert, dazu verlassen wir kurz die Kognition im Alltag und veranschaulichen das Problem mit Hilfe von Momenten der Personenbeurteilung, die von den klinischen Psychologen in hohem Grade bewältigt werden müssen; (d) wird in den Abschnitten 4.4. und 4.5. behandelt.

Zu (a): *Urteilsgegenstände*

Wahrnehmung und Urteilsbildung erstrecken sich auf verschiedene Urteilsgegenstände:

● auf „etwas am anderen", z. B. auf Merkmale seines Kommunizierens in einer Explorations-, Gesprächstherapie- oder Gruppensituation;

● auf „etwas im anderen", z. B. darauf, wie die von ihm durchlebten interpersonellen Beziehungen von ihm interiorisiert wurden;

● auf den „anderen als Ganzen", z. B. wenn seine soziale Stabilität unter Einschluß seiner Flexibilität eingeschätzt werden soll, etwa zwecks Prognose unter psychotherapeutischen Bedingungen;

● auf „Beziehungen zwischen Personen", wie in der Partnerschafts- oder Familiendiagnostik;

● auf die Strukturierung, die Rollendifferenzierung und das Funktionieren von natürlichen oder klinischen Gruppen;

● auf die Beziehungen zwischen Gruppen, z. B. bei Zusammenfassung mehrerer kleinerer psycho- und soziodynamischer Gruppen zu einer Hausgruppe. Hinzu kommt der Gegenstand „Ich als soziales Wesen, insbesondere als Partner".

Zu (b): *Urteilsaufgaben*

Für alle psychosozialen Urteilsgegenstände können höchst unterschiedliche kognitive Aufgaben zu bewältigen sein:

● die Einschätzung des Zustands des anderen, z. B. bei Verstimmung, Desorganisiertheit, psychovegetativer Dysregulation;

● die Einschätzung des Zusammenhangs eines Verhaltens mit der Situation, z. B. nach Mißerfolg, bei Testangst, unter belastenden Verhaltensforderungen Dritter;

● die Einschätzung der Mitbedingtheit des Verhaltens durch Persönlichkeitseigenschaften überdauernder Art (Charakter);

● die Einschätzung verdeckter Tendenzen des anderen bei Verhaltensabstimmung mit ihm;

● das Erklären eines Entwicklungsstandes, z. B. im Zusammenhang mit der „Schuldfähigkeit" jugendlicher Straftäter;

● das Finden von partnergeeigneten Problemlösungen, z. B. bei kognitiver Stimulierung in der Konfliktbearbeitung oder bei psychagogischer Begleitung durch Krisen;

● die Vorhersage interpersonell bedingter Abläufe sowie personaler und kollektiver Entwicklungen, z. B. für prognostische Überlegungen in der Therapieplanung und im Gutachten.

Ein Problem ist, wie man die Fähigkeit zur Bewältigung von Verstehensanforderungen und die von Beurteilungsanforderungen unterscheiden kann. Praktische Psychologen als „Fachleute der interpersonellen Kognition" werden akzentuiert so oder so beansprucht.

Unter Verstehen ist hier ein Sich-hinein-Versetzen gemeint (Empathie), ein Oszillieren zwischen der eigenen Perspektive und der des anderen (auch mehrerer anderer). Es gilt, den emotionalen Hintergrund, die Motivverflechtungen, die Denkweisen so zu erfassen, wie sie sich aus der Position des anderen ergeben. Hingegen bedient sich das soziale Beurteilen eher *äußerer* Maßstäbe, verwendet Normen und andere Vergleichsgrößen, bewertet von gegebenen Zwecken her (z. B. Eignungsurteil). Das ist zwar nicht die gleiche Problematik wie „Verstehen und Erklären" (in der Psychologie oft diskutiert), aber eine praktisch sehr belangvolle Unterscheidung. Möglicherweise entwickeln hauptberufliche Gesprächstherapeuten eine wesentlich andere interpersonelle Kognition als hauptberufliche Testdiagnostiker, was zu Verständigungsschwierigkeiten zwischen ihnen und in bezug auf ihre gemeinsamen Patienten bzw. Klienten führen kann.

Zu (c): *Geistige Mittel*
Die Denkmittel dürften beim Beurteilen von Personen keine anderen sein als im Umgang mit Sachaufgaben. Aber von welchen geistigen Leistungen hängen – außer von einer guten Allgemeinintelligenz – intelligente, einsichtige Lösungen personaler und sozialer Probleme ab?

Sternberg und Davidson (1983) antworten: „Die richtige Auswahl ist bei jeder Art der Informationsverarbeitung entscheidend. Beim selektiven Kodieren (Unterscheidung wichtiger von unwichtigen Informationen, Entdeckung versteckter wichtiger Informationen) muß man oft unter einer großen Zahl unwichtiger Informationen die relevanten Elemente herausfinden. Beim selektiven Kombinieren (die richtigen Elemente kombinieren, obgleich sie auf den ersten Blick nichts miteinander zu tun haben) gibt es meist mehrere Möglichkeiten, die kodierten Elemente zu kombinieren oder in einen Zusammenhang zu bringen. Beim selektiven Vergleichen muß eine neue Information zu einer oder mehreren alten Teilinformationen in Beziehung gebracht werden. Immer können dabei mehrere Analogien oder Beziehungen gesehen werden. Auch hier kommt es auf die richtigen Vergleiche an. Soweit es nun etwas Gemeinsames bei diesen drei Arten von Einsicht gibt, dürfte dies jeweils in der richtigen Auswahl liegen.“

Freilich genügt dies allein noch nicht. Es kommt noch auf *Vorkenntnisse* an, auf die *Ausführung* (Planung, Überwachung und Bewertung der eigenen Tätigkeit beim Problemlösen), auf die *Motivation* (Ausdauer, Anstrengung) und auf den *kognitiven Stil* (z. B. aufgabenangemessene Kombination von Tempo und Sorgfalt). Kann man mit den zu beurteilenden Personen interagieren, bedarf es noch der *„sozialen Fertigkeiten“*, die anderen zur Lieferung derjenigen Informationen zu veranlassen, die zur Lösung der Aufgabe (zur Beantwortung der aufgeworfenen Beurteilungsfrage, zur Bestätigung oder Verwerfung der gebildeten Hypothese, zur Einsicht in einen verborgenen Zusammenhang, zur Lösung eines konflikthaften Problems) noch benötigt werden.

Im Alltag werden oft noch Unterschiede in anderen sozial-kognitiven Partialfähigkeiten angenommen, die vielleicht auch Mittelfunktion haben. Sie sind aber bisher wenig nachgeprüft. So mag es wirklich Unterschiede geben im Gedächtnis für Gesichter, aber ob diese Fähigkeit für etwas anderes als das bloße Wiedererkennen wichtig ist, ist fraglich. Klinische Psychologen, vor allem ältere, sagen oft, daß ihnen Konflikte, Lebensereignisse, Träume, ungewöhnliche Formulierungen ihrer Patienten sehr prägnant durch den Kopf gehen und lange reproduzierbar bleiben, und zwar wegen der diagnostischen Bedeutung manchmal viel länger als dem Patienten – nur wissen sie leider den Namen des Patienten nicht mehr. Also dürften Unterschiede des Namensgedächtnisses in diesem Zusammenhang nicht wichtig sein; anders dagegen, wenn eine abgelegte Information nur über den Namen wiedergefunden werden kann, weil sie nur unter ihm eingespeichert wurde.

Zum Personenbeurteilen brauchen wir *Begriffe*, zwischen denen wir wählen, und Vorstellungspersonen, zwischen denen wir vergleichen können. Diese kognitiven Mittel werden seit Kelly (1955) als *Konstruktrepertoire* bezeichnet.

Gemeint ist, daß man schon in der Kindheit einen Schatz an Begriffen und diese repräsentierenden Wörtern zu erwerben beginnt (nicht selten auch in der umgekehrten Reihenfolge), und zwar solche, mit denen sich psychische und psychosoziale Sachverhalte bezeichnen lassen. Zum Teil sind es Bezeichnungen für soziale Rollen oder für Eigenschaften, die vom Träger einer sozialen Rolle erwartet werden; daher nannte Kelly den Test, den er für die Erfassung des Personenkonstruktschatzes seiner Versuchspersonen entwickelte, Rollenkonstrukt-Repertoire-Test (RCRT). Natürlich bemerkte Kelly, daß es sich bei dem, was erfaßt wurde, weder nur um Rollenattribute handelte, noch bei dem, der seine Begriffe produzierte, nur um einen Griff in eine Kiste ungeordneter Wörter. Gewiß können wir Begriffe bevorzugen, die wir uns mehr oder weniger zufällig angeeignet haben. Aber wir folgen auch Ordnungstendenzen, z. B. der Ordnungstendenz, in Gegensatzpaaren von Eigenschaften zu denken (fleißig versus faul). Leider sorgen die Bedingungen beim Erlernen und die beim Gebrauch für eine beträchtliche Streubreite der Bedeutungen, so daß nicht alle Personen das gleiche meinen, wenn sie denselben Begriff, z. B. gerecht, anständig, treu, benutzen.

Auf den sozial-kognitiven Begriffsschatz werden wir im nächsten Abschnitt zurückkommen. Die eben angedeutete Unschärfe der Begriffe „gerecht, anständig, treu" (und aller anderen!) liegt nicht nur an der Sprache selbst, die ja flexibel sein, d. h. für die Bedeutungsnuancierung durch Kontext, Bezug, Kombination und Sprechweise Raum lassen muß, sondern außerdem an der mangelnden Disziplin bei der Verwendung der Begriffe. Auf niederem Niveau werden verwandte Begriffe willkürlich vertauscht; erst auf höherem Denk- und Sprachniveau wird Wert darauf gelegt, sich treffend, d. h. mit dem richtigen Begriff und gut von verwandten Begriffen abgegrenzt, auszudrücken.

Solche Niveauunterschiede bezeichnet man oft als solche der *kognitiven Komplexität* (Schroder, Driver und Streufert 1975), wobei zunächst offenbleiben kann, ob es sich um eine Person handelt, die überhaupt nicht hochkomplex denken kann, oder um eine durchaus fähige, die nur gerade nicht in dem Aktivationszustand, der Stimmung, der sozialen Situation ist, gemäß ihrer Fähigkeit zu denken oder zu sprechen. Bei dem Begriff „kognitive Komplexität" geht es vor allem um drei Sachverhalte der Urteilsbildung:

(1) um die Anzahl der verfügbaren Dimensionen bzw. Hauptbegriffe (Differenzierung),

(2) um die Feinheit und Abstufung der Unterscheidungen (meist Diskriminationsfähigkeit genannt) und

(3) um die Organisation der Dimensionen (diese wird beansprucht bei Analyse und Synthese, vgl. die Ausführungen über Informationsintegration im Abschn. 3.4.3.).

Es ist hinzuzufügen, daß man diese Liste verlängern könnte, z. B. indem man anfügt, daß ein reiches und aktives Begriffs*gedächtnis* erforderlich ist, um in Situationen mit rasch wechselnden Ereignissen auf kognitiv komplexem Niveau mithalten zu können.

Das Konzept der kognitiven Komplexität ist vor allem dort anwendbar, wo es dem Wahrnehmenden bzw. Urteiler freisteht, einfacher oder komplexer, bescheidener oder anspruchsvoller wahrzunehmen bzw. zu urteilen bzw. Beurteilungen abzugeben. Überraschenderweise steht das uns gerade in interpersonellen Situationen in beträchtlichem Maße frei. Will jemand feststellen, warum sein Auto nicht fährt, so liegt durch Struktur und Funktionsweise des Fahrzeuges sowie durch die Art des bestehenden Fehlers oder Schadens fest, wieviel an kognitiver Komplexität für die „Diagnose" nötig ist. Die Fähigkeit des „Sonntagsfahrers", technisch komplex zu urteilen, mag nicht reichen, um einfache Zusammenhänge zu begreifen; die Fähigkeit des erfahrenen Kraftfahrzeugschlossers wird wahrscheinlich sogar durch komplexere Zusammenhänge noch nicht voll in Anspruch genommen sein. Im Grunde liegt es für uns als Alltags„diagnostiker" und als Fachpsychologen genauso, wie schon im vorangegangenen Abschnitt mit den Wörtern „Angebot" und „Anforderung" angezeigt. Aber gegenüber subjektiven Reizen und Zusammenhängen müssen wir es nicht bemerken, wenn wir wegen zu geringer sozial-kognitiver Komplexität den anderen (die anderen, sogar uns selbst) nicht hinreichend begreifen, also das Bild von ihm *simplifizieren*. Wir müssen es nicht einmal bemerken, wenn wir für etwas Einfaches zu differenzierte Urteile bilden, also zu stark *komplizieren*.

Nicht ganz klar ist, ob man die Dimension „Feldabhängigkeit/ Feldunabhängigkeit" des Wahrnehmens bzw. des gedanklichen Diskriminierens gegenüber anschaulich dargebotenen Reizen zur kognitiven Komplexität rechnen soll. Wie Clauß u. a. (1983) berichten, hat man diese Merkmale zuerst mehr zu den „kognitiven Stilen" gerechnet, jedoch stellte sich, wie bei der gesamten kognitiven Komplexität, eine beträchtliche Korrelation mit der Intelligenz heraus. Dies leuchtet ein: Müssen Gestalten durch analytisches Wahrnehmen aus ihren Feldbedingungen erst herausgelöst werden (wie das bei den in der Forschung oft benutzten „eingebetteten" Figuren der Fall ist), so erweisen sich die Personen mit guter analytischer Intelligenz als besonders tüchtig. Jedoch wissen wir auch hier noch nicht genau genug, was Feldabhängigkeit versus -unabhängigkeit bedeutet, wenn man die Dimension „Feldabhängigkeit/Feldunabhängigkeit" auf die Personenwahrnehmung überträgt.

Man müßte meinen, die Psychologen hätten, schon wegen ihrer Selbstkontrolle und der Studentenausbildung in der Personenbeurteilung (d. h. in der Psychodiagnostik), Tests entwickelt, mit denen der sozial-kognitive Fähigkeitsgrad ermittelbar ist. Doch man scheint sich meist darauf verlassen zu haben, daß die kognitive Komplexität, die gegenüber Sachzusammenhängen entwickelt wird (und bei denen ein richtiges oder falsches Urteil leicht nachprüfbar ist), auch als Indikator sozial-kognitiver Komplexität taugen werde. Dem steht aber entgegen, daß „kognitive Komplexität überhaupt so etwas wie „allgemeine Intelligenz" ist. Erst bei den Besonderheiten der Intelligenz wird die Sache interessant, zumal bei diesen der Wissenserwerb und das Denktraining auf speziellen Gegenstands*feldern* hinzukommen. Wer beispielsweise im technischen Bereich hochkomplex denken kann, muß es in künstlerischen Bereichen noch lange nicht können und umgekehrt.

Wir haben kürzlich eine Versuchsanordnung entworfen, mit der geprüft werden soll, um wieviel Punkte Absolventen des Psychologiestudiums in der sozial-kognitiven Komplexität besser sind als Studienanfänger (in der Hoffnung nachzuweisen, daß dies nicht nur dem Erfahrungsgewinn durch Lebensjahre, sondern auch der Ausbildung zuzuschreiben sei).

Die Anregung dazu bekamen wir durch die Untersuchungen Spivacks (1976) zur Erforschung der Fähigkeit zum Lösen interpersoneller Probleme. Es fragt sich doch, ob z. B. Physiker, Ökonomen, Krankenhauspatienten, Alkoholiker, Strafgefangene und andere „Gruppen" sich bezüglich dieser Fähigkeit unterscheiden und ob diese Problemlösefähigkeit durch Training verbessert werden kann. Es wurde angenommen, daß gute „Löser interpersoneller Probleme" mehrere Fähigkeiten brauchen, z. B. Wahrnehmen psychosozialer Problemsituationen (Sensitivität), Kausaldenken für interpersonelle Zusammenhänge, Denken in Alternativen und Hervorbringen neuer Alternativen, Antizipation von wahrscheinlichen Konsequenzen, Finden der Mittel, die eingesetzt werden können, um bestimmte Ziele zu erreichen. Für das Finden relevanter Mittel-Zweck-Relationen wurden von Spivack u. a. (1976) ein Test geschaffen, in dem das Mittelstück einer Problemlösungsgeschichte erfunden werden soll. Anfang und Ende werden gegeben, z. B. „Peter liebt seine Freundin heiß und innig, aber trotzdem kommt es häufig zu Auseinandersetzungen. Eines Tages verläßt sie ihn. Peter möchte nicht einfach aufgeben." ... „Die beiden sind wieder zusammen und kommen jetzt sehr gut miteinander aus." Oder ein anderes Beispiel: „Herr C. ist gerade in eine fremde Gegend umgezogen und kennt noch niemanden, ihm ist sehr daran gelegen, Freunde in der Nachbarschaft zu haben." ... „Herr C. hat eine Reihe guter Freunde gefunden und fühlt sich nun in der Nachbarschaft wohl."

Die objektive Auswertung der an Stelle der Pünktchen einzusetzenden Abschnitte nach relevanten und irrelevanten Mitteln ist nicht gerade einfach, aber inzwischen ganz gut möglich (Kemmler und Borgart 1982). Wir meinten nun, daß man Personen, deren sozial-kognitive (und zugleich -kreative) Fähigkeit man messen will, außerdem noch Geschichten ohne Anfang und Geschichten ohne Ende bieten sollte, so daß zu erschließen ist, aus welchen Anfängen etwas geworden sein kann und zu welchen Konsequenzen etwas wahrscheinlich hinführt. Wir fügten also die in der Personenbeurteilung häufige rückblickende (retrognostische) und die voraussagende (prognostische) Dimension hinzu. Ohne hier auf Anwendungsfragen der psychologischen Verfahrenstheorie einzugehen, scheint sich zu bestätigen, daß wir einen Test bekommen werden, mit dem sozial-kognitive Fähigkeiten, zumindest in verbalisierten Situationen, abschätzbar sind. Selbstverständlich wissen wir damit noch nichts über die Bewährung dieser Fähgkeiten in interpersonellen Begegnungs- und Untersuchungssituationen.

Leider gibt es das Zusatzproblem, daß man ein recht guter Problemlöser für die Schwierigkeiten anderer sein kann, ohne mit den eigenen Schwierigkeiten zurechtzukommen. Die Trennung ist freilich oft nicht so scharf zu machen. Wenn zum Beispiel ein Leiter einen Konflikt zwischen zwei Mitarbeitern oder zwei Arbeitsgruppen problemlösend (und nicht bloß reglementierend) bewältigen will, so mag er zwar zunächst ein Außenstehender sein; aber sobald er sich klärend beteiligt und sobald ihn die Konfliktparteien in seinen Klärungsfähigkeiten bewerten, wird er ein Beteiligter. Zwar gewinnt er nun genaueren Einblick in die vorliegende interpersonelle Konfliktdynamik, aber zugleich verliert er einiges von seinem kritischen Abstand.

Zu den sozial-kognitiven Fähigkeiten gehört eine, die nicht erst das Problemlösen betrifft, sondern schon das Haben und Finden von Wörtern, das Bilden von Gedanken, ja sogar die Bereitschaft, über Psychisches und Interpersonelles zu reden. Diese Fähigkeit kann nicht immer vorausgesetzt werden. Wir berührten diese Frage schon, als wir vom Begriffsrepertoire sprachen. In der Psychologie ist dieses schwer operationalisierbare Thema in vier recht verschiedenen Forschungszweigen untersucht worden:

(1) In der Entwicklungspsychologie: Kinder lernen die Personen- und Beziehungsbeurteilung nach und nach (Keller 1976), wobei der Erwerb der entsprechenden sprachlichen Mittel von ausschlaggebender Bedeutung sein dürfte (Korkiakangas und Oravainen 1982).

(2) In der soziologisch orientierten Psycholinguistik: In Gesellschaftsklassen, die ein durchschnittlich geringeres Bildungsniveau haben, wird ein anderer, aber hinsichtlich anspruchsvoller Begriffe geringerer Wortschatz und ein anderes Begriffsrepertoire für die soziale Kognition erworben als in gebildeteren Klassen (Bernstein und Henderson 1969, Gloy 1973).

(3) In der Persönlichkeitspsychologie und Pathopsychologie:

Manche Menschen haben Hemmungen erworben, wahrscheinlich schon recht früh in ihren Familien, sich über ihre Gefühle zu äußern. Unter Konfliktdruck entwickeln sie leichter psychosomatische Symptome als solche, die ihre Gefühle in Worte fassen können; das bedeutet sowohl Affekt-Expression („seinem Herzen Luft machen") als auch die kognitive Durchdringung (Aufhebung der schwachen Bewußtheit von Gefühlen zugunsten richtiger Selbstbeurteilung und -auseinandersetzung). Dieses Problem beschäftigt klinische Psychologen unter dem Leitbegriff „Alexithymie" (Stahr 1984).

Dabei sollte man nicht erwarten, daß es sich um Personen handeln müsse, die überhaupt keine Wendungen und Wörter für Erlebnisprobleme haben. Es gibt mitunter hochintelligente Personen mit psychosomatischen Störungen, die sich ausgezeichnet über Bücher, Filme, psychologische Theorien äußern können; nur sind sie mehr oder weniger „blind" und „sprachlos" für das, was in ihrem eigenen Gefühlsleben und zwischen ihnen und ihren unmittelbaren Partnern vor sich geht.

Wir werden darauf im Abschnitt 4.3.3. zurückkommen. Außerdem gibt es Vertreter helfender Berufe, gemeint sind vor allem Ärzte, denen durch eine einseitige naturwissenschaftliche Orientierung zwar eine hochkomplexe Fachsprache vermittelt worden ist, die aber die einfachen, mitmenschlich tauglichen Wörter und erst recht nicht die feineren für verwickelte Konfliktzustände – ja sogar Gesten und Berührungen – nicht mehr besitzen, durch die sich der Patient richtig wahrgenommen und angenommen fühlt.

(4) In der „Sozial-Psychopathologie": Wenn sich Patienten-Alexithymie und Arzt-Kunstsprache in klinischen Situationen gegenseitig verstärken, liegt ein besonders schwieriger Sachverhalt vor. Ärzte- und Patientenschaft haben dann gemeinsam herbeigeführt, daß die Verständigung sozial-kognitiv dürftig bleibt. Ähnliches kennen wir von Ehepaaren, die zwar Wörter für interpersonelle Konflikte besitzen, aber miteinander gerade über dasjenige nicht kommunizieren können, was bei ihnen kommunikationspflichtig wäre und auf die Ebene einer zureichenden interpersonellen Urteilsbildung gehoben werden sollte. Dies ist aber nun schon nicht mehr nur eine Sache der sozial-kognitiven Fähigkeiten, sondern eine des Stils sowie eine der Kommunikationsgüte bei kollusiven Bindungskonflikten (Willi 1975, Knappe und Machitka 1980, Böttcher und Dahse 1981).

Wie sich für die Psychologen „*die* Intelligenz" durch Faktoren-analysen in mindestens sieben Arten der Intelligenz zerlegt hat (Jäger 1967), so scheint es mit den Besonderheiten der sozialen Kognition auch zu gehen: Wie bzw. als was man andere Perso-nen (und ihre interpersonellen sowie Person-Sache-Beziehungen) wahrnimmt, hängt nicht nur von perzeptiv-kognitiven Fähigkeiten ab, dies annähernd wirklichkeitsgerecht zu leisten, sondern noch von mindestens drei anderen, voneinander zu unterscheidenden Sachverhalten: dem kognitiven Stil, der kognitiven Strategie und der Art des schon mitgebrachten Konzepts der sozialen Umwelt.

4.3.2. Stile der interpersonellen Kognition

Wie schon Fähigkeitsunterschiede differentielle, also individuell-psychologische Sachverhalte sind und nicht mehr allgemeinpsycho-logische, so auch *Stile*. Diese werden von manchen Autoren Prä-ferenzen genannt, weil die Person auch einen anderen Stil hätte realisieren können, zumindest anfangs; natürlich „wird" man auch in seinem Denkverhalten ein charakteristischer „Stilrepräsentant", wie ein Künstler, je öfter man diesen Stil bevorzugt hat. Tätig-keitsbesonderheiten werden nach und nach zu Eigenschaften ihres Subjekts (Rubinstein 1962). Freilich sind Kognitionsstile keine *zwingenden* Eigenschaften. Sind die Anforderungssituationen un-terschiedlich, so bevorzugen wir eine unterschiedliche Kombina-tion des Einsatzes unserer Denkmittel; das betrifft z. B. die Ge-schwindigkeits-Sorgfalts-Relation: „Der Handelnde entscheidet nach seiner Einschätzung der Lage von Fall zu Fall darüber, ob es ihm darauf ankommt, Fehler möglichst zu vermeiden oder ob er bereit ist, Ungenauigkeiten durch mangelnde Sorgfalt in Kauf zu nehmen" (Clauß u. a., 1983). Die verschiedenen Stile sollten eigentlich wertneutral definiert sein und gleichberechtigt neben-einander existieren, wie die in der Kunst. Da sich jedoch manche Aufgabensituationen besser mit dem einen, andere besser mit einem anderen kognitiven Stil bewältigen lassen, treten doch Be-wertungen hinzu. Manchmal ist Tempo wichtig und zulässig, auch wenn es zu kleinen Fehlern führt; geht es aber um sehr anspruchs-volle und folgenreiche Urteilsbildung, so erwarten wir lansam-sorgfältiges Vorgehen. Nur „große Meister" werden auch da die

Eile verantworten, also schnell *und* sorgfältig sein können.

Kognitive *Stile* sind differentiell-psychologische Besonderheiten, die sowohl durch gewählte Akzentuierungen am komplexen Wahrnehmungsgegenstand als auch durch Bevorzugungen bestimmter Arten des Auffassens, Verarbeitens und Antwortens gekennzeichnet sind. Sie kommen durch Temperament, Begabung, Charakter, fixierte Einstellungen (attitudes) zustande. Stilunterschiede können auf demselben kognitiven Leistungsniveau existieren. Da es aber durch Verschiedenheiten der Gegenstandsfelder zu unterschiedlichen Anforderungen kommt, resultieren auch Leistungsunterschiede, z. B. lassen sich – bei gleichem Schwierigkeitsgrad – künstlerische und mathematische oder praktische und theoretische Aufgaben mit unterschiedlichen Anteilen konkreter und abstrakter Komponeten erfüllen.

Man kann sich die Kombination von Fähigkeiten und kognitiven Stilen fächerförmig vorstellen: Bei geringem Intelligenzniveau sind keine persönlichen kognitiven Stile möglich, aber je höher das Intelligenzniveau, desto größer wird die Variabilität in den Stilen. Dabei sollte man nicht denken, eine Persönlichkeit müsse sich auf nur einen Stil festgelegt haben. Gerade bei ganz besonderen „Köpfen" – wie Leonardo da Vinci oder Goethe – beeindruckt, mit welcher Souveränität sie sich zwischen dem Wahrnehmungs- und Denkstil, der für künstlerische Leistungen, und dem, der für wissenschaftliche Leistungen tauglich ist, hin und her bewegten; Goethe war zudem noch Politiker und Organisator, was hier, wo es um Menschenbeurteilung geht, nicht vergessen werden sollte.

Mit welchen kognitiven Stilen rechnet man in der Lernforschung? Schon 1951 unterschied Klein folgende „Steuerungsprinzipien": Nivellierung versus Pointierung, Toleranz gegenüber unrealistischen Erfahrungen, Äquivalenzumfang, Fokussierung, koartierte (eingeschränkte) versus flexible Steuerung, Feldabhängigkeit versus Feldunabhängigkeit. Kagan brachte 1966 impulsiv versus reflexiv hinzu und Schroder (1967) konkret versus abstrakt (ref. nach Clauß u. a. 1983).

Uns scheinen, vor allem wenn man von der sachlichen zur personalen Kognition, d. h. zur Rekonstruktion personaler Gegenstandsbedeutungen, weiterschreiten will, einige Erweiterungen nötig und die Einteilung in vier Gruppen kognitiver Stilkomponenten möglich. Diese vier möchten wir bezeichnen als:

(1) intelligenznahe sozial-kognitive Stile;

(2) charakternahe sozial-kognitive Stile;

(3) bedürfnis-regulatorische sozial-kognitive Stile und

(4) partnerbezogene sozial-kognitive Stile.

Dies sei (hier aber unter Verzicht auf wissenschaftliche Beweisversuche) an einigen Beispielen erläutert.

Zu (1): Auf die *intelligenznahen* Stilkomponenten wurde bereits bei der Diskussion des Begriffs Feldunabhängigkeit hingewiesen. Dies könnte im Personenverstehen und -beurteilen so aussehen, daß feld*abhängige* Personen den Mitmenschen oft nur global (also nicht sehr detailliert) erleben, jedenfalls vor allem emotional *erleben,* ohne sich bewußt zu machen, worauf ihr Eindruck beruht. Hingegen hören geübte Gesprächstherapeuten sehr genau auf jede in den sprachlichen Botschaften des anderen enthaltene Nuance, und Körpertherapeuten (unter den Psychotherapeuten s. Petzold 1977) sehen mit oft verblüffender Genauigkeit Nuancen gestörten Ausdrucks- und anderen Bewegungsverhaltens sowie verspannter Muskulatur. Beide verhalten sich dank Motivation, Kenntnis, Wahrnehmungstraining und Berufssituation sehr feldunabhängig.

Für „intelligenznah" kann man auch „Nivellierung" versus „Pointierung" („levelling versus sharpening") halten. „Nivellierer" neigen dazu, Eindrücke anzugleichen an Kategorien (Ordnungsbegriffe), die sie schon in ihrem Gedächtnis gespeichert haben. Dabei werden Unterschiede übergangen, im Alltag zugunsten eines Stereotyps, in der Diagnostik meist zugunsten eines klassifizierenden Etiketts. Hingegen neigen „Pointierer" dazu, auf das Besondere, Neue, Abweichende., Unvertraute zu achten, es gut zu behalten und später mit „neuem Neuen" zu verbinden. Da Personen immer in Entwicklung bleiben, dürfte der „Pointierer" ihnen gegenüber auf die Dauer angepaßt bleiben, während der „Nivellierer" durch das Festhalten an seinem Schema immer weniger angepaßt urteilt. Übrigens stieg bei Personen, die erfolgreich an stationärer Gruppenpsychotherapie teilnahmen, das Pointieren signifikant an, bei Nicht-Erfolgreichen jedoch nicht (Göth 1984).

Zu (2): „Charakternah" sind offenbar Impulsivität versus Reflexivität und Konkretheit versus Abstraktheit. Bei Impulsivität versus Reflexivität geht es darum, ob und wie die Aufmerksamkeit (oder deren intensivierte Form, die Konzentration) gesteuert wird, wobei Antriebsmomente (Tempo, von Langsamkeit bis Hast) und Ordnungsmomente (Systematik, von planlos bis planvoll) mit eingehen. Kagan arbeitete dazu mit „Matching Familiar Figures" (gemischten ähnlichen Figuren) (MFF). Vorgegeben werden jeweils zwei Tafeln. Die eine bietet schematisierte Abbildungen, z. B. eines Baumes, eines Flugzeuges, einer Lampe, einer Katze und anderer Objekte; auf der anderen befinden sich fünf sehr ähnliche Figuren sowie die gleiche Figur. Es soll herausgefunden werden, welches die gleiche Figur ist. Ermittelt werden der Zeitverbrauch und die richtigen Lösungen. Fragt man nach dem Verhältnis dieses Stils zur kognitiven Leistung, so werden die Qualitätsstufen so geordnet: „langsam-fehlerhaft, schnell-fehlerhaft, langsam-richtig, schnell-richtig". Natürlich kommt es auch darauf an, wieviel Zeit zur Verfügung steht, wie schnell die Ereignisse laufen und wie viele Fehler gerade noch in Kauf genommen werden können. Diese Vielfalt der Anforderungen und Verhaltensweisen war von Kagan noch nicht berücksichtigt worden, jedoch macht sich deren Beachtung zum Beispiel dann erforderlich, wenn man den kognitiven Stil zwar intelligenter, aber hyperaktiver Kinder diagnostizieren und verbessern will. Auch Sternberg und Davidson (1983, S. 44) geben einen differenzierenden Hinweis: „Wir glauben, daß die Erfolgreichen (!) in ihrem kognitiven Stil Impulsivität und Reflexivität kombinieren. Keiner von diesen praktiziert ausschließlich den einen oder den anderen Stil. Vielmehr wird man an bestimmten Punkten eines Lösungsvorganges vielleicht impulsiv handeln, an anderen erst nach viel Nachdenken. Entscheidend ist, welcher Stil an welcher Stelle zur richtigen Lösung führt."

Wir versuchen herauszufinden, wie Psychologen als Praktiker der Psychodiagnostik vorgehen. Bis jetzt scheint es uns so, als ob sich diese Kombinationshypothese bestätigen ließe (Fischer 1984). Vielleicht müssen wir uns außerdem Waeper (1982) anschließen, die drei effiziente und zwei ineffiziente kognitive Verhaltensweisen unterschied: „schnell-richtige Entscheidungsfindung", „zügig-reflektierendes Vorgehen", „übergenaues Vorgehen", „langsam-irritiertes Vorgehen" und „unreflektiert-schnelles (impulsives) Vorgehen". Schon aus dem Alltag weiß man, daß sich einiges davon auf die Personenbeurteilung übertragen läßt. Unvorsichtige urteilen schnell auf der Basis ihrer Vorurteile bzw. üblicher, schnell verfügbarer Stereotype. Bedachtsame verhalten sich abwartender; sie nehmen sich mehr Zeit, sich in den anderen hineinzudenken. Nur wissen wir noch nicht, ob sich diejenigen, die man mit dem MFF als impulsiv oder reflexiv diagnostiziert, in der Personenbeurteilung analog verhalten. Es könnte ja sein, daß sich einer, den die Begegnung mit einem anderen emotional anregt, impulsiver verhält (daß er also vorschnelle Eindrucksurteile bildet), als er es gegenüber trockenen, kalten, seinen sachlichen Leistungsehrgeiz herausfordernden geometrischen Figuren tut. Doch auch das Gegenteil könnte es geben, und zwar daß einer, der geometrische Figuren nicht so wichtig nimmt oder mit einem einzigen Blick überschaut, sich in der Menschenbegegnung der Tiefendimensionen des anderen zumindest präkognitiv-bewußt wird und sich daher umsichtig-reflexiv verhält. An dieser Stelle wird spürbar, warum wir diese Stildimensionen als „charakternah" empfinden.

Wir bieten unseren Vpn die Aufzeichnung eines psychodiagnostischen Erstgesprächs, was sie mehr oder weniger veranlaßt, reflexiv zu reagieren (ohne daß impulsive Zwischenschritte damit als wertlos gelten sollen). Für den, der das Gespräch geführt hat, gibt es mehr Freiheitsgrade. Er bekommt ja nicht fertiges Material über eine Person vorgelegt, sondern tritt mit dem anderen in einen gemeinsamen Erkundungsprozeß ein. Auch in diesem kann er sich impulsiv oder reflexiv verhalten. Tut er das zweite, so gehört dazu, daß er den zu Beurteilenden geschickt, z. B. mit guten Fragen oder empathischen Verbalisierungen, dazu anregt, seinen Mitwirkungsgrad an der Urteilsbildung zu erhöhen. Diese Schilderung zeigt, daß wir in der weiteren Erforschung der Personenbeurteilung mit der schlichten Zweiteilung impulsiv versus reflexiv überhaupt nicht, ja noch nicht einmal mit einer Kombination auskommen werden. Es ist zu vermuten, daß Impulsivität bzw. Reflexivität gar nicht direkt gegenläufig sind, sondern daß es, auch in Anpassung an den jeweiligen Interaktionspartner, Optima ihrer Kombination gibt, die dann auch die Urteilsgüte gewährleisten.

Unser „charakternah" taucht bei der Unterscheidung „Abstraktheit versus Konkretheit" in anderer Weise wieder auf, nämlich bezogen auf Aktivationsniveaus und Temperamentseigenschaften (Matczak 1982). „Abstraktheit" bedeutet in diesem Zusammenhang weniger die wissenschaftlich-begriffliche Abstraktion, sondern den Grad des Absehens von der konkreten Wirklichkeit (auch Situation). Abstraktheit *kann* auf einem hohen Niveau der Erfassung von Komplexität beruhen, daher macht sie „Kosten" und wird in der Entwicklung später erreicht (Piaget), sie kann aber auch zur Zurückweisung von Information eingesetzt werden (Berlyne).

Je neuer und komplexer eine Reizkonfiguration für eine mit ihr konfrontierte Person ist, um so mehr müßte sie diese Person stimulieren, sich betont kognitiv auseinanderzusetzen, was freilich auch noch mit Alters- und Zustandsvariablen zusammenhängt. Hoch-reaktive Kinder und Jugendliche bevorzugen den konkreten Stil, niedrig-reaktive den „abstrakten". Bei den Erwachsenen lagen die Dinge verwickelter. Es zeigte sich eine kurvenlineare Beziehung: Hohe Reaktivität ging entweder mit beträchtlicher Abstraktheit oder beträchtlicher Konkretheit einher, geringe Reaktivität mit mittlerer. Kognitive Stimulation konnte entweder passiv (von Kindern oder primitiv reagierenden Erwachsenen) oder aktiv (durch Informationsverarbeitung) reduziert werden.

Zu (3): Wie andere Personen wahrgenommen werden, hängt unter anderem von den *Bedürfnissen* des Wahrnehmenden ab. Das braucht hier nicht nochmals in bezug auf den aktuellen Bedürfniszustand erläutert zu werden, da im 3. Kapitel beschrieben und überdies jedem aus dem Alltag bekannt.

Zum Beispiel beachten wir erotisch attraktive Personen in einem unterschiedlichen Maße, je nachdem, ob wir „gesättigt" oder „ausgehungert" sind. Ein anderes Beispiel ist die unterschiedliche Beachtung Fremder, je nachdem, ob wir hilfsbedürftig oder hilfebringend (und hilfswillig) sind.

Gemeint sind habitualisierte Formen unserer Bedürfnisorganisation, derer wir uns meist kaum bewußt sind. Hier sollen zwei verschiedene Thematisierungen des Sachverhalts „Umgang mit eigener Angst und deren Auswirkung auf die Personenwahrnehmung" beschrieben und außerdem der Einfluß infantiler Bedürfnisreste wenigstens knapp skizziert werden.

Das eine Konzept betrifft die Wahrnehmungskonsequenzen der Angstunterdrückung (repression, Abwehr, Vermeidung) und des Sensibilisiertseins durch und für Angst (sensitization, Zuwendung, Bedrohungsempfindlichkeit). Man kann es besonders gut studie-

Tab. 22: Verhaltensunterschiede zwischen angstvermeidenden und für Angst sensibilisierten Personen

	Vermeider	Sensibilisierte
Zeitbedarf für die Erkennung mißerfolgsbezogener Wörter	mehr	weniger
Suchen nach Information	weniger	mehr
Informationsverarbeitung durch Streß störbar	weniger	mehr
Urteilssicherheit	größer	geringer
Reduktion von Mehrdeutigkeit, Vereinheitlichung, Stereotypisierung	stärker	geringer
Mißerfolgsvorbeugung durch Dämpfung der eigenen Leistungsmotivation	mehr	weniger
Emotionale Bewertung bedrohlicher und entspannender Bilder	Emotion eher leugnend	Emotion hervorhebend
Selbstbeurteilungen	positiver	weniger positiv
Selbstreal-/Selbstwunschbild-Diskrepanz	geringer	größer
Fremdbeurteilungen	positiver	weniger positiv
Einschätzung des Unterschieds zwischen sich und anderen	als geringer	als größer
Verhalten im Sinne sozialer Erwünschtheit	ausgeprägter	weniger ausgeprägt
Anpassung	größer, aber auch öfter unecht	geringer, aber echter
Umgang mit Konflikten und gefahrrelevanten Situationsinterpretationen	ausklammernd	akzeptierend
Betroffenheit und Erregung	mehr vegetativ als verbal	mehr verbal als vegetativ
Soziale Ängstlichkeit	geringer	größer

ren an Hand von Prüfungssituationen bzw. mittels der Urteile, die „repressors" und „sensitizers" über ihre Prüfer bilden (Wätzig 1984).

Es handelt sich also nicht nur um den Umgang mit eigenen Angstgefühlen, sondern um den kognitiven Umgang mit angstbesetzten Informationen (Situationen, Partnern, Erwartungen, Ereignissen, Verläufen, Ergebnissen) – ein Thema, das seit Freud viele Autoren beschäftigt hat (vgl. Herrmann 1969, S. 191 ff.). Die Bezeichnungen „repressor" und „sensitizer" stammen von Gordon (1957 zit. bei Krohne 1974), die entsprechende R-S-Skala stammt von Byrne (1964), deren deutschsprachige Adaptation von Krohne (1974). Einige Ergebnisse des Vergleichs beider Typen zeigt Tabelle 22.

Eine andere Thematisierung des Interaktionsangst-Problems und der damit verbundenen Formung der Personenwahrnehmung (und Kommunikation) wurde von Riemann (1961) formuliert: Personen, die auf Grund ihrer Kindheitserfahrungen ich-bewahrend und hingabe-ängstlich sind (dort als „schizoid" bezeichnet), neigen dazu, andere als fordernd zu erleben. Personen, die wenig Ich-Stärke haben und von anderen abhängig sind (Prädepressive), neigen zu der Angst, der andere könne sich ihnen entziehen. Personen, die Angst vor Veränderung haben (nach Riemann anankastische), erleben andere Personen leicht als die Beunruhiger, die solch eine Störung ihrer Sicherungssysteme herbeiführen. Personen, die Angst vor Festlegung haben (nach Riemann hysterische), sehen in anderen leicht solche, die sie übermäßig verpflichten wollen. Mit diesen Formulierungen ist zwar die Riemannsche Lehre stark vereinfacht, aber man erkennt das Prinzip. Außerdem kann man es leicht fortführen, denn in diesem Sinne Schizoide begegnen nicht nur „Normalen", sondern auch Prädepressiven, Anankasten, Hysterikern, und diese begegnen ebenfalls allen anderen „Grundangsttypen" sowie bestimmten „Mischtypen" (Zander 1972). Da es noch keine zuverlässigen Meßinstrumente zur Ermittlung des Grades der Zugehörigkeit zu diesen Typen gibt und sich die Verhaltensinteraktion zwischen „guten Vertretern" dieser Typen erst recht nicht objektiv einfangen ließ, hat Riemann seinen Ansatz auf der Basis von Erfahrungen in der Ausbildung von Psychotherapeuten gedanklich durchgespielt (1964). Daß viele Psychotherapie-Patienten in diesem Sinne belastet sind, ist unstrittig, daß der Psychotherapeut selber weder einfach „normal" noch eine „weiße Wand für die Projektionen des Patienten" sein kann, versteht sich und war schon in Freuds Lehre von der Übertragung und der Gegenübertragung angelegt. In der klinisch-psychologischen Urteilsforschung konnte das durch Beckmann (1974) methodisch streng bestätigt werden.

Psychiater und Psychologen durchlebten auch Kindheits- und Jugendkrisen, und so sind sie nicht frei von jenen Strukturkomponenten; auch das Studium garantiert nicht, daß sie davon frei werden. Übrigens rechnete Riemann mit Nach- *und* Vorteilen der jeweiligen Struktur und auch des jeweiligen Typenzueinanders, was er mit dem vorher geschilderten Konzept, dem der Abwehr und der Sensibilisierung, hätte in Verbindung bringen können. Er bezeichnet auch die Stellen des klinischen Kommunikationsprozesses, an denen sich solche Persönlichkeitsmomente besonders leicht wahrnehmungsändernd bemerkbar machen können: wenn Neues erlebt wird, wenn Entscheidungen zu treffen sind, wenn die Beziehung zwischen Therapeut und Patient in eine Krise gerät. Man könnte noch hinzufügen: wenn einer von beiden frustriert ist oder beide frustriert sind. Daß Frustrationssituationen von verschieden strukturierten Personen recht unterschiedlich wahrgenommen und beantwortet werden, z. B. extrapunitiv (den anderen bestrafend), intrapunitiv (selbstbestrafend), impunitiv (nichtbestrafend), mit Festhalten am Bedürfnis, mit Hindernisbetonung oder mit Ich-Verteidigung, ist durch Rosenzweig u. a. (1957) und seinen Picture-Frustration-Test gut gesichert (Hörman 1964).

Nebenbei sei noch eine weitere Forschungsrichtung der bedürfnisartigen Wahrnehmungsverzerrung geschildert. Sie geht zurück auf Freuds umstrittene Stufentheorie des Lusterlebens in der Kindheit, beginnend mit der Mundlust des Säuglings; wobei zu bedenken ist, daß die Mundregion für Eßerlebnisse, Gesichtsausdruck, Verbalsprache und Zärtlichkeitsaustausch über das ganze Leben wichtig bleibt. In dieser Lehre folgt, daß im 2. Lebensjahr (und manchmal noch bis ins 7. Lebensjahr) die Ausscheidungserfahrungen (anale, urethrale) große Bedeutung erlangen. In beiden Fällen wird das Kind stark beeinflußt von der Art, wie seine Pflegepersonen mit seinen Oral- und Analverhaltensweisen und so auch mit seinen Gefühlen umgehen. Unterschiedlich ist in unserer Kultur aber, daß die Oralität weitgehend lebendig bleiben darf, die Analität aber als Erlebensbereich stark „verdrängt" wird. Hier braucht uns nicht der Streit zu beschäftigen, ob bestimmte Charakterzüge des Erwachsenen, die die Psychoanalytiker orale und anale nennen, tatsächlich schon in diesen frühen Phasen weitgehend ausgeformt werden – was wenig wahrscheinlich ist und sich deshalb kaum beweisen läßt, weil die späteren Phasen und die Wechsel in andere soziale Umgebungen erhebliche Umstrukturierungen mit sich bringen (Bronfenbrenner 1981). Aber es fragt sich doch, zu welchen Wahrnehmungsbesonderheiten Personen neigen, die mehr in Erlebenszusammenhängen gegenseitigen psychischen „Ernährens" (Liebe bekommen und geben) oder mehr in solchen des Machtgefälles (Sich-Behaupten, Behalten, Hergeben) verankert sind. Dazu gibt es etliche Untersuchungen. Hier sei nur ein Ergebnis von Juni u. a. (1982) erwähnt. Erwartet war, daß die Wahrnehmungsgenauigkeit gegenüber einer Pflege- und Ernährungsumwelt (und deren personalen Repräsentanten) und die gegenüber einer Autoritätsumwelt unterschiedlich ist, je nachdem, ob man selber eher dem einen oder dem anderen Typ angehört. Die „orale" Hypothese ließ sich aber nur für weibliche Versuchspersonen bestätigen, die „anale" nur für Männer, so daß zwar charakterogene Urteilstendenzen erneut gesichert wurden, aber nicht im Sinne der psychoanalytischen Libido-Fixierungsstufen-Theorie, sondern mehr im Sinne der Geschlechterrollen-Sozialisation, die in der gesamten Erziehung von Eltern, Lehrern usw. und den Kindern selber geleistet wird.

Zu (4): Zu den *partnerbezogenen* Stilen der sozialen Kognition dürfte vor allem die Art und Weise gehören, wie man sich das Verhalten des anderen erklärt (Kausalattribution). Wie wir schon im Abschnitt 3.3.3.2. ausgeführt haben, tendieren Menschen, die mit anderen interagieren, aber auch, wenn sie diese nur beobachten, dazu, das Verhalten der anderen zu erklären – erstens, weil Ungewißheit (über das Zustandekommen eines Ereignisses) überhaupt nach Reduzierung verlangt, zweitens aber auch, um für die Verhaltensabstimmung mit dem (den) anderen, gegebenenfalls auch für Erfolge im Wettstreit mit ihm (ihnen), sich später bewährende Antizipationen zu bilden. Außer dieser Tendenz, das Verhalten des anderen zu erklären (und zwar durch Zuschreibung von Zuständen, Zielen, Motiven, Eigenschaften, Entstehungszusammenhängen solcher Eigenschaften), haben wir die Tendenz, uns selber sowie auch die Beziehungsereignisse und Beziehungsdynamik zwischen uns und der anderen Person (den anderen Personen und uns) zu erklären. Es war im 3. Kapitel die Rede davon, welche Theorien (von Heider bis zu Kelley) entwickelt worden sind, um das Attributionsverhalten und seine Effekte psychologisch genauer einordnen zu können. Worauf es uns jetzt ankommt, sind zwei Dinge: erstens die differentielle Sicht, die wieder mit dem Stilbegriff angezeigt sein mag, und zweitens der Wandel, der zustande kommt, wenn dem anderen nicht bloß „naiv", handlungseingebettet (implizit), sondern bewußt, psychologisch kontrolliert (explizit) Verhaltenserklärungen zugeschrieben werden – wie es am ausgeprägtesten in der Psychodiagnostik der Fall ist.

Wahrscheinlich gibt es vier Gruppen von Stilkomponenten des Attribuierungsverhaltens:

(1) Mildes, nachsichtiges, flexibles, augenblicksbestimmtes, den anderen von Verantwortung entlastendes Attribuieren *versus* strenges, prinzipielles, konsequentes, bilanzbestimmtes, den anderen mit Verantwortung belastendes Attribuieren.

(2) Den anderen aufwertendes, vertrauendes, positive Motive unterstellendes, mit Veränderbarkeit und Entwicklung des anderen rechnendes Attribuieren *versus* abwertendes, mißtrauendes, mit negativen Motiven rechnendes, dem anderen nur wenig Veränderbarkeit und Entwicklung zugestehendes Attribuieren.

(3) Mehr vergangenheitsbezogenes („kausales") *versus* mehr ziel- und zukunftsbezogenes („finales"), die künftige Kooperation oder Kompetition vorwegnehmendes Attribuieren.

(4) Oberflächliches, äußerliches (externales, ego-zentrisches) versus tiefes, einfühlendes (internales, empathisches, partnerzentriertes) Attribuieren.

Selbstverständlich hängt das faktische Attribuieren von der jeweiligen Beziehung ab, z. B. von Zuneigung, Konflikt, Streit. Jedoch ist schon im Alltag unübersehbar, daß Personen Eigenschaften haben können, durch die sie geneigt sind, anderen z. B. eher mit Schärfe oder eher mit Wärme zu begegnen, was sich unbedingt in ihren Verhaltenserklärungen auswirkt, sofern es nicht schon in der Bevorzugung der beschriebenen Arten der Verhaltenserklärungen bedingt ist.

Nur eine Untersuchung sei genannt, die solchen personalen Gründen verschiedener Attributionsstile gewidmet ist. Feather (1983) nimmt an, daß die Stimmungslage (z. B. level of depression) und das Selbstwertgefühl (self-esteem) Attributionskonsequenzen haben. Etwas genauer: Es wird erwartet, daß Personen mit ausgeprägten und länger anhaltenden depressiven Symptomen dazu neigen, für ungünstige Ereignisse (einschließlich unangenehmen Verhaltens anderer Personen) eher internale, stabile und globale Attributionen zu verwenden und für günstige Ereignisse eher externale, unstabile und spezifische. Unter dieser Voraussetzung gilt also, daß auf das „Schlechte" eher mit negativistisch verallgemeinernden Begründungen geantwortet werde; für das „Gute" findet man Zufälle, die es sozusagen ausnahmsweise rechtfertigen; erwünschte Ergebnisse werden von Personen, die sich „depressiv-hilflos" fühlen (Seligman 1975), nicht mit eigenen Aktionen, sondern eher mit denen relevanter anderer in Verbindung gebracht. Es würde hier zu weit führen darzustellen, wie man geprüft hat, ob diese aus bestimmten Theorien stammenden Hypothesen richtig sind. Auch Einzelergebnisse und weiterführende Fragen sind hier nicht darstellbar. Im Ganzen: Die Theorie bewährte sich. Zum Zusammenhang von Depressivität und niedriger Selbstwertschätzung gehört tatsächlich, Ereignisse (und damit das Verhalten anderer Personen) in der beschriebenen Weise urteilsverzerrend zu verarbeiten.

Nun wollen wir zusätzlich fragen, welchen Einfluß es hat, wenn nicht mehr nur implizit, d. h. alltäglich, handlungseingebettet, sondern explizit, psychologisch, attribuiert wird?

Wir wissen das nicht genau, wissen aber, daß die Ich-Bezogenheit, die Bewertungskomponente und die Sorglosigkeit im Gebrauch von Attributionswörtern abgeschwächt werden sollten zugunsten der sachlichen (also psychologisch richtigen) Erfassung und Bezeichnung dessen, der (bzw. was an ihm) beurteilt werden soll. Sicher gelingt das oft genug. Die vorsichtige Formulierung rührt daher, daß sich in zunächst sachlich gemeinte Verhaltenserklärungen durch deren Routinegebrauch die Fehler naiven, unkontrollierten Reagierens leicht wieder einschleichen können. So wurden z. B. die Begriffe „psychopathisch", „hysterisch", „neurotisch" von ernst zu nehmenden Forschern aus bestimmten Konzepten der Verhaltenserklärung (deren Brauchbarkeit hier gar nicht diskutiert sei) abgeleitet. Sie sind aber nach und nach zu bloß fachlich klingenden Pseudoerklärungen, wenn nicht sogar zu Schimpfwörtern, „verkommen". Über bestimmte Schwierigkeiten, die in der Komplexität und Verdecktheit der sozialen Beurteilungsgegenstände liegen, kommt auch der bedachtsame oder sogar methodisch vorgehende „Attribuierende" nicht hinweg, nämlich darüber, daß wir gewöhnlich aus Motivbündeln heraus handeln, nicht aus einem einzelnen Motiv, wobei leicht die dynamisch stärkeren Motive die weniger bewußten sind (Kretschmer 1956), und daß das, was uns der zu Beurteilende selbst über seine Ziele, Absichten, Bedürfnisse, Motive mitteilt, nicht der Wahrheit entsprechen und erst recht nicht stabil sein muß, sogar wenn er es selber völlig wahrhaftig meint. Diese Kombination von verkürztem Auffassen des einen und Selbsttäuschung des anderen hat seit je Philosophen und Schriftsteller bewegt und manchen skeptischen Aphorismus hervorgebracht. Die Arbeit der Psychologen, mehr Beurteilungswahrheit durch mehr Erkenntnis und methodische Psychodiagnostik zu schaffen, bleibt ein schwieriges Bemühen.

Um sowohl die psychologische Forschung als auch die Praxis zu erleichtern, sind Fragebögen für „Gewohnheiten der Kausalattribution" (also für Attributionsstile) entwickelt worden. Hier sei nur einer beschrieben, der von Dorrmann und Hinsch entwickelte IE-SV-F (1981). Die Autoren bieten Kurzbeschreibungen von 29 Alltagssituationen (Lebensziele, Fähigkeiten, Partnerschaft, Beruf, Freizeit, Erziehung u. a.) und in jedem Beispiel mehrere Verhaltensweisen, die so formuliert sind, daß darin Begründungen enthalten sind. Auf fünfstufigen Skalen sind sie bezüglich des Grades ihres Zutreffens anzukreuzen. Der Fragebogen hat 84 Items mit je 5 Antwortmöglichkeiten. Welche Komponenten des Attributionsverhaltens sind zugrunde gelegt? Zum einen: Man kann für ein Ereignis die Erklärung bei sich selber (internal), bei einem (wichtigen) anderen (external) oder beim Zufall suchen (Levenson, zit. nach Dorrmann und Hinsch 1981).

Nach Rotter (1966) ist die Neigung, den Grund an einem dieser „Orte" zu suchen (locus of control), bei den meisten Menschen ziemlich deutlich ausgeprägt. Zum anderen: Unser Bedürfnis nach Verhaltenserklärungen ist besonders in Erfolgs- und Mißerfolgssituationen (eigenen und denen wahrgenommener anderer, vor allem mächtiger anderer) aktiviert, zumal unter Leistungserwartung (Weiner und Kukla 1970). Dabei kann man sich sowohl auf Stabiles, z. B. Eigenschaften, Fähigkeiten, als auch auf Labiles, z. B. die momentane Anstrengung, beziehen. Die sinnvolle Kombination dieser Gesichtspunkte ergibt für den Auswerter acht, hier stark vereinfachte Ergebnisse: Die Erklärung von Erfolgssituationen erfolgt eher internal und stabil („Ich bin dazu fähig"), internal und labil („Ich habe mich angestrengt"), external und stabil („Diese Situationen sind nicht schwierig"), external und labil („Ich hatte mal Glück"), und die Erklärung von Mißerfolgssituationen erfolgt internal und stabil („Ich bin dazu nicht fähig"), internal und labil („Ich habe mich zu wenig angestrengt"), external und stabil („Solche Situationen sind zu schwierig"), external und labil („Ich hatte mal Pech").

In diesem Verfahren (IE-SV-F) bedient man sich der Items vom Typ Selbstverbalisation. Jedoch kann man Instruktion und Itemformulierung leicht so ändern, daß Aussagen über die Verhaltensdeterminanten anderer gemacht werden.

4.3.3.   Strategien und Konzepte sozialer Urteilsbildung

Im Unterschied zu kognitiven Stilen, die dem Urteiler wenig oder gar nicht bewußt sind, versteht man unter einer kognitiven *Strategie* ein solches Vorgehen bei der Urteilsbildung, das von einem Prinzip geleitet und von einem Zweck her organisiert ist. Dabei kann es sich um eine allgemeinere, so etwa berufstypische Strategie handeln. Das kann man zum Beispiel daraus ersehen, daß die von Lehrern auf Zeugnissen verfaßten Schülerbeurteilungen im Urteilsgegenstand, in den Gesichtspunkten, in den Tendenzen und im verwendeten Vokabular sehr ähnlich sind. Es kann aber auch eine spezifischere Strategie vorliegen: Wenn beispielsweise mehrere Mitarbeiter von den Dienstjahren her an der Reihe wären, eine Gehaltserhöhung zu erhalten, aber der verfügbare Lohnfonds nur für die Hälfte reicht, wird nach Unterschieden gesucht bzw. werden vorhandene Unterschiede übersteigert und in Beurteilungen so dargestellt, daß die eine Hälfte dieser Mitarbeiter als berechtigt und die andere als nicht berechtigt erscheint. Zu den spezifischen Strategien gehört auch, Personen- oder Kollektivbeurteilungen so abzufassen, wie es der Empfänger der Beurteilung gern hören möchte, zumindest ein gerade noch glaubhaftes Kompromißbild zwischen dem von außen erwarteten, vielleicht auch selber angestrebten Verhalten (sowie Leistungs- und Beziehungsstand) und der Wirklichkeit zu konstruieren.

Konzepte hingegen sind kognitive Strukturen im Sinne von Menschenbild, von Alltagspsychologie, von bevorzugter Typologie und Charakterologie. Jeder von uns hat in seinem Leben einen Schatz von Erfahrungen gesammelt, der seine Meinungen und Erwartungen fundiert. Aus denen entwickelt er, wie schon geschildert, Hypothesen, Interpretationsbereitschaften, Bevorzugungen von sprachlichen Urteilsklischees, Bewertungsregeln, Handlungsmuster.

Kognitive Konzepte haben die Bedeutung von *Kanalisierungen* der bevorstehenden Wahrnehmung und oft sogar von ansatzweisen Vorentscheidungen in bezug auf das Antwort*handeln*. Sie existieren in unserem Gedächtnis als abrufbare Muster, wobei allgemeinere, mehr typbezogene und mehr sich den Individuen annähernde teils widersprüchlich nebeneinander existieren, teils in einer geordneten (hierarchischen oder auch ineinander verschachtelten) Beziehung stehen. Gesichtspunkte wie Umfang, Trennschärfe und Differenziertheit, die schon in bezug auf das Urteil als dessen kognitive Komplexität erörtert wurden, sind hier erneut relevant.

Es ist untersucht worden, ob die Personenbeurteilungskonzepte psychisch gesunder Personen leistungsfähiger sind als die von mit Konfliktangst behafteten („neurotischen") oder noch schwerer gestörten („psychotischen") Personen. Das ist der Fall und wird in Fachbegriffen wie „unterschiedliche soziale Kompetenz" zum Ausdruck gebracht (Schröder 1980). Sogar zwischen psychophysisch gesünderen und weniger gesunden Lehrern sind solche Unterschiede nachgewiesen worden (Ködel 1982).

Besonderes Interesse hat in der Forschung die Frage gefunden, ob zwischen dem Selbstkonzept einer Person und (1) dem Konstruktrepertoire, mit dem sie ihre Bezugspersonen beschreibt (Orlik 1982), und (2) ihrem Selbstfremdbild (Jungnickel 1982) sowie ihren Urteilen über andere Personen regelhafte Zusammenhänge bestehen. Dies hat sich mittels unterschiedlicher Methoden immer wieder bestätigen lassen, wobei der Einfluß des Selbstkonzepts so groß werden kann, daß die vom anderen angebotene Information völlig überdeckt wird (Petermann 1984). Oben haben wir das unter dem Aspekt der Geneigtheit zu bestimmten Attributionen schon berührt. Einen breiteren Zugang benutzt gewöhnlich die Vorurteilsforschung (Irle 1975, S. 105, 385); denn Vorurteile der Verhaltenserklärung sind nur *eine* Klasse von Vorurteilen, wenn auch eine wichtige. Freilich müssen schon mitgebrachte, vom kognitiven Konzept bestimmte Urteilsentwürfe nicht immer (völlig) falsch sein; sie können als Hypothesen fungieren, die durch Interaktionserfahrungen getestet und abgeändert werden, aber dies eher, wenn sie bewußt gemacht werden (expliziert sind).

Klinische Psychologen sind oft damit beschäftigt, der früheren Konzeptbildung ihres Patienten nachzugehen; sie erhoffen sich davon eine tiefergehende Änderung urteilsverzerrender Tendenzen als durch bloß gegenwartsbezogene Hinweise. Zum Beispiel mag auffallen, daß eine Frau deshalb immer wieder Mißerfolg mit männlichen Partnern hat, weil ihre Vater-Erfahrungen für sie Leitbildfunktion erlangt haben und sie nun jeden neuen Bekannten unbewußt daran mißt, wie er im Vergleich zu diesem Leitbild ist – was dazu führt, daß sie ihn in seiner eigenen Wirklichkeit verfehlt. Die dabei ablaufenden Schlußfolgerungen über das tatsächlich Wahrnehmbare hinaus werden, wie wir im Abschnitt 3.3.3. entwickelt haben, spontane Inferenzen genannt. Einmal auf die Fehlerquelle aufmerksam geworden, kann eine solche Patientin sich künftig um reflektiertes Erschließen und, davon ausgehend, um mehr Eindrucksoffenheit bemühen. Allerdings sind früh erworbene Personenbeurteilungskonzepte ziemlich hartnäckig, vor allem bei Personen, die ohnehin zu Rigidität neigen. In der empirischen Forschung bemüht man sich, die innere Struktur der Konzepte der sozialen Urteilsbildung aufzuklären. So ermittelte Reschke (1982) mit Hilfe der multidimensionalen Skalierung von Personenurteilen, zu welchen Gruppen geläufige Zuschreibungen von Eigenschaften bei seinen Versuchspersonen (also nicht nur sprachlogisch nach dem Wörterbuch) zusammengefaßt sind. Die Benennungen: „kameradschaftlich, hilfsbereit, kontaktfreudig, freundlich, aufgeschlossen, ehrlich" ergaben eine Konfiguration, die er als „Kommunikations- und Kooperationsfähigkeit" bezeichnete. „Bescheiden, einfühlsam, tolerant" war eine zweite, die er „Fähigkeit zu emotionalem Verständnis" nannte. „Fleißig, aktiv, intelligent, zielstrebig" fanden sich in einer dritten Gruppe zusammen, die er als „produktive Leistungsfähigkeit" bezeichnete. Hingegen konnten die Attribute „optimistisch, kritisch, parteilich und gesellig" nicht in diese drei Konfigurationen eingeordnet werden.

Snyder (1983) hat in seinen Versuchen für seine Versuchspersonen Telefongespräche arrangiert und ihnen per Zufall Fotos „des anderen" dazugegeben. Männer, die mit einer gutaussehenden Frau zu telefonieren glaubten, schätzten ihre Gesprächspartnerin als Persönlichkeit mit freundlichem, sicherem Auftreten, mit Humor und sozialen Fähigkeiten ein. Männer dagegen, die mit „unattraktiven" Frauen zu telefonieren meinten, hielten diese von vornherein für wenig zugänglich, für unbeholfen und humorlos. Je nachdem eröffneten sie das Gespräch schon entweder warm, freundlich, humorvoll, lebhaft oder kühl, abweisend, desinteressiert, reserviert. Diese Unterschiede im Verhalten der Männer lösten bei den Frauen genau das Verhalten aus, das erwartet wurde. Frauen, die (ohne es zu wissen) für attraktiv gehalten wurden, reagierten freundlich, liebenswert und charmant, die für unattraktiv gehaltenen Frauen kühl und reserviert. Das Vorurteil wirkte also als sich selbsterfüllende Prophezeiung. Die wirklichkeitserzeugende Kraft von Illusionen zeigte sich auch bei der Aufgabenverteilung. Je nachdem, ob man denkt, ein nicht sichtbarer Partner sei eine Frau oder ein Mann, ordnet man eher „weibliche" oder eher „männliche" Aufgaben im Sinne des herrschenden Geschlechterrollenkonzepts zu. Diesem paßt man sich oft schon sogar im voraus an. Wurde Frauen, die sich bei einem männlichen Leiter um Mitarbeit zu bewerben hatten, gesagt, dieser halte Frauen für emotional, unterwürfig, familienorientiert und passiv, und anderen Frauen, er halte die ideale Frau für unabhängig, leistungsorientiert, ehrgeizig und dominant, so richteten die Frauen schon ihr Äußeres darauf ein (Kleidung, Make-up, Accessoires), verhielten sich entsprechend und beantworteten Fragen nach Karriere, Heiratsplänen und Kinderwunsch in der erwarteten Weise. Unser Rollenverhalten ist also zu einem Teil eine Reaktion auf konzeptbedingte Vorurteile der anderen. Man kann sein Verhalten erst ändern, wenn man seine stereotypen Erwartungen ändert; dies ist aber schwierig, wenn beide Seiten sich im Einklang mit solchen stereotypen Konzepten verhalten. Information und guter Wille reichen also noch nicht aus, die Macht von Vorurteilen zu brechen. Hinzu kommt noch, daß wir auch über unsere Vorinformationen so verfügen, daß einer Urteilstendenz Genüge getan wird, und „solange es Vorurteile erleichtern, sich an bestimmte Informationen zu erinnern, die mit ihnen übereinzustimmen scheinen und die eine Speicherung abweichender Angaben erschweren, werden diese Menschen immer weiter ihre Vorstellungen für Realität halten" (Snyder 1983).

Rosenthal und Jacobson (1968, 1971) bezeichneten in einer

Reihe von Schulklassen den Lehrern gegenüber nach Zufall jedes fünfte Kind als besonders begabt und prognostizierten, daß dieses Kind im Laufe des Jahres in seinen Leistungen wesentlich besser werde, was dann tatsächlich dazu führte, daß diese Kinder bessere Noten bekamen. Hier war also etwas am spezifischen (individualisierten) Konzept des Lehrers geändert worden; alles weitere ergab sich dann von selbst. Ähnliche Prozesse funktionieren auch am Arbeitsplatz neu eingestellter Lehrlinge.

Damit verweist uns die Urteilskonzept-Forschung auf ein nächstes Problem: Offenbar sind Urteile einerseits sehr von den Beziehungen zwischen Urteiler und Beurteiltem abhängig, können aber andererseits erheblichen Einfluß auf die Herausbildung und Veränderung interpersoneller Beziehungen haben.

4.4. Interpersonelle Beziehung und Urteilsbildung

4.4.1. Die Abhängigkeit der sozialen Kognition von der Beziehung der Partner

Schon aus dem Alltag wissen wir, daß wir geneigt sind, über unsere Liebespartner, Angehörige, Freunde, Verbündeten, Kooperationspartner günstiger zu denken als über Fremde, Rivalen, Gegner, Konkurrenten, sogar dann noch, wenn wir von jenen ihre vielen kleinen Schwächen und von diesen ihre Leistungen, ihre Verdienste und ihre Macht kennen. Die Beziehung des einen zum anderen besteht aus bestimmten Einstellungen, Erwartungen, Bewertungen. Von einer solchen Beziehung sind unsere kognitiven Prozesse trotz des Bemühens um Sachlichkeit und Richtigkeit nicht unabhängig. Stets haben wir sowohl zu viele Fakten, müssen also auslesen, als auch zu wenig der eigentlich benötigten Fakten, müssen also ergänzen und Konfigurationen bilden. Um das Gewichten und Bewerten können und wollen wir gar nicht herumkommen. Besonders deutlich wird die Beziehungsabhängigkeit unserer Urteile, wenn eine ursprünglich sehr wohlwollende Beziehung durch Nichtbewältigung oder unterschiedliche Bewältigung neuer Ereignisse, die für die Beteiligten zwangsläufig unterschiedliche Bedeutung haben, zu einer feindseligen wird. Tauschen nun die „beiden Seiten" Stellungnahmen aus, so findet man regelmäßig, daß sie von der Wahrnehmungsgenauigkeit und Ereignisverarbeitung „der anderen Seite" sehr enttäuscht sind: Sie werfen dem anderen Lückenhaftigkeit, verzerrtes Wahrnehmen, Fehlurteile, Verdrehungskünste, auch krasse Lügen vor, meist in der naiven Annahme, selbst aber die richtige, unverfälschte Sicht zu haben. Fortgesetzte Klärungsbemühungen erbringen meist wenig oder vergrößern sogar noch die Diskrepanz, z. B. über „Mißtrauensspiralen" (Laing u. a. 1966) und aversive, konflikteskalative „Zwangsprozesse" (Revenstorf u. a. 1981). Denn auch mit diesen Bemühungen wird wieder im Raum der Faktenunsicherheit, der tendenziösen, affektiv gefärbten, durch Verteidigung und Angriff bestimmten Interpretation, der parteiischen Sinngebung und der zielbedingten, aber abweichenden Strategie operiert. Erst wenn sich die Beziehungen normalisieren – wodurch, ist jetzt nicht das Thema – werden auch die Urteile übereinander wieder freundlicher. Womöglich gelingt erneut Liebe; dann versteht man kaum noch, wieso man über einfache „Dinge" derart zweierlei Meinung sein konnte. Freilich, ob die neue Übereinstimmung nun die „Wahrheit" ist, wie die Beteiligten gefühlsmäßig meinen mögen, dürfte der Wissenschaftler bezweifeln. Verfeindungs- und Versöhnungsprozesse beobachtet zu haben sollte uns skeptischer machen, zumindest gegenüber solchen Urteilen über Personen, die von Urteilern stammen, die in besonders emotionalisierten Beziehungen zueinander stehen, einerlei ob positiver oder negativer Art. Allerdings ist auch dies noch nicht als Erkenntnis ausreichend; denn zugleich gilt, daß wir, wenn wir gleichgültig sind, auf manches gar nicht achten, wenn wir lieben, wirklich Positives entdecken und stützen, wenn wir hassen, wirklich Negatives entdecken und (bei aller Bekämpfung) ebenfalls stützen.

Die wissenschaftliche Auseinandersetzung mit dieser Problemverwicklung kann bei weitem noch nicht befriedigen. Sie bedarf einer Übersicht über die Mannigfalt der urteilsrelevanten Beziehungen. Bei unserem Konfliktbeispiel eben war eine siebenstufige bipolare Skala unterstellt: Haß – Feindseligkeit, Mißtrauen – leichte Antipathie – Neutralität – leichte Sympathie – Liebe – gemeinsame Liebesleidenschaft. Es wird angenommen, daß die Position, die man in bezug auf einen bestimmten anderen auf dieser Skala hat, auf regelmäßige Weise Einfluß hat, und zwar auf alle Glieder der folgenden Palette von Verhaltensweisen: Anmutung – prägnante Wahrnehmung – Interpretation – Kommunikation über Interpretationen – Urteil – Beurteilung. Hätte man eine genügend leistungsfähige methodische Anordnung, könnte man zumindest die noch sehr allgemeine Hypothese prüfen: „Personenbeurteilungen sind um so beziehungsabhängiger, je mehr der Urteiler in eine emotional bewertende Beziehung zum Beurteilten involviert ist." Die Angelegenheit wird allerdings noch komplexer, da ja der Beurteilte ebenfalls im Sinne seiner Partizipation an der Beziehung urteilt und Urteile äußert. Es ist also die *Dynamik* der Beziehung, die die Kognitionen beeinflußt, und die Dynamik selbst ist bestimmt durch Interaktionen, die sowohl vom momentanen Standort des einen als auch von dem des anderen auf jener Beziehungsskala bedingt sind.

Nun wäre es aber eine unzulässige Vereinfachung zu unterstellen, die von Sympathie und Antipathie her geteilte Beziehungsskala würde für interpersonelle Beziehungen überhaupt hinreichen. Schon ob überhaupt und zwischen wem „pathische" Beziehungen zustande kommen, hängt nicht nur von den (mindestens zwei) Beteiligten allein ab, sondern unter anderem auch davon, in welchem Maße diese den in der jeweiligen Gesellschaft üblichen Geschlechterrollen-Erwartungen zu entsprechen scheinen (Beckmann 1979). Ob die Beziehung nur Begegnungs- oder aber Bindungscharakter hat, welche Verpflichtungen sie enthält (z. B. die eines Gesunden gegenüber einem Hilfsbedürftigen), welche Leistungen dank der Beziehung zustande gebracht werden können, welche Erwartungen für die Dauer und den Wandel der Beziehung gehegt werden und noch viele andere Momente der Beziehungsrealität haben Einfluß darauf, wie die Beziehungspartner einander erscheinen und einschätzen.

Oben haben wir gesagt, auf unsere sozialen Urteile habe Einfluß, ob der Beurteilte zu „unserer Gruppe" gehört oder nicht, genauer: ob wir ihn dazu rechnen und auch, ob *er* sich dazu rechnet (denn seine Selbstöffnung und -enthüllung wird davon mitbestimmt). Gruppenzugehörigkeit ist ein für das interpersonelle Kognizieren weichenstellender Sachverhalt (Tajfel 1981). Damit soll nicht bestritten werden, daß wir uns anstrengen können, auch demjenigen gerecht zu werden, der nicht „unserer" Gruppe angehört. Über diesen primär sozialen Sachverhalt soll aber nicht vergessen werden, daß im menschlichen Denken von vornherein die Tendenz zu dichotomer Klassifizierung liegt. Man sieht das ebenso an der Neigung, in Gegensatzpaaren zu denken (tapfer – feig, zärtlich – grob, fröhlich – traurig usw.), wie an der kognitiven Bereitschaft, Personen nach ihrer Zugehörigkeit zur Eigen- oder Fremdgruppe zu klassifizieren. Wenn wir über andere, die weder für noch gegen die eigene Gruppe sind, urteilen, sind wir beeinflußt von der kognitiven Ordnungstendenz, ihnen eine bestimmte Eigenschaft *oder* deren Gegenteil zuzuschreiben. Dies scheint außerdem stets davon beeinflußt zu sein, ob wir zu der „Gruppe" derer, die die Eigenschaft (oder deren Gegenteil) „besitzt", uns selber zählen oder nicht. Bei der Ausbildung von Psychologiestudenten wird streng darauf geachtet, daß sie nicht nur dichotom denken: Sie sollen lernen, graduiert zu urteilen, sei es auf Dimensionen oder in semantischen Netzen. Man warnt sie weiterhin vor den Bewertungseinflüssen, die auftreten können, sobald eine identifikatorische oder eine kontradiktorische Beziehung zum anderen zustande kommt. Sie sollen sowohl beim Beurteilten, der ja außerdem noch seine Urteile über Dritte berichtet, als auch bei sich selber damit rechnen, daß Mitgliedschaft einerseits „blinde Flecke", andererseits „supersensible Flecke" des Wahrnehmens und Denkens erzeugt, gewöhnlich im Sinne der negativen und positiven Orientierungen der Gruppe. Wenn A an B nicht wahrnimmt oder nur äußerlich erfaßt und nicht in seinem Gehalt versteht, was für B an sich selbst wesentlich ist, statt dessen anderes, was für B peripher oder beliebig oder leider nicht abzustellen, also daher am besten zu ignorieren ist, stark beachtet, und wenn umgekehrt B sich zu A so verhält, daß sein „Gutes" nicht gewürdigt und sein „Unwesentliches" übermäßig beachtet wird, sind beide einander entweder noch fremd oder schon wieder entfremdet. Urteilsbeziehungen sind aktive, organisierte Auseinandersetzungen. Sie enthalten produktive Prozesse und sind daher nie nur mechanisches Abbilden.

4.4.2. Die Urteilsabhängigkeit interpersoneller Beziehungen

Die Aufnahme und kognitive Verarbeitung sozialer Information ist ein immerwährender Prozeß, ähnlich dem dauernden Im-Blick-Haben etlicher wechselnder Größen durch den Autofahrer. In kürzeren oder größeren Abständen (je nach Beziehung, Situation, Aufgabe) werden die Eindrücke als sprachlich formuliertes Urteil zusammengefaßt und können geäußert werden, dies wieder mehr oder weniger kontrolliert und mehr oder weniger auf den (die) Äußerungsempfänger abgestimmt. Die Abgabe von Urteilen über den (die) anderen hat immer Konsequenzen für die Beziehung. Ein weiterer Grund, die verbale Kommunikation besonders zu bedenken, liegt darin, daß wir mit der Abgabe urteilsartiger Stellungnahmen mitsteuern, wie viel der zu Beurteilende mitteilt.

Vieles vom anderen erfahren wir, weil er es ausspricht. Vieles erfahren wir genau genug nur dann, wenn wir gut zuhören und wenn wir dem anderen unser Verstehen oder mindestens Verstehensbemühungen rückmelden. Also bestimmt zunächst die Beziehung mit, was wir und wie wir es gesagt bekommen. Vor allem all jene Ereignisse und Handlungen, die in unserer Abwesenheit geschehen, und jene, die ohne Interpretation nicht eindeutig, womöglich überhaupt nicht zu unserer gemeinsamen Wirklichkeit gehören würden, werden für uns erst durch Kommunikation beurteilungsfähig. Die Gegenseitigkeit, die sich im vorigen Abschnitt im Begriff der Beziehungsdynamik schon andeutete, ist nun unübersehbar. Vereinseitigen wir sie erneut, nun aber in umgekehrter Richtung, so bedarf es keiner Belege dafür, daß unsere Beziehung zum anderen sehr beeinflußt wird durch seine Urteile, die er über uns und die „Unseren" äußert. Dies geschieht schon nichtverbal, wird aber erst durch die Verbalisierung eindeutig – zu unserer Freude oder unserem Kummer. Sogar die Selbstbeschreibungen des anderen sind beziehungsrelevant; denn nennt er sich trotz meiner Nähe zum Beispiel verzweifelt und verachtet, so teilt er mir indirekt mit, daß ich im Moment für ihn jemand bin, der ihn nicht umstimmen und von diesen negativen Prädikaten entlasten kann.

In der Partnerschaftspsychologie (vor allem den Unterthemen der interpersonellen Konfliktprozesse, des Streits, der Beziehungskrisen) wird sorgsam darauf geachtet, wie der Austausch von Urteilen die Beziehungsdynamik beeinflußt und diese zurückwirkt auf die Art und Weise, Eigenes für den anderen wahrnehmbar anzubieten. Alles, was wir vorhin über verhaltenserklärende Zuschreibungen (Attributionen) sagten, geht aus der Verhaltenskoordination hervor und mündet in die Kommunikation ein, die Beziehung bereichernd oder verarmend. Dabei tendieren die Partner (und offenbar auch die Attributionsstil-Forschung) zum Personalisieren: „Du bist verschwenderisch, ich bin sparsam." „Nein, du bist geizig und ich normal großzügig." (Die genauere Analyse dieses Beispiels findet sich in Böttcher 1982, S. 60).

Auch die Bezugnahme auf Dritte kommt vor, d. h. das erweiterte Personalisieren: „War nicht die attraktive Kollegin dabei, der Du imponieren willst? Da konntest Du nicht widerstehen." Nur angedeutet handelt es sich bei diesem Urteil auch um das Beziehen auf Situationen und Interaktionen. Man könnte das Gewinnen von Erklärungsmomenten aus der Situation „Situationalisieren" und das aus der Interaktion von Urteiler und Beurteiltem „Interaktionalisieren" nennen.

Das Interaktionalisieren scheint bei den meisten Menschen am schwächsten entwickelt zu sein. „Du bist aber heute wieder grillig!" sagt eine Frau zu ihrem Mann. Sie hat recht; er ist verärgert. Aber zugleich spricht sie ihm ab, daß er Grund habe, verstimmt zu sein. Was sie überhaupt nicht einbezieht, ist, daß sie vorher etwas tat (sagte), das ihn verletzt hat. Er aber „interpunktiert" die abgelaufene Szene so, daß dieses Stück dazugehört (Watzlawick u. a. 1969). Macht er sie nun darauf aufmerksam: „Du hast mir vorhin etwas sehr Negatives unterstellt", mag das stimmen, aber zugleich unterläßt er, in seine Szenenabgrenzung einzubeziehen, was noch vordem war, was nun aber *sie* als sein zu der Unterstellung provozierendes Verhalten hervorhebt. So können sie unter der Frage, wer angefangen habe, also „schuld" sei, fortwährend personalisierte Attributionen austauschen, ohne doch auf die wirkliche Erklärung zu kommen: Unsere Beziehung ist (durch das und das) gestört, daher kämpfen wir jetzt mit vordergründigen Erklärungen und an Inhalten herum, um die es eigentlich gar nicht so sehr geht.

Natürlich lebt die Beziehungsdynamik zwischen A und B von dem, was A und B *sind*, tun, sagen. Aber ihre in der momentanen Interaktion aktualisierte und zugleich modifizierte Beziehung – und so auch der Austausch ihrer Urteile übereinander – ist ein eigengewichtiger Faktor. Daher geschieht oft, was keiner von beiden gewollt hat. Gestörte oder einfach nur zu unterschiedlich definierte Beziehungen zerstören sich nicht selten dadurch selbst, daß sie zu gegenseitigen beziehungsruinierenden Attributionen verleiten, etwa unter dem Zwang des Rechtbehaltenwollens oder dem der Aufrechterhaltung eines „Glücks von gestern", einer nicht mehr gültigen Beziehungsdefinition, manchmal auch differenter Ziele, von denen jeder das seine angestrebt sehen will.

Auch in Sachen „Beziehung und Urteil" gibt es, außer dem Implizitbleiben dieser Interdependenz, die bewußte Explikation, wie schon an Hand von Riemanns Typen des Zueinanders von Psychotherapeut und Psychotherapie-Patient beschrieben. Wenn Rogers (1973) in seiner klientenzentrierten Gesprächstherapie vom Therapeuten Echtheit, Wärme, Wertschätzung des Patienten, Empathie- und Verbalisierungsfähigkeit fordert (Helm 1978), so geschieht das nicht, um den Patienten in einer vorbeschlossenen Weise zu ändern, sondern um wahrnehmungs- und urteilsfähig in dem Sinne zu werden, daß die Angelegenheiten des Patienten von dessen innerem Standort her bzw. innerhalb der für den Patienten realen Bezugssysteme überhaupt gesehen werden können und das möglichst komplex und genau (Böttcher 1981, Bernstein und Davis 1982). Eine hohe Wahrnehmungs- und Interpretations-(= Verbalisierungs-)qualität wird also als beziehungsabhängig beschrieben, und dann folgt die Umkehr der Überlegung: Nur wenn derart – wie wir sagen wollen – „verstehensreiche" und „verstehensgenaue" Urteile gelingen, ist eine Therapeut-Patient-Beziehung wahrscheinlich, durch die – an allen Widerständen und Widersinnigkeiten vorbei – die therapeutische Aufgabe, „Hilfe bei der Selbsthilfe zu leisten", erfüllbar wird und bleibt. Kommen interpersonelle Konflikte auf, ist der Urteilsprozeß beider gefährdet nach der Regel, daß in der Interaktion gewonnene Personenurteile um so mehr von der Interaktionsart abhängig sind, je konflikthafter diese ist (z. B. wenn Machtkonkurrenz darüber auftritt, wer recht habe und wer entscheide), und daß geäußerte Personenurteile um so beziehungsgestaltender sind, je mehr sie das Selbstverständnis des anderen bestätigen oder in Frage stellen. Meist wäre unser Verstand – zusammen mit dem des anderen – fähig,

Problemlösungen zu finden, wenn unser Konfliktärger nicht darauf erpicht wäre, die Diskrepanz- und Schadensentstehung zu bearbeiten: die Erklärung zu finden, am besten, den anderen „als Schuldigen dingfest" zu machen.

Für die Ausbildung von Lehrern, Ärzten und Psychologen in der Personen- und Beziehungsbeurteilung folgt daraus, daß es mit einem bloß auf Denkdisziplin oder bloß auf Wissenszuwachs im speziellen Gegenstandsfeld gerichteten Training nicht getan sein wird, so wichtig auch immer diese sein mögen, wenn man jene Beziehungshaltungen hat fördern können. In dieser Ausbildung sollen sie lernen, „gute Beziehungen" zu realisieren, unabhängig vom Vor- und Zwischenurteil. Sie sollen ebenfalls lernen, ihre Urteile so zu formulieren, daß selbst bei Nichtbestätigung des Bildes, das der andere von sich hat, die Beziehung unbeschädigt und funktionsfähig bleibt.

Einen letzten Gedanken zur Beziehungsproblematik: Es ist zwar richtig, daß A über B entweder B-abhängig oder B-unabhängig zu Informationen kommt und diese verarbeitet. Jedoch nimmt er außerdem die Urteile von C, D, E über B auf und nutzt auch diese bei der Verarbeitung zu eigenen Urteilen. Das existierende Netz von interpersonellen Beziehungen sorgt also für eine kollektive Bildung und Verbreitung von Personenurteilen. Dazu ist verbaler Austausch nötig und nützlich, und insofern wird einiges aus der impliziten in die explizite Urteilsbildung überführt. Solche Explizierung kann dann in verschiedener Weise noch weitergetrieben werden, z. B. wenn ein Leiterkollektiv bestimmte Mitarbeiter beurteilt, wobei Zuarbeit, Austausch, Korrektur, Vorlage des optimierten Entwurfs an den Beurteilten und andere Abschnitte enthalten zu sein pflegen. Oder: Psychologen ermitteln in einer Gruppe an Hand der Vorgabe von Beurteilungsgesichtspunkten (z. B. Partnerwahlen für Aufgabenerledigung) das Urteil von jedem über jeden und gelangen so zu „summierten Gruppenmitgliederurteilen". Dazu gibt es eine verzweigte Forschung, die hier nicht dargestellt werden kann (Hiebsch und Vorwerg 1979).

4.5. Die Interaktionssituation als modifizierender Faktor

Während „soziale Beziehung" zumeist überaktuelles, zeitweise sogar ruhendes Personales und Interpersonelles meint (die allerdings aus aktuellen Interaktionen hervorgegangen sind, auf der Verarbeitung solcher Erfahrungen beruhen und als gestaltender Faktor in neues aktuelles soziales Verhalten eingehen), verweist der Begriff der *„Situation"* immer auf Gegenwärtiges. Hier wäre eine Taxonomie derjenigen Situationen, die unter dem Gesichtspunkt der sozialen Kognition relevant sind, erforderlich. Dem steht außer der ungeheuren Vielfalt von Situationen zunächst die übliche zweifache Akzentuierung des Situationsbegriffs im Wege, dann aber auch noch seine mögliche Gliederung in „individuelle" und „interpersonelle" Situationen.

Akzentuiert man am Situationsbegriff, wie das im Alltag zumeist getan wird, die *äußeren* Gegebenheiten – also die materiell-gegenständlichen (physikalischen, biotischen, soziostrukturellen), also die „objektive Seite" der Gesamtsituation (die bei Schmidt, 1982, „Lebenslage" genannt wird), so sind Personen, die sich gegenseitig auf einer Wahrnehmungsbasis beurteilen, in einer im wesentlichen gleichen Situation (oder gewesen), sieht man von einseitiger, künstlich vermittelter Wahrnehmung wie beim Betrachten von Filmen ab. Zeigen sich Unterschiede ihres Urteilsresultats, so gehen diese hauptsächlich darauf zurück, daß (a) der andere eben ein anderer ist und (b) daß jeder von beiden gleiche Ereignisse unterschiedlich verarbeiten kann.

In der Persönlichkeitspsychologie ist allerdings die Akzentuierung der subjektiven Seite des Situationsbegriffs üblicher (Schmidt 1982, S. 63). „Situation" wird dort als etwas definiert, das durch Wahrnehmung, Selektion, emotionale Resonanz, Interpretation, Bewertung, Reflexion zustande kommt.

Jedes Individuum befindet sich somit in *seiner* individuellen Situation, und zwei oder mehr Personen können allenfalls einen mehr oder weniger großen Überschneidungsbereich ihrer Situationen haben. In diesem liegen jene objektiven Beschaffenheiten und auch bestimmte „penetrante" (die subjektiven Abschirmungen durchschlagende) Ereignisse, ferner diejenigen Ereignisse und Gebilde der „Wirklichkeit zweiter und dritter Ordnung" (Watzla-

wick u. a. 1969), in denen man durch Verständigung übereinstimmt.

Lassen wir hier die äußere Situation, die natürlich auch zumindest inhaltlichen Einfluß auf Wahrnehmungs- und Denkweisen
hat, beiseite, so bleiben der personale und der interpersonelle
(auch Gruppen-) Aspekt übrig. Hier ist kein Raum, über Versuche zu berichten, dafür Situationstaxonomien zu entwickeln (vgl.
dazu Kauke 1980) und diese als urteilsrelevant nachzuweisen. Für
diese beiden Aspekte seien im folgenden nur Beispiele genannt,
die man sich, einmal aufmerksam geworden, mit Hilfe seiner All-
tagsbeobachtung leicht ergänzen kann.

4.5.1. Personale Situationen

Normal- versus *Grenzsituation:* In normalen Situationen folgen
wir gern unseren Wahrnehmungs-, Interpretations- und Urteilsge-
wohnheiten, in Ausnahme- oder Grenzsituationen erleben wir
(oft) deren Versagen. Zwar gibt es da immer noch die Möglichkeit, sich starr an vorgefaßte Meinungen zu klammern, aber der
wirkliche Fortgang der Ereignisse erweist bald, daß sich die so
getroffenen Einschätzungen nicht bewähren. Grenzsituationen
können uns insofern kreativ machen, daß wir wahrnehmend
Neues akzentuieren, allerdings nur dann, wenn wir nicht das in
Schock und auch Angst Gelernte fixieren, so daß es zu einer
Dauerabwehr wird. Eine Rückkehr in die Normalsituation sollte
also von Aufarbeitung, Umbewertung, Abänderung der Gewohnheiten (Readaptation) erfüllt sein. Besondere Bewältigungsanfor-
derungen kommen durch Krisen der interpersonellen Beziehungen
und die in ihnen auftretenden spannungsentladenen Situationen
zustande. Ist der andere in einer solchen Grenzsituation, bekommt
er für uns ein „anderes Gesicht", sind wir es selbst, wird unser
Selbstkonzept erschüttert.

Überforderungssituationen: In solchen sehen wir den (die) anderen daraufhin an, ob sie als Unterstützende, Entlastende, Bun-
desgenossen, gegebenenfalls auch als „Entschuldiger" für unser
Versagen in Betracht kommen oder ob zu befürchten ist, daß sie
uns tadeln könnten.

Benachteiligungs- versus *Bevorteilungssituationen:* Beide Arten, mit allgemein üblichen oder auch den eigenen Gerechtigkeitskriterien in Spannung oder Konflikt zu stehen, belasten die Meinungsbildung über den anderen, aber auf recht verschiedene Weise (Walster u. a. 1978, Mikula 1980): Benachteiligte nehmen andere eher als zu Beneidende wahr, Bevorteilte sehen in anderen solche, die ihren Vorteil vermindern wollen.

Frustrationssituationen: In ihnen verstärkt sich die Tendenz zu Kausalattributionen, die auf Personen der Umgebung bezogen sind. Dann liegt es nahe, andere als egoistisch, auch als feindselig und als an der Versagung schuld zu erleben und zu beurteilen.

Versuchungssituationen: In ihnen erscheint der „Anbieter" der ersehnten Wunscherfüllung leicht als potenter, gebender, verläßlicher, als er es ist, es sei denn, er wird infolge Angst als gefährlich (bedrohlich, verwirrend, „auffressend") erlebt.

Andere Situationen, die Einfluß auf die interpersonelle Wahrnehmung haben, seien nur noch aufgezählt: Erfolgs- oder Mißerfolgssituationen in sachbezogenen Anforderungszusammenhängen und in sozialen Zusammenhängen (vgl. die im Abschnitt 3.1.2. berichtete Untersuchung von Lüder 1980); aktivitätserleichternde oder -erschwerende Situationen; Situationen des sozialen Vergleichs (mehr oder weniger fähig, mächtig, beliebt, geliebt, gebraucht zu sein als bestimmte andere); Situationen des Verstanden- oder Mißverstandenwerdens; Situationen des Gewährens oder des Entziehens von Freiheitsgraden im Verhalten (vgl. dazu die Theorie der „Reaktanz", Brehm 1966); Situationen, die durch interne Zustände bzw. Befindlichkeiten geprägt sind wie Aktiviertheit, Schlaffheit, Wohlbefinden, Beschwerden, Hoch- oder Niedergestimmtheit. Bezieht man solche in die Situationsdefinition ein, so werden meistens die Änderungschancen mitbedacht: Spreche ich von „Hungersituation", so stelle ich gleichzeitig die Frage, ob bei mir und anderen die Bereitschaft besteht, meinen (und ihren) Hunger zu beheben.

4.5.2. Interpersonelle Situationen

Neuheitssituation (Kennenlernen): Hier findet schrittweise ein gesteigerter, von Erkundungsinteresse gelenkter Austausch von Selbstdarstellungen, Selbstmitteilungen, sogar Selbstenthüllungen statt, der im Verlauf des Kennenlernens durch das Ausmaß an Verzicht, Verhaltenheit und Rücksicht auf die eigenen sozialen Beziehungen bestimmt wird.

Vertrautheitssituation, Wiederbegegnung: Oft wird hier unterstellt, der andere sei unverändert und man wisse über seine Stärken, Schwächen, seine Verwundbarkeiten und Anpassungsmöglichkeiten Bescheid. Je nach dem Zweck der Wiederbegegnung und nach dem Verlauf der Neuanpassung aneinander nimmt man erneut vom anderen Kenntnis, vor allem bezüglich zwischenzeitlicher Ereignisse und Entwicklungen, und öffnet sich dem anderen wieder oder verschließt sich ihm.

Verteilungs- und Gewinnsituationen: Hier wird, z. B. in mehr geschäftsmäßigen Beziehungen und Situationen, eher nach der Größe des für die Beziehung geleisteten Beitrags gedacht („Equity"-Prinzip), nach der man sich den eigenen „Gewinn", auch den des anderen ausrechnet, in freundschaftlichen Beziehungen eher an dessen Gleichaufteilung (Egalitäts-Prinzip), in solidarischen vor allem an das Bedürfnisprinzip, in Rivalitäts- und Öffentlichkeitssituationen auch danach, wie man dem anderen erscheinen will, z. B. als großzügig (Mikula 1980, Bossong 1983).

Konflikt- und Streitsituationen: Während in Harmonie und gelingender Zusammenarbeit eher die positiven Anteile des anderen am Zustandekommen und am Erfolg der Interaktion gesehen werden, erscheinen im interpersonellen Konflikt eher diejenigen im Blickfeld, die die bestehende Beziehung oder deren weitere Entwicklung beeinträchtigen. Diese Sensibilisierung der Wahrnehmung für die „Fehler" des anderen muß aber nicht mit einer Selbstaufwertung einhergehen. Wie der, der einen anderen liebt, auch sich selbst liebt, ist der, der einen nahestehenden und wichtigen anderen geringzuschätzen oder gar zu hassen beginnt, meist auch böse gegen sich selbst gesinnt, und wenn er sich nur seine bisherige „Blindheit" und Partnerwahlunfähigkeit vorwirft. Die Streitsituation kann sehr oft nicht nur als eine dyadische interpretiert werden, sondern sie enthält zumeist lebhafte Bezugnahmen auf Dritte, die als Vergleichsmaßstab, Rivale, Einmischer, Helfer usw., fungieren und um so mehr zur Streitentwicklung „beitragen", als die Streitpartner unterschiedliche „Bilder" von jenem Dritten haben oder betont herausstellen.

Andere interaktionale bzw. interpersonelle Situationen, die

mehr oder weniger großen Einfluß auf interpersonelle Wahrnehmungen und Urteile haben können, seien jetzt nur aufgezählt: Beobachtersituationen, in denen der andere mit Dritten interagiert, im Unterschied zum eigenen Handeln (Nisbett u. a. 1973); Warte- und Langeweilesituationen; Situationen mit Ereignisbelastung; ökologische Streß-Situationen; Bedürfnisübereinstimmungs- oder -diskrepanzsituationen; Muße- oder Hektiksituationen; Situationen gemeinsamer oder aufzuteilender Pflichten, gemeinsamer oder differenter Angst, gemeinsamen oder gestuften Ausgesetztseins an Gruppendruck, Zeitnot usw.; Situationen gleicher oder abweichender Anerkennung (Belohnung) – und so weiter.

Die Urteilsbildung übereinander ist in allen solchen sozialen Episoden oder Szenen mit der Einschätzung der Situationen und des Situationszueinanders verknüpft. Es ist hier nochmals daran zu erinnern, daß zwar das Individuum denkt (wahrnimmt, urteilt usw.), daß aber das Analysieren von solchen Situationszusammenhängen sehr oft dialogisch geschieht, was zu übereinstimmenden, aber oft auch zu kraß diskrepanten Beurteilungen führen kann.

4.6. Grade und Formen der Explikation von Beurteilungsprozessen

In der Abb. 24 zu Beginn dieses Kapitels sind vier Explikationsgrade von Beurteilungsprozessen angegeben: unbewußt – handlungsgebunden – akzentuiert – fachmethodisch expliziert. Trotz der im Abschnitt 4.1. gegebenen Erläuterung ist diese Gliederung noch zu grob, und vor allem blieb beinahe ungesagt, was eigentlich auf diesen Stufen variiert und warum es variiert.

4.6.1. Gründe für unterschiedliche Explikationsgrade der Prozesse und Ergebnisse interpersoneller Urteilsbildung

Wenn man etwas vereinfacht, dann kann man die Gründe aus drei Quellen herleiten: aus dem Urteilssubjekt, aus seiner interpersonellen Situation und aus seiner sozialen Aufgabe oder Rolle.

Gründe im Wahrnehmenden bzw. Urteilenden selbst sind einerseits *zuständlicher,* andererseits *charakterlicher* Art. Mit „zuständlich" sind sowohl die momentane Aktiviertheit (Wachheit, Vigilanz), die uns entweder träge und diffus bleiben läßt oder uns zum Einsatz unserer kognitiven Differenzierung und sprachlichen Formulierung antreibt, als auch Qualitäten wie Gestimmtheit, momentane Auf- oder Zugeschlossenheit gemeint. „Charakterliche" Gründe liegen darin, daß manche Personen stark in ihrer Subjektivität verhaftet sind, andere dagegen sich versachlicht haben; die letzten sind eher bereit, die eigene Meinungsbildung unter logische, sprachliche und gegenstandswissenschaftliche – hier also persönlichkeits- und sozialpsychologische – Kontrolle zu nehmen.

Situationen und *Beziehungen* haben wir bereits erwähnt. Hinzuzufügen ist, daß uns Situationsschwierigkeiten und Beziehungskonflikte dazu veranlassen, den Explikationsgrad unserer Urteile zu erhöhen. Man ist herausgefordert, es nicht bei der nur schwach bewußten Urteilsbildung zu belassen. Eigene oder auch gemeinsame Verarbeitungsnot kommt auf, die dazu zwingt, den die soziale Interaktion begleitenden Wahrnehmungsprozeß öfter und prägnant in Urteilsform zusammenzufassen und die Urteile auch zu äußern. In einem persönlichen Streit- und Klärungsgespräch kann es sich sogar um einen lang ausgedehnten Austausch von Urteilen übereinander und über Dritte mit eingebauten Vergleichen, Korrekturen, Rückkopplungen und Beweisversuchen handeln. Personen mit entwickelten sozial-kognitiven Fähigkeiten bemühen sich, Beziehungsprobleme dadurch lösbar zu machen, daß sie sorgfältig zwischen Wahrnehmung und Interpretation unterscheiden, Nuancen einführen, wo vorher nur globale Urteile waren, also zwischen Richtigkeits- und Bewertungsaspekten ihres Urteils unterscheiden, außerdem Inhalts- und Beziehungssachverhalte nicht verwechseln, den treffenden Begriff finden, beim Äußern des Urteils vorausfühlen, wie der andere das Gesagte auffassen und wie er es beantworten werde. Affekte mögen den einzelnen Gedanken dabei zwar verdunkeln und verzerren, aber unangemessene Attributionen werden von deren Empfänger zurückgewiesen, und somit erfolgt – wenn man nicht vorzeitig abbricht – eine Qualifizierung der Auseinandersetzung.

Noch anders verläuft ein solcher Prozeß in sozialen Zusammenhängen, in denen aus politischen, humanitären, beruflichen oder betrieblichen Gründen „mit den Menschen gearbeitet" wird. Wir wollen hier zwar nicht auf sozialpsychologische Rollentheorien eingehen, müssen aber erneut darauf hinweisen, daß jede (zweckhaft organisierte) Gruppe und erst recht die Gesellschaft im ganzen die Tätigkeiten ihrer Mitglieder von Aufgabenstellungen her organisiert. Bestimmten Funktionsträgern eines gesellschaftlichen Verbandes fallen dann immer auch Aufgaben der Personen-Einschätzung zu (z. B. Einschätzung von Kollegen, Genossen, Schülern, Klienten, Patienten). Meist sind die Aufgaben so geartet, daß ziemlich oft intern oder in kleinen Gremien mündliche Urteile formuliert werden, seltener und nach außen gerichtet schriftliche, die dann noch mehr Sorgfalt erfordern. Hier lassen sich leicht Berufe anfügen, in denen *diagnostische* Urteilsbildung verlangt wird: Erzieher, Lehrer, Ärzte, Kaderbeauftragte, Psychologen. Bei diesen *darf* die Urteilsbildung nicht implizit bleiben; sie muß anforderungsspezifisch akzentuiert und organisiert, wenn nicht sogar objektiviert werden.

4.6.2. Explikationsgrade und beteiligte psychische Prozesse

Einteilungen können immer grob oder fein gemacht werden; also bleibt die Verfeinerung der vier Stufen der Explikationsgrade in der Abb. 24 auf *zehn Stufen* in der Abb. 25 natürlich etwas willkürlich. Keinesfalls handelt es sich hier um eine eindimensionale Skala. Wie die Beschreibungen der Abb. 25 ausweisen, handelt es sich vielmehr um eine Reihe typischer Organisationsformen sowohl der personalen wie der interpersonellen Prozesse, in die jeweils mehrere Dimensionen eingehen.

Die Abbildung ist in Pyramidenform gehalten, um die Häufigkeit des Vorkommens der beteiligten psychischen Prozesse auszudrücken. Wir nehmen an, daß die unbewußte Eindrucksbildung unvermeidlich ist, massenhaft und alltäglich geschieht, immer mitläuft und also auch beim Zustandekommen der höheren Explikationsgrade dank kleiner Lücken in der Kontrolle des Urteilenden immer mit im Spiel ist. Die fachspezifische Personen*begutachtung* kommt ohne Zweifel am seltensten vor.

Die Begriffe der Abb. 24 sind in der Abb. 25 etwas ausführlicher gefaßt: Was dort „unbewußt" hieß, bezeichnet hier nur noch

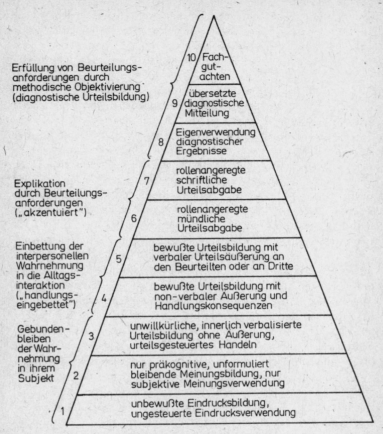

Abb. 25: Implizite Urteilsbildung und Explikationsgrade.

den untersten Explikationsgrad, und zum „Gebundenbleiben der interpersonellen Wahrnehmung und Urteilsbildung in ihrem Subjekt" gehören noch zwei weitere Grade. Aus „handlungseingebettet" und „akzentuiert" sind vier Grade geworden, wobei die handlungseingebetteten dadurch charakterisiert sind, daß das Alltagshandeln und der Alltagsaustausch durch sozial-kognitive Äußerungen mitgestaltet werden, den akzentuierten jedoch eine erhöhte Verbindlichkeit und Verantwortlichkeit in der Bildung, Äußerung und Verwendung von Personenurteilen zukommt, ohne daß es jedoch schon nötig erscheint, mit diagnostischen Methoden zu arbeiten oder sogar Tests für die Informationsgewinnung und -verarbeitung über den anderen einzusetzen. Dies charakterisiert erst die drei höchsten Stufen, die der wissenschaftlichen Objektivierung.

Nun seien die Stufen etwas erläutert.

Die Existenz des Explikationsgrades 1 (*unbewußt, ungesteuert*) kann nicht dadurch nachgewiesen werden, daß die betreffende Person gefragt wird, was sie und ob sie etwas Bestimmtes an der zu beurteilenden Person wahrgenommen habe. Hier dienen vor allem motorische Reaktionen, z. B. unbewußtes Zurückweichen vor einem anderen, der als zugreifend erlebt wird, als Beleg. Hinweise sind auch aus der Traumforschung, der Erforschung der Lateralität des Gehirns (Leistungen der rechten Großhirnhälfte bei der Gestalterfassung) und der Kontrolle des Verhaltens nach dem Anschauen von Filmen mit eingestreuten Kurzreizen gewonnen worden. Es gibt im wesentlichen drei Gründe dafür, daß die interpersonelle Informationsaufnahme so kärglich bleibt, daß es nicht bis zum Bewußtwerden reicht: Der andere „sendet" nur ein Minimum an Ausdruck; die objektive Wahrnehmungssituation ist so ungünstig, daß vom Ausgedrückten nicht viel beim Empfänger ankommt; der Empfänger ist anders gestimmt, anders gerichtet, anderweitig beansprucht, so daß der Eindruck vage und flüchtig bleibt und der Selbstkontrolle entgeht. An dem sehr variablen Zusammenspiel dieser drei Bedingungen liegt es, daß man hier nicht von einer festen Wahrnehmungsschwelle, bestenfalls von einem sehr fluktuierenden Schwellenbereich reden kann. Was die unkontrollierte Eindrucksverwendung anlangt, nimmt Irle (1975, S. 58) an, daß es sich um Reaktionen mit geringer Auftrittswahrscheinlichkeit handelt. Man könnte aber auch vermuten, daß es sich um Nebenkomponenten figurierten Verhaltens handelt, sozusagen um dessen unbewußte „Fransen", um „Hof"-Elemente, um das, was bei der Figur-Grund-Differenzierung eben Hintergrund bleibt – nun aber aus dem Visuellen in das Handeln übertragen. Auch vegetative Reaktionen belegen solche Eindrücke und dieses Konzept.

Der Explikationsgrad 2 (*präkognitiv*) ist weniger strittig. Zwar sind Anmutungen gemeint, aber kurz nachdem man solche Gefühle erlebt hat, kann man rückblickend sagen: „Ja, das war ein

Angstgefühl, das ich eben hatte, und es dürfte daher rühren, daß mir B bedrohlich vorkam!"

Explikationsgrad 3 (*innerlich verbalisiert*) bedeutet, daß man sich über den, mit dem man umgeht, zwar etwas denkt, aber davon nicht erregt wird, so daß es sich nicht ausdrückt. Auf die Gestaltung des eigenen Handelns, vor allem dem Urheber des Eindrucks gegenüber, hat das innerlich formulierte Urteil aber doch Einfluß. Nicht gemeint ist damit der Fall, daß man sich eine Meinung, zu der man gelangt ist, nicht anmerken läßt; das ist eine im Schema nicht dargestellte Nebenform des Explikationsgrades 5, denn eine verbale Äußerung wäre ja möglich, nur wird sie nicht ausgedrückt, sei es aus Rücksicht, aus Mitteilungsunwilligkeit, aus Scham, aus taktischen oder anderen Gründen. Meist gibt es dann eine Vermischung mit dem Explikationsgrad 4; denn oft zeigt es sich am Ausdruck dessen, der sich verbal äußern könnte, daß er das unterläßt.

Den Explikationsgrad 4 (*non-verbal geäußert*) haben wir im Abschnitt 4.2. schon als unseren verräterischsten geschildert; dort wurde ausgeführt, daß unsere verschiedenen Ausdrucksfelder in unterschiedlichem Maße wahr und deutlich „reden".

Mit dem Explikationsgrad 5 (*verbal geäußert*) meinen wir einerseits die kommunikative Rückmeldung an den Partner in der Situation, andererseits aber auch, „jeder redet über jeden". Dabei kann es sich um Geschwätz handeln, aber auch um eine durchaus verantwortungsbewußte Absprache darüber, wie ein anderer ist, in welcher (vielleicht schwierigen) Lage er sich befinden mag und wie man mit ihm umgehen sollte. Welche große Rolle hier Kausalattributionen spielen, haben wir schon mehrmals dargestellt, desgleichen, wie situative und beziehungsrelevante Ereignisse uns dazu veranlassen, Personenurteile auszutauschen.

Mit dem Explikationsgrad 6 (*rollenangeregt – mündlich*) hat man in der Empirie gewisse Schwierigkeiten, weil nicht streng festlegbar ist, wann einer eine Rolle hat und wann nicht. Gruppen vergeben Rollen nicht nur bewußt. Es kann auch eine im Ablauf kaum merkliche Rollendifferenzierung zustande kommen. In einer solchen mag sich ein Gruppenmitglied als „Einschätzer" hervortun, sei es durch die Güte seiner Einschätzungen oder auch nur dadurch, daß er selbstbewußt und behauptend spricht oder daß er vorzugeben versteht, er habe über den zu Beurteilenden vertrauliche Kenntnisse. Bemerkenswert ist, und dies gilt auch für die höheren Stufen, daß Gruppen und Berufsverbände Bevorzugungen bestimmter sprachlicher Mittel entwickeln. Wird ein Kind als unaufmerksam, faul und unkameradschaftlich geschildert, dann hat man es mit einer Beurteilung durch Erzieher und Lehrer zu tun. In der ersten Nachkriegszeit lautete die Standardbegründung für einen Heimeinweisungsantrag, wenn sie aus einer Schule kam, „lügt, stiehlt und schwänzt die Schule". Inzwischen tauchen in pädagogischen Einschätzungen immer öfter psychologische Fachtermini auf, z. B. intelligent, introvertiert, retardiert oder psychogen gestört. Das ist bei den Explikationsgraden 6 und 7 (*rollenangeregt – schriftlich*) insofern problematisch, als diese Begriffe eigentlich nur graduiert verwendet werden dürfen, d. h., in welchem *Maße* jemand intelligent, introvertiert oder retardiert ist, oder nur sinnvoll sind mit Angabe von Störungsursachen, Transformationsmechanismen und -effekten.

Die nicht mit wissenschaftlichen Methoden durchgeführte Beobachtung reicht aber selten, um solchen Ansprüchen zu genügen. Wenn jedoch ausgesagt wird, wie intelligent, wie stark introvertiert, in welchem Maße retardiert, wie und wodurch einer psychisch oder psychogen gestört sei, und wenn diese Aussagen mit erhöhter Urteilerverantwortung (z. B. für Zeugnisse, für Personalunterlagen, für Krankengeschichten, für Gerichtsakten) gemacht werden, so handelt es sich um Fachbegriffe bzw. um die Verwendung von zunächst umgangssprachlich vorhandenen Begriffen (wie intelligent, konzentrationsfähig, unsicher, gehemmt usw.) *als* Fachbegriffe. Mit deren Verwendung stellt man einen höheren Anspruch. Dieser setzt voraus, daß das Urteil unter der *Verwendung psychodiagnostischer Kriterien* gebildet wurde. Man möge sich aber keinen Illusionen hingeben: Teils aus Selbstüberschätzung, teils aus Zeitmangel, oft wegen des Fehlens eines geeigneten Instrumentariums, manchmal wohl aus Bequemlichkeit, werden gar nicht selten – sogar von Psychologen – Fachurteile ohne ausreichende Berücksichtigung solcher Kriterien, nur auf Eindrucks- und Einschätzungsbasis, gebildet. Übrigens erwarten Laien vom Fachmann, daß er genau dies könne und tue: mit einem Blick „durchschauen, was los ist". Verantwortlichkeit besteht eben darin, dieses gravierende Irrtumsrisiko zu vermeiden.

Bei der Herausbildung von Beurteilungsgepflogenheiten (vom

Explikationsgrad 6 aufwärts) spielt noch mehr mit: die Bereitstellung eines speziellen Gegenstandswissens, also Kenntnisse über das, was beurteilt werden soll, Gesichtspunkte, von denen her die Fülle des Materials reduziert, Wesentliches ausgewählt, in Konstellationen und Standardzusammenhänge (z. B. Erklärungshypothesen) überführt, in Darstellungsschemata gefaßt werden soll. Jene damit verbundenen fachsprachlichen Besonderheiten sichern die Verständigung mit dem Beurteilungsempfänger und die Erfüllung des Beurteilungszwecks, können aber bei Außenstehenden zugleich das Verständnis vermindern.

Beim höchsten Explikationsgrad, dem der fachmethodischen Personenbegutachtung, kann dies so weit gehen, daß ohne zusätzliche Rückübersetzung in die Umgangssprache (Explikationsgrad 9) schon die Vertreter der Nachbardisziplinen nicht mehr genau nachvollziehen können, was z. B. Ärzte und Psychologen als Gutachter aussagen. Diese hohe Spezifität ist teils auf die gegenständlichen Anforderungen und den wissenschaftlichen Erkenntnisstand, teils auf juristische Bedingungen zurückzuführen; so z. B. sollen Gutachten den Richtern helfen, über das Zutreffen gesetzlicher Bestimmungen, etwa für die Verantwortlichkeit für Taten, zu entscheiden. Mitunter ist aber auch ein exklusiver Fachjargon im Spiele, der zwar positiv auf „Arbeitsökonomie" beruhen mag, unter Umständen aber auch auf Bequemlichkeit und Abgrenzungstendenzen: dem Laien gegenüber unverständlich sein zu wollen, um das eigene Prestige bis zum Autoritätsnimbus zu erhöhen. Urteiler„typen" haben es oft schwer einzusehen, daß das, was die anderen tun, einem anderen Zweck dient und diesem gerecht werden kann. Wenn die einen die Dürftigkeit der Personenbeurteilung der anderen und jene die Kompliziertheit der ersten tadeln, so ist meist Unverständnis für typische Anforderungen im Spiel.

Vom Explikationsgrad 8 (*Eigenverwendung*) an herrscht das Erfordernis, die Subjektivität des Wahrnehmenden bzw. Urteilenden zu kontrollieren und – wenn nicht auszuschalten – so doch nutzbar zu machen. Darum entwickeln Ärzte und Psychologen, manchmal auch Lehrer, diagnostische Methoden und dazugehörige Mittel (Instrumente, Apparate, Tests). Sie schreiben vor, wie eine hinreichende diagnostische Untersuchung aufgebaut sein soll. Sie legen fest, in welchen Fällen welche Formen der (statistischen) Ergebnisverdichtung und welche der diagnostischen Aussagen zu bevorzugen seien, z. B. ob eine psychodiagnostische Aussage als Kennwort, als erweitertes Kennwort, als mehrgliedrige sprachliche Formel oder als eine Charakterisierung in mehreren Sätzen erfolgen soll (Böttcher 1976). Es existiert sogar ein internationales Diagnoseverzeichnis für Ärzte, das bekannte „Nummernbuch" der WHO; in diesem ist den psychologisch-psychiatrischen Personenbeurteilungen eine Anzahl von Klassen gewidmet. Welchen Grad die menschliche kognitive Reflexivität erlangt, kann man unter anderem an dieser Merkwürdigkeit ablesen: Zu den Gegenständen diagnostisch-methodischer Urteilsbildung gehört auch das Urteilen selbst, z. B. bei ängstlichen, depressiven, paranoiden und psychosomatischen Patienten.

Richtet man sich aber bei diesem Problem nicht nach der Häufigkeit des Vorkommens von Arten der Urteilsbildung, sondern nach dem Ausmaß der Differenzierung, so kann man sich eine zweite, aber auf der Spitze stehende Pyramide vorstellen. Diese Überlegung regt noch einige weitere Ausführungen an.

(1) Bei der impliziten Urteilsbildung handelt es sich immer um das *eigene* Interesse, bestenfalls um das empathisch berücksichtigte Partnerinteresse. Vom Explikationsgrad 6 an aufwärts gibt es einen „*Fremd*interessenten", oft einen Auftraggeber, der meist eine mehr oder weniger ausformulierte Frage mitbringt. Der Auftraggeber kann der zu Beurteilende selbst, seine Familie, sein Arzt, die Schule, das Gericht sein, in gewissem Maße aber auch der Urteilende als Fachmann, wobei er aus einem Hilfewunsch eines anderen ableitet, welche diagnostischen Fragen zunächst beantwortet werden sollen.

(2) Beim *impliziten* Urteilen wird nicht genau darauf geachtet, was vom Beurteilten und was vom Urteilenden stammt. *Explizit* Urteilende dagegen sind sich bewußt, daß sie manches wahrnehmen, dabei schon Hypothesen unterlegen, sich hineindenken (Verstehen), manches erschließen, Vergleiche ziehen, systematische Verarbeitung leisten und am Ende Schlußfolgerungen ableiten. In der Ausbildung trainiert man die Unterscheidung zwischen Sehen und Denken, Beobachten und Interpretieren.

(3) Auf den höheren Explikationsgraden hält man *Beschreibung* und *Erklärung* auseinander, was nicht immer leicht ist, da auch das, was als erklärend eingesetzt werden soll, zunächst beschrieben, mitunter auch im Stil der Vermutung formuliert wer-

den muß. Außerdem stellt uns die Sprache Wörter bereit, die leider sowohl deskriptiv als auch explanativ verwendet werden können.

(4) Beim impliziten Beurteilen fließen das *Feststellen* und das Bewerten ineinander. Wissenschaftlich kontrolliertes Urteilen wird aber stets erst eine Sachaussage treffen und dabei anzugeben versuchen, wie wahrscheinlich deren Richtigkeit ist. Die Bewertung aber, als von dem oder jenem Gesichtspunkt her erwünscht oder unerwünscht, gut oder schlecht, zu fördern, zu tolerieren oder zu beseitigen, ist ein *anderer Aspekt*. Im landläufigen Begriff des „Verstehens" werden Auffassen, verstehendes Rekonstruieren der Motivzusammenhänge, Verzeihen und Billigen nicht unterschieden oder werden vermengt. Der Psychologe muß genau auffassen, um den anderen zu verstehen, vor allem dann, wenn etwas verziehen werden soll, was man weiterhin mißbilligt. *Abbilden* und *Bewerten* (und das heißt hier: in sozialspezifische Bewertungszusammenhänge bringen) sind zu trennende kognitive Tätigkeiten (vgl. Abschnitt 3.4.).

(5) Zu trennen sind ebenso Regel und Zufall, Prinzip und Fall, Eigenschaft und Verhalten. Obgleich man als Alltags- oder Laienpsychologe sehr dazu neigt, das eigene Verhalten aus dem jeweiligen Zustand, dem Befinden, der Situation, dem Druck einer interpersonellen Konstellation zu begründen, neigt man zugleich sehr dazu, all dies beim anderen zu vergessen, um statt dessen mit *Dispositionen,* also Dauereigenschaften, zu operieren (vgl. dazu den Begriff des „fundamentalen Attributionsirrtums", Ross 1977, und Abschn. 3.3.3.2. in diesem Buch).

(6) Damit steht im Zusammenhang, daß bei den verbalisierten Urteilen des Alltags selten geklärt wird, für welche *Zeitdauer* man das Gesagte für existent und wirksam hält. „Y ist ehrlich" kann bedeuten: Er hat sich jetzt ehrlich verhalten. Es kann aber auch bedeuten: Wahrscheinlich war er seit langem meist ehrlich und wird die Selbstverpflichtung zur Ehrlichkeit auch beibehalten. Implizite Urteiler operieren oft mit unbegründeten Konstanzannahmen, offenbar aus dem Bedürfnis heraus, ihre soziale Welt einfacher, überschaubarer und „handhabbarer" zu machen (Heider 1958).

(7) Implizit Urteilende pflegen selten Wahrscheinlichkeits*abstufungen,* Glaubwürdigkeitseinschränkungen, Aussagevorbehalte,

zu machen. Sie sagen etwa nach einem Gespräch mit Frau X: „Herr X vernachlässigt seinen Sohn, z. B. hat er ihn für eine Drei streng getadelt!" Der Psychologe wird dafür den Konjunktiv wählen: „Frau X sagt, Herr X vernachlässige seinen Sohn. Dies komme vielfältig zum Ausdruck, z. B. wenn er ihn für eine Drei hart getadelt habe." Er rechnet also damit, daß Frau X keine unparteiische Auffassung und/oder eine Tendenz zur übertreibenden Darstellung haben *könnte*.

(8) Alltagsurteiler überschätzen oft die Möglichkeit, das, was sie wünschen, herbeizuführen und das zu vermeiden und zu beseitigen, was sie verwerfen. Auf dem höheren, rationaleren Urteilsniveau wird man die einen wie die anderen Vorhersagen nur bedingt machen, d. h., man wird einfließen lassen, unter welchen *Bedingungen* die Zukunftserwartung wahrscheinlich ist.

Solcherlei Hinweise zur Vorsicht könnten noch mehr aufgezählt werden, was wir uns hier ersparen wollen. Sie haben aber alle damit zu tun, daß der explizit Urteilende eine höhere Verbindlichkeit seiner Aussage beansprucht und auch beanspruchen muß, sogar dort, wo er selbst besonders vorsichtig formuliert. Vielleicht wirkt er dann im Alltag zu bescheiden. Mancher fällt auch ins Naive zurück; er erlaubt sich nun wie die anderen, unverbindlich zu sein und mit seiner Subjektivität von heute die von gestern auszulöschen.

Der Zweck dieser Ausführungen ist aber nicht, die beruflichen, diagnostischen Menschenbeurteiler zu unfehlbaren Meistern hochzustilisieren. Wir wissen im Gegenteil recht gut, daß sich mancher Psychologe in seiner Entscheidungsprozedur zwischen wenigen Routine-Etikettierungen verfangen und sich dann – als Urteilender – nicht mehr weiterentwickeln kann. Diagnostisch-therapeutische Institutionen, wie z. B. psychiatrische Einrichtungen, können sogar Zwangsmechanismen entwickeln, die dann dafür verantwortlich sind, daß ein Mensch, der relativ gesund in sie hineingerät, als krank gilt und später trotz seiner Beteuerung, es gehe ihm wieder ausgezeichnet, überlange festgehalten wird. So jedenfalls erging es einer Reihe amerikanischer Psychologen, die sich geisteskrank stellten (Rosenhan 1973). Die Sonderumgebung „psychiatrische Klinik" zog charakteristische Urteilsverzerrungen nach sich – trotz der dort herrschenden Denkregeln, die Gesundes und Beeinträchtigtes voneinander klar unterscheidbar machen sollten.

4.7. Selbstwahrnehmung, Selbstkenntnis, Selbsterkenntnis

An verschiedenen Stellen haben wir darauf hingewiesen, daß das „Bild", das ich von mir als dem Urteilenden habe, in mein Urteil (oder „Bild") über den anderen mit eingeht. Selbstwahrnehmung und Selbsturteil begleiten unser Verhalten, wenn auch diskontinuierlich. Die Selbstwahrnehmung hat mit der Wahrnehmung und Beurteilung des anderen manches gemeinsam, besitzt aber aus zwei Gründen eine besondere Problematik: Wir haben eine Überfülle an Beobachtungsmaterial über uns selbst; keiner kann uns in unserer ganzen Vielfalt kennen. Aber wir haben keinen Abstand zu uns selbst; es ist schwierig, sich gedanklich auf einen Außenstandpunkt zu stellen.

Ein Blick in die Theorien der Selbsterfahrung läßt erkennen, daß die Autoren gewöhnlich von einer von vier Grundannahmen ausgehen:

(1) Ich erfahre mich dadurch selbst, daß ich mich fühle, sehe, höre. Also kenne und erkenne ich mich unabhängig von den anderen.

(2) Ich erfahre und erkenne mich dann deutlich, wenn ich mich mit meiner Umwelt auseinandersetze und Aufgaben zu erfüllen suche, mich mit anderen beschäftige und vergleiche. Ohne Begegnung keine klare Selbsterkenntnis.

(3) Ich erfahre und erkenne mich durch die Art, in der andere auf mich reagieren, sich mir annähern, mit mir kooperieren, sich von mir absetzen. Ohne das Verhalten anderer zu mir gibt es kein Selbstkonzept.

(4) Wer ich bin, weiß ich nur, weil andere mir gesagt haben, wer ich bin. Ich sammle und mittle die mir zugeschriebenen Fremdbeurteilungen und konstruiere so mein Selbstbild.

Es ist hier nicht der Ort, über Theorien zu berichten, die diesen Problemen gewidmet sind (vgl. dazu die Auseinandersetzung Irles 1975, S. 346, mit der Selbstwahrnehmungstheorie von Bem 1972). Uns scheint der Hinweis wichtig, daß zwar diese Postulate ausschließend formuliert werden können, daß aber in Wirklichkeit die Selbstkonzeptformung und -veränderung aus mehreren Quellen und dank mehrerer, recht unterschiedlicher – auch retrospektiver – Prozesse zustande kommen kann. Klar ist aber, daß das so oder so entstandene Selbstkonzept sowohl für die eigene Handlungsregulation als auch für die interpersonelle Interaktion – auch für die personenbeurteilende Interaktion – erhebliche Bedeutung hat (Böttcher 1974, Schmidt 1982, Jungnickel 1982, Feather 1983, Petermann 1984). Dies erklärt auch die Beliebtheit von psychodiagnostischen Prozeduren, in denen das Selbstbild, und zwar in Real- und Wunschbildform, mittels Fragebogen-Items gewonnen wird, manchmal auch noch das Bild, von dem der Befragte meint, daß die anderen es über ihn hätten, das vermutete Fremdbild.

Zum Schluß sei nur noch angedeutet, daß die Problematik der Selbsterkenntnis keine nur-psychologische ist, sondern ihre philosophischen Aspekte hat (Litt 1938); das nicht nur, weil alles Erkennen auch Gegenstand philosophischer Erkenntnistheorien ist, sondern weil es dabei eine merkwürdige Problemverwicklung gibt:

Damit ich mich als individuelle Persönlichkeit annähernd richtig wahrnehmen und beurteilen kann, benötige ich das, was im Laufe der Geschichte über den Menschen überhaupt und auch über die Besonderheiten des Menschseins (frühere und gegenwärtige Typen) erkannt worden ist.

Wenn ich mich um Selbsterkenntnis bemühe, muß ich das nicht nur aus subjektivem Interesse tun. Ich kann bemüht sein, mich als zugehörig zu einem (psychologischen oder sozialen) Typus (und dessen Erscheinungsformen und Verhaltensregeln) und mich als Persönlichkeit in einem allgemeineren Sinne – als Mensch überhaupt – zu erkennen.

Beide Prozesse leiste aber nicht nur ich allein. Oft im Verlaufe seines Lebens steht man darüber im Austausch mit anderen. Auch Selbsterkenntnis wird kollektiv zustande gebracht.

Literaturverzeichnis

ABELSON, R. P.: Script processing in attitude formation and decision making. In: J. S. CAROLL and J. W. PAYNE (Eds.), Cognition and social behavior. Hillsdale, N. J. 1976

ALLPORT, F. H.: Theories of perception and the concept of structure. New York 1955

ALLPORT, G. W.: Personality: a psychological interpretation. New York 1937

ALLPORT, G. W.: Pattern and growth in personality. New York 1961. Dt.: Gestalt und Wachstum in der Persönlichkeit. Meisenheim am Glan 1970

AMES, A.: Visual perception and the rotating trapezoidal window. Psychol. Monographs 65, 7, 1951

ANDERSON, J. R., and G. H. BOWER: Human associative memory. Washington 1973

ANDERSON, N. H.: Averaging versus adding as a stimulus-combination rule in impression formation. J. exp. Psychol. 70, 1965, 394–400

ANDERSON, N. H.: Integration theory, functional measurement and the psychophysical law. In: H.-G. GEISSLER and Yu. ZABRODIN (Eds.), Advances in Psychophysics. Berlin 1975

ANDERSON, N. H.: Foundations of information integration theory. New York 1981

ANDERSON, N. H., and A. J. FARKA: New light on order effects in attitude change. J. Personal. Soc. Psychol. 28, 1973, 88–93

ANOCHIN, P. K.: Das funktionelle System als Grundlage der physiologischen Architektur des Verhaltensaktes. Jena 1967

ARGYLE, M.: Soziale Interaktion. Köln 1972

ARGYLE, M., and M. COOK: Gaze and mutual gaze. Cambridge 1976

ARGYLE, M., and I. DEAN: Eye-contact, distance, and affiliation. Sociometry 28, 1965, 289–304

ARNOULT, M. D.: The specification of a „social" stimulus. In: S. B. SELLS (Ed.), Stimulus determinants of behavior. New York 1963

ASCH, S. E.: Forming impressions of personality. J. abn. soc. Psychol. 41, 1946, 258–290

BACH, O., und D. FELDES: Über kooperative Beziehungen zwischen psychiatrischen Patienten und ihrer Umgebung. Diss. B Leipzig 1975 (unveröffentl.)

BARTH, W.: Verhaltensinvarianzen und Transfereffekte bei einer Sequenz experimenteller Spiele. Diss. A Jena 1978 (unveröffentl.)

BECKMANN, D.: Der Analytiker und sein Patient. Bern 1974

BECKMANN, D.: Geschlechtsrollen und Paardynamik. In: G. PROSS (Hrsg.), Familie – wohin? Reinbek b. Hamburg 1979

BEM, D. J.: Self-perception theory. In: L. BERKOWITZ (Ed.), Advances in Experimental Social Psychology (Vol. 6), New York 1972

BENARY, W.: Rezension zu SELZs „Gesetze des geordneten Denkverlaufs". Psychol. Forsch. 2, 1923

BERGSON, H.: Essai sur les Données immédiates de Conscience. Paris 1889. Dt.: Zeit und Freiheit, Berlin 1911

BERLYNE, D. E.: Conflict, arousal, and curiosity. New York 1960. Dt.: Konflikt, Erregung, Neugier. Zur Psychologie der kognitiven Motivation. Stuttgart 1974

BERNSTEIN, B., and D. HENDERSON: Social class differences in the relevance of language to socialisation. Sociology 3, 1969, 1–20

BERNSTEIN, W. M., and M. H. DAVIS: Perspective-taking, self-consciousness, and accurary in person perception. Basic and Applied Social Psychology 3, 1982, 1–19

BIERI, J.: Cognitive complexity-simplicity and predictive behavior. J. abn. soc. Psychol. 6, 1967, 23–36

BODALYEW (BODALĖV), A. A.: Vosprijatie čeloveka čelovekom. Leningrad 1965

BODALYEW (BODALĖV), A. A.: Formirovanie ponatija o drugom čeloveke kak ličnosti. Leningrad 1970

BODALYEW (BODALĖV), A. A.: Ob issledovanii formirovanija pervogo vpečatlenija o čeloveke v zarubežnoi psichologii. In: Eksperimentalnaja i prikladnaja psichologija. Leningrad 1971

BODALYEW (BODALĖV), A. A.: But' znakom ljudej ne prosto. Leningrad 1974

BODALYEW (BODALĖV), A. A., and L. N. IVANSKAYA: On the re-creation of the human face based on memory. In: H. HIEBSCH et al. (Eds.), Social Psychology. XXIInd International Congress of Psychology. Berlin 1982

BOSSONG, B.: Gerechtigkeitsnormen und angemessenes Einkommen. Verteilungspräferenzen, Art der sozialen Beziehung und Bedürftigkeit. Z. exp. angew. Psychol. 30, 1983, 2–44; 566–572

BÖTTCHER, H. R.: Die Untersuchung von Subdimensionen des Persönlichkeitskerns. Studia Psychologica XVI, 1974, 225–232

BÖTTCHER, H. R.: Zu aussagetheoretischen Problemen der psychologischen Diagnostik. In: J. HELM, H.-D. RÖSLER und H. SZEWCZYK (Hrsg.), Klinisch-psychologische Forschungen. Berlin 1976

BÖTTCHER, H. R.: Die Therapeut-Patient-Beziehung in der Psychotherapie. In: A. KATZENSTEIN und A. THOM (Hrsg.), Ausgewählte theoretische Aspekte psychotherapeutischen Handelns und Erkennens. Jena 1981

BÖTTCHER, H. R.: Der Erfahrungswert des direkten und des an Erwachsenen wahrgenommenen Körperkontakts im Kindesalter. In: P. PETZOLD (Hrsg.), Beiträge zur experimentellen Sozialpsychologie. Jena 1982 a

BÖTTCHER, H. R.: Partnerschaftsproblematik und die Strategien von Beratung und Therapie. Wiss. Z. Wilhelm-Pieck-Univ. Rostock 31/10, 1982 b, 57–64

BÖTTCHER, H. R., und A. DAHSE: Das triadische Gespräch in der Partnerschaftstherapie. In: Untersuchungen zum zwischenmenschlichen Verhalten. Wissenschaftliche Beiträge der Friedrich-Schiller-Univ. Jena 1981, 63–86

BREHM, J. W.: A theory of psychological reactance. New York 1966

BREHMER, B., and K. R. HAMMOND: Cognitive factors in interpersonal conflict. In: D. DRUCKMAN (Ed.), Negotiations. A social-psychological perspective. New York 1977

BRONFENBRENNER, U.: Die Ökologie der menschlichen Entwicklung. Stuttgart 1981

BROWN, R. W., and E. H. LENNEBERG: A study in language and cognition. J. abn. soc. Psychol. 49, 1954, 454–462

BRUNER, J. S.: Personality dynamics and the process of perceiving. In: R. R. BLAKE and G. V. RAMSEY (Eds.), Perception. An approach to personality. New York 1951

BRUNER, J. S.: On perceptual readiness. Psychological Review, 64, 1957, 123–152

BRUNER, J. S.: Going beyond the information given. In: H. GULBERT et al. (Ed.), Contemporary approaches to cognition, Cambridge, Mass. 1957

BRUNER, J. S., and C. C. GOODMAN: Value and need as organizing factors in perception. J. Soc. Psychol. 42, 1947, 33–44

BRUNER, J. S., and R. TAGIURI: The perception of people. In: G. LINDZEY (Ed.), Handbook of Social Psychology, Vol. 2., Reading, Mass. 1954

BRUNSWIK, E.: Perception and the representative design of psychological experiments. Berkeley, Calif. 1956

BÜHLER, K.: Sprachtheorie. Jena 1934

BUXBAUM, O.: Nichtadditive Urteilsbildung in der Personenwahrnehmung. Z. exp. angew. Psychol. 24, 1977, 214–229

CANTOR, N., and W. MISCHEL: Prototypes in person perception. In: L. BERKOWITZ (Ed.), Advances in experimental social psychology, Vol. 12, New York 1979

CANTOR, N., and W. MISCHEL: Prototypicality and personality: Effects on free recall and personality impression. Journal of research in personality 13, 1979

CLAUSS, G., u. a. (Hrsg.): Wörterbuch der Psychologie, 3. neubearb. Aufl. Leipzig 1981

CAUSS, G., und H. HIEBSCH: Kinderpsychologie. Berlin 1958

CLAUSS, G., T. JURACK, A. SCHUBERT und E. WITRUK: Personale Bedingungen selbständigen Lernens. Forschungsbericht der Sektion Psychologie, Karl-Marx-Univ. Leipzig 1983 (unveröffentl.)

CLIFF, N.: Adverbs as multipliers. Psychol. Rev. 66, 1959, 27–44

CODOL, J.-P.: Représentation de soi, d'autrui, et de la tache, dans un situation sociale. Psychologie francaise 14, 1969

CODOL, J.-P.: La représentation du groupe: son impact sur le comportements des membres d'un groupe et leurs représentation de la tache, d'autrui, et de soi. Bull. Psychol. (Paris) 24, 1970

COLLINS, A. M., and E. LOFTUS: A spreading activation theory of semantic processing. Psychol. Rev. 82, 1975

COLLIS, G. M., and R. SCHAFFER: Synchronization of visual attention in mother-infant pairs. Journ. Child Psychol. Psychiat. 16, 1975, 315–320

CRANACH, M. v., M. IRLE und H. VETTER: Zur Analyse des Bumerang-Effektes. Größe und Richtung der Änderung sozialer Einstellungen als Funktion ihrer Verankerung in Wertsystemen. Psychol. Forsch. 28, 1965, 89–151

CRANACH, M. v., U. KALBERMATTEN u. a.: Zielgerichtetes Handeln. Bern 1980

CROCKETT, W. H.: Cognitive complexity and impression formation. In: B. A. MAHER (Ed.), Progress in experimental personality research, Vol. 2., New York 1965

DARWIN, C.: The expression of the emotions in man and animals. London 1872

DILTHEY, W.: Ideen über eine beschreibende und zergliedernde Psychologie. Leipzig 1894

DORRMANN, W., und R. HINSCH: Der IE-SV-F. Ein differentieller Fragebogen zur Erfassung von Attribuierungsgewohnheiten in Erfolgs- und Mißerfolgssituationen. Diagnostica XXVII, 1981, 360–378

DUNCKER, K.: Zur Psychologie des produktiven Denkens. Berlin 1935

DURKHEIM, E.: Représentations individuelles et représentations collectives. Revue de Métaphysique et de Morale 1898

EDELER, B., und D. EDELER: Interpersonelle Beziehungen bei der Zusammenarbeit in Gruppen. Entwurf eines Leitungsinstruments. Diss. A Friedrich-Schiller-Univ. Jena 1982 (unveröffentl.)

EDELER, B., und D. EDELER: Faktoranalytischer Vergleich von Kriterien zur Partnerbeurteilung bei Arbeitern und Studenten. In: R. SCHNECKE (Hrsg.), Sozialpsychologische Forschungen zur interpersonellen Wahrnehmung und Urteilsbildung. Wissenschaftliche Beiträge der Friedrich-Schiller-Univ. Jena 1983

EDERER, C.: Über die Vorhersage von Partnerurteilen aus den Daten des Polaritätenprofils. Praktikumsbericht Friedrich-Schiller-Univ. Jena 1982 (unveröffentl.)

EDERER, C.: Relevanz der Personenbeurteilung in interpersonellen Entscheidungssituationen. Diplomarbeit Friedrich-Schiller-Univ. Jena 1983 (unveröffentl.)

EDERER, C., B. EDELER und K. LÖSCHNER: Forschungsbericht der Sektion Psychologie der Friedrich-Schiller-Univ. Jena 1982 (unveröffentl.)

EIBL-EIBESFELDT, I.: Grundriß der vergleichenden Verhaltensforschung. München 1967

EISER, J. R., and W. STROEBE: Categorization and social judgment. London 1972

EISER, J. R., and J. VAN DER PLIGT: Accentuation and perspective in attitudinal judgment. J. Personal. soc. Psychol. 42, 1982, 224–238

EKMAN, P.: Universals and cultural differences in facial expression of emotion. In: Nebraska Symposium of Motivation. Lincoln 1972

EKMAN, P., and W. V. FRIESEN: Constants across cultures in the face and emotion. J. Personal. soc. Psychol. 17, 1971, 124–129

EKMAN, P., and W. V. FRIESEN: Unmasking the Face. Englewood Cliffs 1975

EPSTEIN, S., and S. P. TAYLOR: Instigation to aggression as a function of degree of defeat and perceived aggressive intent of the opponent. J. Personal. 35, 1967, 265–289

ERTEL, S.: Weitere Untersuchungen zur Standardisierung eines Eindrucksdifferentials. Z. exp. angew. Psychol. 12, 1965, 177–208

ESSER, U., und P. FÖRSTER: Über ein neues gruppenanalytisches Verfahren. In: M. VORWERG (Hrsg.), Die Struktur des Kollektivs in sozialpsychologischer Sicht. Berlin 1970

FANTZ, R. L.: Pattern vision in newbron infants. Science 140, 1963, 269–297

FEATHER, N. T.: Some correlates of attributional style. Personality and Social Psychological Bulletin 9, 1983, 125–135

FERNBERGER, S. W.: False suggestion and the Piderit model. Amer. J. Psychol. 40, 1928, 562–568

FESTINGER, L.: A theory of social comparison processes. Human Relations 7, 1954, 117–140

FISCHER, G.: Impulsivität vs. Reflexivität und einige sprachliche Parameter in psychodiagnostischen Beurteilungen. Diplomarbeit Friedrich-Schiller-Univ. Jena 1984 (unveröffentl.)

FONTANE, Th.: Autobiographische Schriften, 4 Bände. Berlin/Weimar 1982

FREUD, S.: Gesammelte Werke. Frankfurt 1947–55

FREY, S., u. a.: Das Berner System zur Untersuchung nonverbaler Interaktion. In: P. WINKLER (Hrsg.), Methoden der Analyse von Face-to-Face-Situationen. Stuttgart 1981

GEISSENHÖHNER, M.: Integration von Eigenschaftsbeschreibungen und Gruppenzugehörigkeit in der Personenburteilung. Diplomarbeit Friedrich-Schiller-Univ. Jena 1982 (unveröffentl.)

GEISSLER, H.-G., und P. PETZOLD: Abbilden und Entscheiden: Neuere Entwicklungen der Psychophysik und Aspekte ihrer Anwendung. Probl. Erg. Psychol. 69, 1979, 43–62

GIBSON, J. J.: The Perception of the Visual World. Boston 1950

GLANZER, M., and W. H. CLARK: The verbal loop hypothesis: Binary numbers. Journal of Verbal Learning and Verbal Behavior 2, 1963, 301–309

GLOY, K.: Bernstein und die Folgen. Zur Rezeption der soziolinguistischen Defizithypothese. In: H. WALTER (Hrsg.)), Sozialisationsforschung I, Stuttgart 1973

GOFFMAN, E.: Wir alle spielen Theater – Die Selbstdarstellung im Alltag. München 1969

GOLEMAN, D.: Das Gesicht kann am besten lügen. Psychologie heute 4, 1983, 29–33

GÖTH, N.: Zur Prädiktion des Behandlungserfolgs. Diss. B Karl-Marx-Univ. Leipzig 1984

GRAUMANN, C. F.: Grundlagen einer Phänomenologie und Psychologie der Perspektivität. Berlin 1960

GUILFORD, J. P.: Persönlichkeit. Weinheim 1965

HACKER, W.: Allgemeine Arbeits- und Ingenieurpsychologie. Berlin 1978

HALLOWELL, A. I.: Cultural factors in the structuralization of perception .In: J. H. ROHRER and M. SHERIF (Eds.), Social psychology at the crossroads. New York 1951

HAMILTON, D. L.: Cognitive processes in stereotyping and intergroup behavior. Hillsdale, N. J. 1981

HARLOW, H. F.: The nature of love. American Psychologist 13, 1958, 673–685

HARVEY, J. H., W. J. ICKES and R. F. KIDD (Eds.): New directions in attribution research. Vol. 1. Hillsdale, N. J. 1976

HEIDER, F.: The psychology of interpersonal relations. New York 1958, Dt.: Psychologie der interpersonalen Beziehungen. Stuttgart 1977

HEIDER, F., and M. SIMMEL: An experimental study of apparent behavior, Amer. J. Psychol. 57, 1944, 243–259

HELM, J.: Gesprächspsychotherapie. Berlin 1978

HELMHOLTZ, H. v.: Handbuch der physiologischen Optik. 3 Bände. Hamburg/Leipzig 1856–1866

HELSON, H.: Adaptation-level as a basis for a quantitative theory of frames of references. Psychol. Rev. 55, 1948

HERRMANN, T.: Lehrbuch der empirischen Persönlichkeitsforschung. Göttingen 1969

HERZLICH, C.: Die soziale Vorstellung. In: S. MOSCOVICI (Hrsg.), Forschungsgebiete der Sozialpsychologie. Frankfurt/M. 1975

HIEBSCH, H.: Die Bedeutung des Menschenbildes für die Theoriebildung in der Psychologie. In: Probl. Erg. Psychol. 1, 1961

HIEBSCH, H.: Sozialpsychologische Grundlagen der Persönlichkeitsformung. Berlin 1966

HIEBSCH, H.: Einige Anmerkungen zum Problem des „Verhältnisses zwischen dem Biologischen und dem Sozialen". In: H. HIEBSCH und L. SPRUNG (Hrsg.), Aufgaben, Perspektiven und methodologische Grundlagen der marxistischen Psychologie in der DDR. Berlin 1973

HIEBSCH, H., und M. VORWERG: Einführung in die marxistische Sozialpsychologie. Berlin 1966

HIRSCH, O.: Die Herausbildung und Entwicklung der Personenbeurteilung im experimentellen Spiel bei Gruppenpsychotherapiepatienten. Diplomarbeit Friedrich-Schiller-Univ. Jena 1983 (unveröffentl.)

HOFFMANN, J.: Das aktive Gedächtnis. Berlin 1982

HOFSTÄTTER, P. R.: Gruppendynamik. Kritik der Massenpsychologie. Hamburg 1957

HOLZKAMP, K.: Soziale Kognition. In: Handbuch der Psychologie, 7. Bd. Sozialpsychologie, 2. Halbbd.: Forschungsbereiche. Göttingen 1972

HOLZKAMP, K.: Sinnliche Erkenntnis – Historischer Ursprung und gesellschaftliche Funktion der Wahrnehmung. Frankfurt/M. 1973

HOMANS, G. C.: The human group. New York 1950

HOMANS, G. C.: Social behavior – its elementary forms. New York 1961 Dt.: Elementarformen sozialen Verhaltens. Köln 1968

HÖRMANN, H.: Aussagemöglichkeiten psychologischer Diagnostik. Göttingen 1964

HUTT, S. J., H. G. LENARD and H. F. R. PRECHTL: Psychophysiological studies in newborn infants. In: L. P. LIPSITT and H. W. REESE (Eds.), Advances in Child Development and Behavior, Vol. 4., New York 1969

IRLE, M.: Lehrbuch der Sozialpsychologie. Göttingen 1975

JÄGER, A. O.: Dimensionen der Intelligenz. Göttingen 1967

JONES, E. E.: The rocky road from acts to dispositions, American Psychologist 34, 1979, 107–117

JONES, E. E., and K. E. DAVIS: From acts to dispositions. New York 1965

JONES, E. E., et al.: Attribution: perceiving the causes of behavior. Morristown, N. J. 1972

JONES, E. E., and R. E. NISBETT: The actor and the observer: Divergent perceptions of the causes of behavior. In: E. E. JONES et al. (Eds.), Perceiving the causes of behavior. Morristown, N. J. 1972

JUNGNICKEL, Ch.: Entstehung, Verarbeitung und psychopathologische Relevanz der Vorstellungen eines Menschen von sich selbst und anderen („Images"). Unveröffentl. Manuskript, Jena 1982

JUNI, S., and S. R. SEMEL: Person perception as a function of orality and anality. The Journal of Social Psychology, 118, 1982, 99–103

KAGAN, J.: Reflection – impulsivity: the generality and dynamics of conceptual tempo. J. abnorm. Psychol. 71, 1966, 17–24

KAHNEMAN, D., and A. TVERSKY: Subjective probability: A judgment of representativenes. Cognitive Psychology 3, 1971, 430–454

KAHNEMAN, D., and A. TVERSKY: On the psychology of prediction. Psychol. Rev. 80, 1973, 237–251

KAMINSKI, G.: Die Beurteilung unserer Mitmenschen als Prozeß. Bericht über den 23. Kongreß der Deutschen Gesellschaft für Psychologie. Göttingen 1963

KAUKE, M.: Meßansätze für Klassen interpersoneller Situationen. Über Möglichkeiten der adäquaten Abbildung von Klassen interpersoneller Situationen auf spielexperimentelle Modellsituationen. Diss. B Friedrich-Schiller-Univ. Jena 1980

KELLER, M.: Kognitive Entwicklung und soziale Kompetenz. Stuttgart 1976

KEMMLER, L., und J. BORGART: Interpersonelles Problemlösen. Zu einer deutschen Fassung des Mittel-Ziel-Problemlösungsverfahrens von Spivack, Platt und Shure. Diagnostica 28/4, 1982, 307–325

KELLEY, H. H.: First Impressions in interpersonal relations. Ph. D. Thesis. Massachusetts Institute of Technology, Cambridge, Mass. Sept. 1948

KELLEY, H. H.: Attribution theory in social psychology. In: D. LEVINE (Ed.), Nebraska Symposium on Motivation. Lincoln 1967

KELLEY, H. H.: Causal schemata and the attribution process. New York 1972

KELLEY, H. H.: The process of causal attribution. American Psychologist 28, 1973, 107–128

KELLEY, H. H., and J. L. MICHELA: Attribution theory and research. Annual Review of Psychology 31, 1980, 457–501

KELLEY, H. H.: The two major facets of attribution research: an overview of the field. In: H. HIEBSCH et al. (Eds.): Social Psychology. XXIInd International Congress of Psychology. Berlin 1982

KELLY, G.: The psychology of personal constructs. New York 1955

KLEIN, G. S.: The personal world through perception. In: R. R. BLAKE and G. V. RAMSAY (Eds.), Perception: An approach to personality. New York 1951

KLIX, F.: Elementaranalysen zur Psychophysik der Raumwahrnehmung. Berlin 1962

KLIX, F.: Information und Verhalten. Berlin 1971

KLIX, F.: Strukturelle und funktionelle Komponenten des Gedächtnisses. In: F. KLIX und H. SYDOW (Hrsg.), Zur Psychologie des Gedächtnisses. Berlin 1977

KLIX, F.: Erwachendes Denken. Eine Entwicklungsgeschichte der menschlichen Intelligenz. Berlin 1980

KLUCK, M.-L.: Individuelle Einstellungsstrukturen. Diss. Aachen 1976

KNAPPE, M., und S. MACHITTKA: Diagnostik der Kommunikationsgüte von Bindungspartnern. Diplomarbeit Friedrich-Schiller-Univ. Jena 1980 (unveröffentl.)

KÖCKERITZ, I.: Möglichkeiten zur Verbesserung des diagnostischen Umgangs mit hochkomplexen interpersonellen Urteilsanforderungen. Diss. A Friedrich-Schiller-Univ. Jena 1983 (unveröffentl.)

KÖDEL, R.: Vergleichende Untersuchung zu Inferenzprozessen unter normal- und pathopsychologischen Aspekten. Diss. A Karl-Marx-Univ. Leipzig 1982 (unveröffentl.)

KÖHLE, C., und P. KÖHLE: Verständnis für den anderen. Ein Elternkurs. Leipzig 1980

KOHLER, I.: Über Aufbau und Wandlungen der Wahrnehmungswelt. Wien 1951

KÖHLER, W.: Die physischen Gestalten in Ruhe und im stationären Zustand. Braunschweig 1920

KÖHLER, W.: Psychologische Probleme. Berlin 1933

KOPSCH, J., und L. WERNER: Die Abhängigkeit des Personenurteils von den Aufgabenanforderungen in dyadischen Situationen. Diplomarbeit Friedrich-Schiller-Univ. Jena 1980 (unveröffentl.)

KORKIAKANGAS, M., and K. ORAVAINEN: The role of langague in interpersonal cognition in children. In: H. HIEBSCH et al. (Eds.), Social Psychology. XXIInd International Congress of Psychology. Berlin 1982

KRETSCHMER, E.: Medizinische Psychologie. Stuttgart 1956

KROHNE, H. W.: Untersuchung mit einer deutschen Form der Repression-Sensitizations-Skala. Zeitschrift für klinische Psychologie 3, 4, 1974, 238–260

KUN, A., and B. WEINER: Necessary versus sufficient causal schemata for success and failure. Journal of Research in Personality 7, 1973, 197–207

KUKOSYAN, O. G.: Professional peculiarities of people's cognizing one another. In: H. HIEBSCH et al. (Eds.), Social Psychology. XXIInd International Congress of Psychology. Berlin 1982

KURELLA, A.: Das Eigene und das Fremde. Neue Beiträge zum sozialistischen Humanismus. Berlin/Weimar 1968

LAING, R. D., H. PHILLIPSON and A. R. LEE: Interpersonal perception. London 1966

LEFEVRE, V. A.: Algebra konflikta. Moskva 1967

LENIN, W. I.: Werke, Berlin 1961 ff.

LEONTJEW (LEONTJEV), A. N.: Probleme der Entwicklung des Psychischen. Berlin 1964

LEONTJEW (LEONTJEV), A. N.: Tätigkeit, Bewußtsein, Persönlichkeit. Berlin 1979

LERSCH, Ph.: Gesicht und Seele. München 1932

LEVINE, R., J. CHEIN and G. MURPHY: The relation of the intensity of a need to the amount of perceptual distortion. A preliminary report. Journal of Psychology 13, 1942, 283–293

LEVY-BRUHL, L.: Das Denken der Naturvölker. Wien 1926

LEVY-BRUHL, L.: Die geistige Welt der Primitiven. Wien 1927

LEVY-BRUHL, L.: Die Seele der Primitiven. Wien 1930

LEWIN, K.: Principles of topological psychology. New York 1936

LEYENS, J.-P.: Sommes-nous tous des psychologues? Bruxelles 1983

LILLI, W.: Das Zustandekommen von Stereotypen über einfache und komplexe Sachverhalte. Zeitschrift für Sozialpsychologie 1, 1970, 58–79

LILLI, W.: Soziale Akzentuierung. Stuttgart 1975

LILLI, W.: Die Hypothesentheorie der sozialen Wahrnehmung. In: D. FREY (Hrsg.), Kognitive Theorien der Sozialpsychologie. Bern 1978

LILLI, W.: Grundlagen der Stereotypisierung. Göttingen 1982

LILLI, W., und F. LEHNER, Stereotype Wahrnehmung. Eine Weiterentwicklung der Theorie Tajfels. Zeitschrift für Sozialpsychologie 2, 1971, 285–294

LIPPOLD, G.: Die Bedeutung metrisch-figuraler Merkmale für die Personenbeurteilung durch Kinder. Diplomarbeit Friedrich-Schiller-Univ. Jena 1980 (unveröffentl.)

LIPPS, T.: Das Wissen von fremden Ichen. Psychologische Untersuchungen 1, 1902, 694–722

LITT, Th.: Die Selbsterkenntnis des Menschen. Leipzig 1938

LORENZ, K.: Die angeborenen Formen möglicher Erfahrung. Z. Tierpsychol. 5, 1943, 235–409

LÖSCHNER, K.: Individuelle Leistungsvoraussetzungen kollektiver Problembewältigung. Diss. B Friedrich-Schiller-Univ. Jena 1980

LÖSCHNER, K.: Information processing in person perception. In: H. HIEBSCH et al. (Eds.), Social Psychology. XXIInd International Congress of Psychology. Berlin 1982

LÖSCHNER, K.: Der Einfluß der Tätigkeit des Beurteilers auf die Strukturkomponenten der Urteilsbildung. Forschungsbericht der Sektion Psychologie Friedrich-Schiller-Univ. Jena 1984 (unveröffentl.)

LÜDER, C.: Untersuchungen des Einflusses des Erfolgs der gemeinsamen Aufgabenbewältigung, gemessen am Resultat der Partnerwahrnehmung und -beurteilung. Diplomarbeit Friedrich-Schiller-Univ. Jena 1980 (unveröffentl.)

MARCHAND, B.: Auswirkung einer emotional wertvollen und einer emotional neutralen Klassifikation auf die Schätzung einer Stimulusserie. Zeitschrift für Sozialpsychologie 1, 1970, 264–274

MARX, K., und F. ENGELS: Werke. 42 Bände. Berlin 1956 ff.

MATCZÁK, A.: Cognitive style (abstractness/concretness) and reactivity. Polish Psychological Bulletin 13, 3, 1982, 165–173

MEAD, G. H.: Mind, Self, and Society. From a Standpoint of a Social Behaviorist. Chicago 1934. Dt.: Geist, Identität und Gesellschaft aus der Sicht des Sozialbehaviorismus. Frankfurt/M. 1968

MERZ, F.: Die Beurteilung unserer Mitmenschen als Leistung. Bericht über den 23. Kongreß der Deutschen Gesellschaft für Psychologie, Göttingen 1963, 32–91

METZGER, W.: Psychologie. Die Entwicklung ihrer Grundannahmen seit der Einführung des Experiments. 2. neubearb. Auflage. Darmstadt 1954

MEYER, W.-U., und H.-D. SCHMALT: Die Attributionstheorie. In: D. FREY (Hrsg.), Kognitive Theorien der Sozialpsychologie. Bern 1978

MICHOTTE, A. E.: La perception de la causalité. Paris 1946

MIKULA, G. (Hrsg.): Gerechtigkeit und soziale Interaktion. Bern 1980

MILLER, G. A., E. GALANTER and K. H. PRIBRAM: Plans and the structure of behavior. New York 1960. Dt.: Strategien des Handelns. Pläne und Strukturen des Verhaltens. Stuttgart 1973

MOSCOVICI, S.: La psychoanalyse, son image et son public. Paris 1961

MÜLLER, G. E.: Komplextheorie und Gestalttheorie. Ein Beitrag zur Wahrnehmungspsychologie. Göttingen 1923

NEBEL, C.: Der Einfluß der erlebten Schwierigkeit der Aufgabenanforderung auf das Personenurteil in einer aktuellen Anforderungssituation unter Berücksichtigung besonderer Persönlichkeitsdispositionen des Beurteilers. Diplomarbeit Friedrich-Schiller-Univ. Jena 1983 (unveröffentl.)

NICKEL, T. W.: The attribution of intention as a critical factor in the relation between frustration and aggression. Journal of Personality 42, 1974, 482–492

NISBETT, R. E., et al.: Behavior as seen by the actor and as seen by the observer, J. Personal. Soc. Psychol. 27, 1973, 154–164

NISBETT, R. E., and L. ROSS: Human inference: Strategies and shortcomings of social judgment. Englewood Cliffs, N. J. 1980

ORLIK, P.: Das Selbstkonzept als Bezugssystem sozialer Kognitionen. In: A. THOMAS und R. BRACKHANE (Hrsg.), Wahrnehmen, Urteilen, Handeln. Bern 1980

OSGOOD, C. E., G. J. SUCI and P. H. TANNENBAUM: The measurement of meaning. Urbana, Ill. 1957

OSTROM, T. M., et al.: Cognitive organization of person impressions. Department of Psychology, Ohio State University, Columbus, Ohio. Technical Report Nr. 1, 1979

OSTROM, T. M., J. B. PRYOR, and D. S. SIMPSON: The organization of social information. Department of Psychology, Ohio State University, Columbus, Ohio, Technical Report Nr. 2, 1979

PANFEROV, V. A.: Psichologija kommunikacii. Voprosi filosofii 7, 1971

PARDUCCI, A.: Category judgment: A range-frequency model. Psychol. Rev. 72, 1965, 407–418

Programm der Sozialistischen Einheitspartei Deutschlands. Berlin 1976

PETERMANN, H.: Theoretische Aspekte und Ergebnisse empirischer Strukturanalysen des Selbstkonzepts der Persönlichkeit aus normalpsychologischer und pathopsychologischer Sicht. Diss. B Karl-Marx-Univ. Leipzig 1984

PETZOLD, H. G.: Die neuen Körpertherapien. Paderborn 1977

PETZOLD, P.: Entscheidungsprozesse bei der kategorialen Beurteilung eindimensionaler Reize. Diss. B Technische Univ. Dresden 1976

PETZOLD, P.: Zur Wirkung von Stereotypen in quantitativen Urteilen. In: P. PETZOLD (Hrsg.), Beiträge zur experimentellen Sozialpsychologie. Jena 1982 a

PETZOLD, P.: The edge effect of discriminability in categorical judgments. In: H.-G. GEISSLER and P. PETZOLD (Eds.), Psychophysical judgment and the process of perception. XXIInd International Congress of Psychology. Berlin 1982 b

PETZOLD, P.: Biases in the integration of social information. Studia Psychologica 24, 1982 c, 171–176

PETZOLD, P.: Eine normative Theorie der Informationsintegration. In: Wissenschaftliche Beiträge der Friedrich-Schiller-Universität Jena: Sozialpsychologische Forschung zur interpersonellen Wahrnehmung und Urteilsbildung. Jena 1983 a

PETZOLD, P.: Common components in information integration tasks: The halo effect and stereotyping. In: GEISSLER et al. (Eds.), Modern issues in perception. Berlin 1983 b

PETZOLD, P.: Influence of profession in impression formation. European Journal of social psychology 1984

PIAGET, J.: La naissance de l'intelligence chez l'enfant. Paris 1936

POSTMAN, L.: Toward a general theory of cognition. In: J. H. ROHRER and M. SHERIF (Eds.), Social Psychology at the crossroads. New York 1951

POSTMAN, L., J. S. BRUNER and E. McGINNIES: Personal values as selective factors in perception. J. abnorm. Psychol. 43, 1948, 142–154

PROBST, P.: Faktoranalytische Untersuchungen zum Konstrukt soziale Intelligenz. Diss. Hamburg 1973

PRYOR, J. B., and T. M. OSTROM: Perceptions of persons in groups. In: H. HIEBSCH et al. (Eds.), Social Psychology. XXIInd International Congress of Psychology. Berlin 1982

RAUCHERT, M.: Konstanz und Variabilität von Personenbedeutungen in Abhängigkeit von Tätigkeitskomponenten und figural-metrischen Eigenschaften des Beurteilten. Diplomarbeit Friedrich-Schiller-Univ. Jena 1980 (unveröffentl.)

REIMANN, B.: Abhängigkeit der Informationsintegration vom Bereich der Skalenwerte. Praktikumsbericht Friedrich-Schiller-Univ. Jena 1982 (unveröffentl.)

RESCHKE, K.: Zur Anwendug der multidimensionalen Skalierung in der Persönlichkeitspsychologie. In: H. SCHRÖDER und K. RESCHKE (Hrsg.), Probleme und Ergebnisse psychologischer Forschung, Beiträge der Sektion Psychologie der Karl-Marx-Univ. Leipzig 1981

RESCHKE, K.: Variabilität und Messung kognitiver Konzepte der Personenbeurteilung. Manuskript Leipzig 1982 (unveröffentl.)

REVENSTORF, D., K. HAHLWEG und L. SCHINDLER: Streit in der Ehe: Aggression und Interaktion. Partnerberatung 2, 1981, 90–106

RIEMANN, F.: Grundformen der Angst. München 1961

RIEMANN, F.: Die Struktur des Analytikers und ihr Einfluß auf den Behandlungsverlauf. Fortschritte der Psychoanalyse I, 1964, 156–175

ROGERS, C. R.: Die klientzentrierte Gesprächstherapie. München 1973

ROSCH, E.: Human categorization. In: E. WARREN (Ed.), Advances in cross-cultural psychology, vol. 1 New York 1977

ROSCH, E.: Principles of categorization. In: E. ROSCH and B. LLOYDS (Eds.), Cognition and categorization. Hillsdale, N. J. 1978

ROSENHAN, D. L.: On being sane in insane places. Science 179, 1973, 250–258

ROSENTHAL, R.: Experimenter effects in behavior research. New York 1966

ROSENTHAL, R., and L. JACOBSEN: Pygmalion in the classroom. New York 1968. Dt.: Pygmalion im Unterricht. Weinheim 1971

ROSENZWEIG, S., H. HÖRMANN und W. MOOG: Picture Frustration Test. Göttingen 1957

ROSS, L.: The intuitive psychologist and his shortcomings: Distortions in the attribution process. In: L. BERKOWITZ (Ed.), Advances in Experimental Social Psychology, Vol. 10. New York 1977

ROSS, L., and C. ANDERSON: Shortcomings in the attribution process: On the origin and maintenance of erroneous social assessments. In: A. TVERSKY, D. KAHNEMAN and P. SLOVIC (Eds.), Judgment under uncertainty: Heuristics and biases. New York 1980

ROTTER, J. B.: Generalized expectancies for internal vs. external control of reinforcement. Psychological Monographs 80, 1966, 1–28

RUBINSTEIN, S. L.: Grundlagen der allgemeinen Psychologie. Berlin 1959

RUBINSTEIN, S. L.: Sein und Bewußtsein. Berlin 1962

SALBER, W.: Entwicklungen der Gestaltpsychologie. Zeitschrift für Klinische Psychologie und Psychotherapie 29, 1981, 292–306

SALZ, I.: Theoretische und methodische Probleme bei der Untersuchung der Ontogenese des interpersonellen Verhaltens. Diss. A Friedrich-Schiller-Univ. Jena 1979 (unveröffentl.)

SARBIN, T. R., R. TAFT and D. E. BAILEY: Clinical inference and cognitive theory. New York 1960

SCHAFFER, R.: Objective observations of personality development in early infancy. Brit. J. med. Psychol. 31, 1958, 174–183

SCHAFFER, R.: Mothering. Cambridge, Mass. 1977

SCHANK, R., and R. P. ABELSON: Scripts, plans, goals, and unterstanding: An inquiry into human knowledge structures. Hillsdale, N. J. 1977

SCHERER, K. R.: Personality inference from voice quality: The loud voice of extroversion. European Journal of Social Psychology 8, 1978, 467–487

SCHERER, K., and U. SCHERER: Nonverbal behavior and impression formation in naturalistic settings. In: H. HIEBSCH et al. (Eds.), Social Psychology. XXIInd International Congress of Psychology. Berlin 1982

SCHEWARJOW, P. A.: Untersuchungen aus dem Bereich der Wahrnehmung. In: H. HIEBSCH (Hrsg.), Ergebnisse der sowjetischen Psychologie. Berlin 1967

SCHLOSBERG, H.: The description of facial expressions in terms of two dimensions. J. exp. Psychol. 44, 1952, 229–237

SCHMIDT, H.-D.: Grundriß der Persönlichkeitspsychologie. Berlin 1982

SCHRODER, H. M., D. DRIVER and S. STREUFERT: Human information processing. New York 1967

SCHRODER, H. M., D. DRIVER and S. STREUFERT: Menschliche Informationsverarbeitung. Weinheim 1975

SCHRÖDER, H.: Strukturanalyse interpersonaler Fähigkeiten. In: M. VORWERG und H. SCHRÖDER (Hrsg.), Persönlichkeitspsychologische Grundlagen interpersonalen Verhaltens. Schriften der Karl-Marx-Univ. Leipzig 1980

SCHULZE, P.: Die Untersuchung zwischenmenschlicher Beziehungen in kleinen Gruppen durch soziometrische Verfahren. Diss. B Friedrich-Schiller-Univ. Jena 1982 (unveröffentl.)

SELIGMAN, M. E. P.: Helplessness. On depression, development, and death. San Francisco 1975. Dt.: Erlernte Hilflosigkeit. München 1978

SELZ, O.: Die Gesetze des geordneten Denkverlaufs. Eine experimentelle Untersuchung. Stuttgart 1913

SELZ, O.: Zur Psychologie des produktiven Denkens und des Irrtums. Bonn 1922

SHAVER, K. K.: An introduction to attribution processes. Cambridge, Mass. 1975

SHERIF, M.: A study of some social factors in perception. Archives of Psychology 27, 1935, Nr. 187, 1–60

SHERIF, M., and C. I. HOVLAND: Social judgment. New Haven 1961

SIEGRIST, J.: Das Consensus-Modell. Stuttgart 1970

SMIRNOVA, E., and A. SOPIKOV: Rassuždenii o rassuždenija. In: Socialnaja psichologija ličnosti. Leningrad 1974

SNYDER, M.: Warum Vorurteile sich immer bestätigen. Psychologie heute 7, 1983, 48–57

SOKOLOW (SOKOLOV), E. N.: Neuronal Models and the Orienting Reflex. In: M. A. BRAZIER (Ed.), The central nervous system and behavior. New York 1960

SPIVACK, G., J. J. PLATT and M. B. SHURE: The problem-solving approach to adjustment. San Francisco 1976

STAHR, R.: Alexithymie und soziale Urteilsbildung. Diss. A Humboldt-Univ. Berlin 1984

STERN, D.: The first relationship. Infant and mother. Cambridge, Mass. 1977

STERNBERG, R. J., and J. E. DAVIDSON: Rätselhaftes Denken. Psychologie heute 3, 1983, 39–44

STROEBE, W.: Grundlagen der Sozialpsychologie. Stuttgart 1980

SYDOW, H., und P. PETZOLD: Mathematische Psychologie. Berlin 1981

TAGIURI, R.: Person perception. In: G. LINDZEY and E. ARONSON (Eds.), The Handbook of Social Psychology, vol. 3. Reading, Mass. 1969

TAJFEL, H.: Value and the perceptual judgment od magnitude. Psychol. Rev. 64, 1957, 192–204

TAJFEL, H.: Social and cultural factors in perception. In: G. LINDZEY and E. ARONSON (Eds.), The Handbook of Social Psychology vol. 3. Reading, Mass. 1969

TAJFEL, H.: Soziales Kategorisieren. In: S. MOSCOVICI (Hrsg.), Forschungsberichte der Sozialpsychologie I, Frankfurt/M. 1975

TAJFEL, H.: The structure of our views about society. In: J. TAJFEL and C. FRASER (Eds.), Introducing social psychology. Harmondsworth 1978

TAJFEL, H.: Human groups and social categories. Studies in Social Psychology. Cambridge 1981

TAJFEL, H.: Gruppenkonflikt und Vorurteil. Entstehung und Funktion sozialer Stereotypen. Bern 1982

TAJFEL, H., and A. L. WILKES: Classification and quantitative judgment. Brit. J. Psychol. 54, 1963, 101–114

TEMBROCK, G.: Grundlagen der Tierpsychologie. Berlin 1967

TIETZ, M.: Wirkung der Unsicherheit von Informationen auf deren Integration im Personenurteil. Diplomarbeit Friedrich-Schiller-Univ. Jena 1983 (unveröffentl.)

TROSTMANN, H.: Analyse der Einbeziehung irrelevanter Informationen in Beurteilungsaufgaben bei Kontrolltätigkeiten. Diplomarbeit Technische Univ. Dresden 1980 (unveröffentl.)

TVERSKY, A., and D. KAHNEMAN: Belief in the law of small numbers. Psychol. Bull. 76, 1971, 105–110

TVERSKY, A., and D. KAHNEMAN: Availability: A heuristic for judging frequency and probability. Cognitive Psychology 5, 1973, 207–232

TVERSKY, A., and D. KAHNEMAN: Judgment under uncertainty: Heuristics and biases. Science 185, 1974, 1124–1131

TVERSKY, A., and D. KAHNEMAN: Causal schemata in judgments under uncertainty. In: M. FISHBEIN (Ed.), Progress in social psychology. Hillsdale, N. J. 1978

UEXKÜLL, Th. v., und W. WESIACK (Hrsg.): Lehrbuch der psychosomatischen Medizin. München 1979

VAN DER PLIGT, J., and J. R. EISER: Negativity and descriptive extremity in impression formation. European Journal of Social Psychology 10, 1980, 415–419

VOLPERT, W.: Überlegungen zum Vorgang der Planerzeugung. Probl. Erg. Psychol. 59, 1976, 19–24

WAGNER, I.: Konzentrationstraining bei impulsiven und „trödelnden" Kindern. In: H. Ch. STEINHAUSEN (Hrsg.), Das konzentrationsgestörte und hyperaktive Kind. Stuttgart 1982

WALSTER, E., G. W. WALSTER and E. BERSCHEID: Equity: Theory and Research. Boston 1978

WARR, P., and P. JACKSON: Salience, importance, and evaluation in judgments about people. Brit. J. soc. clin. Psychol. 16, 1977, 35–45

WÄTZIG, H.: Der Einfluß der kognitiven Angstabwehrmechanismen „Repression/Sensitization" auf die Bewältigung von Prüfungsstress bei Studenten. Vortrags-Manuskript, Jena 1984

WATZLAWICK, P., J. H. BEAVIN und D. D. JACKSON: Menschliche Kommunikation. Bern 1969

WEINER, B.: Theories of motivation. From mechanism to cognition. Chicago 1972

418

WEINER, B.: An attributional interpretation of expectancy-value theory. In: B. WEINER (Ed.), Cognitive views of human motivation. New York 1974

WEINER, B., and A. KUKLA: An attributional analysis of achievment motivation. J. Personal. soc. Psychol. 15, 1970, 1–20

WERTHEIMER, M.: Experimentelle Studien über das Sehen von Bewegungen. Z. Psychol. 61, 1912

WERTHEIMER, M.: Über Schlußprozesse im produktiven Denken. Berlin 1920

WILLI, J.: Die Zweier-Beziehung. Reinbek b. Hamburg 1975

WITTE, W.: Zur Geschichte des psychologischen Ganzheits- und Gestaltbegriffs. Studium Generale 5, 1952

WITTE, W.: Zum Gestalt- und Systemcharakter psychischer Bezugssysteme. In: S. ERTEL (Hrsg.), Gestalttheorie in der modernen Psychologie. Darmstadt 1975

WOODWORTH, R. S.: Experimental psychology. New York 1938

WOODWORTH, R. S.: Reinforcement of perception. Amer. J. Psychol. 60, 1947, 119–124

WUNDT, W.: Grundriß der Psychologie, 3. Auflage. Leipzig 1898

WYER, R. S.: Information redundancy, inconsistency and novelty and their role in impression formation. Journal of Experimental Social Psychology 6, 1970, 111–127

WYER, R. S., and D. E. CARLSTON: Social cognition, inference, and attribution. Hillsdale, N. J. 1979

WYGOTSKI (VYGOTSKIJ), L. S.: Denken und Sprechen. Berlin 1964

ZAJONC, R. B.: Cognitive theories in social psychology. In: G. LINDZEY and E. ARONSON (Eds.), The Handbook of Social Psychology, vol. 1, 1968, 320–411. Reading, Mass.

ZANDER, W.: Neurosenpsychologische Aspekte der Partnerwahl. Prax. Kinderpsychol. 21, 1972, 17–34

Sachregister

Personenregister